创业管理

主编　王子龙　蔡啟明　王建玲

中国教育出版传媒集团

高等教育出版社·北京

内容简介

　　创业管理不同于传统管理,主要研究企业管理层的创业行为,研究企业管理层如何延续注入创业精神和创新活力,增强企业的战略管理柔性和竞争优势。本书编写内容主要涉及创业与创业者、新兴技术与创业、创业机会识别与评价、创业团队组建、商业模式开发、创业计划、创业融资与投资决策、企业创建、新创企业管理等内容。本书内容通俗易懂,注重理论联系实际,突出实用性和可操作性。全书按照创建真实企业的流程来展开描述,以创业过程为主线,构建创业全过程知识框架;优选更具时代感的案例,以增强新时代大学生对创业的兴趣。引导案例描述了真实的创业空间,章节案例明确了创业者的创业精神,应用案例强化了创业者的基本技能。

　　本书适合高等院校各类专业学生使用,也可作为社会各个层次进行创业教育、创业管理的培训教材。

图书在版编目（CIP）数据

创业管理 / 王子龙,蔡啟明,王建玲主编 . -- 北京：
高等教育出版社,2025.7. -- ISBN 978 - 7 - 04 - 064843 - 0

Ⅰ. F272.2

中国国家版本馆 CIP 数据核字第 2025DG2557 号

创业管理
Chuangye Guanli

| 策划编辑 | 邓 玥 | 责任编辑 | 邓 玥 | 封面设计 | 张 志 | 版式设计 | 杨 树 |
| 责任绘图 | 杨伟露 | 责任校对 | 张 薇 | 责任印制 | 张益豪 | | |

出版发行	高等教育出版社	网　址	http://www.hep.edu.cn
社　址	北京市西城区德外大街 4 号		http://www.hep.com.cn
邮政编码	100120	网上订购	http://www.hepmall.com.cn
印　刷	北京鑫海金澳胶印有限公司		http://www.hepmall.com
开　本	787mm×1092mm　1/16		http://www.hepmall.cn
印　张	19.25		
字　数	390 千字	版　次	2025 年 7 月第 1 版
购书热线	010-58581118	印　次	2025 年 7 月第 1 次印刷
咨询电话	400-810-0598	定　价	58.00 元

前　言

　　创业是一种普遍的社会现象和人类活动，是创业者对自己拥有的资源或通过努力对能够拥有的资源进行优化整合，从而创造出更大经济价值或社会价值的过程。10年前，创业一词在中国出现频率还较低，当下的创业却是如火如荼，尤其是大学生创业备受关注。社会转型与经济发展需要创新精神，仅仅拥有创业愿望而创业技能较低将会导致创业项目的失败。因此，对大学生的创业教育必不可少。在本书的编写上我们力求兼顾理论与实务，使两者能够完美融合又相得益彰，理论适用，解释现实，指导实践，以提高学生的综合应用能力。

　　在国务院和教育部有关文件指导下，各高校大力推进"大学生创新创业训练项目"的培育和实践，不断提升学生的创新思维和创新创业能力，强化专业教育、思政教育和创新创业教育的融合。大学生创新创业扬帆起航正当时，大多数学生有创业的勇气，但缺少对创业过程的了解和对创业所面临困难的认识。实施创业教育是增强大学生创业意识、提升创业能力、提高创业成功率的有效途径。

　　本书在体系结构上，保持了创业理论体系的基本构架，在内容上进行了整合和提炼，既突出创业管理的广泛实用性，又体现它的持续发展性。通过实践让学生从中加深对相关理论的理解，最终让学生用理论联系实践。本书的特色主要体现在：第一，全书按照创建真实企业的流程展开，以创业过程为主线，增加了新兴技术与创业的内容，构建创业全过程理论知识框架。让学生熟悉如何识别创业机会、如何组建创业团队、如何创新商业模式、如何有效制订创业计划、如何进行创业融资、如何创建一个新企业，以及如何去管理新企业。本书在理论上兼顾知识的系统性、前瞻性和实用性，让学生感受到创业管理的经典价值与创新魅力。第二，为了引领新时代大学生创业，本书优选了更具时代感的案例，以增强新时代学生对于创业的兴趣。引导案例描述了真实的创业空间，明确了创业者的创业精神，应用案例强化了创业者的基本技能。在实务上，突出现实性、可操作性和应用性，注重案例及相关材料的新颖性、国际化和本土化，真实地反映国内外创业管理的最新实践。第三，立足中国创业情境，突出中国式创业特征。对创业过程中可能遇到的各种问题进行阐述，并以案例形式进行引导分析，让学生深刻理解在中国创业的模式和方法，明确创业过程中的核心环节。本书注重体现知识的拓展性、案例的生动性、学习的自主性。导入正式内容前给出引导案例，以引起学生对本章的学习兴趣，在对应的理论与实践之间构建桥梁。

全书由王子龙、蔡啟明、王建玲统筹定稿。第一章由王子龙教授编写，第二章由赵亚普副教授编写，第三章由丰超副教授编写，第四章由谢嗣胜副教授编写，第五章由王建玲副教授编写，第六章由孙晓池讲师编写，第七章由王凌云副教授编写，第八章由宋连莲副教授编写，第九章由王子龙教授、蔡静雯讲师编写。本书成稿过程中得到南京大学刘海健教授，南京师范大学许箫迪教授、张志雯博士，南京中医药大学汤少梁教授，广西师范大学陆琳教授，南京邮电大学张冲副院长、邱士雷博士，常州大学朱永凤博士，无锡商业职业技术学院副校长周丙洋研究员的鼎力支持。

本书借鉴了国内外创业管理学者的研究成果，除注明出处的部分外，限于篇幅未能一一列出。本书同时得到南京航空航天大学教务处、经济与管理学院的大力支持，在此表示诚挚谢意！

创业管理是一门正在迅速发展的学科，新的思想不断涌现，原有的理论观点亟待完善，加之作者水平所限，本书中难免出现疏漏之处，敬请广大读者和同人提出宝贵意见！

编　者

2025 年 2 月于南京

目 录

第一章
创业与创业者

【学习目标】

1. 了解创业的内涵与类别。

2. 熟悉创业精神的主要概念和特征。

3. 掌握创业与创业者的基本概念。

4. 了解创业过程和创业前的工作。

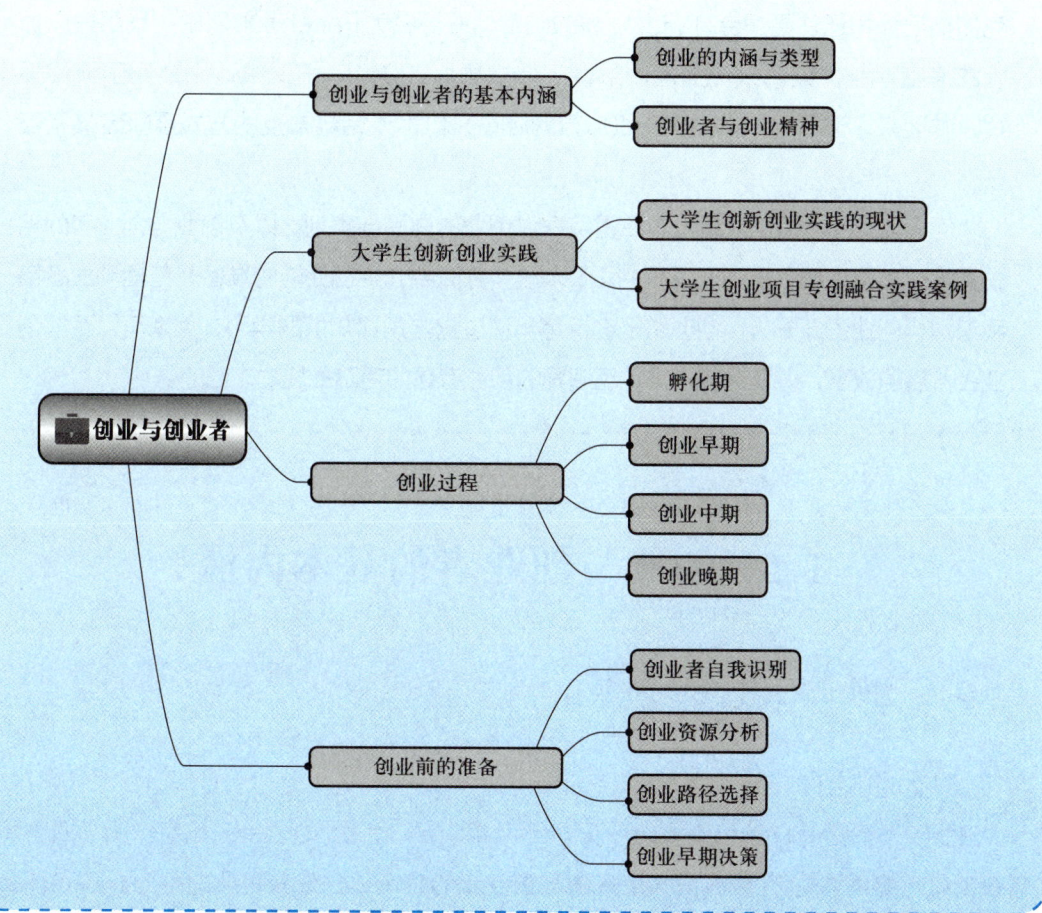

【引导案例】

Facebook（脸谱网）是全球最大的社交网站。Facebook 的创办人马克·扎克伯格是如何走上创业之路的呢？他又是如何把Facebook经营成全球最大的社交网站的呢？

扎克伯格其貌不扬又不善言辞，他创建了一个让男生点评和打分的网站Facemash，2小时内收获疯狂点击22 000次，他的举动引起了轰动，一度致哈佛大学的服务器几近瘫痪，因此遭到校方的惩罚。扎克伯格的行为引起了温克莱沃斯兄弟的注意。他们邀请扎克伯格加入他们的团队，并向他讲述了构建"哈佛关系网"的构想。扎克伯格在舍友萨维林的资助下，逐渐完善了网站的架构，创造出一个新颖社交平台：Facebook。

扎克伯格曾称，Facebook的使命不是盈利，而是推动世界更加开放，"这不是钱的问题，对于我和我的同事来说，最重要的是我们创建了一个开放的信息流。"扎克伯格把公司迁往更适合IT行业发展的硅谷，并更名为Facebook网站，其用户以惊人的速度增长，其资讯传播速度颠覆了传媒界。2004年，Facebook拿到了天使投资，并迎来了注册用户数量突破100万的壮举，以世人始料未及的方式重新定义了互联网。

何谓创业？何谓创业者？本章重点探讨创业的内涵与类别，以及创业与创业者的相关概念。本章系统分析创业过程的4个阶段，并简要介绍创业前的准备，包括创业者自我识别、创业资源分析、创业路径选择等。通过这些理论知识的学习，大家可以了解创业者背后的故事，以及这些人格特征迥异的创业者是如何踏上成功之路的。

1.1 创业与创业者的基本内涵

1.1.1 创业的内涵与类型

1. 创业的内涵

"创业"一词源于17世纪的法文。汉语词汇"创业"意为开创基业，出自张衡《西京赋》："高祖创业，继体承基。"传统意义上来说，创业指的是个体创建新企业的行为。随着社会经济的发展，大公司也在努力践行战略更新、新事业开发等形式的创业活动，也就是公司创业。值得一提的是，创业概念的内涵扩展到了非营利组织，出现了社会创业的概念。在今天不确

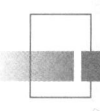

定性增加的动态复杂环境下，创业成为获取竞争优势、推动经济变革和促进社会进步的重要动力，创业所体现的价值越来越受到重视。

（1）聚集于创业过程维度。美国学者帕尔特·蒂·维罗斯把创业概念延伸到从人们创业意识产生之前到企业成长的全过程。他认为创业应该分为4个阶段：未成年、创业行动开始之前、开始创办企业、企业成长。未成年就是创业意识萌芽阶段，创业者心里有创业的冲动，只是还没有找到合适的机会。当机会出现后，创业欲望增强，开始进行各种准备活动，进入第二个阶段。接着，创业者或者独自一人，或者组建创业团队，开始进行市场调研，拟定创业方案、融资、注册登记、建厂生产、提高产品或者服务质量。最后，企业进入发展期，进入第二次创业阶段。[①]

（2）聚集于机会识别维度。赵志军认为，创业是一个发现和捕捉机会并由此创造出新颖的产品或服务和实现其潜在价值的复杂过程。[②]创业机会是创业活动的核心，也是创业研究的核心，机会识别强调创业机会产生于现有市场中各外部因素的状态变化中，这些机会客观、独立地存在于创业者的搜寻活动中。一般来说，经验和认知、人际关系网络、分析问题的科学方法和创造性等，都是有助于创业机会识别的关键因素和技巧。

（3）聚集于价值创造维度。世界创业教育领军人物杰弗里·蒂蒙斯认为，创业是一种思考、推理和行为方式，这种行为方式是机会驱动、注重方法和与领导相平衡。[③]创业是一个实现价值增值的过程。创业导致价值的产生、增加、实现和更新，不只是为所有者，也为所有参与者和利益相关者。创业成功会丰富社会的产品或服务，推动社会进步；同时，也会使创业者获得一定的物质方面和精神方面的回报。[④]

上述从不同维度对创业内涵的分析，均强调或突出了创业不同方面的特征，本书将创业定义为：创业就是创业者通过努力把所拥有的资源进行优化整合，从而创造出更大经济价值或社会价值的过程。具体来说，主要包括以下内涵：首先，创业是一种开创事业的活动，它意味着发现或创造新的商业机会，并将其转化为实际的经营行为。其次，创业需要具备创新精神，包括产品创新、技术创新、模式创新等，以独特的方式满足市场需求或解决问题。再次，创业能体现出强烈的风险承担意识。创业者往往面临诸多不确定性和风险，如市场风险、技术风险、竞争风险等，但他们勇于面对并积极应对。创业也意味着对人力、资金、技术、信息等资源的整合与运用，以实现商业目标。同时，创业是一个充满挑战和奋斗的过程，

① Reynolds P D. Sociology and entrepreneurship: Concepts and contributions [J]. Entrepreneurship theory and practice，1992，16（2）：47–70.

② 赵志军. 关于推进创业教育的若干思考 [J]. 教育研究，2006（4）：71–75.

③ 郑冉冉. 成功创业研究 [M]. 上海：上海三联书店，2005.

④ Timmons J A, Muzyka D F, Stevenson H H, et al. Opportunity recognition: The core of entrepreneurship [J]. Frontiers of entrepreneurship research，1987，7（2）：109–123.

需要创业者具备坚韧不拔的毅力、决心和激情，不断克服困难，追求成功。此外，创业还具有创造价值的本质，包括为消费者创造价值、为社会创造就业机会、为经济增长作出贡献等。它不仅仅追求个人利益，也有更广泛的社会意义。总之，创业是一个综合性的概念，涵盖了创新、风险承担、资源整合、奋斗精神和价值创造等多个关键要素。

2. 创业类型

随着创业活动的日益广泛，创业活动的类型也呈现出多样化趋势。了解创业类型，比较不同类型创业活动的特点，有助于我们更好地理解和开展创业活动。创业类型的划分有多种，这里仅从创业方式和创业主体两个维度进行划分。

（1）基于创业方式的分类

根据创业方式对创业进行分类，是一种比较常见的分类形式。这种分类有助于创业者了解不同创业方式的优势、劣势以及对创业者的要求，关注创业活动的效果及其可能面临的风险，进而提升创业活动的效益和成功率。在这方面，芬兰经济学家克里斯琴·格罗路斯的分类颇具代表性。克里斯琴等人依照创业对市场和个人的影响程度，将创业分为4种基本类型，即复制型创业、模仿型创业、安定型创业和冒险型创业。

① 复制型创业

复制型创业是在现有经营模式的基础上进行简单复制的创业活动。例如，某人原本在餐厅里担任厨师，后来离职自行创立一家与原服务餐厅类似的新餐厅，且餐厅的菜品和营销等与离职前的那家餐厅相似。在现实生活中，复制型新创企业的比例较高，且由于前期经验的积累，成功率也很高。但是，在这种类型的创业活动中，创新的贡献比较小，缺乏创业精神的内涵，不是创业管理主要研究的对象。这种类型的创业基本上只能被称为"如何开办新公司"，因此很少会被列为创业管理课程中的学习对象。

② 模仿型创业

模仿型创业指的是创业者看到他人创业成功后，采取模仿和学习的方式而进行的创业活动。模仿型创业具有投资少、见效快、迅速进入市场等特点。对于市场来说，这种形式的创业虽然创新的成分也很少，但与复制型创业的不同之处在于，其创业过程对创业者而言还是有很大的冒险成分的。这种形式的创业具有较高的不确定性，学习过程长，犯错误的机会多，试错成本也较高。如果创业者具备适合创业的人格特性，经过系统的创业管理培训，掌握正确的市场进入时机，还是有很大机会可以获得成功的。

③ 安定型创业

安定型创业是指在比较熟悉的领域所进行的不确定因素较少的创业活动。这种创业类型的特点之一是创业风险较小。安定型创业可以获得大公司的帮助和扶持。因此，相较于其他

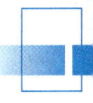

类型的创业来说，这种类型的创业者在创业过程中面临的风险相对较小；特点之二是强调创新。这种类型的创业十分强调创新，比如技术创新、理念创新等。它不是指创造产生新的企业，而是希望通过创新来为市场创造更多的利益和价值。这种创业虽然为市场创造了新的价值，但是对创业者而言，并没有太大的改变，其所从事的仍是比较熟悉的工作，企业内部创业即属于这一类型。例如，企业内的研发团队在开发完成一项新产品之后，继续在该企业内开发另一款新产品，这种创业类型强调的是个人创业精神最大限度地实现，而不是对原有组织结构进行设计和调整。

④ 冒险型创业

冒险型创业是指在不熟悉的领域进行的不确定性较大的创业活动，属于机会型创业中的一种，即创业者在获得商业机会的同时，追求高利润回报，承担较多的风险。经济利润的刺激同实现商业机会的欲望，对于创业者来说同样具有吸引力。冒险型创业将极大地改变个人命运，因为经营一项全新的产品，个人前途的不确定性很大，同时，由于这种创业是创造新价值的活动，也将面临较大的失败可能性。通常情况下，那些以创新的方式为人们提供具有自主知识产权的新产品、新服务的创业活动，就属于这种类型的创业。这里要提醒的是，创业者只有在具备超强的个人能力，拥有非常有竞争力的产品，恰逢适宜的创业时机，且制定合理的创业方案，并能进行科学创业管理的条件下，才有可能创业成功。

（2）基于创业主体的分类

根据创业主体的不同，创业还可以划分为个体创业和公司创业。个体创业主要指不依附于某一特定组织而开展的创业活动。公司创业主要指在已有组织内部发起的创业活动，这种创业活动可以由组织自上而下发动，也可以由员工自下而上推动，但无论推动者是谁，公司内的员工都有机会通过主观努力参与其中，在这种创业中得到锻炼并获得报酬。从创业本质来看，个体创业与公司创业有许多共同点，但是由于创业主体在资源、禀赋、组织形态和战略目标等方面各不相同，因而两者有较大的差异，主要差异如表 1-1 所示。

表 1-1　个体创业和公司创业的主要差异

个体创业	公司创业
创业者承担风险	公司承担风险
创业者具有商业头脑	公司具有创业潜能，特别是与创业活动有关的知识产权
创业者拥有全部或大部分事业	创业者或许拥有公司的权益，但可能只是很小一部分
从理论上说，创业者的潜在回报是无限的	在公司内，创业者所能获得的潜在回报是有限的

续表

个体创业	公司创业
创业者的一次失误可能导致创业失败	公司拥有更多的容错空间，能够吸纳失败
受外部环境波动的影响较大	受外部环境波动的影响较小
创业者具有相对独立性	公司内部的创业者更多地受团队的牵制
在过程、试验和方向的改变上具有灵活性	公司内部的规则、程序和官僚体系会阻碍创业者的策略调整
决策迅速	决策周期长
低保障	高保障
缺乏安全网	有一系列安全网
在创业设想上，可以沟通的人少	在创业设想上，可以沟通的人多
至少在创业初期，存在有限的规模经济和范围经济	能够很快实现规模经济和范围经济
严重的资源局限性	在各种资源方面都占有优势

表1-1显示了个体创业和公司创业在风险承担、成果收获、创业环境、创业成长等方面的区别，接下来将从法人资格、资金获取、门店等角度对个体创业和公司创业进行区分。从法人资格角度，个体户不具备法人资格，以全部资产对全部债务负责，承担无限的连带责任；公司具备法人资格，对债务责任的承担仅以出资额为限，有限责任公司承担有限的连带责任，有利于对经营风险进行控制防范。

从资金获取角度，相较于个体户，公司进行银行贷款的便利度及额度会增加，也可以通过多个股东及合伙人扩大公司规模，也更容易获得外部的投资。

从门店角度，个体户只有一个经营场所，且一个人只能注册一个个体，所以不能开分店，也不利于其品牌的打造与传承；公司可以进行股权转让，设立分公司或子公司甚至企业集团。

综上所述，创业者需要根据企业的实际经营内容和模式等情况综合考虑，发挥个体创业和公司创业各自的优势。

1.1.2　创业者与创业精神

1. 创业者

创业者一词由法国经济学家理查德·坎迪隆于1755年首次引入经济学。1800年，法国经济学家让·巴蒂斯特·萨伊首次给出了创业者的定义，他将创业者描述为将经济资源从生产

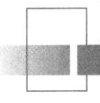

率较低的区域转移到生产率较高区域的人，并认为创业者是经济活动过程中的代理人。著名经济学家约瑟夫·熊彼特在1934年提出，创业者应为创新者，即具备发现和引入新的更好的能赚钱的产品、服务和过程的能力的人。

创业者是指某个人发现某种信息、资源、机会或掌握某种技术，利用或借用相应的平台或载体，将其发现的信息、资源、机会或掌握的技术，以一定的方式，转化、创造成更多的财富、价值，并实现某种追求或目标的人。创业搭档是创业者，而创业合伙人不一定是创业者。

从经济学角度来看，经济学对创业者的研究，主要是通过典型案例和调查访谈，总结创业成功者的共性，分析影响创业者成功的相关因素。在此基础上，研究如何鉴别和选择成功的创业者，以期为投资者识别成功的创业者提供帮助。托马斯·贝格利认为，以创业者的地位、公司的成立时间及公司的增长率为依据，通过对上述三方面相关因素的分析，可以得出小企业创业者不同于一般经理人的特性，从而可以从大量经理人中辨别出创业者。吉迪恩·马克曼和罗伯特·巴伦在借鉴个人—组织适合理论的研究成果基础上，提出了独特的个人—创业适合度模型，指出创业者的个性特征与成为创业者的要求越匹配，创业成功的可能性越大。该模型通过对创业者各种明显差异特征的分析，指出自我感知能力、机会识别能力、坚定不移的意志、丰富的人力和社会资本、出众的社会技能是影响创业者成功的关键因素，也是个人—创业适合度模型分析的主要内容。该模型框架为创业者努力寻找创业机会和成功创业提供了新的有价值的方法。[①]

从管理学角度来看，管理学主要从组织行为的角度来分析创业者的行为，研究的焦点是创业者和组织之间的关系，以及创业者在组织中的领导职能。萨伊认为，创业者是生产过程的协调者和领导者，一个成功的创业者必须具有判断力、毅力、广博的知识以及非凡的管理艺术。英国经济学家阿尔弗雷德·马歇尔认为，创业者应该是创新者，他认为创业者在企业中担任多重领导职能，如管理协调、创新和承担不确定性风险等。一个真正的创业者必须具备两方面的能力：一方面他必须对自己经营的事业了如指掌，有预测生产和消费趋势的能力；另一方面他必须有领导他人、驾驭局势的能力，善于选择自己的助手并信赖他们。

从心理学角度来看，心理学对创业者的研究主要集中于其个性特征与心理特性，强调从认知特性角度来研究创业者的感知力、想象力等主观因素，试图通过对创业者心理特征和功能的描述来解释其创业活动。相关学者将利用个体所拥有的特性，如成就需要、自主需要、控制信念、决策、创造的欲望和自信心等，作为评判创业者的标准。因此，对人格特性的研究逐渐成为甄别创业者与非创业者的一种工具。有部分心理学者强调自我感知能力在创业中

① Baron R A, Markman G D. Beyond social capital: The role of entrepreneurs' social competence in their financial success [J]. Journal of business venturing, 2003, 18（1）: 41–60.

的作用，包括创业者在职业选择、目的、绩效等方面自我感知能力的重要作用，表现在创业者行为设置的选择方面。自我感知能力是指创业者对是否能够成功扮演创业中的各种角色和承担任务的自信程度，包括对创业者5个方面能力的自我检验：市场、创新、管理、风险和金融控制。有学者据此提出了创业者自我感知能力模型，预测一个人成为创业者的可能性，以便从经理人中甄别创业者。

从社会学角度来看，社会学把创业者与创业活动置于一个社会背景下，强调从外部社会来研究创业者和创业现象。英国管理学家琼·伍德沃德从微观角度研究了创业者个人的社会网络问题，认为社会网络在帮助创业者建立和发展企业时扮演了积极的角色，个人的社会网络特性可以提高他真正创办一家企业的概率。因此，成功的创业者往往会花费大量的时间去建立个人的社会网络以帮助新创企业的成长。当创业者能够通过社会网络得到充足而及时的资源时，他就容易取得成功。巴伦和马克曼研究了创业者的社交能力对其创业的影响，他们通过对创业者社交能力的调查，认为创业者一般都能有效地利用周围的社会关系与社会资源。社交能力一般建立在创业者良好的名誉和广泛的社会网络基础上，这种良好的社会资本有利于帮助创业者接近对他们的成功有重要影响的人。因此，在其他因素相当的情况下，创业者的社交能力越强，对创业的影响越大，创业成功的概率越大。[①]

2. 创业精神

（1）创业精神的概念

创业精神，也叫企业家精神，这个概念最早出现于18世纪，其含义一直在不断变化。创业精神是指在创业者的主观世界中，那些具有开创性的思想、观念、个性、意志、作风和品质等。哈佛大学商学院对创业精神的定义是："创业精神就是一个人不以当前有限的资源为基础而追求商机的精神。"从这个角度来讲，创业精神代表着一种突破资源限制，通过创新来创造机会、创造资源的意识，而不是简单地指创造或创新。

创业精神的基本概念可以从哲学层面、心理学层面、行为学层面等方面来加以理解。从哲学层面看，创业精神是人们对创业行为在思想上、观念上的理性认识；从心理学层面看，创业精神是人们在创业过程中体现的创业个性和创业意志的心理基础；从行为学层面看，创业精神是人们在创业行为中所表现的创业作风、创业品质的行为模式。综合已有的创业精神定义，本书对创业精神进行以下界定：创业精神是创业者在创业过程中的重要行为特征的高度凝结，主要表现为勇于创新、敢担风险、团结合作、坚持不懈等。

创业精神存在于常规商业行为之外，本质上是一种领导力的体现。包括：主动；组织或

---

① Baron R A, Markman G D. Cognitive mechanisms: Potential differences between entrepreneurs and non-entrepreneurs [J]. Frontiers of entrepreneurship research, 1999, 19: 1-5.

再组织社会经济机制来将资源和环境转化成实际收益；接受失败的风险；通过领导变革和创造，把企业做大，承担投资带来的风险等。

创业精神与远见、变革和创新密切相关。它需要耗费精力和激情来创造和实施新的想法和创新性的解决方案。它的本质是自愿承担风险，包括时间的流逝、公平感的丧失或者职业生涯的跌宕起伏；拥有能够组成一个有效的创业团队的能力；掌握整合必要资源的创造性技能以及形成一个固定的商业计划的基本职能。

创业精神是创业者各种素质的综合体现，它集冒险精神、风险意识、效益观念和科学精神为一体，体现了创业者具有开创性的思想、观念和个性，以及积极进取、不畏失败和敢于担当等优秀品质。创业精神不仅是一种抽象的品质，而且是推动创业者创业实践的重要力量。其意义表现在：第一，创业精神能让创业者发现别人注意不到的趋势和变化，看到别人看不到的市场前景；第二，创业精神能让创业者在新事物、新环境、新技术、新需求、新动向面前具有较强的吸纳力和转化力；第三，创业精神能让创业者不断寻找机会，不断创新，不断推出新产品和新的经营方式。

（2）创业精神的主要特征

熊彼特专门研究了创业者创新和追求进步的积极性所导致的动荡和变化，他将创业精神看作一股"创造性的破坏"力量。因为创业者采用的"新组合"使旧产业遭到淘汰，原有的经营方式被新的、更好的方式摧毁。美国管理学家彼得·德鲁克将这一理念推进了一步，称创业者是主动寻求变化、对变化作出反应并将变化视为机会的人。

综观各个学派、各界人士对创业精神的理解，通过对古今中外创业者的创业活动和人格特征的深入分析，本书将创业精神的特征概括为以下几个方面。

① 综合性。创业精神是由多种精神特质综合作用而形成的。如创新精神、拼搏精神、进取精神、合作精神等，都是创业精神的重要特质。

② 整体性。无论是创业精神的产生、形成和内化，还是创业精神的外显、展现和外化，都是由哲学层面的创业思想和创业观念，心理学层面的创业个性和创业意志，行为学层面的创业作风和创业品质三个层面所构成的整体，缺少其中任何一个层面，都无法构成创业精神。

③ 先进性。创业精神的最终体现就是开创前无古人的事业，所以它必然具有超越历史的先进性，想前人之不敢想、做前人之不敢做。

④ 时代性。不同时代的人们面对着不同的物质生活和精神生活条件，创业精神的物质基础和精神营养也就各不相同，创业精神的具体内涵也就不同。创业精神对创业实践有重要意义，它是创业理想产生的原动力，是创业成功的重要保证。

⑤ 地域性。创业精神还明显地带有地域特色，如作为改革开放前沿的广东，其创业精神明显带有"敢为天下先""务实求真""开放兼容""独立自主"等特性。

1.2　大学生创新创业实践

大学生创新创业实践是大学生在面对工作任务时产生的创造性与创新性引领的状态和行动，这种状态和行动主要与知识、情感、意志、行动相联系。大学生创新创业实践需要善于思考、勇于冒险的勇者精神，不畏艰难、勇于实践的实干精神，追求卓越、与时俱进的学习精神，以及坚韧不拔、持之以恒的坚定信念。创新与创业紧密联系，创新是创业的前提，亦是创业精神的本质，创业活动不仅包括开创企业，任何工作任务中有创新价值的活动亦是创业活动，创业为创新提供新的载体。清晰了解大学生创新创业实践的内涵，将其深度融入教学改革，对新形势下的人才培养意义重大。

1.2.1　大学生创新创业实践的现状

1. 新时代大学生创新创业实践能力的培养现状

自20世纪90年代末开始，我国部分高校开始对开展创新创业教育进行探索尝试，如北京大学、浙江大学、华南理工大学等。这些高校开拓创新，勇敢探索尝试，为我国高校创新创业教育的发展打下了坚实的基础。2001年，教育部将北京大学、清华大学、复旦大学等9所高校列为国家创新创业教育试点学校，并从政策等方面给予积极扶持，标志着我国高校的创新创业教育已经从自发探索阶段转为多元探索阶段。后来，教育部又实施了创新创业工程质量项目，在全国范围内精心筛选设立了30个以提高创新创业能力为主要目标的人才培养创新实验基地。2010年，《教育部关于大力推进高等学校创新创业教育和大学生自主创业工作的意见》对做好创新创业教育和抓好大学生创业实践进行了全面部署，标志着我国高校创新创业教育进入全面发展的新阶段。在"大众创业、万众创新"的时代背景下，各高校将开展创新创业教育列入学校日常教育的重要内容，不断完善创新创业课程体系，努力建立健全各项制度，丰富创新创业活动实践，有力地推动了创新创业教育的开展。

近年来，高校人才培养机制不断趋向完善，教育辐射范围也不断外延，以第二课堂为阵地，以创新实践及志愿活动和创新创业大赛为主导，不断完善大学生的创新实践能力培养体系，提升大学生就业创业能力。当前研究范畴聚焦于大学生创新创业价值观、劳动观和系统认知、培养体系构建与思政融合、学科竞赛与红色文化融合、校企共建，并从创新创业的意义及实践等层面进行探析，一定程度上畅通了创新创业实践培养渠道，拓宽了大学生的视野，激发了大学生的问题意识和探究积极性。由于生源结构及培养结构的多样性和复合性，高校往往将主要精力放在第一课堂的教育管理上，而对第二课堂上大学生创新创业和实践能力的

针对性培养有些力不从心，长效监督及评价机制也较为缺乏，创新创业教育工作停留在表面，缺乏完善的创新创业教育规划。这主要源于对生源结构的分析、对第二课堂教育资源的整合利用、网络数据大环境以及对学生个体的差异性认识不到位。同时，部分大学生自身创新创业实践的意识不强、积极性较差，也影响教育的成效。

因此，在原有教育模式的基础上，高校要系统推进大学生创新创业实践能力的培养，除了教育策略和手段的灵活运用、良好外部环境的营造外，还要着重关注学生的问题意识及其学习风格，有效盘活教育资源，形成能力培养推力，提升创新创业实践能力的培养质量，有力地推动创新创业教育的开展。

2. 大学生创新创业实践面临的问题

（1）大学生创业缺乏创新精神，难以实现1+1>2

由于受思想认识、传统就业择业观念的束缚，很多大学生对开展创新创业缺乏激情和热情，不能深刻认识到创新创业的重要性，而只是把开展创新创业活动作为应对学校规定的修满学分的一种手段。此外，部分学生虽然有创新创业的想法，但对自身的能力缺乏自信，同时又得不到应有的指导和帮助，开展创新创业的积极性明显不足，所以在某种程度上缺乏创新精神，创新思维不够活跃，不能将两个看似不相关的事物进行有机结合。那些能将不相关事物进行有机结合的人，大部分都是创业成功者。例如，有设计者想利用热敷原理制造塑料软包装保温瓶，使新产品既能保温，又能用于取暖，但由于现阶段难以找到理想的材料，所以作罢。但其他人利用了这一设想，把热敷原理转换成药敷原理，开发出药物褥垫等一类新产品，把保暖和治病两种功能很好地结合起来。这就是大胆创新的案例。通过灵活的创造力，将"不可能"转变为"可能"，这个"可能"可通过"跨界组合""行业与行业之间强强联手"等方式实现。

（2）浅尝辄止的大学生创业与缺失的评价标准

近年来，随着国家对高校大学生自主创业的重视，越来越多的地方与学校纷纷举办大学生创业大赛，吸引了全国各地高校学生广泛参与，关注度空前高涨。但是，从目前高校创新创业教育开展情况看，重基础理论传授、轻实践能力训练的现象普遍存在，虽然学校也组织技能大赛、创业比赛等活动，但很多学校和学生是为比赛而比赛，真正付诸实践的并不多。同时，在大学生创新创业实践基地建设上有待进一步完善，创新创业实践基地形式单一、设施落后。创新创业教育是一种实践性、技术性很强的教育，学生创新创业能力的培养只有在实践中才能得到有效的发展，但是部分高校的创业教育实践基地建设远远不能适应培养创业人才的需要，无法满足大学生开展创新创业实践活动的需求。许多创业大赛仅仅是昙花一现，只是在比赛的舞台上大放异彩，吸引大家关注的目光。在比赛结束

后，无法对实际过程中产生的不足进行有效评估并及时加以修正，也并未将这样的辉煌延续下去，如实现有效的招商引资、寻找对创业方案感兴趣的投资商。更有一些学生只是将创业大赛视为能否评上"优秀学生"，能否拿到奖学金的"敲门砖"，并未真正领会创业大赛的意义。

（3）大学生创业能力不足

创业是具有风险和挑战的事情，对创业者的知识储备、判断能力、决策能力、执行力、管理能力等都有很高的要求，在当前的教育现状下，我国大学生参与市场经济活动较少，对创业普遍缺乏信心。调查数据显示，创新能力较强的大学生仅占3.8%，具有一定创新能力的占54.8%，而高达41.4%的大学生缺乏创新思维能力，总体处于中等水平，亟待进一步提升。80%的大学生认为自己的创业知识和能力远远不能满足成功创业的需求，缺乏专业技术知识、沟通协调能力、领导能力、创新意识和良好的心理素质。[①]大学生创业能力主要由知识获取能力、创新思维能力、社会实践能力、信息处理能力、管理能力、心理承受能力六个方面构成。其中，知识获取能力不仅仅指大学生从课堂上学习的专业知识，还需要法律知识、经济知识、社会知识等。创新思维能力是打破常规、独辟蹊径的思维活动，大学生创业者难以突破常规思维定式，不能敏锐地捕捉到市场的信息。因此，大部分大学生创业者的创业计划书十分幼稚，难以实施。当前高校创新创业教育体系还不完善，很多高校的创新创业教育课程内容和模式较为单一，主要以讲座形式开展，缺乏系统性、完整性，不能结合学校实际和学科特色进行有效开展。同时，很多高校教师缺少过硬的专业知识及丰富的实践工作经验，创业知识也是零散的理论和照本宣科，缺乏实际感悟，不利于学生创新意识的培养。

3. 大学生创新创业训练项目

根据《教育部　财政部关于"十二五"期间实施"高等学校本科教学质量与教学改革工程"的意见》（2011年）和《教育部关于批准实施"十二五"期间"高等学校本科教学质量与教学改革工程"2012年建设项目的通知》，教育部决定在"十二五"期间实施国家级大学生创新创业训练项目。2014年9月，"大众创业、万众创新"被提出，成为实施创新驱动发展战略的关键策略。此后，"双创"倡议在党和政府多个重要决议中被强调，十九大报告中更是明确提出"激发和保护企业家精神，鼓励更多社会主体投身创新创业"。创新创业教育已然成为我国高校当下工作的重点之一，创新创业教育的核心在于培养大学生创新创业精神、创新创业素质及创新创业实践能力。

---

① 曾竞.校园文化视域下大学生创新创业能力培养路径探析——基于广东五所高职院校大学生的调查［J］.科技与创新，2021（03）：167-169.

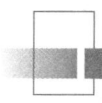

（1）国家级大学生创新创业训练计划

国家级大学生创新创业训练计划简称"国创计划"，其实施是为了进一步推动高等教育教学改革，开展以学生为主的创新性实验，使学生在本科阶段得到科学的训练，提高大学生的创新能力和实践能力，培养一批拔尖创新人才。其目标是促进高等学校转变教育思想观念，改革人才培养模式、强化创新创业能力训练，增强高校学生的创新能力和在创新基础上的创业能力，培养适应创新型国家建设需要的高水平创新人才。

国家级大学生创新创业训练计划的项目周期一般为1~2年。创新训练项目是本科生个人或团队，在导师的指导下，自主完成创新性研究项目设计、研究条件准备和项目实施、研究报告撰写、成果交流等工作。在导师的指导下，团队中每个学生在项目实施过程中扮演一个或多个具体的角色，完成商业计划书编制、可行性研究、企业模拟运行、创业报告撰写等工作。基于前期创新训练项目的成果，开发具有市场前景的创新性产品或者服务，开展创业实践活动。

国家级大学生创新创业训练计划由中央财政、地方财政共同支持，参与高校按照不低于1:1的比例，自筹经费配套。中央部委所属高校参与国家级大学生创新创业训练计划，由中央财政按照平均一个项目1万元的资助数额，予以经费支持。地方所属高校参加国家级大学生创新创业训练计划，由地方财政参照中央财政经费支持标准予以支持。各高校可根据申报项目的具体情况适当增减单个项目的资助经费。对中央部委所属高校创业实践项目，每个项目经费不少于10万元，其中，中央财政经费应资助5万元。

（2）中国"互联网+"大学生创新创业大赛

为深入贯彻落实全国教育大会精神，全面落实《国务院办公厅关于深化高等学校创新创业教育改革的实施意见》（2015年）等文件要求，2015年教育部与有关部委共同主办了首届中国"互联网+"大学生创新创业大赛，至2023年，已举办9届大赛。2024年更名为"中国国际大学生创新大赛"。大赛旨在激发学生的创造力，培养造就"大众创业、万众创新"的生力军；鼓励大学生了解国情民情，在创新创业中增长智慧才干，在艰苦奋斗中锤炼意志品质，努力成长为德才兼备的人才。

2025年大赛主题为"我敢闯，我会创"，旨在达成"更中国、更国际、更教育、更全面、更创新、更协同"的总体目标，涵盖传承红色基因、深化国际交流、推动教育融合、实现教育全覆盖、激发创新动能以及促进协同发展等方面，以此落实立德树人，激发青年创新热情，服务国家建设。主要任务包括以赛促教，推动高校人才培养范式变革，提高人才自主培养质量，深化创新创业教育改革，提升学生创新能力；以赛促学，激励青年成长为拔尖创新人才，扎根国情开展创新创业实践，培养新时代好青年；以赛促创，搭建产教融合平台，促进成果转化和就业创业，推动产业升级与融合发展。大赛内容有主体赛事（高教主赛道、"青年红色

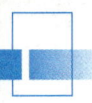

筑梦之旅"赛道、职教赛道、产业命题赛道和萌芽赛道)、"青年红色筑梦之旅"活动以及同期活动(优秀项目资源对接会、创新成果展、创新论坛、指数框架体系发布会等)。

1.2.2 大学生创业项目专创融合实践案例

本小节将详细介绍南京航空航天大学自动化学院 2013 级王昂博士的创新创业项目,以及他在专业知识与创业融合的实践过程中遇到的困难与收获。

1. 兴趣使然,自小创新

王昂自小就十分热爱创新发明与设计,高中时期曾获全国青少年科技创新大赛二等奖并参加了全国青少年科技创新成果展。大一开始他就积极参加各种科技创新活动,曾获得机器人创新大赛、电子设计竞赛第一名等诸多校级奖项。大二时期他组建了"数字水墙"科创团队,担任第一作者及队长。经历了数次失败与挑战,项目终于研发成功,实现了国内首台自主创新的数字水墙产品,此项目获得"挑战杯"全国大学生课外学术科技作品竞赛一等奖。

2. 孵化创新,首次创业

许多大学的课题、项目经常不可避免地最终尘封于实验室之中,而王昂却不甘心,一方面他用自己获得的各类比赛奖金继续支持数字水墙的研发工作,另一方面随着数字水墙项目的不断完善,他带领项目团队参加了国内各类著名的科技展会,在收获许多建议的同时,也让他坚定了创业的想法。2013 年,王昂集合一批志同道合的小伙伴,成立了南京凡锤信息科技有限公司,开始了他艰辛的创业征程。

创业过程十分艰苦,为了把数字水墙的显示效果做到最好,将数字水墙结构做得更简单,成本更低,王昂带领团队不知道做了多少次实验,经历了多少次方案的推倒重来,最终做出了可叠加式的数字水墙模组,并且提供手机 App 控制,使得数字水墙的易用性、娱乐性发挥到极致,成本降到最低。数字水墙产品也成功走向市场,中国科技馆、鸟巢等有影响力的建筑均出现了它的身影。在和一些国外供应商进行良好沟通后,数字水墙模组也成功销往韩国、泰国、俄罗斯、迪拜、澳大利亚等国家,受到多方关注。该团队于 2011 年获得"挑战杯"中国大学生创业计划竞赛金奖,南京市大学生优秀创业项目最高扶持。王昂本人也获得了全国优秀共青团员的荣誉称号。

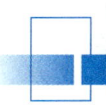

3. 航空报国，毅然转型

创业的同时，王昂也在攻读南京航空航天大学自动化学院导航制导与控制专业的博士学位，主要研究方向为无人机飞行控制技术。随着学习的深入，王昂发现应该把自己的知识学以致用。当时比较火的多旋翼无人机，诸如大疆公司等生产的飞机都存在续航时间短的问题，而短航时作为消费级无人机可能够用，但是在行业应用中就是一个很大的瓶颈。航空人都有一种情怀，希望自己的飞机能真正飞向蓝天，解决无人机领域存在的问题，能大力推进无人机行业的发展。于是，王昂结束了仍然在盈利的南京凡锤科技有限公司，将资金和团队都投入新型超长航时无人机的研发中，同时引入了一位合伙人，于2015年成立了一家新公司——南京婆娑航空科技有限公司，致力于超长航时无人机、油电混合无人机智能电源系统、混合翼无人机等的研发、生产、销售工作。

4. 团队精干，企业完善

南京婆娑航空科技有限公司推行"坚持以人为本、践行技术创新"的企业发展策略，形成了以公司章程为企业发展纲领，人才激励制度、技术创新奖励制度、项目运作管理制度等为指引的系列化管理体系。项目运作过程中，坚持重大决策股东会（董事会）制，行政管理总经理负责制，各职能部门各司其职，相关部门负责人责任制。公司有一支硕博研究生团队为主体的科研运营队伍，负责人为王昂，团队其他成员均为各自领域的专业人才，有着丰富的科研及国家重点实验室工作经历，能力素质高、技能水平强。

5. 核心研发，精益求精

王昂带领团队经过一年左右的研发，终于成功攻克超长航时无人机的难题，研制出无人机用油电混合智能电源系统，突破了多旋翼无人机航时的瓶颈，将电动多旋翼航时由分钟级带入4小时级。

无人机用油电混合智能电源系统集合了智能实时功率预测控制、油电能源混合输出系统、发动机主动控制反馈系统、能源故障诊断系统等，其能量密度能达到约1 140瓦时/千克，远远超过现有锂电池平均200瓦时/千克的能量密度，且成本低，和锂电池在同样的价格区间内，具有广阔的市场前景。该系统应用在无人机上，可以将多旋翼无人机续航时间延至4~6个小时，续航里程提高到100千米，能为其多旋翼、固定翼、混合翼等提供油电混合智能电源系统。公司于2018年成功挂牌江苏省股权交易中心上市，同时也获得了江苏省创新创业大赛三等奖，拥有专利、商标等40余项。王昂个人也获得了工信部创新创业一等奖学金。

1.3　创　业　过　程

为什么一个人会选择创业？到目前为止，没有一套理论能概括全部创业者的人生经历。不同的人，创业理由都会因各自背景的差异而有所不同。有的人是因为失业了，找不到工作；有的人是因为不想被别人管着；有的人是因为家人都去创业了，耳濡目染；有的人是因为看到别人创业并成功了，所以也想效仿；有的人是看到了别人创业，觉得自己比别人强，认为自己肯定会做得更好；有的人认为自己寻获了某种商机，认为自己成功在即；有的人是因听了身边的亲戚朋友的意见……

每个人的创业理由不同，每个人的创业旅程也不会一模一样，可是，如果一个人想成功创业，在创业期间少走冤枉路，有些过程是必不可少的。

本书将创业过程大致分为四个阶段：① 孵化期；② 创业早期；③ 创业中期；④ 创业晚期。如图1-1所示。

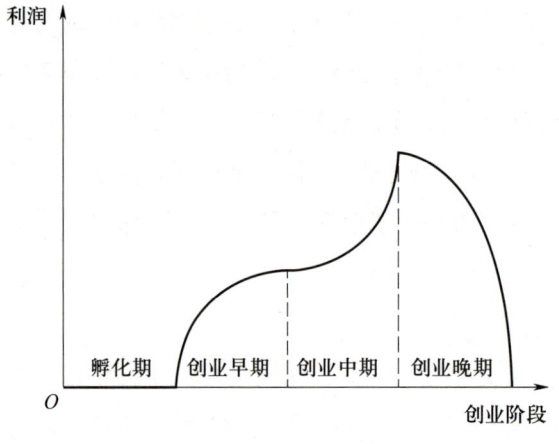

图1-1　创业过程的四个阶段

1.3.1　孵化期

孵化期通常从一个人产生创业想法的时刻开始。许多人都会卡在这一阶段，许多创业者也会在这一阶段徘徊很久。他们开始对创业有了一定的想法，这想法或许是兴趣，或许开始关注创业的信息，了解创业的知识、案例。在搜寻到部分行业信息后，处于孵化期的创业者开始寻找创业的方向，接触某些领域的创业者，开始着重关注某些创业项目，寻找创业机会。

这个阶段的战略主题就是寻找机会，进行商业模式及产品的试错。起步时，往往一个想

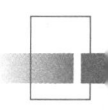

法、一个创意，就能形成一个项目。但想法和创意只有经过市场的检验，才可能成功，才可能成为一家企业发展成熟的竞争力。对于一名创业者来说，他在这个阶段所经历的事情并不仅仅是想自己要不要创业。如果想取得成功，那他必须完成以下工作：① 识别创业机会；② 组建创业团队；③ 设计创业模式；④ 制订创业计划；⑤ 筹集创业资金。

识别创业机会是创业活动的出发点，是创业者通过各种方式搜寻、发掘和评估市场中的创业机会，为实施创业做好准备的活动过程。识别创业机会不仅涉及创业者的创造性人格特质，更需要创业者构建和利用自身的关系网络。一般来说，关系网络规模越大，越有利于初期创业者获取新创企业所需的多样化资源。因为在关系网络中，人们在知识、信息等各方面资源的种类和存量有较大差异。关系网络规模越大，越能增加创业者获取资源的种类和质量。切勒等认为，在创业机会识别阶段，关系网络规模对创业机会信息和知识的搜集与处理、知识积累与整合、创业经验与勇气等资源的获取具有显著的正向影响。[①]

这个被识别的创业机会有可能受到主观感知的影响。也就是说，当一个人认为他寻获了商机时，他可能是真的获得了一个创业的好机会，但也有可能只是他个人的一厢情愿。例如，我们时常可以看见有些人自信满满地发明了某样东西，虽然他的家人和好友都对其赞不绝口，可是真心支持和喜欢这样东西的人也就只有他的家人和朋友。所以，理智的潜在创业者通常不会只向他的亲戚朋友征求创业意见反馈。我们将会在第三章更详细地讨论如何识别创业机会。

当一个人认为自己已经发现某个商机后，他可能会选择自己创业。更有可能的是他需要组建自己的团队，不同的商机需要不同的队伍阵容。例如，如果一个人只是想要摆一个烤鱿鱼摊，那他可能只靠自己就够了。如果一个人想要开一家电商服装店，那他可能需要一名模特。如果一个人想开办一家公司，那么他所需要的人手和岗位会比前者多很多。选择适合的团队成员是所有成功团队的核心要素。除了技能和经验之外，还需要考虑团队成员的价值观、沟通能力和合作精神。这个过程是复杂而关键的，因为每个成员都将对团队的效率、和谐和成就产生深远影响。所以，创业团队的组建也是创业孵化期的一项重要任务。

如果一个人想要创业，他必须要考虑的另外一件事就是他想选择什么样的创业模式，简单而言，就是在创业的过程中明确赚钱的形式。创业者要明确企业的产品所面向的目标客户群体到底是哪些人群，有哪些兴趣点，目标客户群体存在哪些需求，基于明确的目标客户群体，企业对客户需求进行分析，找到业务与目标客户群体的需求的契合点。接下来，创业者需要选择有效触达这些目标客户群体的营销形式和渠道，并建立客户关系。本书第五章将对此进行更深入的讨论。

---

① Chell E, Baines S. Networking, entrepreneurship and microbusiness behaviour [J]. Entrepreneurship & regional development, 2000, 12（3）: 195-215.

在确定了创业模式后，创业者需要规划创业大计。每家具有竞争优势的公司都会有一套优秀的战略。创业计划是在创业资源的基础上描述未来方向的总体构想，它决定着创业企业未来的成长轨道以及资源配置的取向。它主要包括创业企业的核心能力战略和企业定位。核心能力战略是创业企业的根本战略，不仅决定着创业企业能否存续，而且决定创业企业能否实现成功的跨越和进一步发展。企业定位包括创业产品定位和创业市场定位，决定着创业企业能否成功地进入并立足市场，进而拓展市场。中国许多创业企业，不缺乏创业资本，也不缺创业技术，往往只是因为缺乏正确的创业战略而走向夭折。对公司的发展而言，"稳健"永远比"成长"更重要。因此，创业计划要列出任何可能会影响规划的情况，考虑好调整、应变的措施。不少投资者建议，没有经验的创业者一定要在寻求资助的阶段就为其想创建的企业构建好长期愿景，处理好创业计划、战略、短期目标等事宜。我们会在第六章深入地讨论创业计划的相关事宜。

当一个创业者及其团队很清楚地知道自己想做什么和该怎么做之后，最重要的问题来了：如何筹集创业资金？筹集资金作为创业的起点，是一项极其重要又复杂的工作，充足的创业资金可以有效避免运营初期的资金周转难的问题。在筹集资金时，创业者要充分考虑资金适时、适量、适度地储备和使用，务必留有一定的余地，将投入充分考虑进去。创业者可以动用自己的储蓄，或者将自己的资产变现，这是风险最低的资金筹集方式，不存在利益分配或债务承担等问题，权利和责任比较清楚，可以避免经营过程中出现不必要的纠纷。创业是将钱变成资本，而资本只有在经营过程中才能增值，投放到生产、流通领域的资金才能盈利，才能体现出资本最大的价值，所以创业者要合理利用各种融资手段。

创业融资是指创业企业从自身生产经营及资金运用情况出发，根据未来经营发展的需要，通过一定的渠道或方式筹集资金，以满足后续发展需要的一种经济行为。创业融资的渠道有私人资本融资、机构融资、风险融资、天使融资和政府扶持基金。

1.3.2　创业早期

创业早期的首要任务是在市场中生存下来，让消费者认识和接受自己的产品，只有这样，企业才能够持续地为顾客创造价值，才能继续发展壮大。因此，在创业早期，应始终将"生存"放在第一位，一切行为都要围绕生存而运作，一切危及生存的做法都必须避免。不要空谈理想，从而忽略企业生存这一根基；也不要墨守成规、只顾眼前，从而失去企业生存发展的大好机会。最忌讳的就是在创业早期不切实际地盲目扩张，其结果只会是：不但不会成功"跨越"，反而会加速创业企业的灭亡。

对于想把自己的公司长久地经营下去的创业者，他们必须在这个阶段做好以下两件事情：

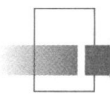

创建企业和管理新创企业。

创建一家企业，首先要选择企业的法律形式。企业的法律形式是多样的，创业者可以选择个人独资经营、合伙企业、有限公司或其他类别。不同的创业模式有其优缺点，以及与其相伴的法律程序与问题。我们将会在第八章详细介绍企业的法律形式。

创业早期是创业型企业在其成长过程中最不稳定的一段时间。在这个阶段，创业者要面对的是一个节奏又快又充满未知数、资源短缺与突发状况频发的环境。然而，这个阶段同时也是创业型企业在其成长过程中最为灵活、最富有创意潜能的阶段。

首先，创业早期最常见的问题之一是缺乏资源。资金、人力和设备等方面的限制可能会成为创业者前进路上的绊脚石。然而，当资源有限时，创业者需要寻找创造性的解决方案。例如，寻求合作伙伴，与其他初创企业合作可以共享资源，减轻负担，并互相支持；利用社区资源，加入当地的创业社群或共享办公空间，获取更多资源和支持；创新的代替品，通过创造性地利用现有资源，找到更经济有效的替代品。

其次，因为企业正处于初出茅庐的阶段，消费者对其品牌会感到相对陌生，有些消费者甚至不知道它的存在。企业还会经常面临现金流不稳定的问题，这可能导致付款延迟、员工薪资问题以及无法扩大业务等困难。因此，企业的财务人员需要寻找有效的解决方案，如制订预算计划，制订详细的财务计划和预算，以便更好地管理现金流；寻找额外资金来源，探索不同的融资渠道，如天使投资人、风险投资和银行贷款等；调整支付周期，与供应商或客户协商延长或缩短付款周期，以平衡现金流。

再次，在创业早期，了解目标市场对企业的产品或服务的需求至关重要。很多创业者在开展业务之前，没有进行充分的市场调研，对目标市场需求、竞争对手、消费者行为等缺乏了解，这会导致产品或服务无法满足市场需求，从而影响创业项目的成功。因此，在创业之前，创业者要进行充分的市场调研，了解目标市场的需求和竞争情况。要投入时间和精力来了解目标市场，有效掌握潜在客户的需求和偏好；与潜在客户沟通，与目标客户直接交流，获取他们的反馈和建议，以便改进产品或服务；深入了解竞争对手，研究竞争对手的产品、定价和市场策略，找到差距并寻找市场机会。

人才和团队是创业成功的基石。招聘和留住优秀的人才对于初创企业的成功至关重要。在竞争激烈的人才市场中，创业者经常面临招聘和留住人才的挑战。企业可以通过塑造积极向上的公司文化，吸引潜在员工并促使他们留在公司；制定激励措施，为员工提供有竞争力的薪资福利和奖励计划，激励他们为企业发展作出贡献；寻找创新的方式来与潜在候选人联系，如招聘网站、社交媒体和行业活动。在小米公司创立初期，雷军将80%的时间都用在找人上，他用Excel列了许多名单，去和他们见面谈合作。他曾经为了找到一名非常出色的硬件工程师，连续打了90多个电话，公司的几名合伙人也轮流和这名工程师交流了整整12个小

时。雷军认为，企业只有留住人才，才能集思广益，才能共谋发展，让员工真正感到工作有干头、生活有甜头、事业有奔头、前程有盼头，增强他们的认同感、归属感和成就感。

虽然创业早期是创业型企业所处的最不稳定的阶段，但是祸兮福所倚，危机往往也是商机。正是因为组织因素与环境因素的不稳定，创业者往往需要以极灵活的态度与手段来应对突发状况。所以，这个阶段的创业型企业是极富创造力的，其业绩的增长也是最快的。创业者及其团队在这个阶段往往会身兼多职。财务总监可能还需要兼顾卫生与清洁工作；客户总监可能还要兼顾后勤事宜。创业者必须天天在不稳定与资源匮乏的环境下作抉择，比一般员工还要努力，而且还要学会不同的业务技能。同时，创业者通常都会亲自参与或者体验公司各个流程的工作，如策划新产品方案、直接向客户推销产品、与供应商谈判价格折扣、送货、跑银行、催账甚至是被顾客当面训斥，等等。创业者适当地"亲力亲为"，对创业者个人的成长以及企业的发展都是有百利而无一害的。创业者参与全流程业务和一切管理活动，才能够不断提升自己的综合素质与管理能力。创业者对经营全过程的细节了如指掌，才会使得企业的管理越来越精细、企业的发展越来越好。不过，随着公司的日益壮大，企业会逐步转向科学化、专业化管理。有些创业者也许很享受这一阶段的自由和自主，但也有人想要逃离，毕竟他们要做的事情复杂且烦琐。有时候，创业者在忙碌的时候，也会感到疲惫，因为他们在自己的工作上花了太多的时间，却得不到家人的理解。所以，很多创业者都会在这一阶段选择退出。

刚成立的企业是无章可循的。章程、架构、体系等一个组织所需的基本"配备"基本上都不存在。创业者需要按照自己企业的需要，临时搭建起一个企业框架。如营销策略、奖励机制、人事选拔制度等架构，是任何一家企业都必须具备的，创业者必须在最短的时间内针对这些事宜拿出一个临时方案。企业的临时框架不仅仅直接影响其短期发展，更对其长远发展有着深远的影响。学术界将此效应称为"创始者"效应，即创始者的个性、价值观、思维方式等会影响企业的早期发展，进而影响该企业的长远发展。我们将在第九章讨论怎么才能有效地管理好一家新创立的企业。

1.3.3 创业中期

对属于这个阶段的创业型企业的定义，国内外学者有着重大分歧，它应该被称为创业型企业，还是普通企业？该企业的创始人应该被称为经理，还是创业者，由于创业中期在创业过程中的划分指标并不明确，创业研究的学者通常会把他们的研究重点放在创业孵化期和创业早期。

现实生活中，很难划分创业早期和创业中期。实际上，两者有着显著的不同。处于创业中期的创业型企业基本上和普通企业没多大区别。随着一家企业的业务增长，其聘用的员工

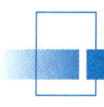

人数也会相应地增加，创业者需要接触与解决的人、事、物也会增加。为了更有效地管理企业的业务，创业型企业的职能划分将会更专业化、细化。另外，公司的业绩也会较之前的快速增长有所放缓。除非寻获创新元素、新商机，否则这个问题会一直困扰着创业者和其所创建的企业，一直到创业晚期，甚至是到企业结束的那天。

有许多创业者及其团队成员会在创业中期离开他们当年一起创建的企业。有很多创业者之所以会创业，是因为他们喜欢这个过程，不想过朝九晚五的生活，不喜欢被人管，喜欢创业带给他们的自由与自主。可是当企业发展到这个阶段时，他们的工作环境会变得很像他们之前不想加入的"典型企业"。讽刺的是，有些创业者在不想被规章制度束缚的心态驱使下跑去创业，可是到最后，他们自己却创建了一个自己当年想逃避的环境。所以，有些创业团队的成员会选择在这个时候离职，也有些创业者会选择在这个时候把自己辛辛苦苦经营所得的成果卖掉。

对于那些选择继续经营下去的创业者，他们必须经历一个转换过程。处于创业中期的创业型企业和处于创业早期的创业型企业不一样，因为它更像一般的企业。这个阶段的企业需要的是系统化的科学管理。一般创业者所擅长的灵活性管理风格并不完全适用于这个阶段。创业者必须把自己的处世心态与行为从之前的险中求胜转变成稳中求胜。有些创业者知道自己没办法完全转换自己的处世思维与方法。这类创业者通常会在这个阶段聘请一位善于管理"普通企业"的人士来担任总裁，代他们处理公司的行政事务。有些创业者会从此退居幕后，有些创业者则会选择"垂帘听政"。如果是后者，一个常见的问题就是企业的管理层可能会出现指挥混乱的局面。很多创业者虽然聘请了一名总裁，可是却仍无法放弃自己多年来已经习惯了的"指挥权"。因为创业者与经理人之间有着性格上的差异，创业者与总裁往往会因为意见分歧而陷入僵局，进而对企业的运营产生负面影响。我们经常能听到某企业的董事长将总裁开除的新闻，这就是导致这类现象出现的诸多原因之一。

在创业中期，从品牌建设来看，企业要注重公司品牌的建设和推广，打造积极的企业形象，并在市场中建立起知名度；从市场规模来看，企业要着重拓展市场份额，通过市场推广、销售渠道拓展等方式扩大公司的影响力和客户群体；从资金管理来看，企业的财务人员要管理好现有的资金，确保公司的财务稳定和成本控制，同时寻找新的资金来源以支持公司的发展；从团队能力来看，创业中期要关注团队的人才培养和发展，确保团队成员具备足够能力和经验来应对业务的挑战。

1.3.4　创业晚期

当企业发展到创业晚期，企业的资金总量已经达到了稳定的水平，在这个阶段，不应该

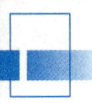

再进行大量的投资和借贷。在财务方面，企业的财务人员需要更加关注公司的财务状况和盈利能力，以确保公司的稳定运作和未来可持续发展；在规模方面，企业的管理人员要积极寻找机会扩大规模，注重实现规模化经营，持续增加市场份额和客户，通过扩张、合并、收购等方式实现公司的增长；在创新方面，企业的研发人员要不断创新，寻找新的产品或服务，并通过不断改进和提升竞争力以应对市场的变化和竞争压力；在合作方面，企业要重视与其他企业或组织建立合作关系，以扩大市场渠道、增加合作伙伴和共享资源。

企业的管理人员可以跟企业其他成员一起沟通交流企业经营状况，制定下一步的小目标，对前期的经营工作加以总结、分析和研究，肯定做出的成绩，同时也应找出问题，吸取经验教训，摸索企业的发展规律，更清晰地理解创业到底要做什么、如何去做、做到什么程度的问题，得出对创业结果的总鉴定和总结论，这也是对以往工作实践的一种理性认识。通过总结创业过程中的得与失，全面系统地了解以往的创业情况，并明确下一步工作方向。

1.4　创业前的准备

创业是一项极具挑战性的价值创造活动。在开始创业前，创业者需要通过自我识别选择行业，重新配置发现或掌握的资源，选择创业路径将资源转化为财富或创造更大的价值。这一系列活动是创业成功的基础，也是创业者早期决策的主要内容。

1.4.1　创业者自我识别

自我识别也叫自我认知，是指对自身的行为、心理和能力的认知。创业者需要进行自我识别，认知自我的创业素质。这是创业者开展创业活动，确定创业行业的前提。高阶理论表明，高层管理人员的可观测特征和心理特征影响个体对企业内外部环境的解读，从而形成不同的企业决策。创业者的素质能力是创业活动最终达到创业目标不可或缺的主体因素。美国著名管理专家威廉·D·拜格雷夫认为，优秀创业者的基本素质应包括10个"D"，即理想（Dream）、果断（Decisiveness）、实干（Doers）、决心（Determination）、奉献（Dedication）、热爱（Devotion）、周详（Details）、命运（Destiny）、金钱（Dollar）和分享（Distribute）。本书总结相关理论内容，认为创业者自我识别的素质要素应当包括：

（1）强烈的创业意识

创业成功需要创业者进行长久的思想准备。强烈的创业意识集中表现为自强、自立、注重学习等，能够为创业活动提供动力，支配创业者对创业活动的态度和行为，帮助创业者在多变的环境和激烈的竞争下保持恒心。

（2）健康的创业心理

健康的创业心理主要表现为良好的心态和坚韧的毅力。创业者要走的路必将面临各种失败的可能，良好的心态有助于创业者进行自我反省与纠错，寻找成功的路径。"古之立大事者，不唯有超世之才，亦必有坚忍不拔之志"。坚韧的毅力能帮助创业者在数次失败后仍然奋勇而起，最终找到通向成功大门的钥匙。

（3）丰富的创业知识

创业知识是创业成功的基本条件。当前创业是在知识经济背景下的科技和知识创业，因此创业者需要具备一专多能的知识结构。具体来说，包括：与本行业相关的科学技术知识；市场经济相关知识，如市场营销、经济学、国际贸易等；功能导向型知识，如人力资源管理、生产管理、财务管理等；政策法律方面的知识，如企业如何创立、国家税收政策以及涉及企业的法律法规等。

（4）出色的创业能力

创业能力包括创新能力、决策能力、专业技术能力和交往协调能力等。创业能力影响创业活动的绩效和创业结果，目前许多高校教学已经构建起理论与实际教学相互融合的教学体系，着重培养大学生的创业能力。同时，创业者还必须学会妥善处理人与人之间、人与组织之间、人与社会之间的关系，培养团队合作能力、良好的沟通能力和人际交往能力。

（5）独特的人格特质

创业者的性格特征也会影响他们的创业选择和创业绩效。在创业研究的相关文献中，均提到创业者一般需要具备的人格特质有：乐观心态、成就感需要、自主权需要、自我效能感、内在调控、冒险倾向和压力承受力。

有创业意愿的人应当首先进行自我识别，确定自身是否具备这些素质要素。当然，并不是所有素质要素都是与生俱来的。创业者需要通过不断地学习，提升自我创业素质，为创业活动的顺利进行打下坚固的基石。

1.4.2 创业资源分析

创业资源是指企业创立及成长过程中所需要的各种生产要素和支撑条件，是创业企业在创造价值过程中所需要的特定资产。对于创业者来说，只要是对其创业项目和创业企业的发展有所帮助的要素，都可以归入创业资源的范畴。按照性质，可以将创业资源分为人力资源、财务资源、物质资源、技术资源和组织资源。[①]

---

① 李家华，王艳茹主编.创业基础［M］.上海：上海交通大学出版社，2017.

（1）人力资源

人力资源是一种知识财富，是企业创新的源泉。创业者是创业企业最重要的人力资源，其价值观念和信念是创业企业的基石，其所拥有的人际和社会关系网络使其能够接触到大量的外部资源，降低潜在的创业风险。此外，创业团队的知识、训练和经验等，团队成员的专业知识、判断力、视野和愿景都是重要的人力资源。鉴于企业之间的竞争主要是人才之间的竞争，高素质人才的引入和培养便成为创业企业可持续发展的关键因素。

（2）财务资源

财务资源犹如企业的血液，它们流淌在创业的各个方面、各个环节，以及企业的各个部门之中。通常将创业企业向债权人、权益投资者通过内部积累筹集的负债资金、权益资金和留存资金视作财务资源。一般来说，创业初期以不高于市场平均水平的资本成本及时筹集到足额的财务资源，是创业企业成功创办和顺利经营的前提条件。

（3）物质资源

物质资源是创业企业经营所需要的有形资源，如建筑物、设施、机器和办公设备、原材料等。一些自然资源（矿山、森林等）有时也会成为创业企业的物质资源。物质资源是创业企业的基础性资源，是企业存在的基本支撑。

（4）技术资源

技术资源通常包括三个层次：一是根据自然科学和生产实践经验而发展的各种工艺流程、加工方法、劳动技能和诀窍等；二是将这些流程、方法、技能和诀窍等付诸实施的相应的生产工具和其他物资设备；三是适应现代劳动分工和生产规模等要求的对生产系统中所有资源进行有效组织和管理的知识、经验和方法。技术资源大多与物质资源相结合，可以通过法律手段予以保护，部分技术资源会形成组织的无形资产。

（5）组织资源

组织资源一般指组织的正式管理系统，包括企业的组织结构、作业流程、工作规范、信息沟通、决策体系、质量系统，以及正式或非正式的计划活动等，有时候组织资源也可以表现为个人的技能或能力。其中，组织结构是一种能够使组织区别于竞争对手的无形资源。那些能将创新从生产功能中分离出来的组织结构会加速创新，能将营销从生产功能中分离出来的组织结构能更好地促进营销。

创业前，创业者应当对自身所具备的资源进行分析。对创业资源的分析，有助于创业者了解企业的优势和劣势，识别出可利用的资源，进行创造性整合、转换资源，从而为企业带来持续性的竞争优势。此外，创业者需要在已有创业资源基础上，不断积累个人资源，为创业活动创造良好的条件。从战略管理的角度来看，创业资源必须始终以企业战略为导向，才能创造出属于企业的独特竞争力。资源基础理论认为，只有当创业资源满足如下四个特征时，

才有可能转化为企业的竞争优势，即创业资源需要具备：

（1）价值性

在企业成长过程中，能够帮助企业发掘机会、回避风险，帮助企业实现战略目标的资源，往往能够在企业价值创造的活动中发挥重大作用，可以被视为是具有价值的。

（2）稀缺性

当某种资源被少数竞争者掌握、无法被广泛获取时，该资源就是稀缺的。基于供求原则，稀缺资源是有价值的，包括但不限于关键的技术资源、卓越领导者的管理能力、独特的物质资源等。

（3）难以模仿性

当市场上的其他竞争者无法复制某种资源，或者需要付出无法承担的成本才能够拥有某种资源时，该资源就是难以模仿的。难以模仿的资源是企业保持独一无二的核心竞争力的基石，也是企业独特价值的体现。

（4）不可替代性

如果某种资源无法被其他类似资源代替，那么这种资源就具有不可替代性。不可替代的资源能够保持企业核心竞争力的稳定性和持久性。

1.4.3　创业路径选择

创业路径是指在创业目标指引下，按照一定的创业方式，完成各个阶段活动任务的过程，是创业目标、创业方式、创业过程及创业活动的总和。在瞬息万变的创业环境中，选择正确的创业路径有助于创业者抓住创业机会，确定发展方向，减少资源损耗，降低创业风险。

关于创业路径的分类，现有研究一般将创业路径分为模仿型创业和创新型创业。模仿型创业是在已有的市场或资源基础上进行创业，可以进一步细分为复制型创业和改进型创业。创新型创业是在新市场上进行的或在已有市场上推出新的产品或服务，可细分为自主创新、模仿创新和合作创新。事实上，创业路径并不能简单地用模仿和创新区分开来。如拼多多和淘宝虽然在商业模式上相似，但在产品销售方式上，拼多多采用网上团购来增加用户黏性的方式也可以称为创新。因此，本书参考王海军等人的研究[①]，按照创业者可以依靠的优势，将创业路径分为社会服务型创业、组织管理型创业、成果转化型创业、商品贸易型创业和资本注入型创业，如图1-2所示。

---

① 王海军，叶仁苏，王建琼.大众创业路径选择结构概念模型研究［J］.教育学术月刊，2017（10）：22-30.

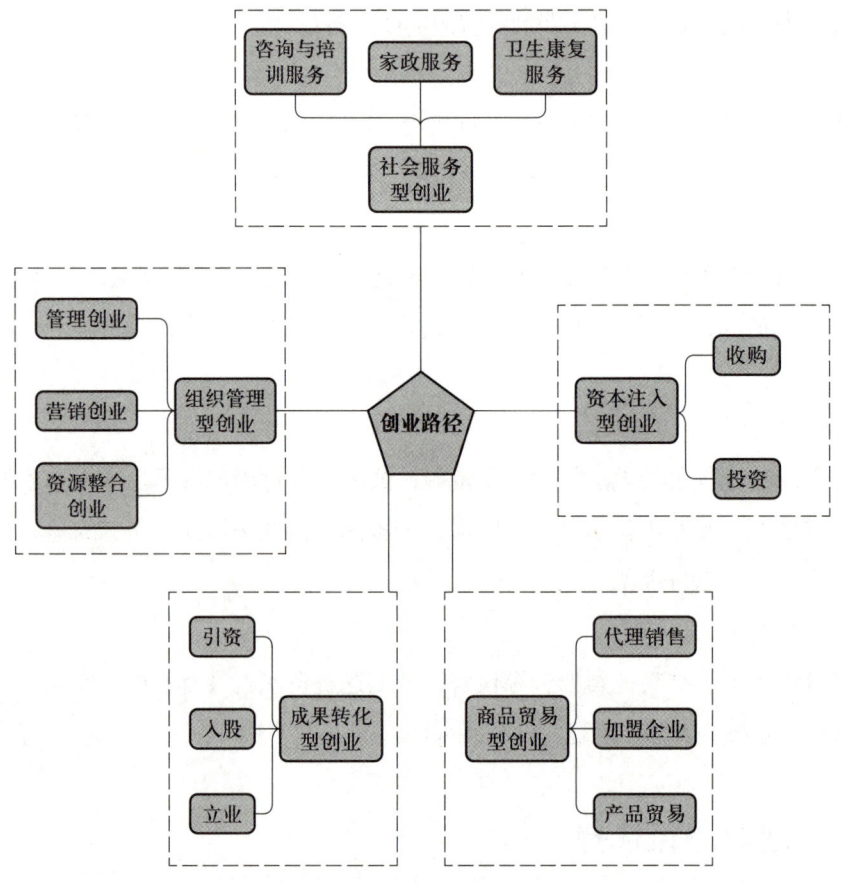

图1-2　创业路径分类

（1）社会服务型创业

社会服务型创业是指创业者根据自身在社会服务行业的资源禀赋和机遇优势，从事社会服务商业活动的创业路径。如从事企业管理咨询、培训和服务活动，从事教育咨询、培训及服务活动，从事家政服务活动，从事医疗、卫生、康复、休闲方面的服务活动等。这类创业者一般经验丰富，在创业行业中拥有一定的资源和机会。

除创业者的个体特征和创业资源外，创业路径的选择还受市场机会、融资渠道、创业组织形态、经营模式和创业环境等诸多因素的影响。在选择创业路径前，创业者应当仔细分析内外部环境，整合创业资源，挖掘竞争优势，从多个要素综合考虑，选择最合适的创业路径。

（2）组织管理型创业

组织管理型创业是指创业者依靠个人能力优势进行创业的路径。如发挥管理协调能力优势，争当职业经理人并占股；发挥人际沟通能力优势，从事产品或项目销售，按比例获得收益、期权或股份；利用自身团队资源、人际网络优势，拓展和整合市场资源，按比例获得收益或股份等。组织管理型创业路径适用于综合素质高，具有领导协调能力的创业者。这类创

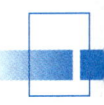

业者一般具有突出的管理、沟通以及资源整合等能力，能够提高团队凝聚力，带领团队共同实现创业目标。

（3）成果转化型创业

案例拓展

字节跳动，以算法推进的创业之路

2005年，张一鸣从大学毕业，开始了他的创业之旅。第一次创业，他组织团队开发一款面向企业的IAM协同办公系统，由于产品市场定位失误导致创业失败。这次创业也让张一鸣意识到，要想创业成功，必须找到正确的方向。2006年，张一鸣去了旅游搜索网站酷讯，开始做搜索研发工程师。在酷讯工作时，他想订一张回家的火车票，但那时去火车站买票很麻烦。酷讯当时已有的搜索是需要用户主动输入信息去搜，实时查询二手票信息。于是，张一鸣写出一个小程序，把他自己的需求用程序固化、存储下来，让网站机器定时自动帮他搜索，一旦有了搜索结果就短信通知他。在写完这个程序不到半小时，张一鸣就收到了短信提示，买到了票。不用买黄牛票，也不用在电脑前一直待着，这个小程序对他的价值非常大。2008年9月，同乡王兴（美团创始人）创办饭否、海内网时，张一鸣以合伙人的身份加入，负责饭否的搜索、消息分发、热词挖掘、防作弊等方面工作。饭否让张一鸣感受到信息在人与人之间流动的价值。而酷讯的工作经历让他意识到，网站搜索没有个性化定制推送的概念，用户需求的信息只能自己查询。如果把酷讯和饭否结合起来，就是"个性化信息推荐"，这就是今日头条的雏形。

2012年，张一鸣创立字节跳动，推出今日头条，系统采集海量信息，通过数据智能分析值获得用户关心的热门资讯，系统根据用户搜索信息建立个人用户模型，智能地为用户推荐个性化的信息。今日头条为字节跳动积累了最初的数据基础，也打下了最初的流量入口。基于用户数据，字节跳动进行了机器训练，形成算法模型支持对用户兴趣的精准描绘，实现了在用户登录5 s内解读兴趣，10 s内形成用户画像并推荐内容。同时，这批数据使今日头条成为字节跳动众多新产品的首批流量来源。将流量连接到具体的、高频使用的应用场景，帮助字节跳动完成C端变现的转化，而不只是担任流量的中间商。

今日头条基于已有的用户数据对个性化推荐系统中的计算模型进行实时地训练，以提高推荐的效率。基于不断成熟的个性化推荐技术，今日头条迅速为字节跳动打开了媒体市场，并为字节跳动旗下的其他产品的孵化与发展提供了基础。没有一套通用的模型架构能适用所有的推荐场景，但西瓜视频、火山小视频、抖音短视频、悟空问

答，都在使用今日头条的推荐系统。

在字节跳动之前，张一鸣经历了多次的失败。在创业路径的不断摸索下，张一鸣选择依靠专业优势，开发算法，以构建字节跳动的技术体系。从这一创业路径出发，张一鸣用了4年时间，就拥有2.5亿激活用户，仅用两年时间，就创办了抖音这一国民级别的App。字节跳动的商业版图不断扩大下，算法策略将如何继续发挥更大作用？让我们共同期待。

资料来源：晟丽.张一鸣：不断突破自我［J］.劳动保障世界，2020，（19）：36-37.

成果转化型创业是指创业者依靠专业、兴趣等优势产生创意或开发成果，并将其转化成商品的创业路径。具体方式主要包括入股、引资、立业三种方式，入股是指加入其他商业机构，引资是指吸引外来资金加入，立业是指独立创办商业机构。成果转化型创业路径适用于专家学者、科研人员、工程师、研究生以及在知识、技术或兴趣方面突出的创业者。这类创业者具有高水平的专业知识和技能，对于创业行业有浓厚的兴趣，有利于迅速形成竞争优势，实现创业目标。

（4）商品贸易型创业

商品贸易型创业是指创业者基于对市场需求的了解和对市场资源的掌控优势，直接从事商品制造、销售或贸易活动的创业路径。如代理销售知名商品，加盟连锁企业，制造、加工和销售地方特色产品等。商品贸易型创业路径适用于对市场了解程度高，具有一定的市场资源掌握能力的创业者。这类创业者一般具有战略领导力，商业嗅觉灵敏，能够在市场竞争中占领先机。

（5）资本注入型创业

资本注入型创业是指创业者利用资金优势通过收购、投资等方式进行创业的路径。如收购现成企业、企业股份、项目或专利，投资入股新企业、研发新项目、建立创客空间或从事风险投资活动等。资本注入型创业路径适用于具有雄厚资金实力或者广泛资金来源的创业者。这类创业者风险承受能力高，能够迅速进入创业行业并打开市场。

1.4.4　创业早期决策

对于创业早期的企业来说，时机就是一切。很少有创业者能将早期错误的决策拉回正轨。几乎可以说，创业早期决策决定了公司未来的发展方向和成功与否。那么什么是决策呢？简单来说，决策就是一个人根据所掌握的信息做出的最佳判断和选择。这里包含两个关键要素：信息和决策者的选择。信息必须是客观的信息，而非误解性、主观性的信息；是足够充分的信息，而非零散、片段、不足以支持做出决策的信息。从决策者角度来说，决策者要有选择

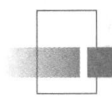

地去做，并且清晰地了解不同判断和选择可能会带来的结果。

现有研究将创业的决策逻辑分为因果逻辑和效果逻辑。因果逻辑强调目标导向，在实现目标的过程中强调预测和计划；效果逻辑强调手段导向，在整合利用手中资源时强调控制过程中的不确定性。在多变的竞争环境下，创业者需要发挥决策逻辑的双元性，根据事件信息的不同特征，选择不同的决策逻辑。①

具体来说，可将决策事件分为如下类型：

（1）关键性事件

关键性事件与创业目标紧密相关，关键性事件的应对过程和应对结果会深刻影响创业活动的走向和结果。例如，创业伙伴的选择会直接影响创业绩效，产品营销策略的选择会影响顾客满意度和企业形象。一般情况下，创业者应当选用因果逻辑来决策关键性事件。因果逻辑决策可以帮助创业者进行目标导向、竞争分析、避免意外以及对未来进行预测和计划。

在目标导向上，因果逻辑帮助创业者为企业选择合适的资源提供重要的战略目标和市场预测。当创业者面临关键性事件时，为了与创业目标保持一致，并且获得关键事件的最大效益，创业者会进一步确定原有创业目标的导向作用。在此基础上，创业者对创业目标进行细化，以保证创业目标能够为企业的后续发展、产品与服务的评估测试提供支撑。

为应对环境的变化，创业者通过因果逻辑对未来和竞争者的动态进行预测，搜集和分析市场、技术或政策信息以捕捉市场的变化趋势。例如，创业者在深入分析关键性事件之后，需要决定是否与同质企业在现有产品领域坚持竞争或另辟蹊径进行商业模式创新等。由于关键性事件的重要性和优先级，创业者还需要尽力避免意外或突发事件对其商业计划形成干扰。在创业者针对关键事件的整个决策过程中，对未来的预测和计划贯穿始终。因此，以关键性特征为主导的创业事件会促使创业者利用因果逻辑进行决策②。

（2）颠覆性事件

颠覆性事件考验创业者的应变能力和资源整合能力。事件的颠覆性越强，创业越有可能受到干扰和影响。因此，创业者需要采用效果逻辑对事件进行决策。颠覆性事件需要创业者在短期内恢复原有秩序，使企业经营重回正轨。因此，创业者倾向于在较短时间内识别、整合和利用手中资源快速做出决策。如通过试错实验快速获取市场反馈，从而在快速迭代的过程中缓解颠覆性事件对创业进程的影响。此外，效果逻辑能帮助创业者做出损失最小化的决策。颠覆性事件对原有创业进程的干扰或打断，都会造成损失。因此，创业者需要基于最小

① Reymen I M M J，Andries P，Berends H，et al. Understanding dynamics of strategic decision making in venture study of effectuation and causation［J］. Strategic Entrepreneurship Journal，2015，9（4）：351–379.

② 李怡欣，赵文红，张旭.创业过程中因果逻辑和效果逻辑如何协调？［J］.外国经济与管理，2022，44（10）：134–152.

化成本快速做出决策，以尽量降低应对该类事件的成本。颠覆性事件还需要创业者保持决策的灵活性，以能够在变动中快速调整自身，甚至捕捉事件中的潜在机会。总之，在面对颠覆性事件时，恢复创业活动秩序的压力，促使创业者放弃以长计议和长时间寻求"最优方案"的行为路径，转而选择依据经验和资源能力从而尽快实施"满意方案"推进创业计划。因此，面对颠覆性事件时，创业者应当采用效果逻辑快速进行决策，促使企业走出事件带来的延缓、中断等负面影响。

（3）新颖性事件

新颖性事件意味着信息对于创业者来说是全新的，包括变化的信息和创业者所不熟悉的信息。在新信息的突击下，创业者的经验和知识储备不足以对此类事件做出决策。同时，新颖性事件可能会为创业者带来新的机会，使得创业者调整或制定新的创业目标。在此情况下，创业者需要采取因果逻辑，决策是否调整或制定新目标。新颖性事件为创业者带来的也有可能是经营活动的中断，这时候新颖性事件就转化成了颠覆性事件。此时创业者需要利用效果逻辑在较短的时间内整合资源、获得快速的市场反馈以应对事件。

决策，最重要的是对信息的把握。很多创业者在面对选择时，容易走捷径，降低决策质量，最终影响创业结果。在创业早期，创业者缺乏应对不同类别事件的经验。因此，创业者在创业早期应当将事件进行分类，在此基础上用不同的决策逻辑匹配相应的事件，以减少失误，降低损失，让决策效益最大化。

【本章小结和思考题】

本章主要介绍了创业与创业者的基本内涵、大学生创新创业实践、创业过程、创业前的准备。创业，就是创业者对自己拥有的资源进行优化整合，从而创造出更大经济价值或社会价值的过程。创业者在开始创业前，应当进行自我识别和创业资源分析，在此基础上选择合适的创业路径。在创业的不同阶段，创业者需要根据阶段特性做出正确的决策。

一、简答题

1. 有人说成立自己的公司才叫创业，你赞成这种说法吗？为什么？

2. 什么是创业者？请举例说明。

3. 创业需要经历哪些过程？

4. 在开始创业之前需要进行哪些准备工作？

5. 如果你想要创业，你会采取什么创业路径？为什么？

6. 你认为创业者的个人特征会影响创业的结果吗？为什么？

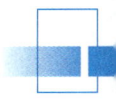

7. 为什么对于创业者来说，决策信息的把握十分重要？

8. 如果你在创业的早期阶段，发现有更加优秀的创业想法，你会怎样决策？

二、能力应用题

[案例]"九死一生"的创业历程——美团的前世今生①

2021年3月2日，胡润研究院发布《2021胡润全球富豪榜》，王兴以2 200亿元财富值位列第43名。因为数十次的创业失败，有人称他的创业历程为"九死一生"，他是家境优越的"富二代"，也是被保送清华的"别人家的孩子"，更是黄衣骑士团的"总团长"，他就是美团的创始人——王兴。

初步创业失败：对中国市场的摸索

在2004年初，25岁的王兴选择放弃他的博士学位，毅然决定回国进行创业。王兴说："当时除了想法和勇气外，一无所有。我读完本科就去了美国，除了同学没有什么社会关系，回来后找到了一个大学同学、一个高中同学，三个人在黑暗中摸索着开干了。"

王兴创业的第一个项目叫"多多友"。这是一个典型的社会性网站，用户可以通过这个网站多结交一些朋友。这个项目的核心想法就是六度空间理论：通过6个人的关系，你能找到任何人。但那时，王兴他们仅停留在六度空间理论上，比较教条，没有很深入地去理解社交平台。再加之团队技术有限，上线几个月，"多多友"在国内并无声响。之后王兴开始做起了他的第二个项目"游子图"，这是一个针对性很强的服务型网站。"游子图"可以让在海外的游子把数码照片发给国内，通过信用卡付费，"游子图"负责将图片冲印出来送到他们的父母身边。但"游子图"始终没有找到稳定的盈利点，最终以失败告终。

创业初有起色：专注本土化服务

2005年秋，王兴决定专注于一块细分市场：大学校园SNS。他们研究和学习美国在这一方面的成功例子脸书，综合之前在SNS领域的经验和教训并结合国情，开发出了校内网。发布3个月，校内网就吸引了3万名用户，增长迅速。用户数迅速增长的校内网，成功吸引到了红杉资本的关注。但当问王兴校内网如何盈利时，他却只能给出模糊的回答。这让投资者不明所以，最终导致校内网错失了一大笔资金。由于始终无法解决盈利问题，校内网的发展止步不前，最终只能含恨在2006年被千橡互动集团的首席执行官陈一舟以200万美元收购。

经历了又一次的创业失败之后，王兴开启了他新的创业项目，在2007年5月12日创办了

---

① 李志刚.九败一胜：美团创始人王兴创业十年 [M].北京：北京联合出版公司，2014.

饭否。这一次他是学习借鉴了美国的Twitter（推特），做一个本土化的Twitter。但王兴做了几个月的饭否网，见发展缓慢就没有耐心了，把它放到一边自然生长，转头又去做了新网站"海内网"。海内网的定位是面向白领的社交网站，海内网提供个人空间、迷你博客、相册、群组以及电影评论等服务。但他始终没有找到这个网站的突破点，最终被开心网依靠小游戏成功突破。在海内网失意之后，王兴回头一看饭否网竟然发展得还不错，他便捡起来重新做了起来。2009年上半年，饭否网用户成功突破百万，但由于内容把关不严，几个月后IP就被关闭禁用了。

拨云见日：美团的诞生[①]

在等待饭否"归来"时，王兴产生了另一个创业想法。有一天，王兴把小伙伴召集到客厅，兴奋地在小白板上画上一张表。这张表只有四纵列、三横行，非常简单，却集中了王兴那段时间思考的核心成果。日后，它被称为王兴的"四纵三横"理论（见表1-2），清晰地呈现了王兴对于团购模式的构思。

表1-2　王兴的"四纵三横"理论

	资讯	交流	娱乐	商务
Web1.0搜索	百度	腾讯	盛大	阿里
Web2.0社交	新浪微博	人人网	开心网	？
Web3.0移动网络	？	？	？	？

留下来坚守的饭否网团队觉得王兴把整个模式想得很清楚，觉得这件事靠谱，就开始做了起来。网站做得很快，2010年3月4日美团正式上线。一个全新的消费时代，在中国拉开序幕。看到这一发展趋势的，自然不只王兴一个人。美团上线后的第11天，窝窝团上线；第14天，拉手网上线。3个月后，老牌网站大众点评也搞起了团购业务，24券、糯米网上线……到2011年5月，中国市场上大大小小的团购网站，达到了惊人的5 000多家。全国每一座城市，每一条大街小巷，都烽烟四起，几千个对手奋力厮杀，乱成一团，史称"千团大战"。在激烈竞争中，王兴提出了一个三高三低的理论，即高品质、低价格；高效率、低成本；高科技、低毛利。在王兴的理论指导下，美团具有了超强的竞争力。曾经在校内网时期拒绝王兴的红杉资本，在混乱的市场中，看中了王兴。投资人沈南鹏把王兴请到红杉资本。基于上次融资失败的教训，王兴此次作了充分的准备，最终红杉资本给美团投了1 200万美元。2011年，美团虽然在市场上仍然处于第二梯队，但是一步一个脚印，走得非常稳。阿里巴巴在几千家团购网站中考察了一圈，也挑中了美团，领投了5 000万美元。美团手中拥有了充足的现金流，

---

① 王倩.美团无创新，所以"无边界"？［J］.商学院，2019，（01）：28-34.

在同行中跻身前列并不断地扩张业务。现如今，美团已经成为中国领先的生活服务电子商务平台。

启发思考题：

1. 王兴前期创业失败的原因有哪些？

2. 从王兴身上你得到了哪些创业启示？

【分析思路】

1. 前期创业失败的原因：没有找对用户需求、缺少融资。多多友的创立仅停留在六度空间理论上，没有深入挖掘用户的真正需求。游子图的创意虽然新颖，但并不适合中国市场。校内网虽然深受用户喜爱，但最终因为缺少融资而不得不被收购。

2. 启示：确定创业路径、深入分析市场、不断学习、坚持不懈。王兴的"四纵三横"理论清晰地呈现了当时的发展趋势，也为美团的诞生奠定了基础。在数次创业中，王兴始终坚持成果转化的创业路径，学习借鉴成功的创业案例，并在创业失败中能够坚守本心，不气馁。

第二章

新兴技术与创业

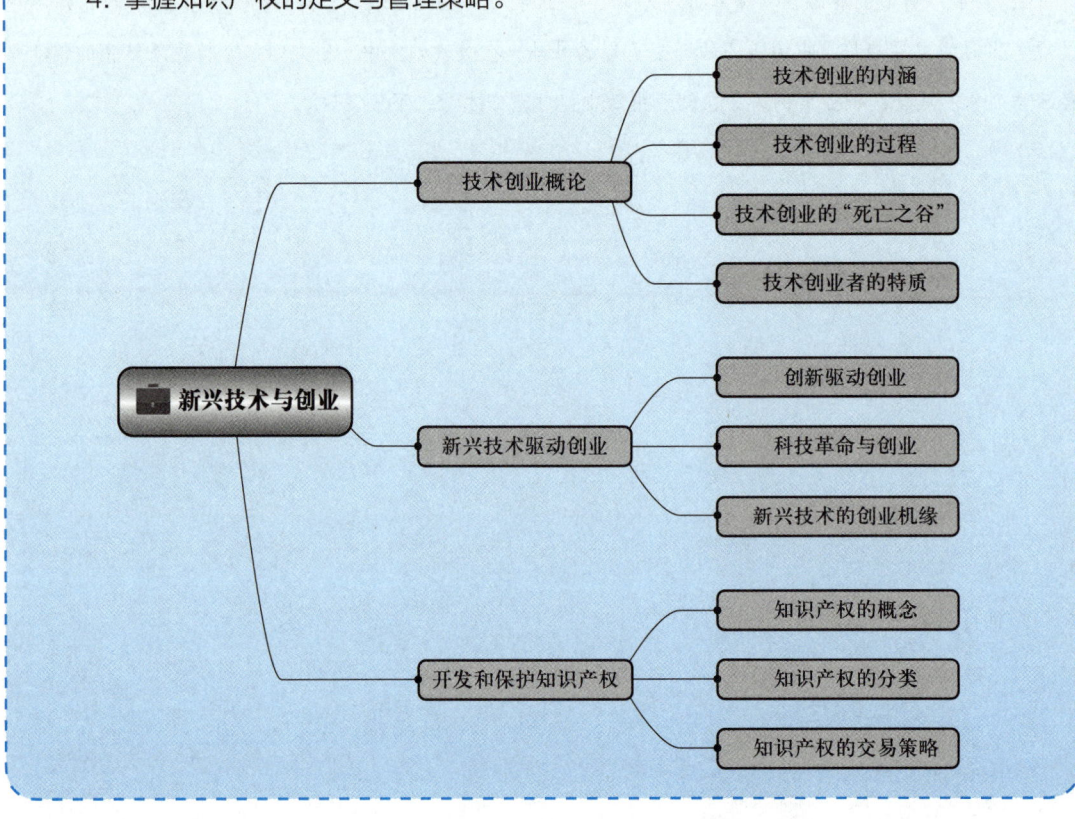

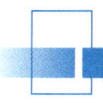

【引导案例】

智能驾驶：金瑞麒的技术创业之路

金瑞麒的成立是一个典型的技术驱动型创业的故事。公司的创始人李家鑫，在瑞典哥德堡大学攻读硕士期间，通过在有限条件下的实验室工作，开发了初步的智能驾驶技术。受国内"大众创业，万众创新"政策的鼓舞，李家鑫带着这一技术回国，并在2017年2月创立了四川金瑞麒智能科学技术有限公司。

金瑞麒在创业初期，聚焦于低速自动驾驶技术。公司不仅在技术研发上不断突破，还成功开发了适用于景区游客交通的"大自在漫游车"。这款产品不仅在智慧旅游领域取得了商业成功，也开创了低速自动驾驶在特定应用场景中的先例。金瑞麒的这一创新应用，展示了公司在将技术与市场需求相结合方面的独特能力。此外，金瑞麒还与百度Apollo和华为昇腾等科技巨头展开了深度合作，进一步加强了公司在自动驾驶领域的技术实力和市场竞争力。

金瑞麒的技术创新不仅局限于单一产品的研发。公司在自动驾驶领域的多样化应用上展现了显著的创新能力，包括在文旅、康养、海关等多个领域的应用开发，并进一步结合不同场景的数字化、智能化升级诉求，集成"代步＋科技＋资讯＋娱乐"功能于一体的产品，致力于为不同场景提供系统智慧解决方案。

通过这些创新应用，金瑞麒不仅在技术层面取得了突破，也在商业模式上进行了创新。公司主要采用两种商业模式：一是独立产品销售模式，即通过一次性售卖的方式进行园区销售；二是合作运营模式，与公园景区、工业科技园区、康养机构等进行合作，共同分享车辆运营所得收入。此外，金瑞麒还能为景区定制打造IP，并融入景区导览、AR游戏等，增加游客体验感，升级景区智能服务。

金瑞麒的发展历程不仅是一个关于技术创业的故事，更是关于如何在激烈的市场竞争中通过创新保持领先的生动示例。在本章中，我们将深入探讨技术创业的内涵和过程，分析新时代有哪些创业机缘，并探讨在技术创业中如何开发、保护知识产权等内容。

2.1　技术创业概论

2.1.1　技术创业的内涵

技术创业是全球都存在的经济现象，它强调利用科技、工程科学等方面所取得的重要突破，为客户提供更好的产品和服务。技术创业注重识别和利用科技含量高的商业机会，关注人才和资本等关键资源的获取以及有效管理技术风险的方法。

在欧洲，学者们将技术创业分为创新型和生活型两类。生活型创业规模较小，使用现有技术，发展空间有限。创新型创业直接影响市场局面，拥有广阔的成长空间。由于创新型创业和生活型创业在经济绩效和创造就业方面有完全不同的效果，一些欧洲国家更倾向于制定鼓励创新型创业政策，以激励创业活动。

美国对技术创业的称谓与欧洲的不同，但它们均视技术创业为技术密集型、高成长型、追求经济效用的创业活动。技术创业的主体主要是大学、研究机构、技术企业，其中学生、教授研究人员、技术员工是潜在的创业者。表2-1列举了诸多学者对技术创业的不同定义。

表2-1 技术创业的代表性定义

学者	时间	定义
库珀[1]	1973年	技术创业是一种专注于开发新技术知识的企业创建行为
罗伯茨[2]	1991年	技术创业涵盖了多个方面，包括研究机构的创新技术所衍生的大学企业、创业者利用资源和结构开发新技术机会的方式等
加鲁德和卡诺埃[3]	2003年	技术创业不仅包括个人发现已有的机会和推测未来发展趋势，还涉及整合和转移现有资源以创造新机会
贝克曼等[4]	2012年	技术创业针对高潜能、技术密集型机会，通过整合资源和实时决策来实现企业的快速成长
贝莱蒂[5]	2012年	在技术创业中，集合和部署与科技知识发展相关的专业人员和独特资产，目的是为公司创造和获取价值
拉蒂尼奥等[6]	2015年	技术创业活动围绕技术解决方案识别、创造和利用机会以及资源整合展开，不受企业环境限制
周冬梅等[7]	2020年	技术创业是指将拥有自主知识产权的专利技术转化为资本，在市场运作条件下形成的产业链

① Cooper L. The Transportation-Location Problem [J]. Operations Research. 1972；20：94-108.

② Utterback JM，Meyer M，Roberts E，Reitberger G. Technology and industrial innovation in Sweden: A study of technology-based firms formed between 1965 and 1980 [J]. Research Policy. 1988；17：15-26.

③ Garud R., Karnce P. Bricolage versus breakthrough: distributed and embedded agency in technology entrepreneurship [J]. Research Policy. 2003，（32）：277-300.

④ Beckman C，Eisenhardt K，Kotha S，Meyer A，Rajagopalan N. Technology entrepreneurship [J]. Strategic Entrepreneurship Journal. 2012，6（2）：89-93.

⑤ Bailetti T. Technology Entrepreneurship: Overview，Definition，and Distinctive Aspects [J]. Technology Innovation Management Review. 2012，2：5-12.

⑥ Ratinho T，Harms R，Walsh S. Structuring the Technology Entrepreneurship publication landscape：Making sense out of chaos [J]. Technological Forecasting & Social Change. 2015，100：168-175.

⑦ 周冬梅，陈雪琳，杨俊，等.创业研究回顾与展望 [J].管理世界，2020，36（01）：206-225+243.

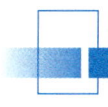

　　根据上述学者的定义，本书将技术创业定义为一种以开发新技术知识或利用现有技术解决问题为核心，通过整合资源、识别和利用机会，并在市场运作条件下将其转化为有价值的创业行为。

2.1.2　技术创业的过程

　　技术创业的过程就是技术产品商品化的过程，该过程是一个复杂的过程。实际上，这一过程就像弹球机里小球的运动路径——从一个方向出发，碰到障碍物之后弹向另一个方向，如此反复，毫无规则，直到进入目标弹洞；或者筋疲力尽销声匿迹。从本质上说，技术创新和商业化是一个重复的过程。在这个过程中，由发明家转型的创业者从错误中吸取经验，继续奋斗。商业化过程分成以下几个阶段，每一阶段中都包括很多非线性的、杂乱无章的活动。

1. 发明与创新

　　发明与创新是通过运用现有的科学知识和技术，创造出具有社会意义的先进、新颖、独特的事物和方法，以有效地解决特定的现实需求。发明与创新过程大体上包括四类活动：联系、发现、发明、应用。简单地说，联系即发现事物间的某种关系，这种关系可能会引出一个新的发现。通常情况下，这种事物间的关系都是不寻常的，比如，受自然界中多刺植物苍耳倒刺结构的启发，开发出黏性纤维尼龙扣。发现中孕育着新的发明，蕴藏着巨大的市场应用潜力。

2. 机会识别

　　发明新的仪器或工艺流程或对现有事物进行创新很重要，但发明并不一定能产生商业机会。商业机会是创意、市场需求或是尚未开发的市场空间的交点。一旦商业机会得以确认，那么也要随之明确它的价值主张。人们通常以商业概念说明书的形式描述价值主张，其中包括技术及其产品、技术所面向的顾客、技术的益处及其应用和营销策略等问题。商业概念说明书为分析机会在市场中的可行性奠定了基础。通常情况下，当发明者发现自己的发明极具市场潜力时，就会申请专利。

3. 检验技术与市场的可行性

　　判断一项发明或创新在商业上是否可行，就需要对行业和市场、创建中的团队能力和劣势以及创业所需的资源进行全面彻底的分析，并重点关注创新和市场之间的关系。大量的实践证明，如果将技术因素与市场因素放到一起综合考虑，创业获得成功的机会就会大大增加。

事实上，要想使技术获得竞争优势，就必须实行不管是来自创建团队的内部还是外部的跨边界运作，即把生产、市场营销以及资金投入等在商业中发挥不同功能的部分整合在一起。

4. 保护知识产权资产

在发明和创新过程的初期，需要发明者采用法律措施保护其知识产权。选择合适的保护类型和能够实现商业化目标的最佳策略，同样至关重要。因此，有以下三个问题需要搞清楚：这项技术的设计合理吗？要成功地实现商业化，申请技术专利是必须的吗？这项技术符合国家专利管理部门的要求吗？

有些产品获得专利需要花费大量时间，但专利可以为产品提供一段"静默期"。在这段时间内，产品可以在没有竞争者的情况下进入市场。然而，一些技术受到严格的规定限制，因此在商业化过程的早期阶段就需要明确技术是否符合这些规定。这一点至关重要，因为它会对商业化的时间表产生重大影响。

5. 原型设计

在检验技术可行性时，每个新产品都要经过设计、开发和原型设计几个阶段。在迅速变化的动态环境中，设计一步到位、尽早开发出原型、外包非核心能力的业务、缩短上市时间等，这些都是有效产品开发过程中的重要组成部分。在过程的不同阶段，应邀请潜在使用者对产品进行现场测试，从而降低产品推向市场失败的概率。

6. 市场和初始客户的检验

最理想的情况是，初始客户在可行性分析时就确定下来，这样该客户就可以参与到技术产品的设计和开发中。对产品进行现场测试，简单地说，就是让客户亲自使用样品，看产品是否实用。在商业化过程中，该阶段是个重要关口，因为客户对产品的反馈信息，将指导对原型的改进或重新设计，以更好地满足客户需求。

7. 确定创业的路径

关于创业路径，技术发明者或创新者有两个基本的路径可以选择：第一种是把技术发明或创新的成果全部卖给另一家公司，自己继续进行新的发明和创新；第二种是自己创建一家公司来生产和销售自己的技术发明和创新。对于大学、科研院、政府实验室或大公司里的科研人员和发明者来说，这将是一个艰难的抉择。如果决定创建新公司，也许就意味着他们要离开自己目前的职位去寻求创业资源，授权给其他企业或出售自己的发明则可能更具灵活性。

8. 制订商业计划

一旦商业概念被确认为可行，创建公司就成为下一步的任务。这就需要制订一个全面的商业计划，其中包括商业的运营、政策、营销和增长计划，完整的财务报表以及对当前产业、市场和团队的可行性分析。企业的成长需要确立适当的法律结构，以及明确股东之间的股权分配体系。如果发明者或创业者正在寻求外部资本，他们也需要与投资人进行协商。此外，发明者或创业者还需要与战略伙伴进行协商，解决商业计划中的具体问题。

9. 创建企业

真正的技术创业包括寻找设备、雇用员工、存储原材料和零件，以及组织企业运作等一系列活动。从研究者向经营企业的管理者角色转换，将对工程师和科学家们构成巨大挑战，因为他们更愿意留在实验室里，继续从事新产品的研究。

2.1.3　技术创业的"死亡之谷"①

"死亡之谷"描述的是多数发明创造常常因缺乏外部支持或被发现不具有商业价值而处于沉寂的状态。一项科技成果从研究到开发，再到技术转让和产品上市，需要经过一段时间孕育，最后要通过商业化操作才能在市场上取得成功，而在这个过程中，很多创造发明因等不到"转化"就"胎死腹中"，还有一些成果好不容易走到了产品阶段，却由于不能被市场接受而被迫"沉寂"。

1. 技术创业的两次"死亡之谷"

我们通常将社会活动分为四个阶段："科学发现—技术发明—工程建造—产业形成"。技术创业的两次"死亡之谷"主要体现在其中两个重要阶段，即"技术发明—工程建造"和"工程建造—产业形成"的发展过程中。

"技术发明—工程建造"过程是从技术创新到产品实际产出的阶段，也被称为技术研发或技术产品化阶段。这个阶段面临着重大的风险，因为它涉及将技术发明或专利技术从概念转化为实际产品。在这个阶段，能否成功实现主导设计至关重要，因为它在很大程度上决定了新兴产业的全球竞争力和可持续发展能力。在产业形成的早期阶段，企业常常会遇到各种障碍，使得这个阶段和随后的形成阶段被称为产业形成的第一次"死亡之谷"。这种现象是世界各国都面临的普遍问题。

---

① 秦洁，张恒超.科技型中小企业应如何跨越"死亡之谷"［J］.中国高校科技，2015，（10）：90–93.

第一次"死亡之谷"的可能风险主要表现为技术发明是否能够实现预期的使用价值。这反映了科技成果转化率较低的问题，其关键因素在于原始创新的缺乏、次生模仿创新的弱化以及技术共生创新体系的不完善，最终源于技术创新的不确定性。

新兴产业的主要发展阶段出现在"工程建造—产业形成"过程中，即产品产业化阶段或通常所称的市场规模化阶段。在这个阶段，企业主要关注工艺技术创新和产品结构设计创新，这被认为是产业形成的第二次"死亡之谷"。在这个阶段，企业面临着巨大的市场认可风险，重点在于经济可行性问题，因此，企业被视为主要的推动力量。

第二次"死亡之谷"实质上是工程化产品或产品化工程逐渐实现批量生产，以及逐步满足规模市场需求的过程。产业形成的第二次成功跨越主要在于产品能否被广大消费者认可和接受，也就是产品能否满足市场需求。产品结构反映了产品内部零部件的组成方式，结构变革可以带来产品的重大变化，其中包括产品设计的创新与竞争。

在这两个"死亡之谷"阶段，第一次的突破关键在于将技术转变为实际产品，第二次的突破则主要涉及配套技术、技术工艺和相关制度等方面的革命性变革。这种变革逐步使产品得到市场认可，满足客户的实际使用需求。由于企业和市场在"技术发明—工程建造"和"工程建造—产业形成"阶段的主导地位，一旦技术产品化和产品产业化遇到困难，企业可能面临巨大损失，甚至濒临倒闭。因此，这两个阶段通常被称为企业技术创新道路上的"死亡之谷"。

2. "死亡之谷"形成的原因

（1）路径依赖效应

路径依赖效应是导致企业技术创新陷入"死亡之谷"的重要原因之一。它源于技术层面的发展理念，具有双重含义。一方面，企业在生产经营管理中，依赖特定的技术模式可以带来一定程度的成功，但受到路径依赖效应的制约，很可能被困于特定的技术模式之中。即使环境和条件发生变化，这种技术模式的价值逐渐下降，但受制于路径依赖的惯性，规模较小、实力较弱、抗风险能力较差的企业也难以突围出来。这种情况长期持续可能导致企业技术创新的失败，使其陷入"死亡之谷"。另一方面，有时企业的技术创新模式虽然在短期内看起来是最佳选择，但从长期的角度来看，却不一定是最好的选择。这种情况不利于企业进行持续的技术创新和升级，最终导致企业陷入技术创新的"死亡之谷"。

（2）权益阻力与行为惯性

权益阻力和行为惯性也是导致企业技术创新陷入"死亡之谷"的重要因素之一。一旦某项技术创新在市场上获得成功，就会带来相关的权利和利益结构。企业要想革新原有的技术创新模式，就必须面对对已有权利和利益造成重大损害的可能。已经受益于原有技术模式的管理者和技术人员等既得利益者，会极力阻碍新的技术创新模式的推广。特别是对于依靠原

有技术模式取得成功的企业，他们会视原有技术模式为最佳选择，坚持原有的技术模式和成功经验，抵制新的技术创新模式的应用。这种态度导致新技术创新模式的短命，使企业陷入技术发展的"死亡之谷"。

（3）新技术的获取与吸收能力不足

企业技术创新陷入"死亡之谷"的另一个重要原因是其新技术获取和吸收能力较低。一般来说，技术创新模式的选择过程反映了对创新生态系统长期性、多样性、复杂性的最佳化选择。企业在选择技术创新模式时，主要考虑已掌握的一系列新技术。然而，目前大多数中小企业并没有建立起相对健全、现代化、领先的信息化系统，特别是对于新技术的获取和吸收能力相对欠缺。因此，它们无法迅速融入企业，也无法预测、参与现有前沿技术体系的培育和发展。在这种情况下，企业无法将现代技术注入原有技术中，也无法对原有技术进行根本性改造和升级。因此，企业技术创新的变革无法实现，进而长期处于"死亡之谷"的困境中。

（4）高成本的资产专用性效应和技术转换

资产专用性效应和技术转换的高成本也是导致企业技术创新陷入"死亡之谷"的重要原因之一。一般而言，企业进行的投资活动都具有资产专用性特征，这导致沉淀成本的产生。沉淀成本主要包括两方面：一方面是投资新技术研发的成本，但这部分成本无法通过新产品的价格得到补偿；另一方面是因终止以往新技术研发而无法获得补偿的利益损失。沉淀成本的存在使资源配置出现偏差，导致社会福利损失，并对企业技术创新产生负面影响。沉淀成本说明，经济主体在投资已成熟技术时需要承担的成本，而这些技术已经产生了较低的边际收益，但仍占用大量资金。由于担心投资新技术的研发费用无法获得回报，企业可能不愿意投资新技术的研发活动，从而导致对新技术的投资不足。此外，沉淀成本还会促使企业新技术投资进入壁垒，使得中小企业难以深入研发新技术，而更倾向于继续使用现有技术并进行转型升级。这种情况下，企业往往不会大量投资新技术的研发，从而导致大量的技术创新陷入"死亡之谷"。

3. 跨越技术创业的"死亡之谷"[①]

跨越技术创业"死亡之谷"的主要措施：

（1）模仿性创新：通过模仿而进行的创新活动。在企业初期阶段，模仿性技术创新可以帮助企业相对容易地跨越第一次"死亡之谷"。

（2）核心技术创新：在发展战略性新兴产业时，企业必须依靠市场竞争和核心技术创新

---

① 李晓华，高旭东，李纪珍.柔性框架：AI领域的学术创业企业如何跨越"死亡之谷"［J］.南开管理评论，2023，26（03）：4-14+27.

来突破第二次"死亡之谷"。企业需要增加对主导性技术创新的投入、塑造动态梯度的技术创新模式、实施联盟策略、选择合适的模块化生产方式等。

（3）国家政策的支持：加大对创新的支持力度，充分调动和利用行业协会、中介组织的协调能力确立产业标准，引导新兴产业联盟网络与产业园区的形成。

（4）发明人产权归位：建立清晰的组织机构，完善科技成果转化的法律机制，搭建成果转化运行机制，实现科研人员的有效激励和成果有形化、市场化。

2.1.4　技术创业者的特质[①]

关于创业者的特质，已经有许多研究，包括自我效能感、尽责性、控制点、成就需求和创新性等。图2-1是一个关于创业者一般特征的模型，其中，重要特征之一就是创业意识，它包括控制欲、独立性、成就感和冒险精神。

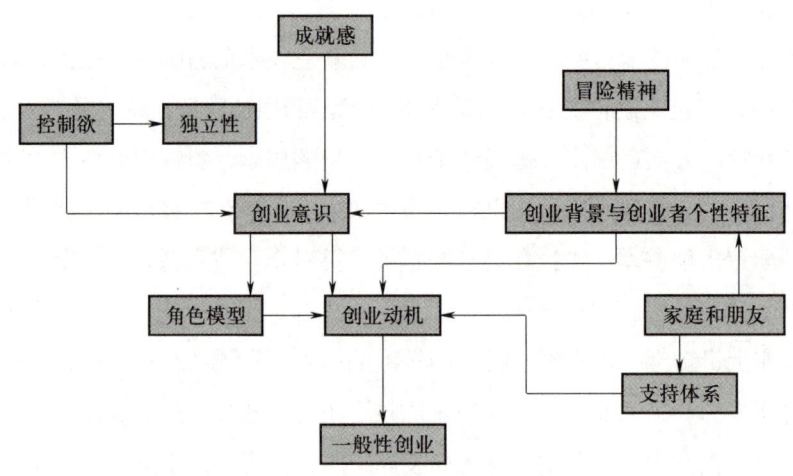

图2-1　创业者的一般特征模型

资料来源：Mario W.Cardullo 著.刘健钧等译，技术创业：企业形成、融资和成长［M］，经济科学出版社，2007.

（1）控制欲

控制欲指的是个人相信其能够掌控自己生活的程度。研究表明，许多创业者具有强烈的控制欲，他们相信自己能够通过个人努力而不是外部因素来决定自己的命运。这种高控制欲的人倾向于自我依赖、独立，并具有较强的自制力。他们被认为拥有创业精神的关键特质，包括自信、创造力和责任感。相反，控制欲较低的人更倾向于认为自己的命运受外部力量

---

① 魏拴成，曹扬，姜伟，等.技术创业学：创业思维·流程·实践［M］，北京：清华大学出版社，2014.

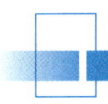

（如运气和命运）的主导。

（2）独立性

独立性与控制欲通常相辅相成。独立性主要指的是意志的独立性，也就是说创业者的意志不易受他人影响，具备自主提出和实施行动的能力。这意味着创业者相信自己知道正确的答案，更倾向于依赖自己的判断和决策，而不是依赖他人。

（3）成就感

从20世纪50年代，美国社会心理学家戴维·麦克利兰等人探索成功动机和成就需要时，就开始了关于创业者心理特征的研究工作。麦克利兰将成就需要定义为渴望做好某事的欲望，主要不是为了获得社会认可或声望，而是为了实现内在的个人价值感。他认为成就需要高的人具有以下特点：愿意承担个人责任，包括在解决问题、设定目标和凭借个人能力实现这些目标时负责任；喜欢接受中度风险；不喜欢例行工作或重复性工作。

（4）冒险精神

创业，即在不确定条件下创建企业。所以，几乎所有关于创业者的定义都会提到创业者的冒险精神。促使许多人决定创业的因素可能并不是对风险的偏好，而是对自己能够降低和处理风险的信心。尽管拥有的信息越多，创业风险可能就越小，但要完全消除风险是不可能的。而且，收集和获得信息需要时间，这可能耽误创业的机遇。创业者承担的风险包括资本风险、职业风险、家庭风险、社会风险和心理风险。

创业者的背景和个性特征是决定创业特点的重要方面。对创业者具有重要决定意义的因素往往与创业者的成功紧密联系在一起。影响创业者的因素包括：出生顺序、父母的职位、父母的价值取向、父母对待成就的态度、增长率、个人价值、年龄、动机、角色榜样以及支持体系等。

2.2 新兴技术驱动创业

2.2.1 创新驱动创业

1. 创业与创新的关系

创新是创业的源泉，也是创业的本质。创新能力被认为是最重要的创业资本之一。创业者必须具备持续的创新精神和意识，以及独特、活跃、科学的思维方式来产生创意，拓宽商业视野、把握市场机遇、整合资源、推动企业发展。这种创新精神不仅在创业初期至关重要，企业发展壮大时更需要持续的创新。

创业的本质在于创新，是变革的驱动力。创业者需要把握机会创造性地整合资源，并通过创新和超前行动来实现变革。创新包括技术、制度和管理等方面的创新，是创业活动的重要组成部分。创业实质上是一个挑战自我的过程，它涉及将新理念和构想有机地融入市场，以创造新的价值和财富。缺乏创新动力将会拖累新企业的诞生和小企业的成长，因此，创新在创业过程中是至关重要的。

创新的真正价值在于推动创业活动。创新不仅是将潜在的知识、技术和市场机遇转化为实际的生产力，而且是为社会带来财富增长和社会进步的动力。然而，要将创新成果转化为具体、实际的社会财富，就需要创业者的推动。创业者可能并非创新者或发明家，但他们具备发现潜在商业机会并敢于冒险的特质，通过创业将创新成果商品化和产业化。创新者不一定是创业者或企业家，但科技创新成果必须经由创业者推向市场，使其潜在价值市场化，创新成果才能转化为真正的生产力。历史上每一次划时代的创新成果，往往都是通过创业进入市场，催生出一个或多个巨大的产业部门，为社会、企业和创业者带来巨大的财富。例如，1981年诞生了个人电脑（PC），开启了一场产业革命，使得微软、苹果等世界级企业迅速崛起，并推动了世界信息技术产业的快速发展；2007年苹果公司推出的第一代苹果智能手机，推动了移动应用开发、在线购物、移动支付等新兴产业的发展，为创业者提供了大量的商机；基因编辑技术的突破始于2012年，这项技术引发了生物科技领域的一场革命，瑞士基因编辑公司（CRISPR Therapeutics）和Editas Medicine等巨头公司成为行业领先者。

创业不仅推动着创新成果的商业化，还深化了创新。它不断催生新的市场需求，进而推动和深化科技创新。这不仅提高了企业乃至整个国家的创新能力，而且带动了经济的增长。例如，阿里巴巴和腾讯等公司在过去几十年中催生了许多创新，并成为全球领先的科技企业。这些公司不仅创造了新的商业模式，还推动了数字经济的发展，对中国经济的增长起到了重要的推动作用。因此，创业对于促进创新和推动经济增长具有不可或缺的作用。

2. 技术创新驱动创业[①]

技术创新驱动创业是一种基于技术创新的创业模式，其核心在于将技术创新与创业紧密融合，跨越多个层面，涉及多个主体，呈现出生态性和迭代性的特征。这一创业模式可划分为触发、催化和聚合三个关键阶段。

在触发阶段，技术创新引发各种要素的相互作用，如创业团队和其他资源，从而孕育了创业机会。接下来是催化阶段，这是技术创新推动创业发展的核心时期。在这个阶段，创业

① 蔡莉，张玉利等.创新驱动创业：新时期创新创业研究的核心学术构念［J］.南开管理评论，2021，24（04）：217-224.

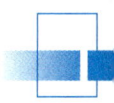

机会的潜能得以释放。技术创新的协同作用激发了各种要素之间的互动，扩大了创业机会的范围、数量和创新性。最后是聚合阶段，这是创业机会的实现过程，涉及多个主体的集聚和互动。创业者与多个主体合作，并将反馈应用于技术创新，以提高多主体的能力，实现技术创新和共同创造价值。

技术创新驱动创业具有四大特征：跨层面特征，涉及多个主体之间的跨越，从而实现系统层面的技术和价值创造；多主体特征，涉及不同领域的多家企业和其他类型主体之间的协同作用；生态性特征，机会开发形成了围绕技术创新的生态系统；迭代性特征，通过不断修正和完善技术创新和机会开发行为，实现技术创新和共同创造价值的目标。

2.2.2　科技革命与创业

18世纪中叶以来，人类发展史上曾经出现过四次生产力的飞跃，通常被称为"四次工业革命"。工业革命是科学与技术交叉推动的结果，因此，工业革命也被称为"科学技术革命"（或科技革命，见表2-2）。

第一次科技革命（18世纪中叶至19世纪初）与英国产业革命同时发生，标志着工业生产的根本性转变。这一革命始于纺织机械的创新，随后蒸汽机的发明和应用成为其里程碑，将生产从手工制造转变为机械化生产，从传统的工场手工业迈向了机器大工业的时代。蒸汽机的应用是人类认识自然、利用自然的一个伟大突破。它不仅为人类提供了不同于人力、畜力、水力的全新动能，使人的双手得以从繁重的体力劳动中解放出来，还实现了真正意义上的社会化大生产，使劳动生产率大幅度提高，从而为资本主义生产方式的建立奠定了物质基础。

第二次科技革命（19世纪70年代至20世纪初）以电力的发明为标志。在19世纪70年代，随着发电机、内燃机和蒸汽涡轮等新技术的出现，以及以这些新型发动机为基础的电车、汽车等新型交通工具的广泛应用，社会生产力得到了极大的提升，将社会发展推向了一个更高的水平。这次科技革命，电作为一种可利用的能源，成为技术发展的重要动力，为工业化和现代化进程注入了新的活力。它不仅为人类提供了高效生产、生活的条件，极大地推动了社会进步，还开创了以电为载体快速传递信息的新纪元。电报、电话出现后，"马拉松式""驿站式""烽火台式"古老、落后的通信手段成为历史，人类进入新的电气化时代。

第三次科技革命（20世纪40年代至60年代）的主要标志是原子能技术、航天技术和电子计算机技术的应用，这场革命影响了诸多领域，是一场信息控制技术的革命。特别是电子计算机的发明和广泛应用，以及各种"人机控制系统"的形成，推动了生产、办公室和家庭生活的自动化，即"三A"革命。这一时期标志着人类社会从电气化时代向信息化时代的转变。这次革命不仅提高了人类认识自然、改造自然的水平，推动了生产力的发展和社会的进步，

还大大解放了人类自身，实现了从体力解放到脑力解放的跨越。可以说，第三次科技革命对人类社会发展的影响远远超过前两次革命。

第四次科技革命（20世纪80年代至今）是由人工智能、物联网、生命科学、新能源、虚拟现实等一系列创新技术引领的范式变革。其中，人工智能被广泛认为是这次革命的技术基石，也是最大的推动力之一。人工智能是电子计算机领域的前沿科技，主要研究如何利用计算机来模拟、延伸和扩展人类的智能，以及如何设计和制造具有高智能水平的计算机应用系统。目前，人工智能技术在现实世界中已经得到广泛应用，如自动驾驶、智能家居，以及为数字化虚拟世界（元宇宙）提供技术支持。人工智能不仅可以智慧融物，还可以模拟人的某些思维过程和智能行为，从而产生远超于人类个体的智慧能量。人类社会由此进入全新的智能化时代。

表2-2 四次科技革命的相关内容

科技革命	时间	技术突破	对创业的影响	著名的技术创业公司
第一次	18世纪中叶至19世纪初	蒸汽机、纺织机、铁路	促进了大规模生产，创业重点在制造业和基础设施建设	伦敦与伯明翰铁路公司、曼彻斯特纺织公司
第二次	19世纪70年代至20世纪初	电力、内燃机、大规模生产线	工业化和大规模生产的进一步发展，创业机会在汽车、电力等领域	福特汽车、通用电气
第三次	20世纪40年代至60年代	电脑、互联网、可再生能源	数字化和自动化带动了新型创业，如软件、电子商务	微软、苹果、亚马逊
第四次	20世纪80年代至今	人工智能、物联网、机器学习	智能技术与生活的深度融合，创新型创业机会大量涌现	特斯拉、太空探索技术公司（SpaceX）、阿里巴巴

2.2.3 新兴技术的创业机缘

《麻省理工科技评论》从2001年开始每年评选"十大突破性技术"（TR10），这一评选对于科技领域影响深远。该评选准确预测了许多热门技术的崛起，如脑机接口、智能手表、癌症基因疗法和深度学习等。表2-3是2023年《麻省理工科技评论》评选出的十大突破性技术。

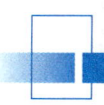

表2-3 2023年评选出的十大突破性技术

技术名称	主要研究者	成熟期	内容
用于高胆固醇的CRISPR	Verve Therapeutics、Beam Therapeutics、Prime Medicine、伯劳德研究所	10～15年	CRISPR技术最初用于罕见遗传疾病的治疗，如今，Verve Therapeutics等公司开发了一种CRISPR治疗方案，用于降低高胆固醇。这种新方法叫作CRISPR 2.0，比起传统方法，它更精准、更安全。同时，先导编辑或CRISPR 3.0可以让科学家插入DNA片段，有望用于替换致病基因
制作图像的AI	OpenAI、Stability AI、Midjourney、谷歌	现在	通过OpenAI的DALL-E和Stability AI的稳定扩散等开源文本到图像模型，人们能够用简单描述生成图片，引发了创意和创新浪潮。然而，这也引发了一些问题，如对艺术领域的影响以及训练数据中的潜在偏见和有害内容。谷歌、Meta等公司也展示了由人工智能生成的短视频片段，预示着未来可能实现只需输入剧本即可制作电影的可能性
改变一切的芯片设计	RISC-V国际、英特尔、SiFive、SemiFive、中国RISC-V产业联盟	现在	一个被称为RISC-V的开放标准，可能会改变公司制造计算机芯片的方式
大规模生产的军用无人机	Baykar Technologies、Shahed Aviation Industries	现在	TB2是由平价部件组成的慢速飞行器，成本较低，极易获取。与摄像头结合后，图像和视频数据可以与地面站共享，它就成了强大的工具，既可以精准发射机翼上携带的激光制导炸弹，也可以帮助指挥地面炮火
远程医疗堕胎药	Choix、Hey Jane、Aid Access、Just the Pill、Abortion on Demand、Planned Parenthood、Plan C	现在	通过远程医疗服务提供堕胎药，人们无须离家就能获得堕胎护理。这种方式应对了堕胎法律变化，但也面临着法律和服务范围等方面的挑战
按需制作器官	eGenesis、Makana Therapeutics、United Therapeucs	10～15年	利用基因编辑技术改造动物器官，使之更适合人体移植，为缓解器官短缺问题提供了新的解决方案。未来，还有望实现从头设计复杂组织的目标

续表

技术名称	主要研究者	成熟期	内容
必然到来的电动汽车	比亚迪、现代、特斯拉、大众	现在	电动汽车正在成为汽车行业的主流选择，政府政策、汽车公司的发展和多样化的产品推动了电动汽车市场的增长
詹姆斯·韦伯太空望远镜	美国国家航空航天局、欧洲空间局、加拿大航天局、空间望远镜研究所	现在	由美国国家航空航天局打造的詹姆斯·韦伯太空望远镜具有更高的分辨率和更广的应用范围
古代DNA分析	马克斯·普朗克进化人类学研究所、哈佛大学戴维·赖克实验室	现在	通过对古代DNA进行分析，科学家们可以研究古代人类的遗传信息，解开现代健康问题的谜团，并了解人类进化的历史
电池回收利用	Baykar Technologies，Shahed Aviation Industries	现在	新的电池回收技术使得从废旧电池中回收高价值金属变得更加有效，为未来的电动汽车提供了可持续的能源来源，同时解决了废旧电池处理的环境问题

表2-3展示的这些技术不仅改变了我们的生活方式，也为创业者们提供了许多商业机会。随着科技的迅猛发展，技术创新氛围也变得更加活跃，为创业者们带来了更多机遇和挑战。以上技术创新给我们带来以下启示：

抓住技术创新的机遇：科技的快速发展正在改变着各行各业，创业者应该时刻保持对新技术的敏感，并及时抓住变革带来的商机。无论是基因编辑、人工智能还是太空探索，都可能孕育着下一个独角兽企业的诞生。

跨界创新：科技创新常常涉及多个领域的交叉融合，创业者可以积极寻找不同领域之间的合作机会，通过跨界创新，开发出更具竞争力和前瞻性的产品和服务。

持续学习和适应：科技行业的发展速度非常快，创业者需要不断学习和适应新的技术和趋势，保持与时俱进。只有不断提升自己的技能和知识水平，才能在激烈的竞争中立于不败之地。

关注社会需求：创业者应该关注社会和市场的需求，将科技创新与社会实际需求相结合，开发出真正有用的产品和解决方案。只有满足用户的需求，才能获得市场的认可和持续的发展。

勇于创新和冒险：科技创新的道路上充满了未知和风险，创业者需要有勇气和决心，敢于创新和冒险。只有敢于尝试，才能在竞争激烈的市场中脱颖而出，取得成功。

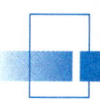

2.3 开发和保护知识产权

2.3.1 知识产权的概念①

知识产权是人们对其智力创造成果的合法权利，涵盖商标、服务标记等与商业标记相关的权利。保护知识产权的范围分为广义和狭义两种。

广义的知识产权保护范围涵盖各种人类智力创造的成果。根据1967年于斯德哥尔摩签署的《建立世界知识产权组织的公约》中的规定，保护范围包括：文学、艺术、科学作品的相关权利，表演艺术家的表演权利，发明、科学发现、工业品外观设计的权利，以及商标、服务标志、商号等商业标记的权利，还包括防止不正当竞争的权利等。

狭义的知识产权保护范围包括工业产权和版权两个方面。按照《保护工业产权巴黎公约》的规定，工业产权主要包括发明专利权、实用新型专利权、工业品外观设计专利权以及商标专用权等。随着时代的发展，还出现了禁止不正当竞争权、高新技术领域的专有权等。版权保护范围则扩展到邻接权和不同内容的版权保护，如《计算机软件条例》、信息网络中产生的版权等。

2.3.2 知识产权的分类

在我国，传统的知识产权通常可分为专利权、商标权、著作权，但随着科学技术的发展和社会的进步，不断有新的非物质客体被纳入知识产权法保护的范畴，包括集成电路布图设计权、商业秘密权、地理标志权、植物新品种权等。

1. 专利权

（1）专利权的概念

专利权是国家知识产权主管部门授予发明创造者的一种权利证明，其包含一定有效期限，在此期限内，该证明保护发明者不受他人未经授权的使用、制造或销售其发明的行为。同时，专利权也赋予了发明者授权他人使用、制造或销售其发明的权利。我国的专利法规定了三种主要类型的专利权，包括发明专利权、实用新型专利权和外观设计专利权。

（2）专利权的主体和客体

专利权的主体是指发明人或者设计人、专利权人和专利受让人等。专利权的客体是

① 魏拴成，曹扬，姜伟，等.技术创业学：创业思维·流程·实践［M］.北京：清华大学出版社，2014.

指专利权利和义务共同指向的对象。我国专利权的客体包括发明、实用新型和外观设计三类。

发明专利是指为解决较为重大的技术问题而对产品、方法和改进所提出的新的技术方案，它是一种重大突破。发明包括产品发明和方法发明两类。发明必须是一种能够被较为稳定地实施的技术方案，只有这样才能给社会带来利益，才具有保护的必要。其保护期通常为20年。

实用新型专利是针对一般实用技术问题提出的产品形状、构造或其组合的新技术方案。它应该是一种能够通过产业方法制造的实体产品，具有特定的形状、构造，并能解决特定的技术问题。通常情况下，实用新型专利的保护期为10年。

外观设计专利则是针对产品的形状、图案、色彩或它们的组合提出的具有美感并适用于工业应用的新设计。外观设计专利所保护的是设计本身，而不是承载该设计的物品。其保护期通常为10年。

（3）专利权的特征

专利权与其他知识产权相比，具有更强的独占性，一旦别人申请并获得了专利权，其他人则不得再申请。专利权是以向社会公开技术为必要条件的权利，这是因为专利法希望通过保护发明创造人利益的同时促进新技术的研发和创造，因此，法律要求发明创造人以向社会公开技术为必要条件换取专利权，这样既保障了专利人的权益，也能让他人从技术方案中获得技术信息和启示。因为专利权是一种近乎垄断性的权利，所以只有经过国家专利部门审查，确认其符合法定条件之后，才能依法定程序被授予。

（4）专利权的授权条件

发明专利和实用新型专利的授予条件包括以下几点：

新颖性：申请专利的发明或实用新型不应属于已为人所知的现有技术。现有技术是指在专利申请日之前，在国内外为公众所知并已实施的技术方案。即使某些技术处于保密状态或不为公众所知，只要已经实施，也不属于现有技术。

创造性：与申请日之前已有的技术相比，发明应具有突出的实质性特点和显著的进步，而实用新型应具有实质性特点和进步。

实用性：发明或实用新型应能够制造或使用，并产生积极的社会、技术或经济效果。

外观设计专利的授予条件如下：

新颖性：申请专利的外观设计不应与在申请日之前已经在国内外出版物上公开发表的外观设计相同或相似，也不应与在申请日前已在国内公开使用过的外观设计相同或相似。

美观性：外观设计应在产品使用时使人产生一种美感，增加产品对消费者的吸引力。

合法性：申请的外观设计不得与他人已经取得的合法权利相冲突，同时也不得违反法律、社会公德，也不得损害公共利益。

2. 商标权

（1）商标权的概念

商标是商人用来区别自己的商品或服务与其他商品或服务的标记或标记组合。商标权人通过商标来证明商品的来源材料和制造方法，以及服务的状况。商标权的内容包括使用权、续展权、转让权和许可使用权等。不同国家或地区对商标权的保护期限规定不一，但通常可以通过续展来延长。在我国，商标权的保护期限为10年。

（2）商标权的内容

商标权的内容包括使用权和禁止权。使用权是商标权人对其注册商标充分支配和完全使用的权利。禁止权是商标权人禁止他人未经其许可擅自使用注册商标的权利。使用权受到两方面限制：① 只限于商标主管机关核定使用的商品，而不能用于其他类似商品；② 只限于商标主管机关核准注册的文字、图形，而不能超出核准范围使用近似的文字、图形。禁止权的效力涉及：① 在同一种商品上使用相同的商标；② 在同种商品上使用近似商标；③ 在类似商品上使用相同商标；④ 在类似商品上使用近似商标。

（3）商标注册的条件

商标注册是商标使用者为获取商标的专属权利而向商标局提出的申请，遵循法定的注册条件、原则和程序。商标注册适用于自然人、法人或其他组织，申请人需要具备合法的经营资格。注册商标必须符合以下条件：商标应具有显著性，便于消费者识别和区分；不得使用法律禁止的文字、图形，如国家名称、国旗、国徽等；不得带有欺骗性或有害于社会主义道德风尚；不得与他人已注册或初步批准的商标相同或近似。商标注册的程序包括商标查询、准备材料、提交申请、形式审查、实质审查、注册公告等步骤。注册商标的有效期为10年，自核准注册之日起计算，期满前需要办理续展手续。商标注册的法律保护包括禁止他人在相同或类似商品上使用与其注册商标相同或近似的商标，以维护商标所有者的合法权益。商标权的保护范围主要限于注册时所指定的商品或服务类别，且在注册的国家或地区内生效。此外，商标注册还受到《中华人民共和国商标法》及其实施条例的规范和保护。

3. 著作权

（1）著作权的概念

著作权（版权）是作者或其他著作权人依法享有的对文学、艺术和科学作品的专有权利。这种权利可以分为广义和狭义两种，其中狭义的著作权指作者对作品享有的一系列专有权利；广义的著作权还包括邻接权，即除作者外其他人对作品以外的客体享有的一系列专有权利。《中华人民共和国著作权法》规定的邻接权具体指表演者对其表演、录音录像制品制作者对其制作的作品、广播组织对其播出的节目信号和出版者对其设计的版式所享有的专有权利。

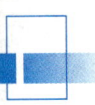

著作权的主体，即享有著作权的人，可以是自然人、法人或其他组织。而著作权的客体则是受到著作权保护的作品。著作权法所指的作品，是指在文学、艺术和科学领域内，具有独创性并能以某种有形形式复制的智力创造成果。

（2）著作权的内容与保护期限

著作权包括著作人身权和著作财产权两个方面。著作人身权，也称精神权利，具体包括发表权、署名权、修改权和保护作品完整权。作者终生享有著作人身权，无时间限制。作者死后，其著作人身权可由其继承人、受遗赠人或国家的著作权保护机关予以保护。著作财产权，又称经济权利，具体包括复制权、发行权、出租权、展览权、表演权、放映权、广播权、信息网络传播权、摄制权、改编权、翻译权、汇编权，以及其他应当由著作权人享有的权利。

著作权的保护期限是指著作权受到法律保护的时间界限，或者说是著作权的有效期限。我国对著作人身权和著作财产权的保护期分别加以规定。著作人身权中的署名权、修改权和保护作品完整权永久受到法律保护，而发表权的保护期限与著作权中的财产权利的保护期相同。即使作为作者的公民死亡、法人或非法人单位变更或终止，其署名权、修改权、保护作品完整权仍受《中华人民共和国著作权法》保护。至于著作财产权的保护期限一般为著作权人终生及其死亡后50年。

2.3.3　知识产权的交易策略

1. 知识产权交易的内涵与形式

知识产权交易是指在市场上组织之间通过各种方式将知识产权及相关产品和服务进行有偿转让或许可的行为。这种交易方式的设计可以依据特定的机制或习惯形成，旨在充分发挥知识产权的作用。知识产权交易主要包括7种形式。

（1）拍卖式知识产权交易

拍卖式知识产权交易包括多种方式，如英格兰式、荷兰式、密封递价、有底价、无底价、定向、维克里（集邮者）和网络拍卖。虽然拍卖过程经过标准化设计，但实际上是各方之间动态博弈的过程，结果存在随机性。

（2）招投标式知识产权交易

招投标式知识产权交易是根据需求者和供给者的委托，由招投标机构组织进行。机构和供给者制定招标书并发布公告，竞标人参与登记并递交投标书。招标机构按照法律法规组织开标，并评选出中标者，双方按约定条件交割知识产权及对价。

（3）协商式知识产权交易

协商式知识产权交易是通过专业交易机构进行的一种特定方式，供给方在交易信息公开

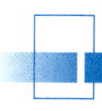

挂牌期满后，经过审慎考虑后与合适的需求方进行谈判、比较和选择，最终确定交易方式。这种方法适用于知识产权价值难以确定或需要供给方跟踪服务的情况。

（4）托管式知识产权交易

托管式知识产权交易是通过独立的信用中介机构提供服务，需求方首先将资金存入托管机构并暂时冻结，待供给方提供约定的知识产权或满足双方协议的其他条件后，托管机构根据协议规定的程序协助完成资金交割并收取相关交易费用。

（5）承担债务式知识产权交易

承担债务式知识产权交易允许资产所有者将拥有的知识产权用于偿还债务，给予适当的估值。在此情况下，知识产权不仅是交易的对象，同时也充当了一种一般性偿债资产的角色。

（6）合同式知识产权交易

合同式知识产权交易通常不依赖交易中介机构，而是根据法律法规中合同管理方面的规定自主进行。合同的主要内容包括交易的供给方和需求方，知识产权标的，交易价格，支付方式和期限，以及与知识产权交割相关的事项和违约责任。

（7）电子式知识产权交易

电子式知识产权交易并不是一种独立的交易方式，而是一种在现代日益普及的交易方式。它不受时间、地点等传统交易方式的限制，广泛应用于现代知识产权交易中。在网络上进行专利权、著作权、商标权等的交易，就是电子式知识产权交易。

2. 知识产权的交易策略

知识产权的交易策略包括三方面。一要明确重点领域，发挥自身比较优势。企业在进行知识产权合作与交易时，应结合自身发展战略，避免低水平的重复合作，取得嫁接与集成的比较优势。二要考虑交易的外部效应，包括正面和负面的影响。例如，某项版权交易可能对社会风气产生积极或消极影响，医药专利权的交易可能在治疗疾病的同时对资源或环境造成影响，商标权的交易可能提高相关行业的标准等。三要加强交易中的自律和他律。自律主要指各方通过自觉遵守协议、法律法规等来实现公平公正交易，他律则指国际组织、国家、仲裁机构、公众等利用法律法规、舆论监督等手段对交易中的问题进行治理，例如，打击敲竹杠、壁垒、市场垄断等。

3. 知识产权的出资策略

知识产权作为出资标的一旦投入公司，就会成为公司法人独立的财产。因此，知识产权出资必须将其完全交由公司支配和管理。对于商标权的转让出资，需要完成注册商标所有权从出资者到公司的法律手续。对于著作权（包括邻接权）的转让出资，应签订书面的转让协议，并

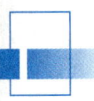

以转让合同生效为准。对于植物新品种权的出资者，应在公司成立后根据出资协议办理转移手续，并提供技术资料，协助植物新品种的应用与实施。商业秘密使用权出资的履行，则需要签订保密协议，明确商业秘密泄露的后果与法律责任。此外，商业秘密使用权出资还需要提供技术和商业资料以及人员等实际交付行为，以便公司能够有效掌握和利用该商业秘密。

4. 知识产权的融资策略

知识产权融资是企业利用知识产权作为抵押物向银行申请贷款的一种融资方式。在这种融资方式中，债务人或第三方将知识产权作为质押物向债权人取得贷款，如果债务人未能履行债务，债权人有权依法优先以该知识产权的折价或拍卖所得价款获得偿还。

当前，企业知识产权融资仍面临两大障碍。一是资产层面存在挑战，即知识产权价值难以准确确定。现有的知识产权评估方法缺乏统一的标准和规则，很难公允地评估知识产权的价值，这可能会影响评估结果的准确性。二是技术和制度层面也存在障碍。传统的银行贷款通常要求借款方提供第三方担保或有形资产担保，但知识产权质押并不具备可转换的担保物。

 **案例拓展**

大疆创新：知识产权驱动的技术创业典范

2006年，汪滔凭借在香港科技大学攻读研究生期间积累的深厚专业知识，以及对无人机飞行控制系统研发的执着追求，在深圳创立了大疆创新科技有限公司。彼时，无人机领域尚处于起步阶段，技术瓶颈重重，尤其是飞行控制系统的稳定性问题一直困扰着行业。汪滔在毕业设计中成功研发出一款性能卓越的稳定飞行控制系统，犹如为无人机装上了"智慧大脑"，使其在空中能够精准操控、平稳飞行，为大疆在无人机领域的发展奠定了坚实的技术根基。在大疆的发展历程中，技术创新是企业的核心竞争力，而知识产权则是保护技术创新成果的关键"护城河"。截至2024年，大疆的专利总数为12 213件，其中国内专利为7 342件，国际专利为4 871件。这些专利涵盖了无人机的结构设计、电路系统、飞行稳定、无线通信及控制系统等多个关键技术领域，全方位地保护了大疆的核心技术和产品创新。大疆的知识产权管理团队由众多名校出身、具有丰富经验的专家组成，他们不仅参与产品的研发过程，还时刻监控竞争对手的产品动态，为公司的产品布局和反不当竞争提供第一手信息。此外，大疆还积极与外部机构合作，进一步强化知识产权保护。2018年，大疆与微软达成战略合作，通过微软的"Azure知识产权保护计划"，利用微软在全球范围内的知识产权资源和影响力，为大疆的知识产权提供更全面、更专业的保护。这一合作不仅有助于大疆在国际市场上的拓展，还提升了大疆在全球知识产权领域的知名度和影响力。

【本章小结和思考题】

本章系统地介绍了技术创业的概念和技术创业者的特质，描述了技术创业的过程。科学技术的不断发展带来了诸多创业机缘，在实践中要把握创新驱动创业的要点，展开创业。创业过程中，保护和开发知识产权十分重要，本章介绍了知识产权的基本概念，以及常见的知识产权交易策略。

一、简答题

1. 简述技术创业的概念。

2. 技术创业的过程是什么？

3. 简述创新驱动创业的内涵。

4. 简述知识产权的交易策略。

二、能力应用题

［案例］字节跳动：以大数据与AI颠覆传统媒体

智能手机时代的先机

今日头条的兴起正值智能手机爆发性增长的时期。2011—2014年，智能手机市场呈现出迅猛增长的态势。2011年1月，智能手机出货量仅为568万部，而到了2013年3月，这一数字已经飙升至4 705万部。到了2014年1月，智能手机在市场中的占有率接近90%，彰显了其在中国通信市场的主导地位。当时移动资讯逐渐过渡到信息过载阶段，这给了今日头条一个难得的机遇。自2010年以来，移动互联网用户规模迅速增长，移动资讯的使用时间占据了移动端用户的5.4%。今日头条将其软件预装在主流手机内，精准地把握了智能手机的首批"换机潮"，通过大规模预装占领了渠道，成功收割了第一批用户，享受了移动互联网的红利。

发力短视频

2016年9月，字节跳动在第二届头条号创作者大会上提出"All in短视频"战略，并表示在未来12个月内，拿出至少10亿元，补贴头条号的短视频创作者。2018年4月，今日头条进行整体品牌变更，将品牌名称更改为"字节跳动"。这一变更标志着今日头条从过去以"资讯分发"为核心业务转向了"资讯分发＋短视频"双轮驱动的经营模式。

在之后的三年时间内，字节跳动在短视频领域打造了"抖音＋火山小视频＋西瓜视频"的产品矩阵，并通过与其他短视频的竞争，成为短视频领域当之无愧的头部企业。其中火山小视频、西瓜视频内嵌于今日头条App中，也同时提供App给用户独立下载使用。这些"头条系"产品继续采用今日头条所打磨出的大数据及AI推荐系统，共享AI技术，低成本复制，印证了技术是移动互联网下半场的主要驱动力。值得注意的是，三款产品差异化定位，各有特色，打通不同的细分市场，同时又相互导流，形成跨平台内容和流量联动。

大数据及AI推荐系统赋能的抖音，成为字节跳动高速增长的另一款现象级产品。抖音上线后，4个月突破4 000万日活跃用户规模。2018年6月，抖音日活跃用户规模达到1.03亿，超越2013年成立的快手，成为短视频行业榜首。

技术创新，提升短视频体验

抖音在众多短视频App中突出重围的关键因素是其技术创新。一方面，抖音依靠人工智能技术开发的功能强大的拍摄特效，切入一二线城市年轻群体的细分市场，广受用户好评。抖音的拍摄特效包括音乐、特效滤镜以及与AI结合的特效视频创意。这些技术既大幅降低了拍短视频的门槛，又契合了年轻用户追求变美的心态，大大增加了用户拍摄视频的意愿，在短时间内迅速俘获年轻群体的心。另一方面，抖音积极使用微博大V引流和赞助热门综艺，吸引用户关注，提升品牌知名度。例如2017年3月，小岳岳在微博转发其模仿者发布的抖音视频，引发抖音百度指数由0暴涨到2 000，抖音借此走入大众视线。

字节跳动把握住短视频红利对其快速发展至关重要。"抖音+火山小视频+西瓜视频"差异化视频矩阵显著提升了今日头条App内容和形式的多元性和用户黏性。字节跳动全系产品占据国内移动互联网App使用总时长从2018年6月的10.3%发展为2019年6月的11.7%，坐稳了继BAT之后的互联网"超级玩家"宝座。

技术长足发展

大数据+AI技术作为今日头条核心竞争力，应用于旗下全产品线的全流程。其个性化推荐系统在学习海量数据时不断进化，可以智能辅助内容消费和内容创作。

字节跳动在技术上持续发展，并在2016年成立人工智能实验室（AILab），直接负责关键产品的服务，并参与寻找解决方案，帮助母公司应对挑战。AILab拥有世界领先水平的研究人员，实验室负责人马维英曾任微软亚洲研究院常务副院长。实验室研究自然语言处理、计算机视觉、机器学习、数据挖掘、计算机图形&增强现实、语音识别与合成、安全&隐私等领域，利用这些技术帮助内容的创作、分发、互动、管理、加密，提升母公司技术护城河的高度。

AILab研发的美化技术和美妆技术，已经是今日头条系产品用户广为使用的技术，此技术可以帮助用户大眼瘦脸、实时磨皮、美白效果，添加唇彩、智能染发，打造个性美颜，适用于拍照、视频中的人像美化场景。除了用户常用的美化功能，AILab开发的人脸识别、肢体识别和3D渲染等深度学习和图像识别技术也大显神通。以肢体识别技术衍生出的人体关键点技术为例，该技术可以对人体17个关键点精准定位，支持人体姿态实时识别、匹配，适用于跳

舞等人体动作检测、人体追踪等场景，有效帮助用户在视频拍摄中使用智能拉长腿等功能。

AILab针对人工智能相关领域长期性和开放性问题进行研究，帮助公司实现对未来发展的构想，"重新定义人类连接和共享信息的方式"。而公司平台的庞大用户群确保了有价值的用户数据的持续流入，帮助AILab优化模型，寻找新方向。

启发思考题：

1. 字节跳动的主要竞争对手有哪些？在哪些层面竞争？

2. 制约字节跳动进一步发展的障碍和风险有哪些？应该如何应对？

3. 字节跳动的快速异军突起，对其他企业有哪些启示？

【分析思路】

1. 字节跳动与国内互联网巨头主要竞争的是用户使用时长、核心产品和技术能力。与细分领域的创业公司的竞争主要聚焦为三四线城市下沉市场用户的获取与变现，具体包括今日头条（极速版）与趣头条的竞争、三款短视频与快手的竞争。

2. 进一步发展的障碍和困难包括中国市场增长面临天花板、出海前途未卜、变现挑战、同业竞争挑战等。

应对方案如下：积极开拓垂直行业；积极开拓海外市场；通过信息流广告实现流量变现；依托流量优势，从更广领域变现；吸引顶尖人才，实现技术领先。

3.（1）与其更好，不如不同。另辟蹊径，用颠覆式创新异军突起。

（2）掌握核心技术＋深度理解用户需求，实现人与信息的精准匹配是一个趋势。

（3）全球化需要对目标国家准确分析，策略性切入。

（4）积极应对处理商业伦理问题，化危机为机遇。

第三章
创业机会识别与评价

【学习目标】

1. 了解创业机会的概念、分类、特征和来源。
2. 理解创意的过程和激发创意的方法。
3. 学会识别创业机会并理解其影响因素。
4. 掌握评价创业机会的方法。

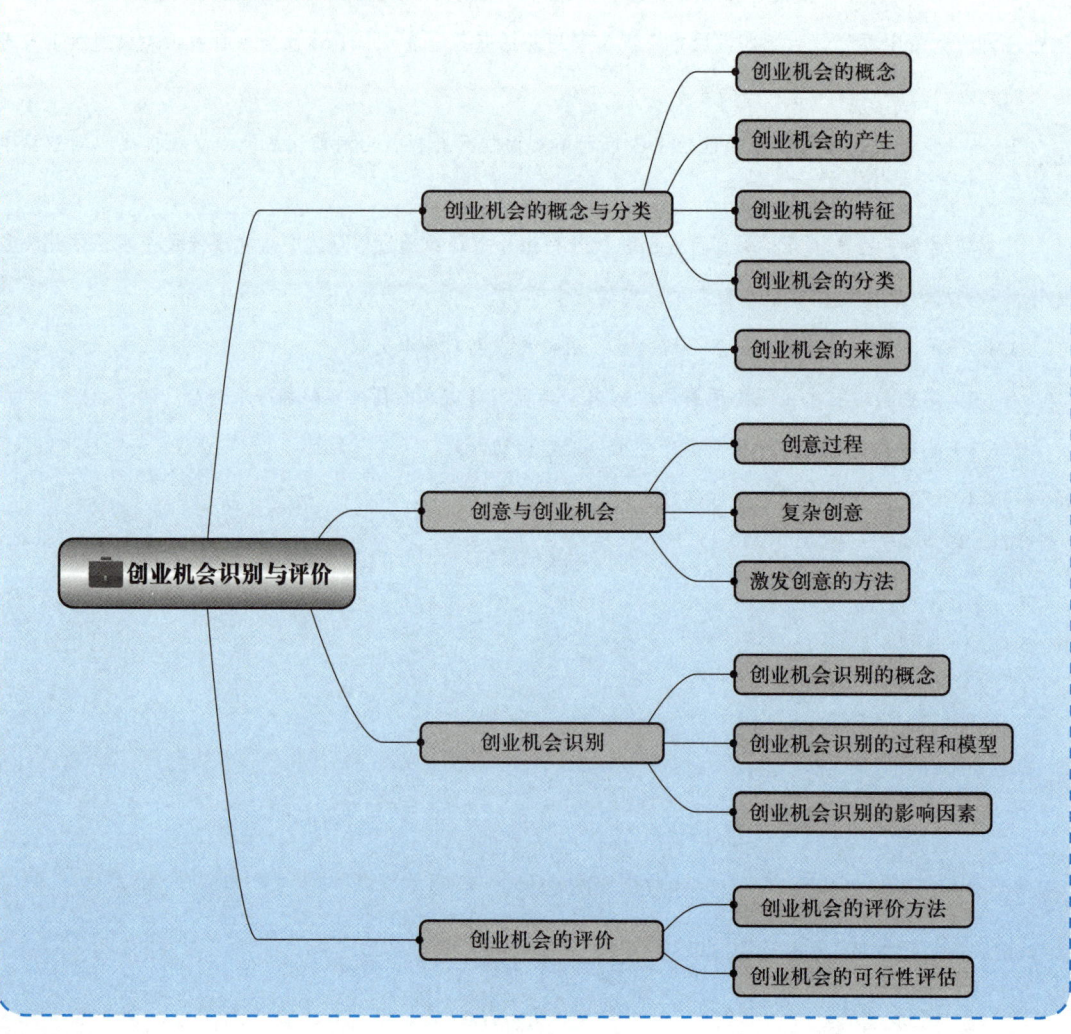

【引导案例】

2006年，26岁的王维只身来到深圳，入职"全球IT百强企业"中兴通讯。彼时，正值中兴通讯机构变革期，为进一步拓展国际市场，王维作为有海外背景的优秀年轻员工，被委任为中兴通讯PMO全球项目管理系统的流程负责人。接下来的7年，王维将PMO项目做得风生水起，2013年晋升为中兴通讯供应链海外事业部总经理。这些经历，让王维积累了丰富的国际供应链实战经验。

彼时，随着微商和中小型电商企业（以下统称中小B端企业）的兴起，国内市场对母婴产品、美妆产品、护肤品和保健品等海外商品的需求十分旺盛。王维便开始琢磨起来，"我是国际供应链背景出身，要不要抓住国内市场需求紧缺的机会，利用好自身背景创业呢？""这样是不是有点冒险？毕竟老婆怀了二胎。"

矛盾的心理让王维茶饭不香，很快，妻子就看出了端倪，"想做就去做吧，我支持你！大不了，咱还可以回头嘛。"王维看着怀孕的妻子，眼前一亮，说道："谢谢老婆！老婆，你看，现在咱家最需要的就是母婴类产品。都说海外母婴产品好，但是，一方面，海外母婴产品的国内需求量大，价格严重倒挂；另一方面，母婴产品有商品进出口政策限制，无法通过一般进口方式进入国内。我为什么不从这个产品做起呢？这样就可以创业养娃两不误啊！"

说干就干！2015年春节刚过，王维毅然从中兴通讯高管之位辞职，合伙创立深圳市天行云供应链有限公司。王维认为，随着淘宝、天猫和京东等关注"消费者"客户的互联网平台趋于成熟，面向"企业"客户的产业互联网将是接下来的风口。

创业伊始，王维带着几名员工一起开发一件代发服务系统"行云全球汇"，帮助国内中小B端企业以更低的成本和更高的效率获取海外母婴产品货源。王维深知，如果不能在一个细分市场中获得高占有率，行云公司就无法成为一家耀眼的企业，也就很难得到投资人和京东等电商巨头的青睐，为此，在创业前两年的时间里，他和他的团队坚持深耕母婴类产品，重点面向垂直电商领域的中小B端企业。此时正是深圳自贸区的发展初期，跨境电商行业处于政策与市场红利的风口，行云公司紧抓机会，业务呈现出高速增长态势。王维意识到，自己选对了赛道，行云公司得以乘"产业互联网"之风而起。

在王维的带领下，历经8年的成长和发展，行云集团坚守"让全球买卖变得更简单"的使命，不断发现市场中的需求与商机，并能够及时抓住这些机会，成为中国跨境电商领域的关键力量。截至2023年6月，行云集团已经成功帮助3 000多家海外品牌入驻国内106个城市、16万家门店和50万家中小零售商，并助力小米、海尔、公牛、乐森、齐心集团、佰草集、完美日记等100多家中国品牌成功出海。行云集团深耕全球本土化运营，在澳大利亚、日本、法国、德国、俄罗斯、美国等10余个国家创立了控股子公司，业务范围覆盖全球72个国家和1个地区，服务人口占全球总人口的70%。

创业机会识别一直是创业领域研究的关键问题之一。真正的创业过程始于商机的发现，创业过程是围绕机会的发现、识别、开发和利用的一系列过程。能否把握正确的创业机会并且通过充分地开发和利用使之成为一个成功的企业，是一个创业者应当具备的最主要的能力之一。

什么是创业机会？创业机会的类型有哪些？创业机会有什么样的特点？如何识别创业机会？创业者如何分析和评价创业机会？这些问题正是本章关注的问题。

3.1 创业机会的概念与分类

识别和开发创业机会在创业过程中扮演着关键的角色。创业始于洞察，而洞察则孕育着机会。创业者需要集中精力妥善寻找、把握并最终实现这些机会，从而将其转化为成功企业的基石。首先，必须深刻理解创业机会的本质和独特之处，方能在复杂多变的环境中准确辨识并紧紧抓住那些具有真正价值的机遇。

3.1.1 创业机会的概念

创业机会有多种不同的定义。熊彼特指出，创业机会是通过把资源创造性地结合起来，满足市场的需要，创造价值的一种可能性。[1]杰弗里·蒂蒙斯认为，创业机会"具有吸引力、持久性和适用性，并且伴随着能够为客户创造或增加使用价值的产品或服务"[2]。伊斯雷尔·柯兹纳认为，机会就是"未明确定义的市场需求或未充分使用的资源或能力"[3]，包括基本的技术，找准市场的发明创造，或新产品服务的创意。赫伯特等认为，创业机会实际上是一种亟待满足的市场需求，这种潜在的市场需求如此旺盛，因而对于创业者来说，实现该需求的商

---

① Schumpeter J. Theory of Economic Development［M］. Oxford：Oxford University Press，1934.

② Timmons J. New Venture Creation［M］. Chicago：Irwin，1994.

③ Kirzner I M. Entreprenrurial Discovery and the Competitive Market Process：An Austrian Approach［J］. Journal of Economic Literature，1997（35）：60–85.

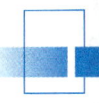

业活动相当有利可图。[①]有学者认为，创业机会是指在新的生产方式、新的产出或新的生产方式与产出之间的关系形成过程中，引进新的产品、服务、原材料和组织方式，得到比生产成本更高价值的情形，将创业机会理解成一个动态发展的概念。有学者对创业机会作了较为全面的总结，指出创业机会实际上是新产品、新服务、新材料，甚至是一种新的组织形式，能够被引入生产并且以高于成本方式实现销售。[②]

综合学者的讨论和对实际创业活动的考察，本书对创业机会界定如下：创业机会是在市场经济中出现的一种有利于企业成功的因素，可被创业者认识和利用。它是一个吸引人的、持续存在的商机，表现在为消费者创造或增加价值的产品或服务中，并能为创业者带来回报或让创业者实现创业目标。

3.1.2 创业机会的产生

可以从存在发现主义、结构信息主义和构建主义等视角去定义和理解创业机会。存在发现主义认为，创业机会产生于市场的缺陷；结构信息主义认为，创业机会来自结构空洞；构建主义认为，创业机会来源于人们的创造。

1. 存在发现主义的观点

存在发现主义认为，市场存在客观的创业机会，这是因为市场通常处于不平衡状态。在实际市场中，商业信息大量产生，但在特定市场领域，信息通常不完全，信息传递和物品流通受多种因素干扰，导致局部市场的供需关系经常失衡。这会导致产品价格与产品价值经常偏离，为潜在利润和市场参与者的错误判断提供了机会，这种机会通常被创业者所寻求。此外，市场参与者在判断和决策方面存在个体差异，这也为创业机会提供了主观基础。在实际市场中，信息分布不均，对信息的及时获取至关重要，而人们的信息利用能力、对市场价格的认知、对市场变化的预测能力以及对风险的承受能力各不相同，这导致了对信息的利用能力存在差异，为创业机会的存在创造了条件。

2. 结构信息主义的观点

结构信息主义认为，创业个体、团队或组织都存在于社会网络的复杂结构之中。在这一

---

① Hulbert B，Brown R B，Adams S. Towards an Understanding of Opportunity［J］. Marketing Education Review，1997，7（3）：67–73.

② Shane S，Venkataraman S. The Promise of Entrepreneurship as a Field of Research［J］. Academy of Management Review，2000，25（1）：217–226.

理论观点中，当社会网络结构中存在一些断裂或空白时，就会催生出创业机会。换句话说，当社会网络中的连接不完整或存在空缺时，就可能为创业者提供机遇。与此同时，根据交易成本理论，如果交易双方存在交易障碍和高昂的交易成本，这将降低交易的效率，甚至可能导致交易无法完成，从而双方都会遭受损失。然而，若能够消除这些交易障碍并降低交易成本，就能够提高交易的效率，使双方都能够获益。综合而言，结构信息主义理论认为，当交易双方无法有效地进行交流与合作时，这表明社会网络的结构存在"结构空洞"，也就是交流通道不畅通的情况。在结构空洞下，创业者通过建立交易平台等中介组织，通过破除交易障碍和降低交易成本，使交易双方建立商业联系，实现商业交易，使网络结构缺陷得到修复，就能从中获利。在结构空洞下，创业者与交易双方的关系越强，就拥有愈多可能的创业机会。由此可见，结构信息主义强调创业机会的产生源于个人或组织间的关系结构的缺失，结构缺失造就创业机会，但是中间人的意愿、谈判能力、运作能力、信息获取能力成为寻求这种创业机会的重要条件。

3. 构建主义的观点

构建主义认为创业机会是被创业者创造或者建构出来的，创业机会不是已经存在、被动地等待人们来发掘的，而是可以创造和建构的。

人与环境的关系是相互影响的，人们在适应环境的同时也给环境带来改变。环境既是人们之前行为的结果，也会受到人们当前行为的影响，这显示了人与环境之间的互动性。从构建主义的角度看，创业者不仅创造了创业机会，同时也受到创业机会的塑造。创业机会不是被发现的，而是通过解释和相互影响的递归过程被创业者塑造出来的。创业过程实际上是创业者和创业机会共同演化的过程。事实上，每次创业都涉及资源的新组合，这包括资源的聚集、变换和平衡，这些表现为引入新产品、采用新技术、开辟新市场、探索新的原材料供应来源、建立新的产业组织等活动。这些资源组合过程本身就是新机会的创造过程，同时也创造了更多的新创业机会。资源的新组合会导致资源需求的种类和数量、顾客群体以及供应商等方面发生变化，进而产生联动效应，从而创造出更多的获利机会。

构建主义强调创业机会的可创造性，认为人们可以通过主观努力而创造和建构创业机会，这意味着人们可以通过创造好的创业环境而使更多的创业机会产生。

3.1.3　创业机会的特征

1."机会窗口"特性

一个具体的创业机会，其存在的时间是短暂的，机会稍纵即逝而且一去不复返，同样的

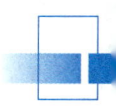

机会是不会重复出现的，正所谓"机不可失，时不再来"。创业机会存在于一个动态的、发展变化的背景下，通常被形象地比作"窗口"，说明创业机会的适时性很重要。

机会窗口是指在市场中存在的能够使创业者在一定时段创立企业，并获得投资回报的时间空间。创业者必须早于竞争对手准确识别并把握机会窗口，将产品或服务推向市场才会有利可图，如果让竞争对手占得先机，机会窗口就会随之关闭。

市场在不同的时间阶段有着不同的成长速度，在市场快速发展阶段，创业的机会较多；发展到一定阶段，形成一定结构后，机会之窗打开；市场发展成熟后，机会之窗就会开始关闭，具体如图3-1所示。第一个阶段为市场兴起阶段，机会窗口尚未开启，第二个阶段为市场快速发展阶段，机会窗口开启，第三个阶段市场已发展成熟，机会窗口基本关闭。

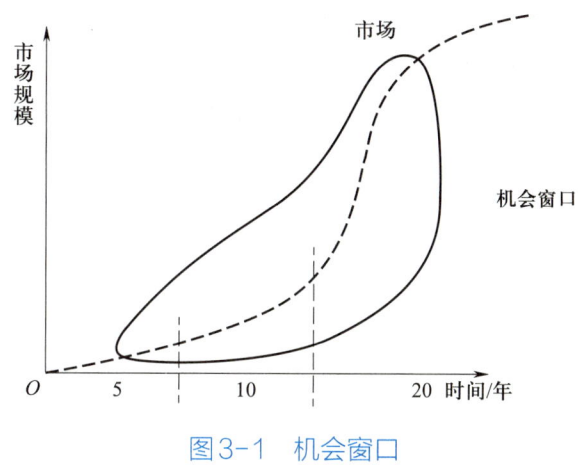

图3-1 机会窗口

创业者进入市场的时间点，通常会对创业的成功与否产生深远的影响。一般而言，选择在市场的机会窗口刚刚打开的初期阶段进行创业活动，会有更高的成功概率。此外，市场的规模也会对创业机会的时间范围产生影响，市场规模越大，创业机会的持续时间也会相应增加，因此，机会窗口敞开的时间长度对创业的成功具有关键性影响。

2. 潜在盈利特性

首先，创业机会具有可盈利性，对创业者是有价值的。创业者可以通过为消费者提供产品或服务的方式，在创造和增加价值的基础上获得高于其生产成本的利润回报。盈利性是创业机会存在的基础，创业者追寻创业机会的目的是基于创业机会创建企业，进而获得财富，只有具备盈利性的创业机会才会对创业者产生吸引力，才可以称之为创业机会。

其次，创业机会的盈利性是潜在的，并不是一眼就可以看出来的。这就要求创业者具备一定的知识和技能及相关经验等，能够在创业机会出现的时候准确地识别和把握。

3. 可开发特性

识别创业机会是创业的第一步，但创业机会通常伴随着巨大的不确定性，其潜在价值需要创业者的开发才能实现。是否值得投入资源进行开发，还需要对机会的可行性进行论证。只有采取行动，才能实现创业机会的潜在价值。许多有价值的创业机会常常具有时效性，如果不及时抓住，一旦时机错过，原本有巨大潜力的机会可能就会变得毫无价值。

在实际创业中，能否将创业机会转化为商业实践，在很大程度上取决于创业者所处的环境、资源的数量及利用能力。这些资源包括创业者的个人能力，如知识技能、社会经验、声誉和执业资格以及人际关系等。此外，创业机会的价值会受到创业者具体经营措施和战略规划的影响。如果创业者的战略规划与创业机会特点相匹配，机会的价值就能最大程度地发挥，那么创业效果较好；反之，如果创业者的战略规划与创业机会特点不符甚至偏差较大，机会的价值可能得不到充分发展，那么就会导致创业失败。

创业机会应具有基本的可开发特性，即在当前或不久的将来可以在商业活动中行得通，同时创业者具备相应的资源，包括人、财、物、信息、时间和技能等，才可以将创业机会转化为现实的生产力。

3.1.4　创业机会的分类

1. 根据创业机会的来源分类

阿迪齐维利等学者根据创业机会的来源和发展情况，对其进行了分类。在分类矩阵中，有两个关键维度：横轴代表创业机会的潜在市场价值，这一维度反映了创业机会的潜在价值是否已经较为明确；纵轴则代表创业者的创造价值能力，包括人力资本、财务能力以及各种必要的有形资产等，这一维度反映了创业者是否能够有效地开发和利用这一创业机会。按照这两个维度，把不同的创业机会划分成四种类型，如图3-2所示。[①]

	潜在市场的价值未确定	潜在市场的价值已确定
创造价值的能力未确定	I 梦想	II 待解决的问题
创造价值的能力已确定	III 技术转移	IV 企业形成

图3-2　创业机会的四种类型

① Ardichvili A，Cardozo R，Ray S. A Theory of Entrepreneurial Opportunity Identification and Development [J]. Journal of Business Venturing，2003，18（1）：105–123.

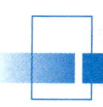

"梦想"型创业机会的潜在市场价值不确定，创业者是否拥有实现这一价值的能力也不确定。阿迪齐维利称这种机会为"梦想"，表现的是艺术家、梦想家、设计师和发明家的创造性。

"待解决的问题"型创业机会的潜在市场价值已较为明确，但创业者是否具备实现这一价值的能力尚不确定。阿迪齐维利将此类机会视为"待解决的问题"。在这种情况下，机会开发的目标通常是设计具体的产品或服务以满足市场需求。

"技术转移"型创业机会的潜在市场价值尚未明确，而创业者创造价值的能力较为明确，这种机会实际上是一种"技术转移"，创业者或者技术的开发者的目的是为手头的技术寻找一个合适的应用点。

"企业形成"型创业机会的潜在市场价值和创业者创造价值的能力都已经确定，这种机会可称为"企业形成"，这种创业机会的开发就是将市场需求与现有的资源匹配起来，形成可以创造价值的新企业。

阿迪齐维利认为，比起右下角的创业机会，右上角的机会成功的可能性不大。

2. 根据创业机会面临的市场类型分类

（1）面向现有市场的创业机会

在现有市场中，通常已有众多企业在运营，其中往往包含一些成熟的大型企业。对于创业者而言，要想在这样的市场环境中脱颖而出并占据一席之地，必须采取有效的创新措施，并构建新的经营模式。以上海的"每日新鲜水果吧"为例，该企业准确把握了消费者对于新鲜和天然食品的需求，利用新鲜水果、酸奶、鲜牛奶等高品质原料，在消费者面前现场制作鲜榨果汁饮料。这种独特的经营模式不仅吸引了大量消费者的目光，也在竞争激烈的市场中稳固了地位，成功打造了属于自己的市场空间。

（2）面向空白市场的创业机会

空白市场属于现有行业范围内尚未被开发的市场，这一市场可能是缝隙市场，尚未被现有的大型企业所关注，如果经营得当，也可能创造出可观的价值。联想在为美国IBM电脑做代理的过程中，积累了许多经验后开始推出自有品牌的个人电脑，为了避开与国际知名品牌的竞争，联想走了家用市场之路，当时国际知名品牌主要是做商用电脑，家用电脑市场还微乎其微，而联想在避开竞争的情况下，找到了市场缝隙，求得了生存，一度成为国内个人电脑第一品牌。

（3）面向全新市场的创业机会

这一类型的创业机会属于未被开发的市场，创业者将进入一个全新的领域，没有竞争对手，也没有现成的商业模式可供参考。在这种情况下，创业者需要评估新市场的潜力。如果市场潜力有限且增长缓慢，这可能会限制企业的发展。然而，如果市场潜力巨大且具有增长性，创业者作为第一批进入者，有机会建立竞争优势。但创业者需要作好充分准备，采取措施以防止后来者超越自己。

3. 根据创业机会提供的产品分类

（1）提供现有产品的创业机会

这一类型的创业机会是提供没有太多创新或改进的产品，但只要市场上仍有发展空间，这种机会就具备可行性。例如，城市中的小餐馆提供的产品和服务可能差异不大，但如果选址得当，它们仍然可以在市场中生存并获得良好的发展。由于创业者资源有限，开发这种创业机会时应避免直接与市场上成熟企业提供的相同产品竞争，而要积极探索市场上其他企业无法满足的需求。

（2）提供改进产品的创业机会

这一类型的创业机会涉及对现有产品进行改进，包括原材料、生产工艺、核心技术和销售渠道等。通过改进，创业者有可能实现成本更低、功能更独特、生产和经营方式更有效的产品，从而获得更有吸引力的利润。产品改进程度越大，潜在收益越高，但同时对创业者的经营能力要求也越高。例如，索尼公司改进了晶体管技术，并成功地将其应用在收音机上，获得了巨大成功。

（3）提供全新产品的创业机会

这一类型的创业机会所提供的产品是现有市场上从未出现过的。缺乏经营经验和顾客认可会影响创业活动，因而全新产品的经营风险较大，其推出时机与创业者的自身准备对创业活动的成功至关重要。吉列公司在新产品开发上有过"不可思议"的得意之作，就是推出了女用吉列刀片。吉列公司通过市场调研发现：英国30岁以上的大多数职业女性会定期使用吉列刮胡刀刮除腿毛和腋毛以保持形象，此项消费每年高达7 500万美元。得知这一信息后，吉列公司便快速推出造型与色彩都符合女性心理的专供妇女使用的刮毛器，新产品上市后，吉列公司的销售额急速增加，获得巨大成功。

3.1.5　创业机会的来源

创业活动包括发现、评价和开发创业机会等一系列活动，创业者在这个过程中不断获取资源、选择组织方式和制定创业战略，创业者所采取的具体行动和对资源的配置取决于创业机会的来源和特征。[①]霍尔科姆提出创业机会的来源可归纳为以下三种：一是打破市

---

① 梁强，张书军，李新春.基于创业机会的新创劣势和应对策略分析与启示［J］.外国经济与管理，2011，33（1）：19–25.

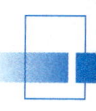

场平衡点的因素；二是提高产量可能性的因素；三是创业机会来源于其他创业活动，创业者创造出一种新产品或新服务，由此带来的资源新组合过程本身就是新机会的创造过程，并且同时创造了更多新的创业机会，因此霍尔科姆认为创业活动本身创造了更多的创业机会。①

创业机会的出现往往是环境的变化、市场的不协调或混乱、信息的滞后、领先或缺口，以及各种各样的因素导致的。也就是说，在一个自由的企业系统中，当行业和市场中存在变化着的环境、混乱、混沌、矛盾、落后与领先、知识和信息的鸿沟，以及各种各样其他真空时，创业机会就产生了，如技术革新、消费者偏好的变化、法律政策的调整等。归纳起来，创业机会的来源主要有以下几个方面。

1. 尚未满足的市场需求

企业的核心目标是满足客户的需求，而尚未得到满足的客户需求是创业机会的重要来源之一。人们在生活中遇到的各种问题和困难，都是尚未满足的需求，这需要创业者具备敏锐的观察力和洞察力。在大型行业中，往往存在许多市场空白，通过细分市场，如果能够找到合适的市场空白点，即找到适合自己的"缝隙市场"，就可以创建一家能够持续盈利和成长的企业。例如，现在不断涌现的跑腿公司，其主要业务是帮助客户代买代办，正是抓住了越来越多人愿意为方便和舒适付费的新的市场需求点。

2. 新技术及新知识的出现

新的技术和知识有助于创造出可以满足消费者需求的新产品或新服务，从而带来创业机会。随着互联网的普及，在网上开店的人越来越多，C2C 的商业模式不仅为店家带来了利润，同时也降低了消费者的时间成本、体力成本、精力成本和经济成本等，提升了消费体验。随着智能手机的发展，现在的人们已经可以在移动终端上通过微信开店和创业，使创业变得更方便。可见，新技术及新知识的出现是创业机会的主要来源之一。

3. 新的商业模式的形成

改进现有的商业模式或创造全新的商业模式都可以带来创业机会。创新的商业模式可以来源于创业者的工作经历、行业经验以及对竞争对手缺陷和不足的考察。例如，产品品质上的瑕疵、作业程序上的不经济等。"反向团购"是一种新的商业模式，消费者看到喜欢的产品后自发组织团购，聚集一群有同样需求的人，购买同一种产品。这种模式使得商家可以在薄

---

① Holcombe R. The Origins of entrepreneurial Opportunities [J]. The Review of Austrian Economics，2003，16（1）：25–43.

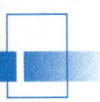

利多销的情况下提供更多优惠。"反向团购"不仅增强了购买者的议价能力，使消费者得到实惠，而且通过团购者的口口相传为企业带来了很好的宣传效果。

4. 不断变化的市场环境

著名管理大师德鲁克将创业者定义为那些能"寻找变化，并积极反应，把其当作机会充分利用起来的人"。市场环境的变化会引起人们消费行为的变化，这种变化中会产生新的创业机会，市场环境的变化包括政策、新法规、社会经济大环境的变化，还包括城市化加速、人口思想观念的变化、人口结构的变化、居民收入水平提高、全球化趋势、产业结构的变动、消费结构升级等诸多方面。中国把环境与生态保护作为一种可持续发展的战略，这些对环境有害的产业来说可能是"灭顶之灾"，但对另一些保护环境的绿色产业来说却是难得的机遇。

5. 行业内的竞争

行业内企业间的竞争是非常残酷的，这既是挑战，也是机会。如果能够发现竞争对手存在的问题，无论是从产品、服务、组织还是流程等方面，并能够通过对照改进自身，就会迎来创业的机会。因此，平时应当多了解竞争对手的情况，看看自己能否做得更好，能否提供更优质的产品，能否提供更周全的服务。如果可以，也许就找到了创业机会。

 案例拓展

小肥羊成功创业历程

1999年，内蒙古小肥羊餐饮连锁有限公司（以下简称小肥羊）在包头开业，仅用了7年时间就在中国，包括港澳台地区，以及日本和北美地区，快速扩展到720家分店。这一令人瞩目的扩张速度，引发了人们对一个传统行业企业如何吸引国际资本关注的疑问。

连锁餐饮帝国的崛起

小肥羊的创始人张钢或许没有想到，他的一家火锅店会演变成一个餐饮帝国。这一帝国的崛起，与一种独特的火锅理念——"不蘸小料一招鲜"密切相关。

1998年初，张钢在与朋友共进羊肉火锅时，意外发现"不蘸小料"的火锅味道鲜美，产生了创业的念头。他认识到羊肉火锅有巨大市场潜力，决定开设自己的火锅店。通过多次调试，他成功研制出一种独特的火锅底料，采用了当归、枸杞、党参、桂圆等多种调料，让羊肉入汤后口感嫩滑，味道鲜美，无须使用传统的小料。这一理念摆脱了小料带来的烦恼，为日后小肥羊规模化和连锁化运营奠定了基础。

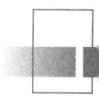

1999年8月8日，小肥羊在包头开设第一家店，即刻受到了顾客的欢迎。随后，小肥羊的扩张速度飞快，连锁店和直营店迅速遍布全国。自2003年起，小肥羊连续三年的营业额仅次于拥有肯德基、必胜客等知名餐饮品牌的中国百胜餐饮集团，荣登"中国餐饮企业百强第二"。以下是小肥羊发展的一些里程碑：

2000年，开设上海、北京和深圳等城市的直营和加盟店。

2001年，正式推出特许加盟模式，一年内发展445家店，实现15亿元的营业额。

2002年，在火锅的故乡成都开业，销售额达到25亿元。

2003年，加盟店数量达到660家，进军美国市场，实现30亿元的销售额。

2004年，开设第696家分店，首次进入中国香港。

2005年，登陆中国台湾市场，销售额达到52.5亿元，同时在中国香港和北美开设分店。

2006年，与日本上市公司合作，继续扩张到新加坡、韩国等亚洲市场以及美国市场。

风险投资追逐小肥羊

敏锐的风险投资家很快注意到小肥羊的投资潜力，特别是3i集团的王岱宗。他曾在高盛工作，然后成为3i副总裁。王岱宗对小肥羊产生浓厚兴趣，因为小肥羊火锅的美味给他留下深刻印象。他认为，小肥羊的食材和汤料标准化，非常适合规模化经营。经过详细研究，他前往位于内蒙古包头的小肥羊总部，表示愿意投资至少2 000万美元。然而，由于小肥羊经营状况良好，他们并没有融资的需求。最初，小肥羊拒绝了投资提议，甚至表示如果需要，1 000万美元足够了。

但是，风险投资人通常不轻易放弃。他们经过对小肥羊经营模式的深入分析，特别是对小肥羊成功的连锁经营模式的分析，看出了这一法宝也是小肥羊的瓶颈。投资人再次前来洽谈，提出了经过自身研究的投资计划，指出小肥羊在管理上存在的问题，并提供解决方案。最终，小肥羊决定引入战略投资者，这是因为他们重新认识到连锁经营对于企业的关键性。

然而，小肥羊与3i集团之间的谈判并不顺利。双方就股价问题存在争执，3i提出的市盈率是7倍，而小肥羊认为太低，要求10倍市盈率。虽然其他竞争对手也提供了小肥羊认为合理的价格，但最终小肥羊和3i集团选择了相互妥协。小肥羊的管理层认为价格虽然重要，但不是最终决定因素。

小肥羊的上市计划

小肥羊计划使用这笔资金，其中7 000万元用于收购表现出色的加盟店，6 000万元用于开设直营店，其余部分用于补充流动资金。此外，3i集团和普凯集团也带来了先进的管理理念，帮助小肥羊更好地理解国际市场，并引入急需的国际市场拓展人才。

　　这次战略投资者的引入，使小肥羊更有信心实现未来的增长目标。小肥羊要求在2006年至2009年的三年内，业绩复合增长率不低于40%。如果未能达到这一目标，小肥羊将向3i和普凯提供补偿，具体的补偿形式和内容未对外公开。这一协议类似于当年蒙牛引入摩根士丹利等战略投资者时签署的协议。

　　小肥羊的案例展示了如何通过独特的创新理念和管理模式在传统行业中崭露头角，吸引国际资本，并为未来的增长目标奠定了坚实的基础。

3.2　创意与创业机会

创意是发现创业机会的基础和创业过程的起点，虽然不是每一个创意都能转变成一家企业，但是每一家新创企业最初都是创业者头脑中的创意的成果。

3.2.1　创意过程

创业机会往往起源于创意，但并非所有创意都能转化为有价值的创业机会。一个有价值的创业机会往往需要数十甚至上百个创意的积累和提炼。形成有价值的创意需要知识、经验和资源的积累，要求创业者具备相当的综合知识和专业水平。根据库拉特科和贺杰慈的观点，一个好的创新过程通常需要经历知识积累、构思、创意产生、评估和实施四个阶段，如图3-3所示。

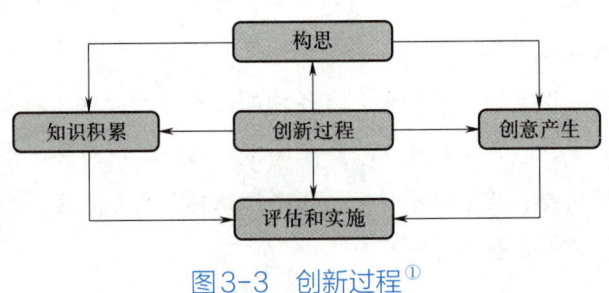

图3-3　创新过程[1]

---

[1] 唐纳德·F.库拉特科，创业学：第9版［M］.薛红志，译.中国人民大学出版社，2014：140-142.

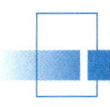

阶段一：知识积累。成功的创意设计需要对产品现状、市场状况等做出调查，查阅相关资料收集信息，与相关人员交流，通过相关领域的知识积累来探索创意产品开发的各种可行性思路和方法。

阶段二：构思。在构思阶段，将收集来的大量信息进行整理和分析，从中寻找可以产生有价值创意的信息。构思阶段要求创业者能够走出思维定势的限制并在平时培养积极的创新思维习惯，挖掘创意潜力。

阶段三：创意产生。经过阶段二的构思，创意可能会源源不断地产生，这时应及时地把想法记录下来，使解决方案不断变得清晰。这个阶段产生的创意一般是粗略的，需要进行进一步的评价和检验。

阶段四：评估和实施。创业者需要对所有创意进行评价和评估，以便识别出可行的并有能力实施的创意。通过评估创意，可以确保充分利用有限资源，并使风险最小化，利润最大化。

3.2.2 复杂创意

1. 复杂创意的概念

阿玛拜尔认为，创意是具有新颖性和创造性的思想，是创新的初始来源。无论是科技产品开发还是文化创意生产，在众多的创意中，只有那些创造性强、质量好、难度系数高、市场适应性强以及规模较大的高水平创意，才能促使活动主体最终获得较大的收益。这类复杂创意的形成受到许多外部因素的制约，包括市场导向、行业技术水平、政府政策引导等。与此同时，复杂创意的形成通常需要经历一系列非常复杂的非线性动态过程，形成过程更为复杂，创意内容更为丰富，创意难度也相对较高。

复杂创意的形成不仅需要创意主体个人的创意思维能力，还需要团队协作能力相对较强的创意团队之间的配合。这种配合不仅包括对普通创意的精加工，也包括团队创意成员之间的专业互补、团队协作能力以及创意管理水平等。

现将复杂创意定义为：创意路径不确定、创意过程复杂、创意难度系数大、知识和技术含量高、具有较大经济和社会收益的可操作性的高水平创意方案。这包括复杂产品创新前端创意方案、复杂技术创新前端创意方案、大型软件设计方案、大型演出方案、广告设计方案等。典型的复杂创意方案有Google Driverless Car设计方案、iRobot扫地机器人设计方案、3D打印机设计方案、钻地弹原理设计方案、隐形战机原理设计方案、苹果/安卓操作系统设计方案、北京奥运会开幕式策划方案、士力架"饿货拳"创意广告设计方案、360免费策略营销设计方案等。

2. 复杂创意的特征

从本质上来看，复杂创意的创意路径、过程和难度都呈现出复杂性的特点，同时它还具有创意价值高、可行性强的特点。复杂创意的形成涉及多个领域的专业知识和技能，以及团队成员之间的紧密合作和配合。因此，复杂创意往往需要付出更多的时间和精力，同时也需要具备更高的创意思维能力和创新精神。复杂创意和普通创意一样，也是创新的重要组成部分，对于推动社会进步和发展具有重要的意义。

（1）创意路径不确定

在复杂创意的形成过程中，存在多种可能的路径。复杂创意的形成需要多个个体共同参与，但每个个体的想法、思路以及知识存量和知识结构都存在差异，因此无法确定哪条路径最适合复杂创意的形成，也就是说，我们无法准确认识复杂创意可供选择的形成路径，这给创意团队带来了未知性。此外，由于可供选择的形成路径多种多样，在进行复杂创意活动的过程中，随着个体各种创意思维的活动，随时都可能有新的路径出现。这些新路径可能比原有的路径更好，因此需要随时进行动态选择。这意味着创意路径的选择具有不确定性。因此，在复杂创意的形成过程中，需要不断探索、尝试和选择，以找到最适合的路径。同时，也需要保持开放的心态，接受新的想法和思路，以促进复杂创意的顺利形成。

（2）创意过程复杂

复杂创意的形成是由一系列非独立的子过程组成，不可能仅经过一次创意思维活动就迅速形成，而是需要通过创意人员多次的创意思维活动，将各种想法、点子、信息等创意资源进行有机整合。如果将一次创意思维活动及相关知识整合看成一个子过程，那么复杂创意形成过程则包含着多个子过程，后一个子过程是围绕前一个子过程的发展而来的。同时，一个复杂创意往往包含多个子创意，这些子创意相互交织，共同构成了最终的复杂创意。因此，复杂创意的形成需要经历一系列复杂的子过程，而这些子过程之间也存在紧密的关联和依赖。综上所述，复杂创意的形成是一个复杂的过程，需要经历多个子过程和多个子创意的交织作用。

（3）创意的形成难度系数大

复杂创意的形成是一个非常复杂的非线性动态过程。由于每个复杂创意都具有新颖性和独特性，它们没有标准化和常规化的形成路径可以依赖。因此，复杂创意的形成过程是非线性的。在复杂创意形成的整个过程中，随时可能融入创意人员新的想法，甚至新的想法取代旧的想法。这样的动态过程决定了每个复杂创意的形成也是动态变化的。这种复杂、多变的非线性动态过程无法确保复杂创意的顺利形成。因此，复杂创意的形成难度系数特别大，受复杂的非线性动态过程的影响。

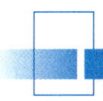

（4）创意价值高

复杂创意在各行各业中都有所体现，无论是在复杂产品创新、复杂技术创新、大型演出还是广告设计等领域，都能为企业创造较高的经济、社会、文化或艺术价值。从投入—产出的角度来看，复杂创意团队需要大量的人力、物力、财力以及时间投入，必然会为其创造可观的价值。例如，美国的"黑计划"（高度机密的武器研发计划）在2005年的投入就高达260亿美元，但它为美国创造了大量世界一流的武器，显示了巨大的价值。另一方面，复杂创意自身的新颖性和独特性也会为其创造较大的价值。例如，动漫剧《喜羊羊与灰太狼》凭借其前所未有的创意，创造了10亿元的经济价值，显示了复杂创意在文化领域的巨大潜力。综上所述，复杂创意对于各行各业的价值创造具有重要的作用。无论是从投入—产出的角度，还是从创意自身的新颖性和独特性来看，复杂创意都能为企业和社会创造显著的价值。

（5）创意可行性强

与普通创意不同，复杂创意方案的提出需要进行一整套完备的、科学的和准确的可行性论证。这包括对复杂创意方案的主要内容和配套条件进行深入的调查研究和对比分析，如市场需求、资源供应、创意规模、设备选型、资金筹措、盈利能力等。同时，还需要从技术、经济、工程等各方面进行评估，预测复杂创意方案实现后可能取得的财务、经济效益及社会影响。通过这些分析和预测，可以提出关于该复杂创意方案是否值得投资和如何进行的咨询意见。这些意见可以为复杂创意方案的决策提供重要依据，帮助决策者做出明智的选择。因此，与普通创意相比，复杂创意方案的提出需要更加全面和深入的可行性论证，以确保其成功实施并取得预期的效益。

3.2.3　激发创意的方法

有些人仅凭直觉或运气就能产生创意，有些人却要从商业创业的发掘途径中苦苦寻找。可见，获取商业创意并非易事，下面介绍几种激发商业创意的方法。

1. 逆向思考法

逆向思考，又称求异思维，是一种思维方式，用来审视那些看似固定的事物或观念，然后反其道而行之。这种思维方式通过重新审视现有产品的属性、特性和功能等，以产生与之截然相反的新功能。例如，日本理光公司的科学家就运用逆向思考的方法，创造了一种名为"反复印机"的设备。这个创新设备能够将被复印的纸张还原成白纸，这一创新不仅带来了经济价值，还实现了资源的有效节约。这种逆向思考的方法有助于打破常规思维模式，激发创新，以创造更具价值和可持续性的解决方案。

2. 组合创意法

组合创意法，即将不相干的东西拼凑在一起，使之产生另一种有用的东西，如音乐贺卡就是把音乐和贺卡组合在一起。具体的组合方法又可以分为三类：① 优点组合法，将多种产品的优点组合起来，创造出新的产品；② 多功能组合法，将多种产品的单一功能进行组合，创造出新的产品；③ 主体附加法，以某一特定产品为主题，置换或添加其他附加产品的功能，创造出新产品。

3. 调查法

调查法是从个体样本收集信息的方法，最有效的调查是对人群总体进行随机抽样，获得对整个人群的综合认识。调查法可以通过电话、邮件、网络或亲自实施的方式进行，其中网络调查是探讨商业创意最便捷、最经济、最常用的方法。网络调研可以使我们对创意有更深刻的了解，使抽象的创意得到完善，还可以借助某些调查网站进行调查。如中国调查网、第一调查网、艾瑞调查网等调查公司可以为企业提供情报规划、信息收集、数据分析等服务，借助专业调查公司的调查报告，可以更好地完善自己的商业创意。

4. 头脑风暴法

头脑风暴法是快速产生创意的常用方法，一般由6～12名具有不同知识背景的人组成一个小组，围绕一个特定的议题各抒己见，当参加者有了新观点和想法后就大声地说出来，然后在他人提出的观点之上提出新观点，将所有的观点记录下来但不作评判，会议结束之后再对这些观点和想法进行评估。

要使头脑风暴法更加高效，需遵循以下几个要点：

（1）自由畅谈。为参加者提供自由愉快、畅所欲言的环境，没有任何条条框框的限制，参加者可放松思想，展开想象，尽可能地标新立异，与众不同并大声说出或写下每一个想法。

（2）延迟评判。对会议上提出的任何想法不作评价，既不肯定，也不否定，也不能发表评论性的意见，一切评价和判断都要延迟到会议结束后进行。

（3）追求数量。头脑风暴的目的是获得尽可能多的想法，追求数量是首要任务。在某种意义上，想法的质量和数量密切相关，产生的想法越多，其中的创造性想法就可能越多。

5. 焦点小组法

焦点小组法是重要的可行性评价方法之一，它将一组人集合起来讨论某一特定问题，获

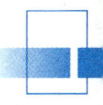

得一些定性数据，从而了解用户对一个新的观点、产品、设备等的看法和态度，通过改进使之更符合用户的要求[①]，常用来帮助产生新的商业创意。

焦点小组一般由熟悉议题的6~9人组成，集中在一起进行交流讨论，通过交互作用使问题明朗化，访谈的效果很大程度上依赖主持人的指导和促进讨论的能力，一个训练有素的主持人能够使小组讨论集中于"焦点"并保持热烈的讨论气氛。

 案例拓展

胡润与梁伯强的创业故事

胡润，1970年出生于卢森堡，后在英国杜伦大学学习中文。1990年，他来到中国留学，后在安达信会计师事务所上海分部成为一名会计师。然而，他经常在休假回英国时被问及关于中国的问题，这个看似简单的问题却难以回答，因为中国太大了，历史悠久，人口众多，很难用简单的话语来描述。每次回国，胡润都感到困扰。1999年，正值中华人民共和国成立50周年，他想，如果能介绍50位中国特别成功的人，或许可以为人们展示中国过去50年的变化。基于这个想法，胡润推出了著名的富豪榜。

梁伯强，广东中山圣雅伦公司总经理，被誉为"指甲钳大王"。他之所以决定生产指甲钳，是因为1998年底，梁伯强在阅读一篇名为《话说指甲钳》的文章时，被朱镕基总理的一句话深深触动："要盯住市场缺口找出路，比如指甲钳子，我没用过一个好的指甲钳子，我们生产的指甲钳子，剪了两天就剪不动指甲了，使大劲也剪不断。"这句话启发了梁伯强，他看到了指甲钳的商机。

梁伯强进行了市场调查，发现指甲钳全球每年的产值达到60亿元人民币，而韩国仅有5家工厂，却占据了20亿元的市场份额。然而，在中国，有500多家登记注册的企业，但年营业额只有20亿元左右。这种鲜明的对比让梁伯强感到震惊。

梁伯强充满兴趣地开始在全国市场进行调查。他惊讶地发现，许多生产指甲钳的工厂都已倒闭。虽然中国市场潜力巨大，但外国品牌垄断了零售市场，国内老厂纷纷倒闭，而批发市场竞争激烈。梁伯强怀着试试看的态度生产了第一批指甲钳。出乎意料的是，产品还未正式推出，就迎来了数千万元的订单，这进一步坚定了他继续发展指甲钳业务的决心。

[①] 石庆馨，孙向红，张侃.可用性评价的焦点小组法［J］.人类工效学，2005（3）：64–67.

3.3　创业机会识别

创业的第一步是识别潜在机会，接着进行可行性评估，然后采取明智的决策步骤来开发这一机会。创业机会可以理解为通过创新思维，坚信能够实现有价值的目标，并采取相应行动来增值资源的可能性。这个机会的构成包括新的创意、相信能够实现有价值目标的信念，以及实现这些目标的实际行动。机会识别即是察觉和认识这些机会的过程。

3.3.1　创业机会识别的概念

创业机会识别是创业过程中的首要步骤，对创业者的能力和竞争优势至关重要，它对整个创业过程的影响以及创业活动的成败都具有重要意义。

熊彼特强调，创业机会识别涵盖产品、供应、生产方式、组织方式和市场等多个要素，与创业者的创新意识密切相关，取决于企业家的创新精神。柯兹纳则认为，创业机会识别是创业者敏锐觉察的结果，是对必需行动的发现，是一个逐渐演化的过程。他还提出了"警觉性"的概念，用以定义创业机会的识别。恩德雷斯和伍德则主张，机会识别是一种系统的个体行为，是一个有意识地搜集、处理和识别信息的过程，依赖于创业者的经验和推理方法，以便在复杂的市场环境中找到内在的创业机会。这一观点强调了机会的认知理论，将创业者的认知特质与创业机会相结合。

根据创业机会产生理论，创业机会的出现通常源自某些资源未被充分利用，或某些市场需求未被满足。成功识别创业机会往往表示创业者能够创建新的匹配关系，将此前分散的市场需求与资源、技术或能力相匹配，从而为创业者带来新的盈利潜力。具体而言，创业机会识别包括创业者发现未被充分开发的市场需求以及未被充分利用的资源、技术或能力。存在发现主义和结构信息主义认为，创业机会客观存在于外部环境中，需要创业者主动寻找或意外发现。显然，具备高度警觉性和相关先验知识的人更容易识别机会。而构建主义则认为，创业机会是一种主观行为，是创造性的过程，甚至机会识别本身就是创造性的。实际上，这两种观点并不矛盾，而是相互补充的。创业者在信息加工过程中同时采用了探索和算法两种方法，即创业机会既可以被发现也可以被创造，在机会识别中，主观和客观因素同样重要。机会识别是企业发展周期中贯穿始终的活动，创业即是寻找市场机会、发现市场需求，并通过投资和经营来满足这一需求的过程。因此，对于创业者来说，真正的创业过程从创业机会的识别和发现开始。

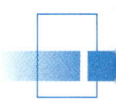

3.3.2 创业机会识别的过程和模型

关于创业机会识别的过程，根据侧重点不同，目前有多种模型。

1. 林赛和克雷格提出的机会形成的三阶段模型

该模型将机会的形成过程分为以下三个阶段，如图3-4所示。第一阶段，创业机会的搜索，即搜索和发现可能的机会。在这一阶段，创业者需搜索整个环境以发现可能的机会，如果遇到了潜在的商机，便进入第二阶段——机会识别。这一阶段需解决两个问题，即搜索到的创意是否是一个创业机会，如果是，它是否是创业者所期待的机会。因此，此阶段分为两步，第一步为机会的标准化识别阶段，创业者会用标准化的机会模式识别模板判断所遇到的机会是否理想；第二步为机会的个性化识别阶段，即考察这一机会与创业者自身特点的匹配程度。第三阶段为机会的评估和审查阶段。这一阶段主要考察先前收集的相关信息，将直觉进行量化，根据风险以及风险水平和预期回报的一致性评价决定是否将这一创业机会付诸实践。这一模型中的机会识别是狭义的，它处于整个过程的中间部位，连接着机会的搜索和评估阶段。

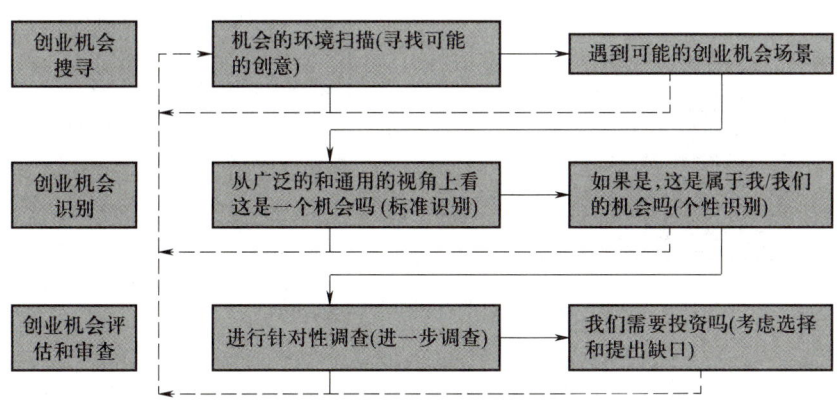

图3-4　创业机会识别过程模型

该模型对创业机会识别过程进行了广义与狭义的划分。广义的创业机会识别过程包括创业机会搜索、创业机会识别以及创业机会评估和审查这三个阶段；而狭义的创业机会识别过程则分为标准机会识别和个性化机会识别两个阶段。这项研究拓展了我们对创业机会识别过程的理解，对创业机会识别理论的进展作出了有意义的贡献。

2. 阿迪齐维利等人提出的创业机会开发模型

阿迪齐维利等人从市场需求和资源的关系出发，提出创业机会识别是由三个不同的阶段组成的，分别是察觉、发现和创造。首先，创业者要感知或察觉到市场的需求以及未充分利用的资源，然后要发现资源与需求的匹配。这种匹配是市场中已经存在的，尽管它可能并不完美，但为创业者在这一领域进行探索提供了可能。最后，创业者需对现有资源重新定位和组合，使其迎合市场需求，创造资源与需求的匹配，使资源在现有基础上发挥更大的作用。阿迪齐维利等人认为完整的创业机会开发包括创业机会识别、创业机会评估和创业机会开发（狭义）三步。创业机会经过察觉、发现和创造三个步骤被识别（如图3-5所示），接着就进入开发阶段，而机会的评估则贯穿于识别和开发的全过程，如果评估的结果不理想，那么创业项目就会终止。

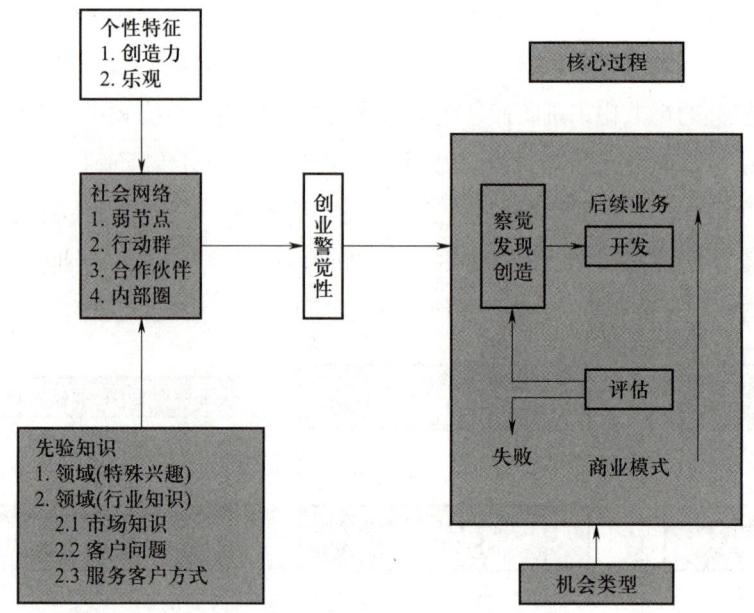

图3-5　创业机会开发模型

这一模型明确了不同类型的机会对创业机会识别的影响，并强调了机会类型与创业警觉性、信息不对称、先验知识、社会网络以及个性特征（包括乐观、自我效能感、创造力等）之间的主要关联。这个观点在后续各国学者的研究中得到了广泛的引用和探讨。

3. 以创造力为基础的多维度机会识别过程模型

希尔斯、施雷德和兰普金以心理学理论为基础，构造了一个五阶段创业机会识别模型，该模型将机会识别分为五个阶段：① 准备阶段，指知识和技能的准备，这些知识和技能可能来自创业者的个人背景、工作或学习经历、爱好以及社会网络；② 沉思阶段，指创业者的创新构思活动，这一过程并非有意识地解决问题或系统分析，而是对各种可能和选择的无意识考虑；③ 洞察阶段，指创意从潜意识中迸发出来，或经他人提点，被创业者意识到，这类似于问题解决的领悟阶段，可以用"豁然开朗"来形容；④ 评估阶段，即有意识地对创意的价

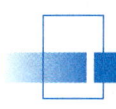

值和可行性进行评定和判断，评估的方式包括初步的市场调查、与他人进行交流以及对商业前景的考察；⑤ 经营阶段，指对创意进一步细化和精确，使创意得以实现。

值得注意的是，这个模型并没有考虑到机会可以通过理性思维方式，如系统分析、逻辑推理等来发现。相反，它认为机会是直觉思维的结果。总的来说，这个模型提供了一个全面理解创业过程中创意形成和实施的视角。

4. 基于模式识别的特征分析模型与原型模型

巴伦指出，创业者识别机会过程与客体模式识别过程相似。这意味着机会本身具有可观察的特征，使得创业者能够识别它。在这个过程中，经验获得的认知框架起到了关键作用。这些框架使个体能够注意到看似无关的事件或趋势之间的联系，如技术的进步、市场的转变以及政策的调整。通过这些联系，个体能够检测到有意义的模式，从而识别创业机会。基于模式识别，机会识别的过程模型可以分为特征分析模型和原型模型两种。根据特征分析模型，创业者利用的是机会的特征。当所遇到的事件或刺激的特征与之匹配时，机会便得以识别。

创业机会的特征有四个维度：① 新颖性，即判断面临的新刺激是否区别于已有的心理模型；② 可行性，即分析机会是否具有可操作性，是否可行；③ 奇特性，即机会中蕴含的新产品和新服务尚未真正出现；④ 独立性，挖掘机会内在的独特因素，以至于别人不能轻易模仿。大多特征分析模型都是重点关注机会的特征，认为创业者识别机会是由于其与创业者的想象相符合。就像机会有不同类型一样，创业者也不尽相同，这些不同将会导致其对机会的看法与决定不同，新手对机会的想象是基于新颖性和独特性，而经验丰富的创业者则是基于盈利性和可行性。

原型指的是一个类别或范畴内所有个体的典型表征，由创业者通过自身经验构建。原型模型认为创业者会将观察到的事件或刺激与自己现有的商业机会原型对比，二者越匹配，机会越容易被识别。进一步研究发现，有经验的创业者的商机模型相对于新手来说更加明确、更加充实，并且与创业的起始条件和因素关联更紧密。可以看出，这两种模型都基于模式识别理论，强调将新的情境与已有认知进行对比。特征分析模型更注重分散的特点，而原型模型则将这些特点整合在一起，以解释更复杂的对象识别过程。

在创业机会识别过程中，信息对创业者至关重要。要充分把握和了解市场需求，创业者就需要仔细收集和认真研究相关的市场信息。通过收集和研究信息来了解潜在市场规模、谁是客户以及竞争对手的实际情况、分销商和供应商的基本情况、进入和退出壁垒、行业特征、行业结构、定价策略、分销策略等情况的信息，便于做出科学的决策。具体来说，创业机会识别必须收集以下信息：

（1）创业机会的原始市场规模信息。创业机会的原始市场规模是指创业机会形成初期的市场规模。创业企业在创业初期可能销售的规模取决于原始市场规模，原始市场规模决定了利润的多少。因此，了解、分析、收集创业机会的原始市场规模的信息尤为重要。一般而言，创业企业只要占有极少的市场份额就会拥有较大的销售规模，所以原始市场的规模越大越好，这样就足以使创业企业生存下去了。

（2）创业机会存在的时间跨度信息。任何的创业机会都是有时间限制的，如果超过这个时限，创业机会也将不存在。不同行业的创业机会和同一行业而不同时期的创业机会存在的时间跨度是不一样的。对于创业企业来说，时间跨度越长，抓住好机会、调整企业自身发展的时间就会越长；相反，时间跨度越短，创业企业抓住机会的可能性就会越小。

（3）创业机会的市场规模增长速度的变化信息。创业企业的成长速度是由创业机会的市场规模增长的速度来决定的。一般情况下，创业企业的成长速度和创业机会的市场规模增长的速度是成正比的，所以市场规模增长速度越快，规模越大，创业企业的销售量和销售量增长的速度也会越快。创业机会的市场规模总是随时间变化而变化的，而随之而来的风险和利润也会随时间的变化而变化。

（4）创业机会具有可实现性的信息。创业者想要成功，必须拥有并利用好该创业机会所需要的关键信息和资源，在遇到强大的竞争对手时能够与之相抗，能够有实力创新市场并占领大部分的新市场，有能力承担创业机会所带来的风险和压力等。具备以上条件，创业机会对创业者而言是可以抓住的，否则对该创业者来说，只是可望而不可即的事。

3.3.3 创业机会识别的影响因素

创业机会识别是一个受多种因素影响的复杂过程。不同的创业者通常会关注不同的创业机会，即使是同一个创业机会，不同的人也会对其有不同的评价。创业机会识别是一种主动行为，带有浓厚的主观色彩。创业者的个体特质在这一过程中扮演着关键的角色。同时，创业者的社会网络、创业机会的特征以及外部环境因素也都对创业机会识别有重要影响，不能被忽视。

1. 创业者的个性特征

创业机会识别是一种主观色彩浓厚的行为，即使某一机会已经表现出较好的价值预期，但是并非每个人都能从事这一机会的开发，并且坚持到最后的成功，因此，创业者的个性特征对于创业机会识别来说更为重要。

（1）人格特质

创业者的人格特质在创业机会识别中扮演着关键的角色。成功的创业者能够发现那些其他人可能忽视的机会。创业机会识别受创业者人格特质的影响，包括风险感知、不确定性处

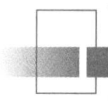

理、自我效能感、成就取向、掌控欲望和独立性需求等。具备积极的机会性格、富有变革精神、坚韧不拔的性格以及对创业充满信心的人，更有可能成功地识别创业机会。创业者的创新意识在创业机会识别中具有重要地位。创业机会识别是一个需要创业者以全新视角审视现有产品、服务和业务问题的过程。创新思维和创造性意识能够帮助创业者打破传统思维模式，提供原创性的问题分析和解决思路。此外，研究还表明，创业者的乐观精神与创业机会识别之间存在显著正相关关系。

（2）创业警觉性

创业警觉性，又称创业意识，指的是创业者对创业机会持续关注和警觉的心理倾向。创业警觉性源自创业者对市场环境和技术的独特了解，无须特意搜寻，因而大部分创业机会都是在偶然间被发现的。高度警觉的创业者，拥有更多市场信息，更可能察觉被他人忽视的机会并成功地加以利用。研究显示，创业者的创业警觉性与其识别创业机会数量正相关，高警觉性提高了创业机会识别的成功率。创业警觉性是当创业机会存在时，创业者能够识别创业机会的一种独特准备。它受创业者的社会网络、先验知识和个性特质的影响。创业者的社会网络会影响他们对创业机会的识别。若创业者的兴趣领域与从事行业有交叉，将增加创业机会识别的可能性。在行业经验中获得的市场先验知识、服务市场方式和客户问题的经验与成功识别创业机会之间存在正相关。创业者若具备乐观和富有创造性的自我效能，也会增加他们的创业警觉性。

（3）创业动机

动机是激发和维持有机体行动的心理倾向或内部驱动力，将行动引向特定目标。它是创业者深思熟虑并采取相应决策与行动的推动力和动力源。在从事创业活动时，创业者通常会受到内在驱动力的推动，这一内在驱动力即他们的创业动机。创业者的创业动机主要可以分为四种类型：① 获得金钱回报，指的是追求增加个人财富和收入的动机；② 获得内在回报，包括追求事业成就感、实现个人价值感和赢得公众认可等动机；③ 追求独立与自我掌控，意味着渴望摆脱监管和束缚，获得独立性，以及追求摆脱单调例行工作，过上满意的生活方式；④ 为个人生活提供保障，包括通过创业为自己和家庭提供生活保障的动机。怀有创业动机的人通常更具主动性和敏感性，这有助于他们发现和抓住创业机会。

（4）先验知识

先验知识是一个人在之前的工作、学习和生活经历中积累的知识和经验的总和。这些经历包括接受的培训、以前的创业经验，以及在行业工作中积累的专业经验等。每个人都因其独特的生活经历而具备不同的先验知识，这导致当不同个体面对相同环境时，他们可能会看到不同的机会。因此，先验知识和认知特点在决定一个人是否能够发现别人可能忽视的创业机会方面起着关键作用。先验知识对于创业机会的发现至关重要。研究表明，先验知识与创

业机会的数量呈正相关关系。这是因为人们倾向于关注与他们已经知道的信息相关的信息。因此,先验知识可以触发创业者对新信息的感知,从而帮助他们发现创业机会。由于不同行为主体之间的信息不对称,创业机会并不是对所有创业者来说都是显而易见的。市场中的各个参与者不可能在同一时刻拥有完全相同的信息。每个人独特的先验知识实际上建立了一种解释和认知外部环境的知识框架,这使得他们只能感知某些机会,而忽略其他机会。

2. 社会网络

社会网络在创业机会识别中扮演着至关重要的角色。它们不仅是创业者获取信息的主要来源,而且信息本身构成了创业机会的重要组成部分。广泛而多样化的社会网络能够提供独特的信息,这使得依赖社交网络的创业者更有可能捕捉到潜在的创业机会。创业者所拥有的社会网络不仅仅影响着他们是否能够察觉到机会的存在,还决定了他们最终能够察觉到何种类型的机会,这直接影响创业机会识别的有效性。社会网络的规模对创业机会的识别至关重要。社交网络规模越大,创业者能够获取的独特信息就越多,从而有更多机会发现潜在的有价值的创业机会。实证研究已经证明,创业者所拥有的家族资本、社会资本以及社会网络,都对创业机会的识别产生积极影响。创业者的社交关系强度、社交网络的规模以及网络的密度等网络结构特征,都与创业机会的发现概率呈正相关关系。总的来说,社会网络在创业机会识别中扮演了重要的角色,它为创业者提供了宝贵的信息资源,帮助他们更好地发现并利用有潜力的创业机会。因此,创业者应该注重发展和拓展自己的社交网络,以提高创业机会识别的概率和效果。

3. 环境因素

创业环境受多种因素影响,包括技术创新、制度变革、经济形势、社会风气、文化、法律等多个层面。这个环境是一个不断变化的系统,充满了动态性和复杂性。根据这个环境的动态性和复杂性,我们可以将其不确定性分为四个级别:低、中、较高和高。低程度的不确定性环境通常处于相对简单和稳定的状态,外部的不确定性因素较为有限,变化幅度和频率有限,这使得创业者能够相对容易地分析和评估环境,辨别创业机会,并做出快速决策。中等程度的不确定性环境更为复杂但相对稳定,外部的不确定性因素较多,但变化幅度和频率仍然在可控范围内,这会增加创业者的分析和判断的复杂性,使得机会的识别相对较为困难。较高程度的不确定性环境通常相对简单但不太稳定,尽管外部的不确定性因素较少,但变化幅度和频率较大,而且难以预测,这会使得创业者的分析和判断变得更加困难,创业机会的识别也相对困难。高程度的不确定性环境是复杂且不稳定的,外部的不确定性因素众多,变化幅度和频率都很大,而且难以预测,这使得创业者的分析和判断非常困难,创业机会的识

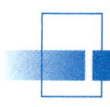

别也变得极其具有挑战性。

　　不确定性环境的存在一方面增加了创业机会的搜索、发现和评估成本，另一方面也为创业者提供了更多的新信息和资源，使他们能够发现更多的创业机会。这种动态的不确定性环境既是挑战，也是机会的源泉。

4. 创业机会本身特征

　　创业机会的特征是影响创业者是否对其进行评估的核心因素。创业者之所以会选择某个机会，是因为他们相信这个机会能够创造足够的价值，以弥补他们所投入的成本。创业机会的特点在很大程度上塑造了创业者对其未来价值的期望，从而对创业者的机会评估产生深远影响。这些特征包括市场对创业产品的需求、市场的结构、市场规模以及市场的潜在利润等因素。不同类型的创业机会涉及不同的开发过程，而创业机会的类型则会影响创业者的机会识别方式。创业机会通常可以分为两种类型：编码型机会和默会型机会。编码型机会是指可以明确和规范表达的机会，可以通过结构化的程序进行搜索和发现。相反，默会型机会则难以用明确的语言表达，它们通常是下意识的、无法言喻的，大多数情况下是通过个人的敏锐洞察力和领悟能力来获得的。对于编码型机会，创业者通常依靠系统性的搜寻来发现，而对于默会型机会，创业者则更依赖个人的灵感和偶然的发现。创业机会的特征、个人因素以及机会因素之间的匹配对于创业机会的识别至关重要。研究表明，创业者更倾向于选择那些与他们的知识背景相关且具有潜在价值的机会，因为这些机会更符合他们的兴趣和能力，并且更有可能变得可行。总的来说，创业机会的特征对于创业者的决策过程有着重要影响，不同类型的机会需要不同的识别方式，匹配度高的机会通常更有可能引发创业者的兴趣和积极性。

　　案例拓展

　　2014年5月22日，美国纽约的时代广场被湿冷的空气笼罩，但这里却洋溢着热烈和欢庆的氛围。纳斯达克交易所上演了一场盛大的仪式，庆祝中国电商巨头京东集团的上市，这也是迄今为止中国公司在美国上市规模最大的IPO。

　　在这个特殊的日子里，一个穿着紫红上衣，戴着珍珠项链的女士在众多穿黑西装的人中显得格外引人注目。她就是京东的首位投资人，也是今日资本的创始人徐新。

　　当日，京东的股票首次公开发行价定为20.90美元，收盘价上涨了10%，市值达到286亿美元。而今日资本持有京东7.8%的股份，按照这个计算，徐新在京东上市中赚得了22亿美元。截至2014年7月底，京东的股价升至400亿美元，考虑到部分减持，今日资本的收益接近30亿美元。

徐新的职业生涯起源于1988年，她毕业于南京大学外语系。然而，真正的转折点是在2005年，她创立了今日资本集团，并开始积极投资各类公司，其中包括网易、中华英才网、京东商城、大众点评网和赶集网等。徐新所投资的企业家中，已经有4位进入福布斯百富榜。

以下为徐新在南京大学2014年毕业典礼上的致辞：

我是一个普通的南大女生，今天非常荣幸站在这里与大家分享我的故事。我之所以站在这里，是因为在我人生的道路上，我做出了几次关键的选择。我们的人生由一系列重要的选择构成，这些选择决定了我们的人生轨迹。

我依稀记得，我第一次做出的重要选择是在初中毕业时。那时，我就读于一所厂办学校，每年的高考升学率都为0。初中毕业后，我面临着三个选择：一个是去读技校，一个是去考中专，还有一个是去考重点高中。在那个班级里，共有50名学生，而我的排名在前25名左右，因此考上重点高中对我来说几乎是不可能的。与我一同长大的三个朋友都选择了技校，我妈妈也劝我"为什么不去技校呢？每月有16.5元的工资，而且还有住房分配呢！"但我不知道当时是怎么回事，反正我就坚持要去考重点高中。幸运的是，我爸爸坚决支持我，为我找了一位家教，给我专门辅导课程。很快，我的成绩开始有所提高，我居然考上了南开中学，一所重点高中。值得一提的是，我的三位朋友都非常聪明和有能力，但她们选择了技校，最终成为工人，而我的人生之路则在初中毕业时的选择中产生了分岔。

我的第二个重大选择发生在南京大学毕业后，当时我被分配到中国银行，担任柜台营业员，主要工作内容包括简单的"登记、复印、盖章"等工作。然而，这并没有让我感到气馁，我仍然非常认真地对待工作，兢兢业业。我尽力在能够出色的地方做得更好，比如在银行知识大赛中获得第一名，成为三八红旗手，还当选团支部书记。经过三年的努力，我积累了一系列荣誉，但我仍感到不满足。我意识到我需要改变这种状态。我每天骑车上班都要经过右安门立交桥，那座桥已经修建很久，我就在心里发誓，我必须在这座桥修好之前改变我的生活。或许正是因为我一直保持着上进心，表现出色，机会终于降临。中国政府与英国政府合作，帮助中国培养英国注册会计师，而中国银行为我争取到了一个名额，让我有机会参加入学考试。尽管我学的是英文，但我必须与学会计的硕士和博士一起参加考试。当时，我几乎不懂会计，但我决定背诵整本教材。我记得考试前一天，突然感到脑子一片空白，连死记硬背的内容都忘记了，我当时非常害怕，大哭了一场。尽管我不懂会计，但我懂英文，而考试的试卷是英文的。出人意料的是，我竟然在考试中名列前茅，直接被派往香港的普华会计师事务所接受了三年的培训，最终考取了英国注册会计师资格。这次选择成为我人生中一

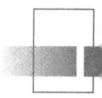

个非常重大的转折点。我开始思考，如果我一直没有保持上进心，没有竞选团支部书记，没有争取机会，中国银行是否会给我这个机会呢？

1992年，我有幸前往香港普华会计师事务所工作。刚到香港时，我不会说广东话，也不太懂会计，没有人指定我参与项目。我们需要在时间表上记录每小时的工作内容，每天结束时，我的时间表总是空白一片，这让我感到无助和无用。我坐在高楼大厦里，看着同事们一个个被指定参与项目，而我却一直被忽略，没有人点名让我加入项目。这让我倍感压力。终于，我忍不住了，找到了一个日本项目经理，提出了自己的建议："我不懂广东话，你的日本客户也不懂广东话，那我们就用英语沟通吧。"这个提议让我慢慢地有了项目，我的时间表也终于填得满满的。在普华会计师事务所工作的三年，是我进步最大的三年。我明白了工作不仅需要努力，而且需要拼命努力。老板交给我的任务，如果没有完成，我甚至不能睡觉。那三年，我利用业余时间拼命复习考试，三年里考完了18门课，通过了英国注册会计师考试，最终赶上了香港的同事。

我人生中的第三次重大选择是，从投资中华英才网到创立今日资本。在2009年，我投资了中华英才网，担任董事长。当时，我和我的丈夫都是银行家，生活过得很舒适。周末可以打高尔夫、看电影，每年还可以有两次去欧洲的假期。然而，自从创业以来，我们的周末都在工作，两人经常沉默无语，他担心他的公司，我担心我的公司，都在为资金问题而担忧，好像头上悬着一把利剑，随时可能掉下来，这给我们带来了巨大的压力。当你必须动用家庭储蓄来支付员工的工资时，内心会感到非常紧张。创业者最大的挑战之一就是，所有问题都必须由你来解决，即使你并不总是知道答案在哪里。但你必须坚强地告诉员工，一切都会好起来，生活会回到正轨，即便这只是一种勉强的保证。因此，我一直认为创业者是最勇敢的人，也是我最尊敬的人，因为他们承担了极大的风险。失败是必然的，成功是偶然的。创业者通常具备远见，他们能看到别人看不到的东西。他们内心强大，能够承受别人难以忍受的压力。他们都是有梦想的人，他们追求胜利的激情，他们是改变世界的人。我的工作就是每天与这些创业者打交道，因此我非常快乐，每天上班都充满活力，每天都在学习和进步。我找到了我的激情，那就是投资。

通过我的成长经历，我想分享三个重要的心得：

第一，你必须有赢的激情。你必须充满激情，渴望胜利。找到一份你喜欢的工作，一份你热爱的工作。人生很漫长，工作时间很长，如果每天早上起床都不愿意去工作，那么你的生活将不会幸福。如果你不确定自己喜欢什么工作，那就继续寻找，保持探索。你可以通过广泛阅读，结交聪明而有经验的人，尝试在不同的领域来寻找灵感。

只要每天都在学习，每天都在进步，最终你会找到自己热爱的工作。

第二，要专注，要积累1万小时。人的智商差异并不大，成功的关键在于专注。每个成功的人都是在自己的领域专注多年，积累了大量的经验。1万小时听起来很多，但如果每天坚持做一件事，每天4小时，每周5天，坚持10年，就能积累1万小时。我每天工作大约14小时，已经积累了3万小时。如果我的投资有一些小小的成就，那是因为我积累了3万小时。比尔·盖茨和巴菲特是好朋友，有一次他们被要求用一个词来描述他们成功的最主要原因，结果他们两人的纸条上都写着同一个词：专注。

第三，找到人生的榜样。我的榜样是巴菲特，我每天都读他的书和他写给股东的信，就像读《圣经》一样，成为我的日常。榜样可以帮助你看清前方的道路，不再感到孤独，让你专注进步。我想要的生活就是像巴菲特一样，每天都充满激情，每天都在工作，每天都过得很开心。

我还记得在南大读书时，有一位酷酷的黑人女老师，她教授黑人文学，她的名字叫Donald。她第一次走进教室，就在黑板上写下了一句话，那句话至今仍深深地影响着我，是我听过的最令人震撼的话之一。今天，我想把她的话分享给大家："你是独一无二的。你是一个奇迹。在过去的500年里，没有一个人像你一样；在未来的500年里，也不会有一个人像你一样。"你是独一无二的，你是生命的奇迹，不要忘记这一点。

3.4　创业机会的评价

看到创业机会、产生创意想法并发展成清晰的商业概念意味着创业机会被识别，但识别出的创业机会是否值得投入资源进行开发，是否能够带来收益，成为有价值的创业机会，还需要进一步进行评价。

3.4.1　创业机会的评价方法

1. 蒂蒙斯机会评价指标体系

美国哈佛大学教授杰弗里·蒂蒙斯在1999年提出的创业机会评价指标体系是目前创业学领域应用最为广泛的评价方法，其从产业和市场、经济因素、竞争优势、管理团队、个人标

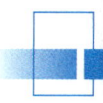

准、收获条件、致命缺陷和理想与现实的战略差异8个方面设计了53个项目对创业机会进行评价，具体评价指标体系见表3-1。

表3-1　蒂蒙斯机会评价指标体系[1]

评价要素	评价指标
产业和市场	（1）市场容易识别，可以带来持续收入
	（2）客户可以接受产品或服务，愿意为此付费
	（3）产品的附加价值高
	（4）产品对市场的影响力大
	（5）将要开发的产品生命长久
	（6）项目所在的产业是新兴产业，竞争不完善
	（7）市场规模大，销售潜力大
	（8）市场成长率在30%～50%，甚至更高
	（9）现有厂商的生产能力几乎完全饱和
	（10）5年内能占据市场领导地位，达到20%以上
	（11）拥有低成本的供货商，具有成本优势
经济因素	（12）达到盈亏平衡点所需要的时间在1.5～2年
	（13）盈亏平衡点不会逐渐提高
	（14）投资回报率在25%以上
	（15）项目对资金的要求不是很大，能够获得融资
	（16）销售额的年增长率高于15%
	（17）有良好的现金流量，能占销售额的20%～30%以上
	（18）能获得持久的毛利，毛利率要达到40%以上
	（19）能获得持久的税后利润，税后利润率要超过10%
	（20）资产集中度低
	（21）运营资金不多，需求量是逐渐增加的
	（22）研究开发工作对资金的要求不高

[1] Timmons J. A. New venture creation：Entrepreneurship for the 21th Century［M］. 5th edtion. NewYork：McGraw-Hill, 1999.

续表

评价要素	评价指标
竞争优势	（23）固定成本和可变成本低
	（24）对成本、价格和销售的控制较高
	（25）已经获得或可以获得对专利所有权的保护
	（26）竞争对手尚未觉醒，竞争较弱
	（27）拥有专利或具有某种独占性
	（28）拥有发展良好的网络关系，容易签订合同
	（29）拥有杰出的关键人员和管理团队
管理团队	（30）创业者团队是一个优秀管理者的组合
	（31）产业和技术经验达到业内最高水平
	（32）管理团队的政治廉洁程度达到最高水准
	（33）管理团队知道自己缺乏哪方面的知识
个人标准	（34）个人目标与创业活动相符合
	（35）创业者可以在有限的风险下成功
	（36）创业者能接受薪水减少等损失
	（37）创业者渴望进行创业这种生活方式，而不只是为了赚大钱
	（38）创业者可以承受适当的风险
	（39）创业者在压力下状态依然良好
收获条件	（40）项目带来的附加价值具有较高的战略意义
	（41）存在现有的或可预料的退出方式
	（42）资本市场环境有利，可以实现资本的流动
致命缺陷	（43）不存在任何致命缺陷
理性与现实的战略差异	（44）理想与现实情况相吻合
	（45）管理团队已经是最好的
	（46）在客户服务管理方面有很好的服务理念
	（47）所创办的事业顺应时代潮流
	（48）所采取的技术具有突破性，不存在许多替代品或竞争对手
	（49）具备灵活的适应能力，能快速地进行取舍
	（50）始终在寻找新的机会
	（51）定价与市场领先者几乎持平
	（52）能够获得销售渠道，或已经拥有现成的网络
	（53）允许失败

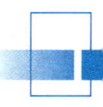

对上述53项描述，做出"是"或"否"的判断，然后分别统计"是"与"否"的数量，求得两者数目总数比值，比值越大，则意味着机会价值与可行性越高，从而对创业机会进行定性比较，为创业者或投资者筛选创业机会提供参考。

2. 标准打分矩阵[①]

首先选取对创业机会成功有重要影响的因素，然后由创业者或投资者对每一个创业机会下的每一个因素进行极好（3分）、好（2分）、一般（1分）3个等级的打分，由专家小组确定每一等级的权重，最后计算每一因素的加权平均分，对不同的创业机会进行比较。标准打分矩阵如表3-2所示。

表3-2　标准打分矩阵

标准	专家评分			
	极好（3分）	好（2分）	一般（1分）	加权平均分
易操作性	权重1	权重2	权重3	
质量和易维护性	权重1	权重2	权重3	
市场接受度	权重1	权重2	权重3	
增加资本的能力	权重1	权重2	权重3	
投资回报	权重1	权重2	权重3	
专利权状况	权重1	权重2	权重3	
市场大小	权重1	权重2	权重3	
制造的简单性	权重1	权重2	权重3	
广告潜力	权重1	权重2	权重3	
成长潜力	权重1	权重2	权重3	

表3-2列举了10个评价因素，在实际操作过程中，可根据创业机会的具体情况选择删减、增加或修改评价因素，以对创业机会做出较为准确的评价。

3. 优先级比较法

机会优先级=技术成功概率×商业成功概率×（价格−成本）×投资生命周期/总成本。

在该公式中，技术成功概率与商业成功概率以百分比表示，价格与成本均指单位产品，投资生命周期是可以预期的年均销售数保持不变的年限，总成本是预期的所有投入。对于不同的创业机会计算其优先级，优先级越高，则创业成功的可能性越大。

---

① 刘沁玲，陈文华.创业学［M］.北京：北京大学出版社，2012：9.

4. 成功潜力比较法

该方法通过创业者填写选项式问卷来得到创业机会的成功潜力值，问卷设计了不同的选项并预先确定了各选项的权重，创业者将创业机会的各因素做出 –2 分到 +2 分的评价，最后求得所有因素的加权总分，总分越高，说明创业机会的成功潜力越大，见表 3-3。

表 3-3 成功潜力评分表

因素	得分	权重
对于税前投资回报率的贡献		
预期的年销售额		
生命周期中预期的成长阶段		
从创业到销售额高速增长的预期时间		
投资回收期		
占有领先者地位的潜力		
商业周期的影响		
为产品制定高价的潜力		
进入市场的容易程度		
市场试验的时间范围		
销售人员的要求		

5. 选择因素法

在选择因素法中，通过设定的 11 个选择因素来对创业机会进行判断。如果某个创业机会只符合其中 6 个或更少的因素，通常情况下这个创业机会是不可取的；相反，如果某个创业机会符合其中 7 个或以上的因素，那么这个创业机会就是值得考虑的，见表 3-4。

表 3-4 选择因素法

（1）这个创业机会在现阶段是否只有你一个人发现了
（2）初始的产品生产成本是否可以承受
（3）初始的市场开发成本是否可以承受
（4）产品是否具有高利润回报的潜力
（5）是否可以预期产品投放市场和达到盈亏平衡点的时间
（6）潜在的市场是否巨大
（7）你的产品是否是一个高速成长的产品家族中的第一个成员
（8）你是否拥有一些现成的初始用户
（9）是否可以预期产品的开发成本和开发周期
（10）是否处于一个成长中的行业
（11）金融界是否能够理解你的产品和客户对它的需求

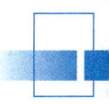

3.4.2 创业机会的可行性评估

可行性评估是一种通过多种途径进行的分析方法，包括与行业专家的讨论、预期消费者的调查、产业趋势的研究，以及融资渠道和方式的考察，用于深入了解和评估创业机会。这个过程不仅有助于确定创业机会的可行性和潜在价值，还提供了改进、调整和完善创业机会的思路。可行性评估通常从四个方面展开，包括产品/服务、行业/市场、盈利潜力以及创业团队。

1. 产品/服务可行性评估

产品/服务可行性评估指对拟推出的产品或服务的总体吸引力进行评估。新创企业可以成功的首要因素是企业能够提供优秀的产品或服务，因此，创业者的第一要务就是解决以何种产品、何种方式最快、最有效地满足客户需求。

（1）产品/服务的合理性评估

对产品/服务的合理性评估通常借助概念测试方法，向预期用户展示产品/服务，以评估消费者的兴趣、意向和购买意愿。从产品/服务的描述、预期目标市场、产品/服务的好处、产品/服务竞争定位的描述及产品/服务营销模式的描述五个方面制作概念陈述书，之后将概念陈述书发给相关行业内的专家，请其给出产品/服务的不足之处、改进意见、对产品/服务的可行性判断及其他建议等，以完善产品/服务的创意。

（2）产品/服务的需求度评估

通过购买意愿调查可以对产品/服务的需求情况作出评估，购买意愿调查由概念陈述书和调查表组成。调查表主要涉及营销方面的内容，针对产品的功能需求（是否愿意购买该产品/服务）、价格需求（愿意为该产品/服务支付多少钱）和外延需求（希望在何处购买该产品/服务）进行问题设计，与概念陈述书一起发给30名左右的客户，对产品/服务的需求状况作出调查。

2. 行业/市场可行性评估

行业/市场可行性评估是对将要提供的产品或服务的整体市场吸引力进行评估的过程。主要包括产业吸引力评估、目标市场吸引力评估和市场进入时机评估。

（1）产业吸引力评估

新创企业可行性的一个重要决定因素是其所选择的产业吸引力。一个强吸引力的产业应满足以下条件：产业内几乎没有竞争者，产业集中化程度低；产业历史短，产业生命周期所处阶段为导入期；产业增长率和产业内企业平均净收益率较高；产业内让消费者感兴趣的新

产品数量较多，且对消费者而言都是必需品；经济与环境趋势对产业发展非常有利，长期发展前景好。[①] 表3-5列出了产业吸引力的10个评估指标。

表3-5 强吸引力产业的评估指标

评估指标	高潜力
竞争者数量	没有
产业生命周期所处阶段	导入期
产业增长率	高
产业内产品对消费者的重要性	必需品
产业内企业平均净收益率	高
产业集中化程度	低
经济与环境趋势对产业发展有利程度	高
产业内让消费者感兴趣的新产品数量	多
产业历史	短
长期发展前景	好

资料来源：［美］布鲁斯 R.巴林杰著，陈忠卫译.创业计划：从创意到执行方案［M］.机械工业出版社，2009.

（2）目标市场吸引力评估

在创始阶段，新创企业并不具备在较大市场中拓展业务的实力，而是通过识别较大市场中新兴的或未被发现的利基市场而得以存活并走向成功的，利基市场战略可以使新创企业避免与主要竞争对手的正面交锋，有利于新创企业集中精力把某个特定市场做成功。一个具有强吸引力的目标市场应满足以下条件：目标市场内没有竞争对手，企业增长率和企业平均利润率较高；企业盈利方式切实可行，具备构筑潜在竞争者进入壁垒的能力；消费者对当前目标市场提供的产品满意度低，但对拟进入目标市场的产品非常感兴趣；新创企业利用低成本营销或口碑营销能力强。表3-6列出了目标市场吸引力的8个评估指标。

表3-6 目标市场吸引力评估指标

评估指标	高潜力
目标市场内竞争者的数量	无
目标市场内企业的增长率	高
目标市场内企业的平均利润率	高
产业内企业的盈利方法	切实可行
构筑潜在竞争者进入壁垒的能力	强

① 贺尊.创业学概论［M］.北京：中国人民大学出版社，2011.

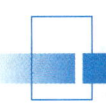

续表

评估指标	高潜力
消费者对当前目标市场提供的产品的满意度	低
利用低成本营销或口碑营销的能力	强
目标市场消费者对产品的兴趣	高

资料来源：[美]布鲁斯 R.巴林杰著，陈忠卫译.创业计划：从创意到执行方案［M］.机械工业出版社，2009.

（3）市场进入时机评估

把握新产品入市的有利时机，不仅是创业成功的基础，而且是市场前景是否光明的重要保障。入市时机的评估，首先要确定新产品的商机之窗是否开启，避免陷入市场沉默期；其次要明确准备进入的行业当前的动态和创办企业的时机是否合适，这要求创业者必须对市场的经济学知识有基本了解，准确把握本行业的发展态势。产品进入市场的最佳时机应具备以下条件：消费者的欲购情结高涨；产品能引起市场轰动；市场需求大，消费环境好，市场跟进者少。[①]表3-7列出了产品入市时机的5个评估指标。

表3-7 入市时机的评估指标

评估指标	高潜力
消费者的欲购情结	极强
市场轰动性	迅速有冲力
市场或当地对拟建企业的需求	高
环境趋势对目标市场发展有利的程度	高
近期是否有企业拟进入	无或要进入

资料来源：[美]布鲁斯 R.巴林杰著，陈忠卫译.创业计划：从创意到执行方案［M］.机械工业出版社，2009.

3. 盈利能力评估

过去的行为是对未来行为的最好预测，企业盈利能力的评估就是基于以上前提，对企业盈利能力的评估可从资本需求的估算、同类企业盈利能力的评估以及财务吸引力的评估三个方面进行。

（1）资本需求的估算

新创企业的启动资金包括固定资产投资和流动资金，虽然不需要很精确，但大致需要多少资金，创业者要做到心中有数。创业者应根据新创企业的规模，即预测的销售量情况，估算出需要的启动资金数量，只有准备充足的资金才不会在创业的过程中因资金不足而丧失盈

---

① 贺尊.创业学概论［M］.北京：中国人民大学出版社，2011：94.

利能力，甚至导致企业因现金流断裂而夭折。

（2）同类企业盈利能力的评估

了解同类企业的盈利能力，可以预测新创企业未来的经济命运。查询同类企业的财务业绩资料时，有以下几种途径：中国企业数据库网站，中国中小企业局各省、市网站，中小企业研究机构的网站，行业管理协会，已经离开竞争者公司的雇员，咨询公司、市场调研公司、制造商、供应商、分销商、关键客户及买家，行业内同类企业的管理者等。

（3）财务吸引力的评估

财务吸引力的评估主要关注企业投资的潜在回报率以及相关财务因素与商机之间的关联，以确保投资的合理性。较为有吸引力的财务机会需要满足以下四个关键条件：① 销售额稳步增长。新创企业必须能够在目标市场中实现持续增长的销售额，以确保在两年内通过自身盈利支持企业的发展。② 可观的客户收入。企业的客户群体应当能够为企业带来有意义的收入，这有助于提高财务吸引力。③ 资金运筹能力。创业者需要展现出强大的财务管理和运营能力，以有效管理企业的经济资源。④ 退出策略。投资者需要考虑在未来的退出机会，确保能够获得投资的回报。如果一个创业机会不能满足这些财务吸引力的条件，那么这样的机会可能缺乏吸引力和潜在价值。

4. 创业团队能力评估

评估创业团队的综合能力有助于新创企业实现商机价值的最大化。评估创业团队的能力主要从其管理能力和资源整合能力两方面进行。

（1）管理能力评估

对创业团队管理能力的评估有两方面：一是评价创业团队的创业热情有多高；二是评价对拟进入市场的熟悉程度。一个高潜力的创业团队应具备以下条件：高昂的创意热情；丰富的专业经验；深厚的社会人脉资源；持续的创新能力；一支熟悉工商管理、懂技术等优势互补的团队。[①]表3-8列出了评估创业团队管理能力的7个指标。

表3-8　创业团队管理能力评估指标

评估指标	高潜力
对商业的创意热情	高
相关产业经验	丰富
先期创业经验	丰富
职业与社会网络的深度	强

---

① 贺尊.创业学概论［M］.北京：中国人民大学出版社，2011.

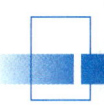

续表

评估指标	高潜力
管理团队成员的创造力	高
现金流管理方面的经验和知识	高
MBA等文凭	有

资料来源：[美]布鲁斯 R.巴林杰著，陈忠卫译.创业计划：从创意到执行方案［M］.机械工业出版社，2009.

（2）资源整合能力的评估

之所以要评估创业团队的资源整合能力，很重要的原因是创业者的资金、时间、人员及其他资源都是有限的。新创企业需要的核心资源包括办公场地，试验场地、生产场地或服务企业用地，委托生产商或外包服务提供商，供应商，与同类企业信息共享的机会，企业运转所需的关键设备及软件服务，关键管理人员，关键得力员工，获得关键技术或专利等知识产权保护，与大学等机构的产学研合作，与消费者的接触，当地政府的支持扶助等。创业团队能否获得以上全部或部分资源是对其资源整合能力的检验。

 案例拓展

瑞讯科技的创业发展之路

王少峰是瑞讯科技的创始人。刚刚大学毕业的王少峰，进入一家世界500强企业，任分公司的管理人员。因为业务能力强，领导重点栽培，被视为公司的未来之星。不过，王少峰一直怀揣创业的梦想，希望有一天拥有一家自己的公司。2007年初，王少峰作了一个令周围人诧异的决定：他放弃了诱人的高薪和前途光明的管理岗位，走上了艰辛的创业之路，成立了瑞讯科技。创业之初，他主要借助在500强企业积累的人脉和经验，从贸易做起，代理国际知名品牌，给西安周边的工业企业和军工企业提供嵌入式计算机以及相关的配套和测试设备。

嵌入式计算机是一种基于飞思卡尔（Freescale）、德州仪器（TI）、瑞芯微（Rockchip）等处理器根据行业客户需求进行设计、研发和定制的行业计算机。与传统的个人计算机行业不同，行业计算机是一个小众行业，主要为自动控制系统提供支持，比如交通行业的收费站、地铁互锁新系统、乘客引导系统、自动售检票系统、车载计算机、医用计算机、自动售卖系统和机床控制系统。

瑞讯科技刚成立时，公司只有4个人。为了生存，王少峰把主要精力放在代理国际品牌行业计算机的销售上。经过三年的打拼，销售收入做到200多万元，年利润率达到15%，解决了初创企业的生存问题。然而，王少峰深知，要想成为一个有长期价值的公司，就必须拥有企业自身的核心竞争力，而不是止步于国际品牌的代理商身份。

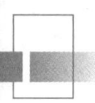

因此，在度过了最初的创业艰难期后，王少峰果断决定将超过销售额10%的资金用于对嵌入式计算机核心技术的研发。随着公司研发产品的上市，瑞讯科技的订单和销售量呈现出明显的上升趋势，利润也有大幅度的提升。

经过10余年的发展，瑞讯科技年销售额突破5 000万元，成为为各行业企业提供嵌入式计算机系统及解决方案，集销售、研发和生产为一体化的高新技术企业。从初期为国际知名品牌代理销售，到引进人才自主研发，再到着力打造自身品牌，道路虽然曲折，但是公司度过了最困难的时期。现在，瑞讯科技已经在技术上组建了一支由40多位工程师构成的技术研发团队。尤其在嵌入式办公系统（OS）和软件服务方面，能够提供从kernel层（内核层）到APK层（应用程序层）的全方位服务。开发的产品被广泛应用于智慧城市智能终端、工业智能、智能交通、智能仪器设备等行业。在销售上，瑞讯公司则以创业初期的核心销售人员为基础，打造了一支能吃苦、肯吃苦的销售队伍，在北京、上海、深圳、成都等地成立了办事处和销售服务机构。

瑞讯科技在2013年被评为西安市高新技术企业，在2014年取得"ISO9001质量管理体系"认证、"中国国家强执行产品"认证、"双软企业"认证、"陕西省民营科技型企业"认证。

为了更加深入地开展嵌入式计算机技术的研究，公司与西安多所高校开展技术合作，在智能工业、智能物流、智能交通和智能医疗等方面提供专业的解决方案和产品。具体而言，在智能工业方面，提供针织纺织机、加工机器、电力检测机器、携式仪器等控制系统软硬件产品；在智能物流方面，提供智能快递柜、信息亭、分拣机器人等控制系统产品；在智能交通方面，提供地铁售检票系统、乘客引导系统，轨道智能监控系统等；在智能医疗方面，为检查机器（X光机、B超机、CT机）、血液分析仪、生物分析仪、生命体征检测设备等提供计算机控制系统产品。

王少峰是一个敢想敢做、爱学习、勤于思考的人。在10多年的创业之路上，他还考取了西安交通大学的工商管理硕士（MBA），不断挑战自我。当公司遇到问题时，王少峰还经常向老师请教，在课堂上带着问题学习管理知识。在攻读硕士学位阶段，他应用课堂上学习的管理知识，为企业确定了如下的使命、愿景和企业文化：

瑞讯科技的使命：以嵌入式技术推动智能生活。

瑞讯科技的愿景：成为全国嵌入式高端行业计算机领导厂商，将嵌入式技术广泛应用于人们的生活及生产中，让生活及工作更便利。

瑞讯科技的企业文化：重才、诚信、创新、卓越。

【本章小结和思考题】

本章主要探讨了创业机会的基本理论，包括创业机会的定义与分类、特征、来源、识别过程、模型以及影响因素。同时，深入分析了创意生成的过程以及激发创意的方法，介绍了创业机会的评价方法以及可行性评估模型。

一、简答题

1. 你认为好的创业机会应具备哪些基本条件？

2. 在大学校园中，有不少同学对创业很感兴趣，但同样有创业意愿的人，为什么有的人能够发现创业机会，而另一些人却看不到创业机会呢？谈谈你的想法。

3. 通过网络了解在2010年之后的移动互联网浪潮中取得成功的一些创业者。分析他们曾经面临的机会是什么？帮助他们取得创业成功的因素是什么？

4. 从不同渠道联系3~5位不同专业的同学，进行多次头脑风暴，针对某一领域，让大家从各自专业出发，分析一下自己身边的创业机会。

二、能力应用题

[案例] 创造商业奇迹的中国"雷布斯"

1992年，22岁的雷军加入了自己"偶像"求伯君的团队——金山公司，并将自己16年最宝贵的青春时光奉献给了金山。而相比之下，无论是老一辈的马化腾、李彦宏，还是年轻一辈的黄峥、王兴，他们要么在经历非常短暂的打工生涯之后就立马开始创业，要么就是放弃学业直接创业。作为一名打工仔来说，像雷军这样不跳槽，第一份工作一干就是16年的人，也没有多少。这反映出雷军一个与绝大多数人不一样的品质，那就是脚踏实地，始终如一。雷军并没有浪费这16年时间，如果从投资的角度来看，雷军这16年的投资奠定了"雷军系"的基础。进入金山之后，雷军很快从普通员工做到了公司高管，并在1998年接任求伯君成为金山的首席执行官。

从这个时候起，雷军的互联网思维就已经体现出来。在对金山的经营中，雷军开始有意识地向互联网靠拢，于是国内最早的电商网站之一卓越网便在这个时期诞生，该网站最终以7 500万美元的价格卖给了亚马逊。虽然卓越网最终被卖掉，但是这一次的经历让雷军感受到了互联网的机遇与魅力，这一段经历对雷军后期的创业产生了重要影响。2007年，雷军带领金山软件在港交所敲钟，他本人也在金山工作了16年之久，个人的财富值也随着金山的上市

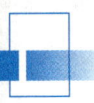

而水涨船高。这时候他大学时期便立下的创业梦想开始逐步复活。16年的时间，已经足够让雷军看清楚自己该走向何方，于是在两个月之后，雷军就将金山交还求伯君，正式开启自己的另一段人生经历。

离开金山之后，雷军成为一名天使投资人，但是他作为投资人既不看商业计划书，也不看项目，只看人。他先确认了电子商务和互联网两大方向，然后只投他认可的人，而且最好是熟人。在几年的时间里，雷军投资了尚品网、乐讯社区、UC优视、多玩游戏网、拉卡拉、凡客诚品、乐淘、可牛、好大夫等20多家创新型企业。很多优秀的企业都在雷军的投资下崭露头角，很多企业家也在雷军的支持下实现了梦想。但是雷军的梦想并不是投资一堆成功的企业。自从大学看完《硅谷之火》这本书开始，他的梦想就是像乔布斯那样创立一家世界一流的企业。

当时，国内手机市场被国际巨头把持，产品贵得离谱，国产手机做得非常一般。这让雷军很不服气，于是他抱着"做全球最好的手机，只卖一半的价钱，让每个人都能买得起"的理念，开始了他人生中最重要的一次创业。

2010年，小米手机横空出世，给国内手机市场带来了一场关于性价比的"龙卷风"。作为创始人，雷军的名号正式火遍大江南北。这一年，雷军刚好40出头，这一始于不惑之年的创业，才是雷军追求梦想的开始。而他本人又是脚踏实地、始终如一地像"劳模"一样为小米埋头苦干了10年。在经历16年的耕耘，以及10年的创业之后，雷军也迎来了丰收时期，最终让他真正以一人终成一系。

2011年，雷军应求伯君之请回归金山担任董事长，并成为金山的实控人，这是雷军实控的第一家上市公司，这也是为金山付出16年得到的最好的礼物，但不是唯一的礼物。2018年，小米成功上市之后，雷军拥有了实控的第二家上市公司。2019年、2020年金山办公、金山云纷纷上市，雷军一人实控了4家实力雄厚的上市公司。实控4家上市公司，再加上作为天使投资人投资的一大批企业，一人成为一系，真的不是开玩笑。

启发思考题：

1. 根据创业机会的分类，雷军的小米属于哪一类创业？
2. 结合案例分析创业动机、创业者的个性特质、能力与资源储备、先验知识、社会网络对创业机会识别的影响。

【分析思路】

1. 创业机会的分类标准不同，决定了创业形式不同。创业机会可以根据来源分类、面临的市场类型分类，提供的产品分类等，可以将雷军的小米在上述不同分类标准下进行归类。

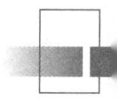

2. 此题考查创业机会识别的影响因素。如前所述，创业机会识别是一种主动行为，带有浓厚的主观色彩，而创业者的个性特质在这一过程中扮演着关键的角色。此外，创业者的社会网络、创业机会的特征以及外部环境因素也会对机会识别产生重要影响，不能被忽视。可以围绕雷军身上所体现的上述特点进行作答。

第四章
创业团队组建

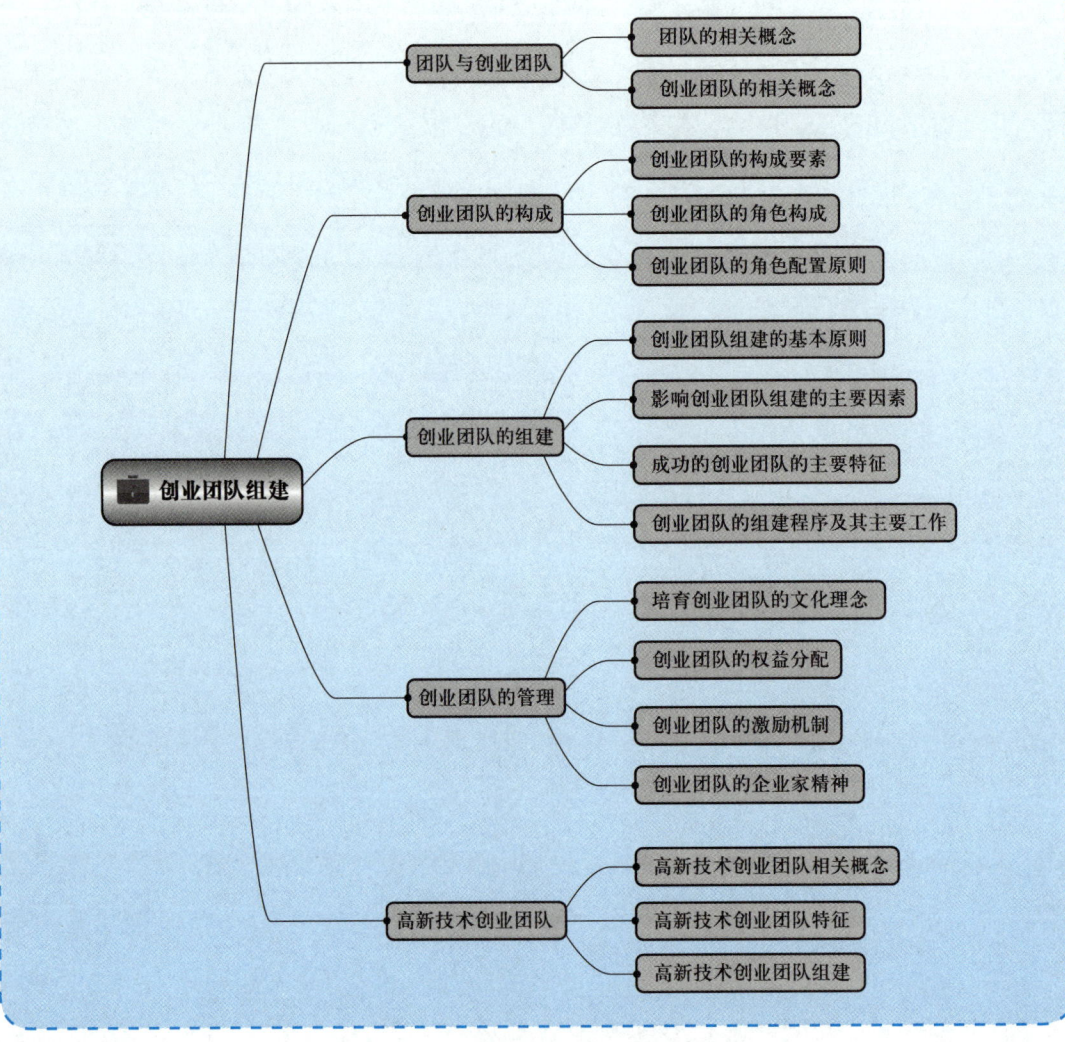

【引导案例】

1987年，因工作不顺利，任正非决定创业。他与几个志同道合的中年人，以凑来的2万元人民币创立了华为公司。创立初期，华为靠代理香港某公司的程控交换机获得了第一桶金。但任正非并不满足于做代理商，他决定走一条自主创新之路。

1991年9月，华为租下了深圳市宝安县（今宝山区）蚝业村工业大厦三楼作为研制程控交换机的场所，50多名年轻员工跟随任正非来到这栋破旧的厂房中，开始了他们充满艰辛和未知的创业之路。为了更好进行生产、节省管理资金，当时的他们吃住都在厂房，不论领导还是员工，每个人都拼尽全力工作，累了就将就在泡沫垫组装的简易床上休息一下，睡醒了接着干。在挣钱后，任正非没有选择花掉，反而选择重新投资进行设备创新。

1992年，他孤注一掷投入C&C08交换机的研发，这也是华为自主研发的第一台数字程控交换机。为了解决第一代交换机存在的问题，华为的工程师24小时住在机房，客户有问题随时解决，直到客户满意为止。为了和市场上的国外大品牌竞争，华为去"捡"别人看不上的市场，终于凭借物美价廉的产品，在国内渐渐打出名号。

为了打开国际市场，任正非亲自带队到南斯拉夫洽谈合作项目，房费太贵、经费有限，他就和大家一起在房间里打地铺休息，"共享"总统套房。即便如此艰难，华为上上下下也无人抱怨。这大概得益于任正非在华为提出的"再创业"运动。

2011年，为了激发员工的创造力和向心力，任正非启用了史无前例的奖酬分红制度。将股份的98.6%都分给员工，而任正非本人仅持有1.4%。随后，他还提出了CEO轮值制度，每人轮值半年，避免公司决策成败系于一人，也有效解决了"一朝天子一朝臣"的问题。得益于华为的分配和管理模式，华为的员工在工作中往往会选择更有挑战性的任务、去更艰难的地区。

凭借不断的创新和优质的服务，华为在欧洲、亚洲、非洲、拉美等地区都取得了巨大的成功，与全球多个电信运营商建立了合作关系，成为全球最大的通信设备供应商之一。2018年，华为营业收入超过1 000亿美元，手机出货量超过2亿部，成为全球第二大智能手机品牌。

从这个案例中可以看出，创业不仅需要胆识、魄力、创新与责任等，团队成员之间的合作、信任也是必不可少的。①

---

① 赵凡禹，燕君.任正非正传［M］.武汉：华中科技大学出版社，2010.

4.1　团队与创业团队

4.1.1　团队的相关概念

1. 团队的定义

团队是由员工和管理层组成的一个共同体，它合理利用每一个成员的知识和技能协同工作，解决问题，达到共同的目标。史蒂文·罗宾斯认为，团队就是由两个或者两个以上的个体组成，相互作用且相互依赖，共同实现一个特定目标的正式群体，同时他强调团队是以任务为中心，具有共同的目标，能够相互合作[①]。他将团队的构成要素总结为5P，分别为目标（Purpose）、人（People）、定位（Place）、权限（Power）、计划（Plan）。

根据团队存在的目的和拥有自主权的大小将团队分为三种类型：问题解决型团队、自我管理型团队、多功能型团队（跨职能型团队）；其他类型多基于不同维度的扩展，如基于协作方式的虚拟型团队等。

2. 团队与群体的差异

群体是由两个以上相互作用又相互依赖的个体，为了实现某些特定目标而结合在一起的。群体成员共享信息，作出决策，帮助每个成员更好地担负起自己的责任。

团队和群体经常容易被混为一谈，但团队和群体有着本质的区别，群体可以向团队过渡。它们之间的根本性区别表现在：

（1）在领导方面。群体通常有明确的领导人；团队可能就不一样，尤其团队发展到成熟阶段，成员共享决策权。

（2）目标方面。群体的目标必须跟组织保持一致；团队中除了这点之外，还可以有自己的目标，但该目标必须有利于团队的发展。

（3）协作方面。协作性是群体和团队最根本的差异。群体的协作性可能是中等程度的，有时成员还有些消极，有些会产生对立；但团队中是一种齐心协力的气氛。

（5）责任方面。群体的领导者要负很大责任，而团队中除了领导者要负责之外，每一个团队的成员也要负责，甚至要共同负责。

（6）技能方面。群体成员的技能可能是不同的，也可能是相同的；而团队成员的技能是相互补充的，把不同知识、技能和经验的人综合在一起，形成角色互补，从而达到整个团队的有效组合。

（7）结果方面。群体的绩效是每一个个体的绩效相加之和；团队的结果或绩效是大家共

---

① Robbins，Stephen P. Organizational Behavior［M］，10th　ed，Prentice　Hall，2002.

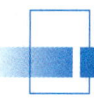

同合作完成的结果。

3. 团队的发展阶段

根据士气和生产力可以将团队的发展分成四个阶段，即成立期、动荡期、稳定期和高产期。四个阶段都是必需的、不可逾越的。团队在成长、迎接挑战、处理问题、发现方案、规划、处置结果等一系列过程中必然要经过这四个阶段。认识这四个阶段，可以为团队发展提供阶段性的指导，如图4-1所示。

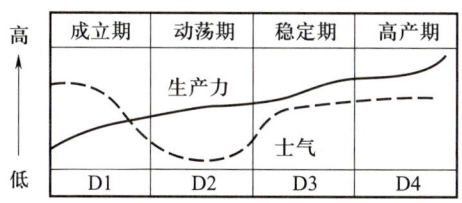

图4-1 团队的发展阶段

（1）成立期

团队成立初期都会有雄心勃勃的发展目标和发展计划，团队的目标可能是由其所在企业确定的，也可能是由团队最早一批发起者设定的，但随着人员的逐渐增多，团队成员的认识和理念不断碰撞，目标和计划不可避免地要有相应的微调。这一方面是因为团队组织者的经验与实际运行的差异，另一方面是因为外部因素的变化使得团队不得不努力适应这种变化的节奏。一般来说，处于组织内部的基层团队受外部的干扰相对较少。但在形成自己的核心阵容之前，仍然具备团队创建初期的特点。而对于创业型团队来说，团队创建期的不确定性，在相当程度上增加了团队领导驾驭团队的难度。创业型团队更需要充分了解团队创建期的特征，最大限度地规避创业风险。

团队创建期的具体表现：

① 新的合作、新的团队、新的目标使团队的每一个人都兴奋又激动，既定的目标可能是团队成员梦寐以求的期望。但由于团队成员个体的差异，每个成员对团队目标对自身未来的发展和影响的理解是有差异的，因此，团队成员的期望值是不同的，其激情和心态也会不同。

② 团队成员在新的团队中期望得到别人尊重，表现得比较有自信心，大家对新生的团队寄予了很高的希望。

③ 虽然团队负责人会初步确定每个人的角色和职责，但团队成员依然会小心地试探其他成员的行业经验和能力，为自己在团队内的重新定位寻求支点。

创建期的团队，经常会表现出很高的士气。对成员来说，能进入团队都必然具备相关的行业经验（即使不具备实操能力的初入行者，也都有基本的入行基础和入行动机。这里不讨

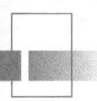

论被动入行者）。来自领导和其他团队成员的乐观和自信会深深地影响每一个人，这一切都会大大增强团队成员学习的动力和进步的愿望。

这个时期，新生的团队生产力处于较低水平，团队成员之间在工作上短期内无法达到配合默契的状态，需要团队成员尽快适应新的环境。随着相关培训的展开，以及团队内部成员间的积极沟通，这种情况会逐渐得到改善。就创建初期来说，较低的生产力水平应该属于常态。而经常被忽视的一点是，来自组织上层的一些深层原因还是会制约团队成员工作能力的充分发挥，如团队所在组织领导指定某些团队成员担任团队的重要角色，而被指定人的实际能力不能有效胜任，此种情况经常发生。

团队创建期最重要的是明确团队的目标和愿景，这对增强团队凝聚力以及形成团队的集体荣誉感至关重要。团队领导者在这个阶段要时刻强调团队的目标，并且展现出充分的自信和必胜的信心。在工作上要处处照顾新成员，帮助大家共同进步、共同提高，利用不同的机会对大家做出的成绩及时鼓励，表扬团队出现的好现象。督促每一个团队成员尽快进入紧张有序的工作状态。团队领导者要更多地关注新成员的点滴进步，鼓舞大家的士气，和大家一起面对困难寻找方法，使团队成员产生一种情感依赖，千万不能以长者的口吻颐指气使。同艰苦、共患难，才能逐步建立团队领导者的威信。一个学习型团队的形成，团队领导者要承担更多的责任和义务。

创建期的团队规模大小不同，一般都需要1~3个月时间建立。如果团队成员在这个阶段选择离开，多数情况下属于观念冲突，挽回的可能性非常小。团队创建期成员之间的快速信任非常重要，顺利地渡过创建期，需要团队内部成员之间坦诚沟通，彼此尊重，相互信任，才能为接下来进入实质性的团队合作打好基础。

（2）动荡期

磨合时期的动荡是每一个团队都要经历的特殊时期。能否进行有效的磨合，并顺利地度过这段敏感的时期，对团队领导者的综合能力是一个严峻的考验。团队领导者必须区别对待新老成员的不同情况并适时加以引导，根据团队成员的实际能力和经验，调整明确成员的角色和职责，使团队逐渐形成一种坦诚开放的积极气氛和紧张有序的工作状态，否则真正的核心团队根本无法建立起来。团队达到有效磨合的标志是团队成员坦诚相见、配合默契，每一个人都找到了自己在团队的位置，在大家的心目中，团队的整体目标和成员的个体目标相辅相成，团队凝聚力初具雏形，生产力稳定提高。

实际工作中，有效驾驭团队的磨合期是一门很深的学问。处于磨合期的团队，整体的情况似乎每况愈下，一系列潜在问题都逐渐暴露出来，期望与现实脱节。更为严重的是，持续的投入却几乎看不到进展，大家就像掉入了一个无底的深渊，每一个人都发现面临的挑战比预期要困难得多，目标变得遥不可及。人际关系也变得紧张起来，个别新锐试图挑战领导的

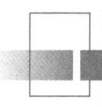

权威，强大的工作压力使人焦虑不安，严重的时候甚至引发内部冲突。

在这种情况下，团队前景更显扑朔迷离，士气陷入低潮，积极的成员都在适应和摸索解决问题的方法。如果是组织内部的基层团队，就会不断有成员离职的消息传来。即使是创业团队，面对强大的压力也难免有人会打退堂鼓。这些负面的现象对团队领导努力倡导的敬业精神以及团队内部营造的融洽气氛都会造成相当的影响。

但只要仔细观察不难发现，团队整体的生产力水平却在稳步提高。连续的培训以及对工作的理解，使团队成员在实战中慢慢形成个人的风格。这是黎明前的黑暗，只要目标明确并激励大家每天持续进步，一个坚强而富有战斗力的团队，就会在似乎不明朗的状态下逐渐成熟。

团队领导在这个敏感时期，要注意以下几点：

① 密切注意团队成员的进步，采用正激励的方式鼓励成员，每天利用一切机会与每一个成员充分沟通实际工作中遇到的具体问题，帮助大家分析问题并提供解决方案，采用问题导向模式，就事论事，减少成员之间的情感冲突，避免成员产生心理负担。

② 建立标准的工作规范，不断优化工作流程，鼓励成员寻找创新的工作方法，团队领导要身体力行，这是统筹团队各项工作的关键。

③ 积极寻求解决问题的方法，对疑难问题采用团队会诊的方式加以解决，增强团队成员的信心，抓住一切利好的机会鼓舞团队士气，争取以自己在工作上的突破为团队树立榜样。

④ 善于树立典范，对于取得突出成绩的成员要尽可能地为其争取荣誉，号召大家向优秀者学习。

团队领导者的任务是促使团队成为一个学习型组织，同时适时协调成员之间的冲突，利用合适的机会跟大家谈理想，谈人生，谈团队的愿景，谈对工作的信心，在共同解决具体问题的过程中建立成员之间情同手足的感情。团队磨合期一般为2~6个月时间，团队成员能坚持度过这个时期，将会成长为团队的中坚力量。在这个时期选择离开的人，多数是由于不适应这份工作，在强大的工作压力下身心俱疲而选择退出的。

（3）稳定期

这个时期会逐渐形成独有的团队特色，成员之间以标准的流程投入工作，分配资源，团队内部无私地分享各种观点和各类信息，团队荣誉感很强。

处于稳定期的团队士气高涨，即使面对极富挑战性的工作，也会表现出很强的自信心，如果个人不足以独立完成工作，会自然地寻求合适的团队成员配合，甚至在特殊的情况下自我激发潜能，超水平发挥，取得意想不到的成功。在稳定期的每一个成员都会表现出很强的主观能动性。这样的状态使生产力水平也进入巅峰时期，大家对于工作中取得的突破已没有了当初的激动，每个人都能以平和的心态面对成败。在紧张有序的工作环境中，处处都表现出一个高绩效团队的成熟魅力。

一个具有强凝聚力的团队，也必然会表现强烈的排他性，团队交流很容易陷于一个私密的空间。这个特点也决定了团队规模不宜过大，否则会因为成员之间的隔阂而损害团队的整体战斗力。在一个规模合适的团队里，大家相互了解、彼此信任，如果需要，每一个成员都会全力捍卫团队荣誉。

稳定期一般为3~10个月，甚至更长。组织领导应该尽可能地使其保持更长的时间，因为这个时期的团队无疑是最有战斗力的高绩效团队，是战无不胜的团队。引导得当，不但可以以最小的投入为组织取得最大的效益，而且可以为组织的持续发展提供宝贵的中层执行人才。如果有队员在这个时期选择退出，组织领导有责任全力挽留。实在挽留不住也要为其准备送别宴会，增强感情沟通，因为今天的普通队员，很可能就是将来的行业精英，今后无论其选择在哪个企业，相互间的沟通都将是一笔宝贵的财富，对组织的永续发展往往有意想不到的贡献。

（4）高产期

团队实现了自己的阶段性目标之后，组织将赋予团队新的目标和任务，此时必然要进行组织整合。整合过程其实就是组织调配力量为下一个目标进行筹备的前奏。这个时期一般团队士气相对平稳，可能出现的一个情况是团队中的个别成员觉得现有团队的工作已经不具有挑战性，对自己来说发展空间有限，可能会选择离开团队去更具有挑战性的岗位上工作。即使出现这种情况，由于团队的运作体系完备，流程清晰高效，生产力水平还是一样会高位运行，团队成员继承了前一时期的工作作风，应对日常工作显得游刃有余。

4.1.2　创业团队的相关概念

1. 创业团队的定义

一般来说，创业团队强调以开创企业或新事业为核心，他们在创业阶段处于高层管理职位，对企业拥有一定的所有权，对新创企业有较高的共同承诺，共同承担发展任务、结果和责任。因此，创业团队是指由两个或两个以上具有一定利益关系的，彼此间通过分享认知和合作行动以共同承担创建新企业责任的，处在新创建企业高层主管位置的人共同组建形成的工作群体或社会活动单位，德鲁克指出，一个企业家（创业者）必须具有创业精神，否则即使他开办了一个新企业也不能称作是企业家。[①]

---

① 彼得·德鲁克.创新与企业家精神［M］.海口：海南出版社，2000.

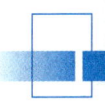

2. 创业团队的类型[①]

一般说来，创业团队大体上可以分为三种：星状创业团队、网状创业团队和从网状创业团队中演化来的虚拟星状创业团队。

1）星状创业团队

一般团队中有一个核心主导人物充当领军者的角色。这种团队在形成之前，一般是核心主导人物，有了创业的想法，然后根据自己的设想创建创业团队。因此，在创业团队组建之前，核心主导人物，已经就团队组成进行过仔细思考，根据自己的想法选择相应人物加入团队，这些加入创业团队的成员也许是核心主导人物以前熟悉的人，也有可能是不熟悉的人，但其他的团队成员在企业中更多时候是支持者角色。

这种创业团队有几个明显的特点：

（1）组织结构紧密，向心力强，主导人物在组织中的行为对其他个体影响巨大。

（2）决策程序相对简单，组织效率较高。

（3）容易形成权力过分集中的局面，从而使决策失误的风险加大。

（4）当其他团队成员和核心主导人物发生冲突时，因为核心主导人物的特殊权威，使其他团队成员在冲突发生时往往处于被动地位，在冲突较严重时，一般都会选择离开团队，因而对组织的影响较大。

太阳微系统公司（Sun Microsystem）最初就是维诺德·科尔斯勒确立了多用途开放工作站的概念，接着他找了乔伊和贝托尔斯海姆两位软件和硬件方面的专家，和一位具有实际制造经验和人际沟通技巧的麦克尼里，于是组成了SUN的创业团队。

2）网状创业团队

这种创业团队的成员一般在创业之前都有密切的关系，比如同学、亲友、同事、朋友等。一般都是在交往过程中，共同认可某一创业想法，并就创业达成了共识以后，开始共同创业。在创业团队组建时，没有明确的核心主导人物，大家根据各自的特点进行自发的组织角色定位。因此，在企业初创时期，各位成员基本上扮演的协作者或者伙伴角色。

这种创业团队有几个明显的特点：

（1）团队没有明显的核心，整体结构较为松散。

（2）组织决策时，一般采取集体决策的方式，通过大量的沟通和讨论达成一致意见。因此组织的决策效率相对较低。

（3）由于团队成员在团队中的地位相似，因此容易在组织中形成多头领导的局面。

当团队成员之间发生冲突时，一般都采取平等协商、积极解决的态度消除冲突。团队成

---

① 张晓梅.创业管理.北京：高等教育出版社，2011.

员不会轻易离开。但是一旦团队成员间的冲突升级，使某些团队成员撤出团队，就容易导致整个团队涣散。

微软的比尔·盖茨和童年玩伴保罗·艾伦，惠普的戴维·帕卡德和他在斯坦福大学的同学比尔·休利特等多家知名企业的创建都是建立在朋友、同学等的基础之上的，通过互动激发出创业点子，然后合伙创业，这种例子比比皆是。

3）虚拟星状创业团队

这种创业团队是由网状创业团队演化而来的，基本上是前两种的中间形态。在团队中，有一个核心成员，但是该核心成员地位的确立是团队成员协商的结果，因此核心人物在某种意义上说是整个团队的代言人，而不是主导型人物，其在团队中的行为必须充分考虑其他团队成员的意见，不像星状创业团队中的核心主导人物那样有权威。在我国改革开放的初期，此类创业团队的核心成员通常由团队中的年长者担当，那个时候出来创业需要承受较大的心理压力，而年长者通常抗压能力较强。目前，由于市场竞争已经非常激烈，此类创业团队的核心成员则更多地由经验丰富、技术强或出资多的成员来担当。

如果虚拟星状创业团队在演进过程中，团队成员共同推荐的核心成员具有强大的权力欲望并且能力快速提升，则该创业团队可能演变为星状团队；反之则可能演变为网状团队。

3. 创业团队的演变与生命周期

卡姆等[①]曾将创业团队的形成过程概括为两大类：一类称Lead entrepreneur，指某一个人通过其工作经验或社会网络等途径产生创业想法，并由此寻求合作伙伴；另一类称group approach，指一群经由共同兴趣、友谊等而结识的人，在其交往和工作过程中捕捉到创业机会，并组成创业团队。

维亚卡纳姆等[②]发现，创业团队的发展大致要经历自发形成、寻求增长、愿景形成和制度化四个阶段。在第一阶段，创业者自发形成团队并进行整合；第二阶段，团队成员更为关注组织资源、知识和能力的发展与整合；第三阶段，成员对团队的认同感加深，团队成员的任务和角色更明晰，有明确的组织目标；最后阶段，创业者更多地以企业文化和组织结构等体现个人的价值观和理念，形成具有操作性的管理制度。

① Kamm J B, Nurick A J. The Stages of Team Venture Formation：A Decision-Making Model［J］. Entrepreneurship Theory and Practice，1993（2）：17-27.

② Vyakarnam S. Four Themes of the Impact of Management Teams on Organizational Performance［J］. nternational Small Business Journal，2005，23：236-256.

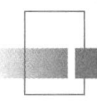

范艾斯特等[①]总结了不同发展阶段的创业团队结构变化特征，在商业化和机会识别阶段，拥有知识产权的研发人员，提供潜在市场机会咨询的顾问等特权监督者组成创业团队；在组织孕育阶段，代理企业家，未退出的第一阶段团队成员，存在管理团队和董事会两个团队；新创企业发展能力论证阶段，投资资本家进入，以增加外部财政资源，一些财政合伙人可能会退出；成熟阶段，新创企业会通过多种渠道吸收外部资源。

周劲波[②]提出了分别基于头脑风暴、情感支持、专家参谋、愿景驱动的创业团队决策的四种过程模式特征：创业初始阶段，主要是基于专家参谋的决策模式特征；创业发展阶段，四种决策模式特征没有显著差异；创业转折阶段，主要是基于情感支持和基于愿景驱动的决策模式特征。同时，基于头脑风暴和基于愿景驱动的决策模式要比基于情感支持和基于专家参谋的决策模式有更好的创业绩效。

谢科范等[③]提出了创业团队的五种功能组合模式，即基于领导者、生产、销售、研发及财务五类基本岗位，通过七维度因素分析对这五类角色绩效特征识别和岗位分析，合理搭配以提高企业绩效。

鲁虹、曹耘[④]运用自组织理论探讨高新技术创业团队的演化过程，高新技术创业团队自组织性的周期变化可以描述为，随着时间的变化，系统从有序参量变化所引起的渐变开始，再由渐变、质变成突变，推动高新技术创业团队向更有序的状态演化。

综上，本书将创业团队的生命周期分为以下五个阶段：

（1）出生：由拟创业的核心人员召集志同道合者研究创业的可能性，初步形成创业团队的内部框架、建立创业团队与外界的初步联系、设立初步的创业目标和构想。这个阶段，创业团队的凝聚力和有效性都处于低水平，团队成员有较大的不确定性。

（2）成长：当创业团队确定好创业目标，便开始创业行动，虽然创业艰辛，但团队成员目标一致，团队成员彼此学习，愿意分享认知，并采取协作性行动，团队凝聚力和有效性都将得到提高。这个阶段，创业团队将通过设定标准、交流想法、阐明愿景、明确职责等方式制定必要的规范。

（3）成熟：随着时间的推移，创业团队实现了既定的战略目标，公司组建成功，产品或服务得到市场认可，企业进入上升发展通道。这个阶段创业团队具有高度的凝聚力和高度的有效性，是团队最理想的阶段。在这个阶段，隐藏的问题暴露出来，创业团队通过公开讨论、

① Vanaelst I，Clarysse B，Wright M，et al. Entrepreneurial Team Development In Academic Spinouts：An Examination Of Team Heterogeneity [J]. Entrepreneurship Theory and Practice，2006，30（2）：249–271.

② 周劲波.多层次创业团队决策模式及其决策绩效机制研究 [D].浙江大学，2005.

③ 谢科范，吴倩，张诗雨.基于七维度分析的创业团队岗位配置与角色补位 [J].管理世界，2010（1）：181–182.

④ 鲁虹，曹耘.基于自组织的高新技术创业团队演化模型研究 [J].企业经济，2010（9）：62–64.

解决冲突、促进沟通、改善关系等方法的运用，形成有力的团队文化。同时，创业团队通过优化团队规范，更广泛的授权与更清晰的权责划分，注重如何提高团队效率和效益，把全部精力用于应对各种挑战，实现了团队的高效运行。

（4）衰退：随着企业的发展，创业团队从最初的创业演变进入管理一个正常的企业，创业团队成员的原始资本积累完成，创业动力开始消退。这个阶段，创业团队依据"团队记忆"采取相应的行动，团队也就渐渐地陷入一种群体思维陷阱，并形成某种"组织惰性"。

（5）死亡：随着创业的成功，创业团队成员的角色产生了质的变化，创业团队成员的价值观将产生分化，团队开始逐渐解体。

4.2　创业团队的构成

4.2.1　创业团队的构成要素

一般而言，创业团队由五大要素构成，又称"5P要素"，即目标、人员、定位、权限和计划。

1. 目标

创业团队首先要设置清晰的创业目标。创业目标是创业团队存在的理由，也是团队运作的核心动力。只有确定明确的目标，创业团队才能清楚创业的方向，知道为了实现此目标需要付出哪些行动和努力，才能准确把握时机和商机。除此之外，明确的目标能够使创业团队清楚地知道组织需要什么样的人才，在寻找合作伙伴或雇用员工时能按照创业团队的目标选择最合适的人才，提高团队的综合实力。创业目标的设立要切实可行，并依靠团队的力量共同规划和设计，使之成为凝聚团队成员的无形信念和精神力量。创业目标确定之后，为了推动团队最终实现创业目标，要对总目标加以分解，设定若干可行的、阶段性的子目标。

2. 人员

创业目标是通过创业团队成员实现的，所以人是构成创业团队的最核心的力量。只有吸收适合创业的成员进入创业团队，才能保证创业团队的稳健经营。不适合的人员进入创业团队，会给团队的管理和发展带来巨大的危害。根据团队的发展目标，团队需要的知识、技能、经验，以及个人加入团队的目的、知识结构、个性、兴趣、价值观念等选择合适的人选。

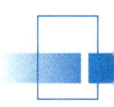

一般创业团队是由一群志同道合且拥有共同的创业理念和创业思路的人创建的。其共同点在于创业观相同、价值观相同、金钱观相同。一致的创业理念和创业思路是形成团队凝聚力、相互信任和有效沟通的基础。如果未能形成一致的创业思路，创业团队成员的经营理念与方式不一致，即使有再多高技能的人组合在一起也难以保证创业目标的实现。许多创业团队后来的分化和解体，根本原因就在于缺乏共同的创业思路。对一个创业团队而言，成员之间仅有共同点是不够的，还需要有互补性。互补性既要有性格上的互补、人脉资源上的互补，也要有知识、技能、经验和专业特长方面的互补。尽管每个人的能力是有限的，但当整个团队的能力合并在一起进行重新整合协同的时候，就能发挥更大的作用。

3. 定位

定位是指团队通过何种方式同现有的组织结构相结合，如何产生新的组织形式。创业团队的定位有两层含义。一是创业团队的定位，即创业团队在创业企业中处于什么位置、由谁选择和决定团队的成员、创业团队最终应对谁负责，以及采取什么方式激励下属。二是创业团队成员的个体定位，即成员在创业团队中要扮演什么角色，是决策者还是计划制订者，或是监督者等，要根据每个成员的专业和优势确定其角色定位，从而保证每个成员都能最大限度地发挥自己的功效。此外，要决定是大家共同出资、共同参与管理，还是共同出资、聘请第三方（职业经理人）管理，这体现在创业企业的组织形式是合伙企业还是公司制企业。

4. 权限

权限是指团队负有的职责和享有的权利。在创业团队中，权限主要包括两层含义。一是团队成员的权力。虽然许多创业团队推崇群策群力，将决策权交给全部成员，每项决策都是由整个团队共同商议讨论之后才作出决定，但是在具体执行的时候需要适当地分权，在不损害集体利益的情况下，个人需要拥有与职责相对应的决策权力。创业团队核心领导人的权力大小与创业团队的发展阶段相关，一般来说，在创业团队的发展初期，领导权力相对集中，创业团队越成熟，领导者拥有的权力相应越小。二是团队权力，要确定创业团队在创业企业中拥有什么决定权，如财务决定权、人事决定权等。

5. 计划

计划是指为达成目标所作出的安排，是未来的行动方案。只有把创业总目标、阶段性的子目标转化成科学合理、极具操作性的行动计划，才能有效地推进团队向创业目标靠近，实现创业团队的成功。创业团队在制订计划时要充分考虑创业企业的内外部环境、企业自身优劣势等因素；制订的计划一定要具有可行性，否则就只能是纸上谈兵，对创业团队没有任何帮助；计划不仅要确保组织目标的实现，而且要从众多的方案中选择最优方案，从而使创业团队的资源得到最合理、最有效的应用。

4.2.2　创业团队的角色构成

一个新创业团队战略的选择与实施，不仅仅依赖于创办者或者领导者个人的特质、性格、才能等条件，更多地取决于整个创业团队的特质、经验甚至整个团队中各成员之间的合作默契程度及合作质量。创业团队之所以被认为是创业成功的关键与核心元素，主要是由于创业团队这一组织形式能够克服单个创业者在创业过程中所遇到的各种经验、能力、资源、资金等许多方面的障碍。团队成员之间的优势互补，为创业团队的成功奠定了基础。但是新的创业团队能否取得成功，团队成员之间能否做到优势互补，这主要取决于团队成员的挑选与组合。

综合国内外一些学者关于创业团队角色的研究成果，并结合创业团队的一些特点，本书将创业团队的角色分为：

（1）领导者：创业团队的领导者应耐心听取别人的意见，有足够的自信心，在关键点上能形成有效决策，一旦作了决定不轻易变更，能够清晰地向团队成员解释决策点。

（2）策划者：创业过程中需要形成很多方案，创业团队的策划者是一个"点子型的人才"，知识面广，思维活跃并且发散，喜欢打破传统，总能在需要的时候构建出相应的执行方案。

（3）协调者：创业团队的协调者个性稳定、成熟、自信，办事客观，不带个人偏见，能够引导创业团队中不同技能和个性的人向着共同的目标努力；创业团队的协调者不仅具有较高的权威，而且具有感召力；在团队中能很快发现各个成员的优势，并在创业目标的实现过程中让每个成员的长项和积极性得以充分发挥。

（4）信息者：创业团队的信息者有着敏锐的感觉思维，对外界环境十分敏感，能够较早地感知外部环境变化对创业团队目标实现的影响，并提出相应的建议。在团队的创业过程中，与团队成员交往时可以有效获知团队成员的技能、思想和情感上的变化，及时给团队领导者提出合理化建议。

（5）创新者：创业团队的创新者拥有高度的创造力，思路开阔，观念新，富有想象力，有挑战精神，会推动变革。在创业过程中有很多的创新工作，如商业模式创新、技术创新和管理创新等，创业团队的创新者能不断地寻找适合达成创业团队目标的创新方案。

（6）实施者：创业团队的实施者的主要任务是将创业计划和各种运作方案加以落地实施，会将主意变为实际行动；创业团队的实施者通常崇尚努力，执行力、自控力和纪律性强，对团队忠诚度高，为团队整体利益着想，较少考虑个人利益，但可能比较现实、传统，甚至有

点保守。

（7）推广者：创业团队的推广者行动迅速，说干就干，办事效率高，自发性强，目的明确，有高度的工作热情和成就感；遇到困难时，总能找到解决办法，而且一心想取胜，具有竞争意识。

（8）监督者：创业团队的监督者主要是对工作方案的实施等实行监督，确保创业计划的顺利落实和目标的有效达成；创业团队的监督者通常会深究问题的根源，喜欢重复推敲一件事情，决策时能把范围很广的因素都考虑进去；挑剔，但不易情绪化，思维逻辑性很强。

4.2.3　创业团队的角色配置原则

1. 能位对应原则

能位对应是指人与人之间不仅存在能力特点的不同，而且在能力水平上也是不同的。具有不同能力特点和水平的人，应安排在要求相应特点和层次的职位上，并赋予该职位应有的权力和责任，使个人能力水平与岗位要求相适应。在创业团队中，成员的能力由于受到身体素质、受教育程度、实践经验等因素的影响而各自不同，形成个体差异，创业团队的领导者应明晰每个成员的真实能力，并根据创业过程中所设定的重要职位安排合适的成员去完成对应的工作任务。只有这样，才能形成合理的能位对应，大大提高工作效率，顺利完成创业任务。

2. 角色搭配原则

创业团队中的角色配置应当满足角色搭配合理的要求，而不仅仅是关注单个团队成员的知识以及能力的问题。一个优秀的创业团队，前述的八种角色缺一不可，且应该保持平衡，各团队角色应该具有异质性。在面对实际的问题时，由于每个创业团队的规模及性质的不同，以上八种角色不可能完全由八个人来分别承担，往往会出现一人分饰多角，或者多人担任一角的情况。因而可以按照创业团队成员的经验和能力进行搭配管理，组合成适合行业特点及发展要求的创业团队。在进行团队分工时，应使团队中成员所担任的职能角色与其所偏好的团队角色相互匹配。

3. 互补增值原则

互补增值原则强调人各有所长也各有所短，以己之长补他人之短，从而使每个人的长处得到充分发挥，避免短处对工作造成影响，通过个体之间取长补短而形成整体优势，实现组织目标的最优化。当个体与个体之间、个体与群体之间相辅相成时，互补产生的合力要比单

个人的能力简单相加而形成的合力大得多，群体的整体功能就会正向放大；反之，整体功能反向缩小，个体优势的发挥也受到人为的限制。创业团队内部各个成员之间应该是密切配合的互补关系，其中选择互补的一组人必须有共同的理想、事业和追求，互补增值原则最重要的是"增值"。

4. 动态平衡原则

高效率的创业团队应该由具有不同团队角色并与职能角色相匹配的团队成员组成，但是创业团队成长过程中的波动性会导致创业团队存在很大程度上的不稳定性，从而打破了创业团队初建时期的角色平衡状态，进一步影响团队的整体绩效。创业团队的领导者应及时了解创业团队成员与岗位的匹配程度，从而进行调整，以达到人适其位、位得其人。在创业团队的成长过程中，不仅仅要注重团队的静态平衡，要更加注重团队的动态平衡。

案例拓展

惠里菲无线公司创业团队

惠里菲无线公司成立于1988年，是硅谷一家创业企业，拥有一项发明和相应的商业模式。该公司发明了一种可以固定在小孩或成年人手上的装置。一旦该装置被孩子戴上手腕，它就开始与全球定位卫星和Sprint公司的无线网络进行信号通信，为父母或其他监护人指出携带者的具体位置。通过这个装置，父母能够随时得知孩子的情况，同时，孩子们可同时按下2个按钮来发送紧急信号，从而多途径确认孩子的安全。

蒂莫西·内尔是惠里菲公司的创建者。在创建这家公司之前的十多年里，内尔一直为一些公司开发和销售新型消费品。他最后的职位是在CTH塑料消费品公司担任营销和销售副总经理。

内尔创办惠里菲公司不久，就开始招募员工。他的首批核心成员如下：

安东尼·拉罗谢尔，首席技术官。拉罗谢尔负责产品的设计、制造和分销。他是一名经验丰富的工程师，曾经管理过上百个产品的设计。在加盟惠里菲之前，他曾任职于西屋电气公司、Loral Fairchild Sensors公司和哈里斯半导体公司。

马太·内尔，副总裁。马太·内尔负责企业发展。在加盟惠里菲之前，他是Windy City Products公司的执行副总裁，负责公司业务发展。

罗伯特·杰克布森，首席信息官。杰克布森负责领导惠里菲定位服务中心。在此之前，他曾在康柏、Tandemhe和Sprint通信公司工作。

内尔在进行首次招募的同时，还组建了新创企业团队的其他构成部分。惠里菲已

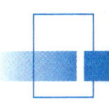

经实行公司制，有自己的董事会。从一开始，企业就邀请了几位非常著名的人物加入董事会。虽然惠里菲公司没有透露投资者的身份，但公司确实有投资者。惠里菲还有许多商业伙伴与他们一起开发产品，主要的合作者有AMD、巨积公司和瑟孚公司。AMD和巨积公司都是半导体生产企业，瑟孚公司则是GPS技术企业。

为了增加惠里菲的资信并让更多的人了解公司产品，内尔积极地联络儿童安全保护组织，寻找更多的合作伙伴。现在，惠里菲公司已经与55家儿童安全机构建立了合作关系，帮助传播儿童安全信息。公司的合作伙伴之一是失踪儿童信息网，该组织致力于帮助寻找失踪或被拐卖的儿童。惠里菲公司与该网站的目标相似：保护儿童。通过为失踪儿童信息网提供资金支持并帮助网站达到工作目标，惠里菲公司的GPS定位系统受到广泛认可。

惠里菲公司的成功，很大程度上要归功于其创业团队清晰的创业目标、完备的创业计划与合理的创业团队角色配置，各创业成员做到"能位对应""合理组合"，共同推动公司的全面发展。现在，惠里菲公司已开始向消费者销售GPS定位产品，市场的最初反应非常良好。其新版产品正处于筹划阶段，包括专门为阿兹海默氏症患者设计的产品以及专为女性慢跑爱好者设计的运动型产品。[①]

4.3 创业团队的组建

4.3.1 创业团队组建的基本原则

1. 树立正确的团队理念

创业团队要想实现自己的创业目标，首先应树立正确的团队理念，团队的理念主要包括：

（1）凝聚力。拥有正确团队理念的成员相信他们处在一个命运共同体中，共享收益，共担风险，为了共同的目标而一起奋斗。团队工作，即作为一个团队而不是靠个别的"英雄"工作，大家的工作相互依赖和支持，依靠事业成功来激励每个人。

（2）诚实正直。这是有利于客户、公司和价值创造的行为准则。它排斥纯粹的实用主义或利己主义，拒绝狭隘的个人利益和部门利益。

（3）为长远着想。拥有正确团队理念的成员相信他们正在为企业的长远利益工作，正在

---

① 布鲁斯 R.巴林格，R.杜安·爱尔兰.创业管理 成功创建新企业［M］.张玉利，王伟毅，杨俊，译.北京：机械工业出版社，2006.

成就一番事业，而不是把企业简单地当作一个快速致富的工具。没有人打算现在加入进来，而在困境出现之前或出现时退出而获利，他们追求的是最终的资本回报及带来的成就感，而不是当前的收入水平、地位和待遇。

（4）承诺价值创造。即拥有正确团队理念的成员承诺为了每个人而使"蛋糕"变大，包括为顾客增加价值，使供应商随着团队的成功而获益，为团队的所有支持者和各种利益相关者谋利。

2. 目标明确合理原则

目标在创业团队组建过程中具有特殊的价值。首先，目标是一种有效的激励因素。如果一个人看清了团队的未来发展目标，并认为随着团队目标的实现，自己可以从中分享到更多的利益，那么他就会把这个目标当成是自己的目标，并为实现这个目标而奋斗。因此，目标必须明确，这样才能使团队成员清楚地认识到共同的奋斗方向是什么。与此同时，目标也必须是合理的、切实可行的，这样才能真正达到激励的目的。

3. 互补原则

创业团队成员间的互补是指由于创业者知识、能力、心理等特征和教育、家庭环境等方面的差异，对创业活动产生的不利影响，通过组建创业团队来发挥各个创业者的优势，相互补充对方的不足之处，从而形成一个知识、能力、性格、人际关系资源等方面全面具备的一支优秀创业队伍。创业者之所以寻求团队合作，其目的就在于弥补创业目标与自身能力间的差距。只有当团队成员间在知识、技能、经验等方面实现互补时，才有可能通过相互协作发挥出"1+1>2"的协同效应。

从人力资源管理的角度来看，创建优势互补的创业团队是保持创业团队稳定的关键。在创建一个团队的时候，不仅仅要考虑成员之间的人际关系、亲情关系，更重要的是考虑成员之间能力上和技术上的互补性。SUN微系统公司就是一个非常值得借鉴的例子。创业初始，维诺德·科尔斯勒找来的三个人分别是软件专家、硬件专家和管理专家，SUN的创业团队非常稳定。稳定的团队为SUN微系统公司带来了稳定的发展。一般来说，一个创业团队是由其创始人组织的，而创始人不可能对企业经营中各个方面都精通。因此，在组建创业团队的时候，应该尽可能地将"主内"与"主外"的不同人才，耐心的"总管"和具有战略眼光的"领袖"，技术与市场等方面的人才都考虑进来，以保证团队成员的异质性。

从创业资源的角度来看，在引进了不同背景的创业成员的同时，也就引进了不同的人际网络。每一家公司都需要各种人际网络的引入，才能使公司顺利地运作，这对一家缺乏资源的新创公司来说是尤其重要的。引进不同人才的同时也将引进不同的人际网络，团队和资源

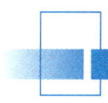

之间会产生若干联结，也正因为有了这样的联结，才有可能衍生出一些新的机会。

4. 精简高效原则

低成本、高效率对初创企业来说尤为重要，因此为了减少创业期的运作成本、最大比例地分享成果，创业团队人员构成应在保证企业能高效运作的前提下尽量精减。

5. 动态开放原则

创业过程是一个充满了不确定性的过程，团队中可能因为能力、观念等多种原因不断有人在离开，同时也有人在要求加入。因此，在组建创业团队时，应注意保持团队的动态性和开放性，使真正完美匹配的人员能被吸纳到创业团队中来[1]。

6. 协调渐进原则

互补性和多样化的创业团队能够带来企业所需要的丰富的知识、经验和资源，但是如果创业团队成员之间无法协调一致，甚至存在矛盾，那么互补性和多样化所带来的优势就不能充分发挥，甚至会给企业带来损害。创业团队协调性的根本基石在于共同的创业目标、一致的创业理念与创业思路。因此，在创业团队组建和发展的过程中，创业者需要提出一套能够凝聚人心的发展愿景、使命、经营理念，形成企业内部共同的目标、语言和文化，作为互信互利的基础。并不是所有的新创企业在创立时都要配备完整的团队，团队的组建不一定要一步到位，而是可以按照"按需组建、试用磨合"的方式组建。在正式吸收新成员之前，各团队成员之间最好留有相当一段时间来相互了解和磨合。在发展过程中，创业团队应根据企业在不同发展阶段面临的不同任务，以及完成任务的团队成员各方面才能的不同的情况，逐渐补充团队成员并使之日益成熟。

4.3.2　影响创业团队组建的主要因素

创业团队的组建受多种因素的影响，这些因素相互作用、共同影响组建过程并进一步影响团队建成后的运行效率。

1. 创业者

创业者的能力和思想意识从根本上决定了是否要组建创业团队、团队组建的时间表以及

---

① 董晓辉.企业创业团队的组建初探［J］.经营管理者，2012（3）：92，98.

由哪些人组成团队。创业者只有在意识到组建团队可以弥补自身能力与创业目标之间存在的差距，才有可能考虑是否需要组建创业团队，才能对什么时候需要引进什么样的人员和自己形成互补做出准确判断。

2. 商机

企业的经营是以市场为导向的，市场唯一不变的法则就是"永远在变"。在变幻莫测的市场大环境中，商机的得与失直接关系到企业的生死存亡。要想把握商机就要了解市场动向，企业的经营环境复杂动荡，消费者的需求偏好呈现多样化发展，技术更新速度不断加快。随着这些问题的出现，企业在追求创业导向以求获得竞争优势的同时，需注意以市场为导向，将为顾客创造价值作为企业活动的重心，以获得持续的竞争优势。

3. 团队目标与价值观

共同的价值观、统一的目标是组建创业团队的前提，团队成员若不认可团队目标，就不可能全心全意为此目标的实现而与其他团队成员相互合作、共同奋斗。不同的价值观将直接导致团队成员在创业过程中脱离团队，进而削弱创业团队作用的发挥。没有一致的目标和共同的价值观，创业团队即使组建起来，也缺乏战斗力，无法有效发挥协同作用。

4. 团队成员

团队成员能力的总和决定了创业团队整体能力和发展潜力。创业团队成员的才能互补是组建创业团队的必要条件。团队成员间的互信是形成团队的基础。互信的缺乏，将直接导致团队成员间出现协作障碍。

5. 外部环境

创业团队的生存和发展直接受制度性环境、基础设施服务、经济环境、社会环境、市场环境、资源环境等多种外部要素的影响。这些外部环境要素从宏观上间接影响创业团队的组建类型。

4.3.3　成功的创业团队的主要特征

新创企业成功的关键在于是否有一支高效的、战斗力强的创业团队，通常成功的创业团队具有以下几个方面的特征。

1. 凝聚力

团队是一体的，成败是整体的而非个人的，成员能够同甘共苦，经营成果能够公开且合理地分享，团队就会形成坚强的凝聚力与一体感。每一位成员都应将团队利益置于个人利益之上，而且充分认识到个人利益是建立在团队利益基础上的，团队中任何个人都不可能离开公司的整体利益而单独地获利。成员愿意牺牲短期利益来换取长期的成功果实，而不计较短期薪资、福利、津贴，将利益分享放在成功后。

2. 创业激情

在组建创业团队时，需要特别注意的是一定要选择对项目有热情的人加入团队，并且要使所有人在企业初创时就要有每天长时间工作的准备。任何人，不管他（她）的专业水平多么高，如果对事业的信心不足，将无法适应创业的需求，而这样一种消极的因素，对创业团队所有成员产生的负面影响可能是致命的。创业初期，整个团队可能需要每天长时间不停地工作，并要求在高负荷下仍能保持创业激情。

3. 相互信任

在创业过程中不可避免地会发生矛盾和冲突，而互信会帮助创业团队避免不必要的冲突。信任是一种非常脆弱的心理状态，一旦产生裂痕就很难缝合，要消除不信任及其带来的影响，往往要付出巨大的代价，所以避免不信任比增强信任更加重要。一般来说，创业者在选择创业伙伴时主要考察对方的人品和能力。相对于能力而言，人品更加重要，它是人们交往和合作的基础，也是决定一个人是否值得信任的前提。在创业团队中，人们注重的人品主要有成员是否诚信，成员的行为和动机是否带有很强的私心。另外，团队成员要对集体忠诚，彼此以诚相待、公平相处，误会和猜疑产生时应及时沟通，避免越积越多而不可收拾。

4. 目标清晰

一支好的创业团队一定要有一个清晰的切实可行的共同奋斗目标，这个目标是根据现实情况制定的，而且团队成员都熟知并坚信这一目标包含重大意义和价值。对于具有清晰的共同奋斗目标的创业团队而言，共同的创业目标赋予创业团队成员高度的认同感，他们不会指望一夜暴富。企业发展在他们眼里是一场将持续若干年甚至是几十年的愉快经历，他们不断奋斗直至取得最后的胜利。

5. 优势互补

创业者寻找团队成员，应该基于这样的考虑，主要是弥补当前资源能力上的不足，也就

是说考虑创业目标与当前能力的差距，来寻找所需要的配套成员。好的创业团队，成员间的能力通常能形成良好的互补，而这种能力互补也有助于强化团队成员间彼此的合作。当然创业团队也并非一蹴而就的，往往是在新企业发展过程中逐渐孕育形成完美组合的。在这一过程中，创业成员也可能因为理念不合等原因，在创业过程中不断变化。一个完整的、具有高效运作能力的创业团队除了志同道合外，还必须包括技术类人才、市场营销类人才和管理类人才。

6. 合作精神

成功的创业企业最显著的特点是拥有一支能够整体协同配合的团队，而不仅仅是培养一两个杰出的人物。团队成员注重互相配合，减轻他人的工作负担并提高整体效率。通常在创业初期，团队成员大多能够齐心协力，精诚团结，为企业的发展贡献自己的力量。但随着企业的发展，各种矛盾、各种难题不断出现，在处理这些问题时，团队成员自然有不同的观点，这就要求团队成员学会有效沟通，这样才能统一思想，拧成一股绳。

7. 价值创造

团队成员全心致力于创造新企业的价值，认为创造新企业价值才是创业活动的主要目标，并认识到唯有企业不断增值，所有参与者才有可能分享到其中的利益。

8. 分享成果

创业之初的股权分配与创业过程中的贡献往往并不一致，因此会发生某些具有显著贡献的团队成员股权数较低、贡献与报酬不一致的不公平现象。好的创业团队需要有一套公平、弹性的利益分配机制，以避免不公平的现象发生。例如，新企业可以保留10%盈余或股权，用来奖励有显著贡献的成员。

4.3.4 创业团队的组建程序及其主要工作

创业团队的组建程序是一个系统而细致的过程，不同类型的创业项目所需的团队不一样，创建步骤也不完全相同。概括来讲，组建程序主要包括以下几个步骤：

1. 明确团队目标与定位

组建创业团队的首要任务是明确团队的目标和定位，包括确定企业的业务方向、市场定位以及长期发展规划。目标清晰能够引导团队成员朝着共同的方向努力，形成合力；定位准

确关系到团队在市场中的竞争力。为此组建团队之初，创业者需要深思熟虑，明确团队的目标和定位，为后续的团队建设奠定坚实基础。

2. 招募核心成员

招募志同道合的核心成员是组建创业团队的关键步骤。核心成员不仅要在理念上与创业者保持一致，还需要具备相应的专业能力和资源。在选择核心成员时，创业者需要关注其过往经历、能力特长以及个人品质等方面。同时，核心成员间的性格和处事风格也需要相互契合，要注重团队成员的互补性和相似性，确保团队在技能、知识、经验等方面具备全面性与深度性。

3. 明确角色分工与责任

在创业团队中，每个成员都应该明确自己的角色和分工，承担相应的责任。这有助于避免工作重叠、减少冲突，提高团队的工作效率。创业者需要根据团队成员的能力和特长进行合理分配，确保每个成员都能够在自己擅长的领域发挥最大价值。同时，建立明确的责任机制，让团队成员对自己的工作成果负责，也能够增强团队的责任感和执行力。

4. 构建团队规则

创业团队规则体现了创业团队对成员的控制和激励能力，主要包括团队的各种约束制度和激励制度。创业团队需要通过各种制度对团队成员的行为进行有效约束，如纪律条例、组织条例、财务条例、保密条例等，以保证团队的稳定秩序。同时，创业团队实现高效运作也需要有效的激励机制，如利益分配方案、奖惩制度、考核标准、激励措施等，使团队成员看到随着创业目标的实现，其自身利益将会得到怎样的实现，从而达到充分调动成员的积极性、最大限度发挥团队成员作用的目的。要实现有效的激励首先必须把成员的收益模式界定清楚，尤其是关于股权、奖惩等与团队成员利益密切相关的事宜。需要注意的是，创业团队规则应以规范化的书面形式确定下来，以免带来不必要的混乱。

5. 团队调整融合

在团队成员加入后，好似新乐队成员聚在一起，彼此还很陌生，需要像乐队一样的排练磨合。并非创业一开始就能建立起来，很多时候是在企业创立一定时间以后随着企业的发展逐步形成的。随着团队的运作，团队组建时在人员匹配制度设计、职权划分等方面的不合理之处会逐渐显露出来，这时就需要对团队进行调整融合。由于问题的暴露需要一个过程，因此团队调整融合也应是一个动态持续的过程。在完成了前面的工作步骤之后，应专门针对运行中出现的问题不断地对前面的步骤进行调整，直至满足实践需要为止。在进行团队调整融合的过程中，最为重要的是要保证团队成员间经常进行有效的沟通与协调，培养、强化团队精神，提升团队士气。

综上所述，组建一支优秀的创业团队需要创业者从多个方面进行综合考虑和精心策划。通过以上步骤，可以打造出一支高效、互补、富有活力的创业团队，为创业企业的成功打下坚实的基础。

 **案例拓展**

追梦无人机

2020年，湖南信息学院的一个大学生创业团队追梦无人机，创立了湖南星昱教育科技有限公司，在成立两年内就跻身湖南省无人机企业创新型企业10强行列，并参与制定湖南省地方标准《无人机应用服务通用规范》，成为湖南大学生创业领域一颗耀眼的新星。

"创意永远要从实践中发现。"2020年，高考完的暑假，该团队负责人汤慕仁和刘兆辉参与某中等职业技术学校招生，了解到当前无人机专业作为一个新设立的专业受欢迎程度高，但某些中职院校并不具备相关资质和教学条件。团队另一成员甘江昊当时在某无人机公司市场部实习，在交流中他分享了自己工作中了解到的信息：市场对于无人机人才的需求量大、种类多。基于对无人机行业的兴趣和热爱，这几个年轻人默默关注着无人机市场在"教育"和"就业"两个维度的现实困境，思考如何解决无人机人才培养不规范、专业执照考试通过率低、专业人才缺口大等痛点。

汤慕仁表示："无人机专业人才市场供需关系存在结构性失衡，做好无人机教育的规范化，真正培养专业的无人机人才是迫在眉睫的。"凭借一致的创业理念，经过多次研讨和实地考察后，2020年10月湖南星昱教育科技有限公司成立，汤慕仁和他的团队开启了创业路。

初次创业，对汤慕仁和团队而言，一切都是摸着石头过河，一个又一个问题推着他们一步一步往前。商业计划书不会写，不了解目标市场和竞争对手情况，价格取向不明确……"别说盈利了，能不能存活，我们心里都没底。"这些问题的存在无一不反映出团队成员创业知识的缺乏。

在这种情况下，汤慕仁和他的团队被湖南信息学院创新创业学院关注到。学院不仅为他们提供了创业孵化基地，覃贺、彭堃两位指导老师还根据团队创业阶段的实际情况为他们出谋划策，及时为团队成员"补课"，邀请无人机相关企业家来校面对面"授课"，使团队成员的市场视角和商业视角得以开阔。"在老师的指导下，我们参加了

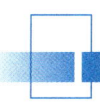

各种企业赛、创新创业大赛，在比赛中积累经验，听取评委老师们给出的建议。"

有了学校做后盾，汤慕仁对创业有了更坚定的信念。为了掌握相关专业知识和技术，团队伙伴一起泡图书馆，互相监督提高效率；不了解市场，便在节假日调查调研无人机专业教学和企业招聘的实际情况；不知道打造什么样的模式，便走访无人机专业教育专家、无人机行业专家，研究大疆等行业巨头企业的成功因素；担心融资难，便潜心提高自身实力，不放弃每一次有可能获得投资的机会……终于，公司运营逐渐步入正轨。

目前，湖南星昱教育科技有限公司形成"校内＋校外"双团队管理运营模式，公司不仅招揽了航空大学毕业的专业人才，还邀请"全国职业教育无人机专业'十四五'规划教材"和"全国职业教育无人机领域精品教材"编写委员会委员等专业人员加入，搭建起完整的无人机职业人才培养赋能平台。该公司已与省内4所中高职学校开展战略合作，培养出91位视距内驾驶员、57位超视距驾驶员、147位AOPA飞手，带动1 683人就业，3 132人次参与警航培训，学员实现100%的升学率和就业率，就业学员的月平均薪酬在6 000元以上。此外，公司还与国家电网、大疆创新等多家行业领头企业展开深度合作，合同金额已超千万元。创业团队还相继斩获湖南省第十届"挑战杯"金奖、第八届湖南省"互联网＋"大学生创新创业大赛省二等奖等多个创业比赛的奖项。

作为公司法人代表，汤慕仁表示，"创业之路，虽道阻且长，但我们将上下求索，做弄潮儿"。未来湖南星昱教育科技有限公司将致力于搭建无人机行业教育培训和就业创业实践的赋能平台，打造无人机行业"人才赋能产业链，人力资本生态圈"，促进无人机职业教育高质量成长，助力国家科教兴国战略。[①]

4.4 创业团队的管理

4.4.1 培育创业团队的文化理念

创业过程充满艰辛和风险。创业团队一定要有一致的创业思路，成员个人的目标要与企业的愿景一致，即认同团队将要努力的目标和方向。然而在现实中，正如蒂蒙斯所指出的那

---

① 杨斯涵.追梦无人机！这支大学生创业团队"飞"出一片天［N/OL］.三湘都市报，2022-10-18.

样，创业团队成员的目标并不十分清晰和明确，甚至很多时候他们并不明白自己为什么这么急于走上创业的道路。缺乏共同的价值观，就无法解决团队中的矛盾、争论和冲突，此时的团队就如同一盘散沙，失去了作为一个整体运作的基础，很难发挥1+1>2的整合效应。因此，创业团队成员要拥有共同的价值观，把个人目标整合到组织目标当中，增强团队的凝聚力。在组建创业团队、选择成员的时候要思考团队是否有清晰、恪守不移的核心理念和充满感召力的宏伟目标，团队成员是否都明确了解并认可这些核心理念和宏伟目标，并愿意为此而奋斗。

1. 创业团队的文化核心

创业团队的文化核心是团队精神。团队精神就是团队成员共同认可的一种集体意识，是显现的团队成员的工作心理状态和士气，是团队成员共同价值观和理想信念的体现，是凝聚团队、推动团队发展的精神力量。团队精神是团队成员思想与心态的高度整合，是团队成员在行动上的默契与互补，是"小我"与"大我"的同步发展，是团队成员之间的互相宽容与理解。团队精神的实质是一种力量，这种力量是通过共同的信仰、一致的行动、相似的工作作风、共有的价值观念、标准的行为规范而凝聚起来的一种合力、众力。它通过塑造可以成长，通过教育可以传播，通过激励机制可以发扬光大，通过行为人这一载体可以生生不息，延续不断。

团队精神对创业团队成员的集体共同意识具有一种强化作用，可以推动创业团队的有效运作和发展，提高组织的整体效能。一个具有团队精神的创业团队，往往显示出高涨的士气。创业团队成员对团队具有强烈的归属感、一体感，衷心地把自己的前途与团队的命运联系在一起，愿意为团队的利益与目标尽心尽力。创业团队成员对团队具有高度的忠诚，决不允许损害团队利益的事情发生，有团队荣誉感。团队成员之间彼此信任，相互协作，信息共享，同舟共济。创业团队制定清晰的团队规范，团队精神的价值观深入人心。团队精神的文化与舆论在团队氛围中占有统治地位，有效推进创业成功。

2. 创业团队文化的塑造

创业团队的文化是在创业团队的运行过程中逐步形成的，要想塑造出具有凝聚力的团队精神，创业团队在创业过程中必须做好以下两点：

（1）就事论事。创业的道路大多是曲折的，创业过程中会出现很多意想不到的情况，由于事先考虑不足或决策的失误，会使创业处于被动状态，严重时可能让创业处于崩溃的边缘，此时创业团队的情绪会比较低落，意见分歧严重，在这种情况下，创业团队应该就事论事，聚焦问题，群策群力，共同努力去解决问题。出现问题后，团队成员可以各抒己见，提出解

决问题的对策建议，而不应该互相指责，影响情感。事实上，创业团队的瓦解很多是因为成员之间的互相指责而导致的。

（2）杜绝扯皮。创业过程中，创业团队成员通常担当多个角色，但创业不可能一帆风顺，因此极容易产生互相推诿的扯皮现象。一旦出现这种扯皮现象，团队的聚集力就会快速下降，团队精神也就很难延续。因此，创业团队需要尽可能地明确工作任务、职责和权限，并且在工作中不断完善业务流程，逐步形成标准化的工作流程和方法体系，把扯皮现象扼杀在萌芽之中，为新创企业的良性循环发展奠定基础。

4.4.2　创业团队的权益分配

创业团队成员间的权益分配是一个敏感、困难但又十分重要的议题。创业团队的权益分配是指以法律文本的形式，确定一个清晰的利润分配方案，把最基本的职责和权利界定清楚，尤其是股权、期权和分红权，此外还包括增资、扩股、融资、撤资等与团队成员利益紧密相关的事宜。

1. 创业团队初始股权的设定

创业团队初始股权的设计对企业的发展尤为重要，很多创业企业在公司利润出现后，由于没有将股权结构设计好，最后因内部矛盾而瓦解。许多创业团队成员的组成是家人、朋友和同学，但即使是这样，也应该一开始就将股权结构设计好。因为人性都是利己的，必须用制度和规则来约束人，而不是用人性来考验人。初创企业的股本比较小，创业团队成员感觉股份股权没有什么大不了，因为不值几个钱，但是企业做大后，每一个百分点都是巨大的利益。在巨大的利益前面，人性是经不住考验的。所以，初创企业一开始的股权结构设计，实际上是为了企业最终的发展。

初创企业的创始人在天使投资之前必须在公司拥有绝对的控股权，原则上股权比例不低于50%（拥有控股权），最好能够超过67%（拥有绝对控股权）。在天使投资阶段，创始人不要出让太多的股份（除非投资协议中注明经营团队对企业拥有绝对的决策权，即投资人不干涉企业的运行）。一些创业团队因为缺乏必要的起步资金，为了把企业创建起来，在天使投资期间就出让了大部分的股份，待企业发展起来了，才发现当初创业团队价值评估偏低，便失去了心理平衡。所以，初创企业一定要规避在引进资本金的过程中股权被快速地稀释，失去控制权。初创企业股权设置的原则是创始人拥有控股权，企业注册成立后引进人才的股权通常不超过10%，引进人才的股权适宜采用期股的方法，而不是直接在工商部门进行变更成为注册股东。同时，要设定15%左右的股份预留给未来引进的人才，为公司未来发展奠定基础。

2. 期股的设定

期股是指企业原有股东与期股授予对象确定公司股票价格，在任期内由期股获受人以各种方式（如个人出资、贷款、奖金转化等）获取适当比例的本企业股份，在兑现之前，只有分红等部分权利，股票将在中长期兑现。

1）期股的特点

（1）期股是当期（签约时或任期初始）的购买行为，股票权益在未来兑现。

（2）期股既可以出资购买得到，也可以通过赠予、奖励等方式获得。

（3）期股获受人被授予期股后，在到期前是不能转让或兑现的，因此，期股既有激励作用，又有约束作用。

2）期股授予对象

期股授予对象主要是公司的高管人员、中层管理人员和核心技术人员。

3）期股授予数量

一般情况下公司授予的期股总数不超过公司股本的10%，拥有公司股本10%以上的员工不再获授期股。

4）期股的授予价格

（1）低于现值，也称现值有利法。即期股的授予价格低于当前股价，相当于向期股获授人提供了优惠，股东权益被稀释，因而股东不愿意接受，而且这种方式会产生多大的激励作用也令人怀疑。

（2）高于现值，也称现值不利法。即期股价格高于当前股价。高于现值的期股，一般适用于公司股价看涨的时候，而且，它提高了获利的难度，对经理班子会产生更大的压力。

（3）等于现值，也称现值等利法。即期股价等于当前股价。大多数公司采用等于现值。

3. 增资扩股的设定

公司增资，又称公司增加资本，是指公司为扩大经营规模，拓展业务，提高公司的资信程度，依法增加注册资本金的行为。意义在于：筹集经营资金；保持现有运营资金，减少股东收益分配；调整股东结构和持股比例；提高公司信用，获得法定资质。

1）增资扩股的程序

公司增资必须经过股东大会（或股东会）特别决议（必须经代表2/3以上有表决权的股东通过），增加的注册资本要经过会计师事务所验资，同时变更公司章程，并办理相应的变更登记手续。

2）公司增资扩股的方法

（1）邀请出资，改变原有出资比例。如某公司原有出资总额100万元，股东甲出资50万

元（占出资总额50%），股东乙出资30万元（占出资总额30%），股东丙出资20万元（占出资总额20%）。现公司增资50万元，由股东甲认缴10万元，股东乙认缴30万元，股东丙认缴10万元，这就改变了原有股东的出资比例。增资后，甲、乙各占股本总额40%，丙占股本总额20%。

这种增资方式，可适用于股东内部，也可用于股东之外的第三方出资增资情形。

（2）按原有出资比例增加出资额，而不改变出资额比例。这种增资方式仅适用于股东内部增资。如某公司原有出资总额100万元，股东甲出资50万元（占出资总额50%），股东乙出资30万元（占出资总额30%），股东丙出资20万元（占出资总额20%）。现公司增资50万元，由股东甲出资25万元，股东乙出资15万元，股东丙出资10万元。增资后，甲、乙、丙所占股比例不变，注册资本则由原来的100万变成150万。

3）增资扩股的材料

公司增资扩股需要到工商部门进行登记审批，增资扩股所需材料清单有：

（1）公司法人代表及股东身份证原件；

（2）公司营业执照正本原件；

（3）公司税务登记证正本原件；

（4）公司组织机构代码证正本原件；

（5）原公司章程；

（6）原公司股东会决议；

（7）原公司验资报告；

（8）新公司章程；

（9）新公司股东会决议；

（10）公司近期资产负债表及利润表；

（11）基本账户开户许可证原件；

（12）公章、财务专用章、法人章、股东章、账号章。

4. 撤资的设定

公司法明确规定股东是不能随意撤资的，因为股东一旦对公司履行完出资义务，他所出资金就成了公司的注册资本，公司的注册资本是不能随意抽回的，如果股东抽逃出资的话会构成抽逃出资罪的。但股东可以通过正常渠道转出。

1）撤资的方式

股东撤资的方式有两种：一是股权转让；二是减少注册资本注销股份。有限责任公司股权转让时原有股东有优先购买权，对外转让需要其他股东同意，同时在工商行政管理部门办

理相关的股权转让手续并备案。减少注册资本需召开股东大会，由代表2/3以上有表决权的股东通过。

2）股权转让的流程

公司股东转让股权的，应自股权转让之日起30日内申请变更登记。

（1）公司法定代表人签署、公司盖章的《公司变更登记申请书》。

（2）原股东会决议。（全体老股东盖章或签字，自然人股东签字，自然人以外的股东盖章）主要内容：① 转让双方当事人、转让的股权份额及股权转让价格、受让者，其他股东优先受让权利的行使情况等；② 股权转让后公司的股本结构。

（3）股权转让协议书。（转让双方签署，自然人签字，自然人以外的盖章）；

（4）股权向公司股东以外转让的，还应提交新股东会（股权转让后的股东）决议（全体新股东盖章或签字，自然人股东签字，自然人以外的股东盖章）。主要内容：因股东变更涉及其他有变动的事项（包括公司董事、监事、经理等组织机构人员的变更等）。设董事会、监事会的，提交股东会决议，按章程规定委派或选举产生董事会成员（3–13人），监事会成员（3人以上），并应载明对上述人员经审查均符合有关法律规定的任职资格的意见；提交董事会决议，选举董事长，聘任公司总经理；提交监事会决议，选举监事会主席。不设董事会、监事会的，提交股东会决议，按章程规定委派或选举产生执行董事（1人）、监事（1–2人），聘任总经理，并应载明对上述人员经审查均符合有关法律规定的任职资格的意见。

（5）章程修正案或修改后的章程。修正案须写明修改后完整内容；公司法定代表人签字。

3）公司减资的基本流程

（1）股东会决议。

（2）编制资产负债表及财产清单。

（3）通知或公告债权人。公司应当自作出减少注册资本决议之日起10日内通知债权人，并于30日内在报纸上至少公告3次。债权人自接到通知书之日起30日内，未接到通知书的自第一次公告之日起90日内，有权要求公司清偿债务或者提供相应的担保。

4.4.3　创业团队的激励机制

创业团队成员本身具有分离倾向，团队管理稍有松懈就可能导致团队绩效的大幅下降。创业团队的管理经验，领导者变更、计划不连续、裁减成员、规则不连续等都会冲击团队的合力。如果缺乏有效的激励，团队或者组织的生命难以长久。而有效激励是企业长久保持团队士气的关键。有效激励要求给予团队成员以合理的"利益补偿"。利益补偿往往分为两种形

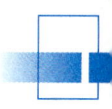

式：一种是物质条件，比如钱、工作环境；另外一种是心理收益，比如工作成就感和地位，感受到尊重、承认和友爱等[①]。

1. 团队文化的激励

团队文化是固化剂，团队凝聚力的培养离不开团队文化的建设。团队文化激励对团队建设的积极作用主要表现在：团队文化通过营造一种积极向上、相互尊重、相互信任的文化氛围来协调企业内外的人际关系。通过调动成员的积极性、主动性和创造性来增强团队的凝聚力和竞争力，使团队成员与整个团队同呼吸、共命运。团队文化把领导者、团队成员与团队整体紧紧联结在一起。

团队文化的精髓就是强调合作精神，团队结合才能成就共同的目标，从而满足团队成员的各自需求，为团队营造一种快乐工作和积极进取的氛围。要形成真正良好的氛围，关键在于彼此的信任。没有信任就没有尊重，也就没有相互关怀和支持。按照心理学家高登·施尔Gaodren.F Shea的观点，可以把信任描述成为："组织生命中产生奇迹的因素即一种减少摩擦的润滑油，把不同部件组合到一起的联结剂，有利于行动的催化剂，它对工作的作用无可替代"。一般而言，信任定义为对其他个体所形成的整体的信心。创业团队成员之间的信任程度将在一定程度上决定他们沟通程度进而影响到整个团队的凝聚力。

2. 经济利益的激励

创业企业的产权一般比较明晰，机制灵活，所以对创业团队成员，可以把期权激励作为经济激励的一项重要内容来实施，把传统的以现金为代表的短期经济激励和以期权为代表的长期经济激励结合起来，体现人力资源的价值。东方博远公司创立初期，团队内部就签署了协议，明确了每个团队成员的名义股份以及按服务时间逐步释放的原则[②]。例如，技术总监名义股份为10%，则这些股份应该在工作3年、发挥相应作用之后才能够得到。一开始的时候他能够得到该名义股数的34%，以后每工作满一年的时候，能够得到另外的22%。如果工作满2年，那将得到的是：10% × （34%+22%+22%）=7.8%的股份，剩余22%将添加到由CEO代持的预留股份中。名义股份的具体调整在工商行政管理部门变更公司章程时得以实现。由于期权激励工具对激励对象利益的兑现附带有服务期的限制，这种做法较好地实现了团队成员的持续激励，对于稳定团队的作用也比较明显。

此外，建立鼓励团队合作的奖励机制。将个人的一部分报酬，尤其是浮动薪酬，与团队

---

① 秦立柱，秦兆行.创业团队的组建与激励问题研究［J］.中小企业科技，2007（6）：21-23.

② 同上。

成果有机地结合起来。同时在进行年度固定薪酬调整时，也会考虑个人在团队合作方面的表现。例如在个人全部现金收入中，75%为固定薪酬，25%为浮动薪酬。在25%的浮动薪酬中，其中70%与个人业绩挂钩，以奖励创业团队成员在个人业绩以及坚持团队价值观和团队文化等方面的出色表现；另外30%与团队成果挂钩，只有团队达成既定目标，个人才能得到这部分的浮动薪酬，以此鼓励团队成员间协同作战，将个人利益与团队利益有机地结合在一起，为实现团队的共同目标而努力。

3. 权利与职位的激励

通常，创业者具有极强的进取精神，创业团队又通常是高知群体。他们不仅仅为追求经济利益而进行创业活动，也为了得到成就感以及权力和地位上的满足。哈佛大学教授戴维·麦克利兰（Ovaid·C·MclClelland）在其《成就激励论》中指出，在人的基本需要得到满足的情况下，人们还有权力需要、友谊需要和成就需要。对于具有成就和权力需要的人来说，从成就和权力中得到的激励远远超过物质激励的作用。

从创业团队的生命周期来看，创业团队发展到追逐权力的阶段，创业团队冲突增加，矛盾加剧。创业团队效率降低，部分核心成员选择离开创业团队。研究表明：约有80%的创业团队因为在"争权夺利"这个阶段就停止了发展。对于创业企业来说，此时的生存和发展可能会面临重大危机。如何突破这个瓶颈，实现团队自我超越是创业团队建设应考虑的关键议题。因此，随着企业的发展，创业团队管理者要注重权力和地位的激励机制，将创业团队成员的工作成效和职业生涯发展、地位提升有效地结合起来，建立并维护好团队的运作原则，使创业团队成员之间相互尊重和信任，能够倾听彼此的意见。基于不同的工作情景和分工，创业团队成员可以共享领导角色，在各自的领域中发挥领导作用。

4.4.4　创业团队的企业家精神

随着20世纪80年代对公司企业家精神研究的兴起，许多研究者认为公司企业家精神是公司获取持续竞争优势的一个来源，能够提高公司绩效。从发展过程看，创业团队（或高层管理团队）的企业家精神则是构建公司企业家精神的核心和基础。[①]企业家精神主要包括：创新精神、冒险精神、创业精神和宽容精神。

创业团队企业家精神是指创业团队内部的每一位成员并不简单地把自己看作是个体意义上的企业家，而是看作集体意义上的企业家，并通过分享认知和合作行动的方式，创造性地

---

①　汪维勇.跨文化创业团队的企业家精神及研究浅析［J］.科技经济市场，2008（9）：92-93.

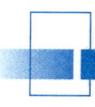

识别、开发和利用创业机会，进而实现创建新企业和推动企业成长的管理活动。[1]

创业团队企业家精神包括四个维度：集体创新、分享认知、共担风险、协作进取。[2]

1. 集体创新

创新是企业家的灵魂。企业家的创新精神体现为一个成熟的企业家能够发现一般人无法发现的机会，能够运用一般人不能运用的资源，能够找到一般人无法想象的办法。对于创业团队来说，能力和经验无法与成熟的企业家相比，但创业团队成员有足够的激情，其团队成员又是能力互补的，因此创业团队的创新更多的是集体创新，在重大事件上采取的是群决策的方法，用集体智慧来解决创业中的各种问题。每个个体成员也会在集体创新中成长并逐步具备属于企业家特有的创新能力。

2. 分享认知

创业过程是创业团队不懈努力去追求创业目标实现的过程，这一过程中会遇到很多新问题，形成很多新方法和新思维，由于创业团队成员的角色和职责差异，每个人所掌握的新方法和新思维是有差异的。而初创企业更多的是依赖团队的合作才能走向成功，因此创业团队成员必须愿意采纳高管团队成员所提供的有价值的新观点、新知识和解决问题的新方法。

3. 共担风险

创业并不是一帆风顺的，创业途中充满了艰辛和风险，创业过程中有时还会陷入困境，遭遇挫折，在此类情况出现时，创业团队成员应该愿意一起分析原因，共同面对并以积极的心态去解决问题。对于新项目，创业团队能够就成本与收益进行深入讨论；当项目没有取得预期收益时，各成员也不会相互指责，而是心平气和地一起分析原因，为未来的决策积累经验，愿意共同承担风险。

4. 协作进取

创业团队虽然需要内部有较为明确的角色和职责分工，但团队协作更为重要。尤其在创业初期，在抓住和开发市场机会、跟踪外部环境的动态变化、研发具有核心竞争力产品和商业模式创新上必须协同工作，共同追求卓越的标准。

---

① 陈忠卫.创业团队企业家精神的动态性研究［M］.人民出版社，2007.
② 陈忠卫，郝喜玲.创业团队企业家精神与公司绩效关系的实证研究［J］.管理科学，2008（1）：39-48.

4.5　高新技术创业团队

4.5.1　高新技术创业团队相关概念

高新技术创业团队是以高科技和知识密集型产业为基础的创业实体，其形成主要有两种途径：一种是通过技术、管理或观念的创新，将传统企业改造而形成的创业实体；另一种是依靠高科技成果、顶尖人才团队和高投入相结合而形成的全新实体。

南京大学赵曙明、陈兴淋从创业形式角度将高新技术创业主要分为独立创业、贸易购买创业、联合创业、压枝裂变以及借腹怀胎这五种形式，并对这些形式的优劣势及运用条件进行了分析。[1]中国科技大学严志勇、陈晓剑、吴开亚从技术投入和资本投入的角度，将高新技术创业分为研发单位衍生公司、技术创业者自行创业成立公司、公司内部技术创业的衍生公司、公司技术引进或技术转移而衍生新公司，以及资本家寻求技术创业家合作发展的公司这五种基本模式，并分析了它们的驱动力和创业精神。[2]此外，还可以加上一种模式：创业设想者寻求技术合伙成立公司。

综上，高新技术创业团队是指那些依靠高科技、生产技术含量较高的企业而形成的创业实体，其形成方式多种多样。这些团队在整个创业过程中面临着高风险的挑战，需要具备创业精神和跨学科协作能力，同时也需要积极寻求合适的创业模式和运用条件。

4.5.2　高新技术创业团队特征

高新技术创业团队具有独有的特征，这是由于其与传统创业团队在高新技术方面的差异。根据我国的高新技术创业实践，可以进一步界定高新技术创业团队：它是由各种有形或无形的资产投资于高新技术创业设想中，并且由两个或两个以上的成员组成，这些成员参与创业的管理岗或技术岗，并拥有企业所有权。

基于上述定义，高新技术创业团队在以下几个方面具有显著特点：

1. 技术导向

高新技术创业团队是围绕高新技术创业设想而组建的。这个设想可能来自一个人或一个组织，在头脑风暴和商讨的过程中产生。团队成员可以是懂技术的专家，也可以是非技术背

---

① 赵曙明，陈兴淋.高科技企业创业类型刍议［J］.外国经济与管理，2000（12）：34–38.

② 严志勇，陈晓剑，吴开亚.高技术小企业技术创业模式及其识别方式［J］.科研管理，2003（04）：71–75.

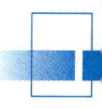

景的管理人员。然而，至少有一位懂技术并负责技术保障和团队管理的成员，通常被称为技术合伙人。技术合伙人可能是创业设想的发起人，也可能是因为创业设想而引进的合作伙伴。

2. 综合能力强

高新技术创业团队成员必须参与整个创业过程所需的团队组建和运营工作，扮演着整个创业项目运营管理的核心角色。他们需要具备高度的专业化和系统化的管理和运营能力，涵盖市场调研、产品设计、研发、生产、销售等一系列环节。团队成员需要具备广泛的知识和技能，包括市场营销、财务管理、人力资源管理等方面，以应对复杂多变的创业挑战。

3. 具有创新精神

高新技术创业团队的成功离不开持续的创新。他们需要不断探索新的商业模式、产品或服务，寻找增长点和竞争优势。创新精神是高新技术创业团队的核心动力，他们鼓励成员提出新的想法，推动技术的进步和商业模式的革新。

4. 投资依赖

高新技术创业团队通常需要大量的资金支持来推动技术研发、市场拓展和企业发展。他们积极寻求风险投资和其他融资渠道，与投资方保持紧密的联系，以获得必要的资金支持和战略指导。高新技术创业团队需要向投资者展示项目的潜力和回报，以吸引资金并实现可持续发展。

5. 受生态环境影响

高新技术创业团队的成功离不开良好的创业生态环境。政府应积极支持和鼓励高新技术创业，提供必要的政策和资金支持。同时，社会各界也需要关注和支持高新技术创业团队，提供必要的资源和帮助，共同促进高新技术创业的健康发展。

总体来说，高新技术创业团队是一个围绕高新技术创业设想而组建的团队，其成员具备技术导向、综合能力强、创新精神、投资依赖和生态环境等特征。这些特点使得高新技术创业团队能够在竞争激烈的市场中快速成长和成功。

4.5.3 高新技术创业团队组建

根据美国IT调研与咨询服务公司高德纳（Gartner）的观点，高新技术产业对于各类技能的需求较为广泛，包括管理和高尖端技术领域的技能。单个创业者很难具备所有这些技能，

因此组建创业团队能够有效地满足这一多样化的技能需求，从而推动创业取得成功。对比传统创业团队和高新技术创业团队，结合高新技术创业和高新技术创业团队的特点，组建高新技术创业团队需要具备以下要素：

1. 愿景目标

创业团队的组建旨在实现特定的愿景目标，解决相关问题或达到特定的效果。这一系列的创业愿景目标将经验丰富且能力互补的人聚集在一起，共同致力于实现这一愿景目标。由于高新技术具有高度战略性的特点，高新技术创业的愿景目标通常是非常广泛甚至抽象的。这些愿景目标围绕高新技术的开发和应用所带来的成果或效应，它们不仅是对创业未来的一种诠释，也是团队对未来的一种期望和畅想，这构成了创业以及创业团队建设的核心基础。

需要注意的是，高新技术的"高战略"特点决定了高新技术创业的愿景目标必定是非常发散乃至于抽象的概念，然而这并不意味着其脱离实际。相反，高新技术的开发和应用所带来的成果或效应往往可以在实践中被验证和体现。因此，创业团队的愿景目标既要有前瞻性和战略性，同时也必须紧密结合实际情况。

高新技术创业团队的组建和愿景目标的制定是创业成功的关键因素。只有将经验丰富而能力互补的人才聚集在一起，共同致力于实现既有前瞻性又有实际意义的愿景目标，才能真正实现创业的梦想。

2. 团队理念

团队是一个命运共同体，所有成员在其中同甘共苦、同舟共济，彼此相互依赖、相互补充。因此，确立正确的团队理念对团队的稳定和创业发展至关重要。团队理念包括合作精神、凝聚力、坦诚相待以及长远眼光等。在高新技术创业团队中，团队理念更多地体现合作精神和长远眼光，因为高新技术创业往往是一个技术体系，需要不同领域的技术人员相互协作才能完成。此外，合作精神还包括与外部合作伙伴的合作。由于高新技术创业具有高投资和高风险的特点，创业团队需要充足的资金来支持他们的创业，并且需要与外部合作伙伴建立紧密的合作关系，以降低和转移创业风险。团队的稳定性和长远眼光对于个人与团队的共同发展至关重要。

3. 成员组成

在一个创业团队中，人力资源是最为活跃和重要的组成部分。在选择候选人时，需要根据创业愿景和团队目标，全面考察他们的学识、技能、经验和才能等。最重要的是，候选成员的学识、才能和技能应该具备互补性，这样可以发挥各自的优势，弥补其他成员的不足，

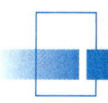

从而形成一个全面发展的优秀创业团队。

对于高新技术创业团队来说，还需要特别关注拥有高新技术专业知识的人才，以支持创业所需的技术开发和维护工作。由于其所需的技术水平较高，组建团队必然需要大量了解高新技术的专业人员或技术专家来开发和维护创业所需的高新技术体系。精心选择和确定团队成员，充分调动他们的工作积极性，可以将人力资源转化为人力资本，进而使其成为创业成功的重要资本。

4. 团队管理机制

正如人们常说的，"无规矩不成方圆"。这一原则同样适用于高新技术创业团队的建设。一个成功的创业项目和完善的创业团队必然要建立一套透明、严谨、高效的团队管理机制。这个管理机制应当能够统一权力、责任和利益三者的关系。

管理机制的建立，一方面需要团队内部妥善处理权力和利益的关系，明确每个人对应的权力和利益，并确立清晰的分配规则。另一方面，团队还需要制定具有前瞻性和可操作性的团队制度管理规则。在制定管理机制时，团队需要妥善处理权力和利益的关系，并制定具有前瞻性和可操作性的团队制度管理规则，包括文化层面、治理层面和管理层面的规定。文化层面的规定，用来解决团队成员对企业价值的认同问题；治理层面的规定，用来解决剩余索取权和剩余控制权的问题；管理层面的规定，主要解决包括平等原则、服从原则、等级原则等指挥管理权的问题。通过这样的机制，创业团队能够更好地协同合作，实现创业目标，并最大限度地发挥每个成员的潜力。

5. 计划安排

计划安排意味着将远大的目标和宏伟的愿景转化为具体的行动方案，并逐步实现。计划既是愿景目标下分解的子目标清单，也是团队实现目标的具体工作程序，同时也为团队成员提供了"什么时候做什么"以及"怎么做"的指导方案。制订计划时需要从空间和时间两个维度进行考虑。

按空间制订计划，意味着从整体目标出发，确定实现整体目标所需的人力、财力、物力等资源，以及整体目标包含的几个方面或层次。然后根据所需资源或包含的层次将整体目标细化、分解为若干个子目标或小模块，以便逐个实现。这种方法以子目标或小模块的完成为一个节点。

依时间制订计划，是根据整体目标实现的时间将整体时间分为若干时间段，然后在每一个时间段安排一些要做的工作。这种方法以时间段为节点进行划分。在实际情况下，计划的安排和制订通常会结合时间和空间两个维度，即子目标或小模块与时间段的完美分配和结合。

6. 领导者胜任力

领导者胜任力在企业中具有重要的作用，它对企业的核心竞争力有决定性影响。因此，一个高新技术创业团队要实现持久的发展，不仅需要明确的方向和高效的执行力，还需要一位具备胜任力的领导者。这种胜任力的评判标准不仅仅局限于资金和技术方面，还包括以下几个方面：

（1）领导者应具备开阔和创新的思维。他们应该能够超越常规思维模式，敢于挑战传统观念，并能够灵活应对变化和挑战。他们能够提出新颖的理念和战略，为团队注入新的动力和活力。

（2）领导者能激励和鼓舞团队成员。他们能够以身作则，给予团队成员正面的激励和鼓舞，使他们保持积极向上的态度。同时，他们也能够通过自身的行动和言传身教来激发团队成员的潜力，提高团队整体的凝聚力和协作效能。

（3）领导者应自信、有毅力。在面对挑战和困难时，他们能够保持乐观和坚定的信念，并鼓励团队成员克服困难。他们应具备坚持不懈的毅力，始终追求卓越，并能够带领团队不断前进。

（4）领导者做事应果断、高效。他们能够迅速做出决策并付诸行动，推动团队向前发展。他们能够合理分配资源，科学安排工作，确保团队的工作高效有序进行。

领导者胜任力如同大树的坚实树干，支撑着整个创业的发展和团队的建设。一个成功的创业团队必须重视培养和提升领导者的胜任力，以确保团队能够不断取得进步并实现长期的成功。

 案例拓展

字节跳动的员工激励[①]

字节跳动是国内最大的互联网公司之一，旗下拥有抖音、今日头条、西瓜视频等多款知名产品，用户覆盖全球200多个国家和地区。字节跳动的成功离不开其优秀的员工团队，为了激励员工的创新和奉献，字节跳动曾向全员发送邮件，更新了绩效和激励政策。

原始的政策是员工在入职后的第一年，按年度的归属进行激励权益的划定。新的政策有了显著的变化，将按年度调整为按季度确定权益。这就意味着相比以往，员工能够以更快的节奏享受到权益的激励。

在新的政策下，四年中的归属比例也准备进行调整：从原先的"15%-25%-25%-35%"

---

① 范佳来.字节更新激励政策：期权归属节奏加快，突出员工将获更多期权［EB/OL］.澎湃新闻，2024-01-18.

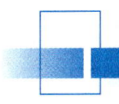

转变为"20%-25%-25%-30%"。这意味着员工在入职的第一年即可享受到所持股权的20%。相较过去的归属比例，第一年的归属比例提高了。同时，入职后进行调薪增发的期权，也将直接按季度进行归属。

通过股权激励方案，创始团队可以获得股权的报酬，从而获得投资回报，并有机会参与到全局决策中，从而获得更多的收益。股权激励方案可以吸引更多优秀人才，使员工保持忠诚度，为公司的发展提供更多的人力资源，有效推动公司的长期发展。

【本章小结和思考题】

本章主要介绍了团队和创业团队的基本概念，分析了创业团队的构成要素，阐述了创业团队成员的角色构成及创业团队角色的配置原则。要想使得创业取得成功，必须要有一个卓越高效的创业团队。本章论述了创业团队组建的基本原则、影响创业团队组建的主要因素、成功的创业团队的特征、如何有效地组建创业团队和创业团队的主要工作。创业团队组建完成不等于创业就成功，需要对创业团队进行有效的管理。本章探讨了创业团队文化理念的培育、利益的分配、激励机制的形成和企业家精神的培养，以及高新技术创业团队的组建。

一、简答题

1. 团队和群体的关系是什么？

2. 什么是创业团队？创业团队由哪些基本要素构成？

3. 创业团队与一般团队有什么区别？

4. 高新技术创业团队具有哪些特征？

5. 组建创业团队应该注意什么问题？

6. 创业团队有哪几种类型？怎么组建高效率的创业团队？

7. 结合实际情况，说明组建创业团队的程序和方法。

8. 如何对创业团队进行有效的管理？

二、能力应用题

2009 年，在美国攻读通信工程博士的丁辰在与朋友聊天时，了解到国内高校毕业生难就业、互联网行业又急缺人才。曾任IBM大客户经理、擅长发掘潜在商机的他很快意识到，问题的关键在于传统高等教育无法满足动态的人才市场需求。能否与高校合作培养具有前沿技术知识的人才呢？于是，早有创业想法的丁辰，拉上好哥们韩朋，开始筹划创业

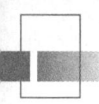

事宜。

丁、韩在本科学生会搞活动时就一起搭班子，毕业后，丁读研，韩去了联想工作，但二人一直保持着密切联系，多年的磨合让两人基础信任深厚、做事很有默契。机遇之下，二人一拍即合，决定干一番事业。2010年8月，丁辰专程回国，与已拿到清华大学MBA录取通知书的韩朋一起，正式成立了北京知行U科技有限公司（以下简称U公司）。凭借之前积累的资源，公司9月就与北京航空航天大学软件学院签约共建移动云计算软件工程硕士专业，以"联合培养"方式招收了68人，用一个新的专业方向敲开了第一所高校的大门。随后两年，公司先后与厦门大学、上海交通大学、西安交通大学等多所名校建立了合作关系，将互联网前沿技术、新型专业引入校园。

用两年时间解决了公司生存问题后，丁、韩二人开始思索进一步的发展。考虑到即将开展的新业务，扩充创业核心团队已迫在眉睫。教育培训行业特别看重品牌，应该根据未来的战略方向尽快打造公司的品牌形象。为此，丁、韩二人首先引入曾在宝洁历练过、在奥美服务过微软、摩托罗拉、时任Nasdaq上市公司中星微电子公关总监的陈莎。陈莎既有世界500强企业的工作经历，又有知名传播集团的工作履历，更重要的是还了解科技类企业文化，是最适合U公司品牌负责人的人选。作为创业团队中的外企背景高管第一人，陈莎充分推动了U公司品牌的建立。

在陈莎加入后，丁辰将目光投向了IBM亚洲研究院副院长、中国区最年轻的副总裁程岩。都是工科博士且同在IBM有工作的经历，使二人聊得十分投缘。随着双方合作的深入，丁辰向程岩抛出了橄榄枝。他将公司现有的资源和还摸不到的期权等数了一遍，表示绝对尊重程岩个人职业发展规划，为他画出一条IT—教育IT—IT教育的发展路线，承诺U公司灵活的岗位设置与机制一定能让其价值发挥最大化。丁辰富有感染力的阐述让程岩最终决定正式全职加入U公司，负责把握教育产品方向。

随着陈、程二人的加入，U公司可谓如虎添翼，"人缘"滚滚而来、业务不断拓展。很快，U公司获得了复星昆仲资本领投的2 000万美元A轮融资，伴随着业务扩张，U公司的高管团队也在不断扩大，更多的优秀人才加入这个创业大家庭中。U公司还完成了几次并购投资，公司员工慢慢突破了600人，分布区域越来越广，组织架构越来越复杂。过去为了生存，"谁好使用谁"的简单管理方式已经过时，丁、韩开始考虑公司如何长长久久地发展下去，迫切需要把新进员工有机融合起来。丁当机立断，请来以企业文化建设和组织发展见长的肖婧，其曾在阿里巴巴担任人力资源高级总监，担任U公司的首席人力资源官，逐步梳理企业文化、核心价值观，优化不同层级的组织架构，建立梯队培养机制。肖婧与丁只见了三面就决定加入公司，她直言钱不是问题，关键是"从0到1的过程"很有意思。

短短五年内，在丁、韩带领下，U公司由"1.0阶段：三年探索打入高教市场"，将行业内

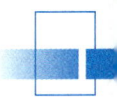

大数据、云计算等前沿技术转化为系统课程体系和培养方案输送进高校；到"2.0阶段：触网之后的纠结"，因线下覆盖能力有限，转而布局在线教育、探索多维模式，却纠结于线上之路怎么走；再到"3.0阶段：择定方向大步前行"，最终在"大而全"与"小而精"间选择了后者，将公司业务拆分。新格局得到资本市场的认可，2015年8月公司B轮融资金额和估值均为行业之最。

在此过程中，公司核心团队成员由最初丁、韩两人，到2016年初已拓展到10人，其中不乏清华大学博士、留美博士及曾任职于IBM、奥美等著名公司中高管及专家级人才。这对白手起家的初创公司而言，简直令人难以置信。可以说，U公司核心创业团队的构建走出了一条不寻常的路！

启发思考题：

1. 创业企业组建核心创业团队主要应考虑哪些因素？结合案例，分析公司邀请陈莎、程岩、肖婧等加入的主要原因。

2. 在互联网背景下，如何有效吸引高素质人才加入初创企业？结合案例，分析陈莎、程岩等人加入U公司的主要原因。

3. 综合本案例，总结互联网背景下企业创业团队组建与管理的方法与注意事项。

【分析思路】

1. 在创业初期，U公司的创业团队秉承共同的愿景：通过与高校合作的方式，培养具有前沿技术知识的人才。这个愿景与目标成为团队成员共同努力的方向，也为团队的发展提供了动力。

U公司的创业团队拥有多样化的技能与经验。陈莎是一位具有丰富品牌管理经验的企业家，程岩是产品专家。在创业过程中，团队还吸引了来自营销、教育、金融等不同领域的人才加入。这种多样化的背景帮助团队更好地应对各种挑战，并提供了全方位的支持。

相互信任和良好的沟通是U公司成功的关键。团队成员间可以坦诚地交流想法和问题，并共同探讨最佳解决方案。同时，团队成员间也相互信任并且认可彼此的价值和贡献，这种信任关系有助于团队高效地协同工作。

最后，U公司的领导者丁、韩二人具备强大的领导能力。他们能够激发团队成员的潜力，并有能力处理团队中的冲突和问题。他们的领导风格与团队的文化相契合，帮助团队保持凝聚力并推动企业快速发展。

综上所述，构建一个成功的创业团队需要具备共同的愿景和目标、多样化的技能与经验、相互信任和沟通，以及强大的领导能力。通过分析U公司的案例，我们可以看到这些关键要素是如何在实际中得到应用的。

2. 互联网行业近年来蓬勃发展，争夺优秀人才的竞争也日益激烈。结合 U 公司的创业案例，可以从以下几个方面探讨初创企业如何吸引和发展互联网行业的优秀人才：

（1）明确人才需求：互联网行业对人才的需求日益多元化，企业应该根据自身发展战略和业务需求，明确人才需求，并与岗位要求相匹配，这有助于从众多求职者中筛选出最适合的人选。

（2）积极利用各种招聘渠道：互联网行业具有信息化特点，企业可以通过招聘网站、社交媒体、校园招聘等多种渠道发布招聘信息，扩大曝光度，吸引更多优秀人才的关注。

（3）突出企业文化和福利待遇：互联网行业以创新和有活力为特点，企业应该大力宣传自身的企业文化和福利待遇，吸引有创造力和团队合作精神的人才。例如，灵活的工作时间、丰厚的薪酬体系、良好的晋升机制等。

（4）引入多元化的面试方式：互联网行业对人才的需求更加注重创新能力和团队协作能力，企业在面试过程中应该采用多元化的方式，如结合案例分析、项目演示等，全面评估应聘者的综合素质。

创业团队的组建与管理是一项复杂的任务，可以从 U 公司对于目标与愿景的设立、创业团队人员的选择、沟通机制、职责分工、激励机制、团队文化和应对挑战等方面工作的安排，来分析互联网环境下企业创业团队组建与管理的方法与注意事项。

第五章
商业模式开发

【学习目标】

1. 了解商业模式内涵，重点掌握其构成要素。

2. 熟悉商业模式的设计流程和方法，重点掌握其设计框架。

3. 认识商业模式创新的动力及创新路径选择。

4. 学会综合运用商业模式分析方法解决实际问题。

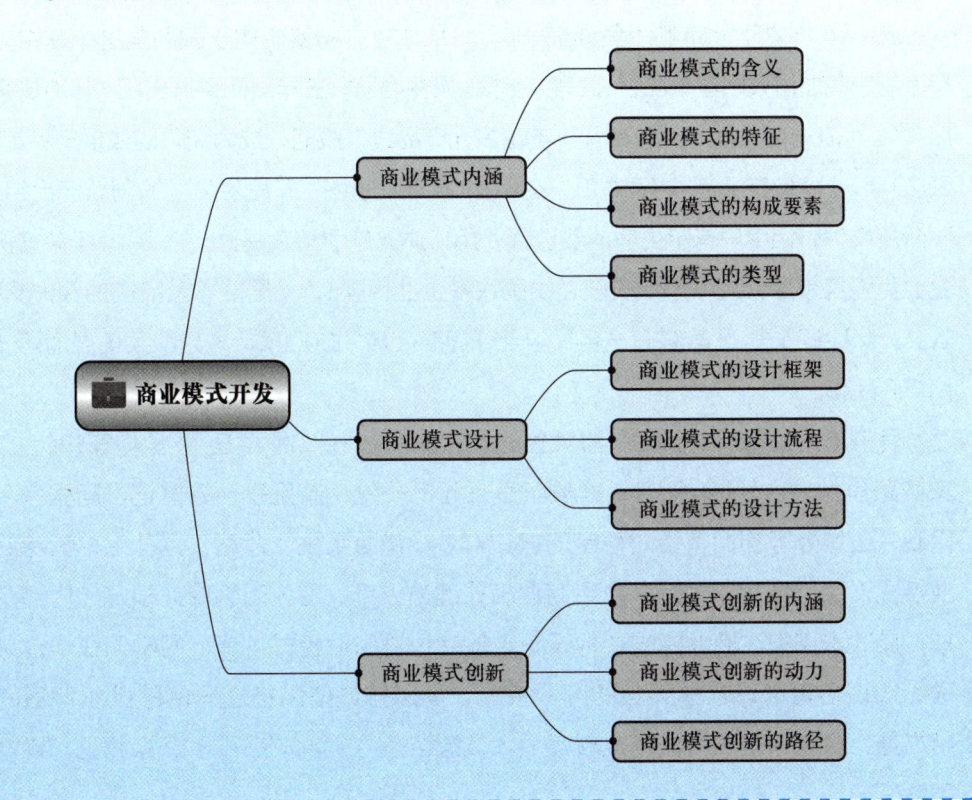

【引导案例】

托尔斯泰在《安娜·卡列尼娜》的开篇写道:"幸福的家庭都是相似的;不幸的家庭各有各的不幸。"但在商业世界却恰好相反,成功的企业各有各的不同。不要试图寻找最佳的商业模式,然后直接复制,成功的商业模式各有各的核心亮点。

作为一个现象级的千亿级赛道,一个在中国餐饮行业红火了十余年的品类,酸菜鱼经历了数次爆发式增长,也经历过洗牌。红餐大数据显示,截至2023年11月全国酸菜鱼门店超过5万家,相关企业数方面,全国酸菜鱼相关企业存量达到1.7万家。赛道越来越热闹,市场不断成熟发展,酸菜鱼头部品牌们也在稳步发展中开始寻找新的机会,促进品牌快速扩张,推动品类健康发展。目前,酸菜鱼品类形成正餐和快餐两大派系,以"鱼你在一起"为代表的酸菜鱼快餐品牌已经实现了全国性布局;以"太二酸菜鱼"等为代表的酸菜鱼正餐品牌,则集中在一、二线城市布局。

2017年创立于北京的"鱼你在一起",从成立之初就聚焦于酸菜鱼这个在中国几乎家喻户晓的川菜明星单品,独辟蹊径杀入快餐赛道,三年时间便开出了1 000多家门店。"鱼你在一起"的"爆款单品+丰富多元产品线"策略,成为流行的快餐产品策略,2022年,"鱼你在一起"开发了"酸菜鱼+小吃+小喝+非鱼品类"的创新产品组合,不断持续创新让用户有了更多消费选择,用户体验感也持续提升。在2017年荣登快餐企业百强榜单后,至今连年斩获"中国快餐企业百强",稳居酸菜鱼品类的头把交椅。2023年9月25日,"鱼你在一起"的全球门店突破2 000家,成为酸菜鱼赛道第一个两千店品牌。

目前市面上涌现众多主打酸菜鱼的连锁品牌,"太二酸菜鱼""鱼你在一起""有家酸菜鱼"、姚姚酸菜鱼、本素酸菜鱼、九锅一堂、渝是乎、禄鼎记、阿强家、溪雨观、山城外等都拥有相对稳定的客户群。一道酸菜鱼,背后又是什么样独特的商业模式?我们会在本章系统介绍商业模式理论体系,首先明确商业模式的内涵及构成,其次重点关注商业模式如何设计,最后讨论商业模式创新。同学们在学过这些理论知识后可以设计酸菜鱼的商业模式,再深挖这些风格迥异的酸菜鱼背后的独特之处,体会这些独特如何成就了"太二酸菜鱼""鱼你在一起"、禄鼎记、姚姚酸菜鱼等。

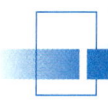

5.1 商业模式内涵

5.1.1 商业模式的含义

商业模式的概念最早出现在20世纪50年代，但直到90年代才开始被广泛使用和传播。这个时代的显著特征是通信设备和互联网在全球逐渐普及，极大地推动了全球化进程和技术革新。21世纪以来，中国在世界经济舞台发挥越来越重要的作用，根植于中国本土市场的原创商业理论体系孕育而生，魏朱商业模式就是其中的代表之作。

关于商业模式的含义，下面我们援引有代表性的中外学者对这一概念的界定，据此给出本书的定义。

从企业盈利的角度，美国北卡罗来纳州立大学教授迈克尔·拉帕将商业模式描述为清楚说明一个公司如何通过价值链定位赚钱。他认为："从最基本意义而言，商业模式是一种商业运作方法，是一个公司赖以生存的模式，一种能够为企业带来收益的模式。"[1]这种观点的依据是企业存在的核心要义是产生利润，认为商业模式就是一个企业在动态的环境中怎样改变自身以达到持续盈利的目的。

从价值创造的角度，美国密歇根大学阿兰·奥佛尔和瑞士洛桑联邦理工学院的克里斯托福·得希把商业模式看成是公司为了创造客户价值并确立企业获取市场价值的位置上，运用各种资源进行各种商业活动。哈佛大学亨利·切斯布鲁和理查德·罗森布鲁姆提出，商业模式是反映企业商业活动的价值创造、价值提供和价值分配等活动的一种架构。

从系统管理的角度，欧洲工商管理学院克里斯托夫·佐特和哈佛商学院教授拉斐尔·阿密特提出："商业模式就是如何创造和传递客户价值和公司价值的系统。它包括四个环节：客户价值主张、盈利模式、关键资源和关键流程。"[2]系统论学者认为，商业模式要把握整个系统的本质，对企业的战略方向、运营模式和盈利结构等进行整合、归纳，而不是片面地、独立地描述组成部分，要关注组成部分内在的关系和相互的协调作用。

从商业本质的角度，北京大学教授魏炜和清华大学教授朱武祥认为，商业的本质就是交换，商业模式就是"企业与其利益相关者的交易结构"[3]，包括交易主体（谁参与交易）、交易内容（交易什么）、交易方式（怎么交易）以及交易定价（收支），并以此建立"魏朱商业模

① Rappa M. The Utility Business Model and the future of Computing Service [J]. IBM system Journal, 2004, 43 (1): 32–42.

② Zott C, Amit R. The fit between product market strategy and business model: Implications for firm performance [J]. Strategic management journal, 2008, 29 (1): 1–26.

③ 朱武祥，魏炜. 商业模式这样构建 [J]. 深圳特区科技，2007 (3): 20–22.

式六要素"原创理论模型，为企业提供了设计商业模式的一套工具和方法论。

这些不同的定义，均强调或突出了商业模式某些方面的特征。结合对上述商业模式概念的归纳解释，本书将商业模式的定义概括为：商业模式就是企业根据自身资源、所处环境和所处阶段，通过创造和获取价值以满足客户需求，从而获取利润的动态活动过程。具体来说，主要包含以下两方面含义：

商业模式的本质是价值创造。商业模式实质上是指一个企业如何通过创造价值来满足客户需求，并将其转换为收益。企业商业模式的价值定位，要考虑企业的特定环境因素，企业在产业价值链中所处的位置，以及其战略定位和战略导向。商业模式是企业创造和实现价值的方式，企业家和创业者的使命是将其价值战略转变成商业模式进而改变商业规则。

商业模式的出发点来自客户需求。商业模式就是为了满足客户需求或实现客户价值而采取整体解决方案和一切方式方案的整合，也就是实现客户价值的逻辑。企业提供的商品或服务的购买者和使用者群体构成了企业的目标客户群，他们是企业利润的源泉。

5.1.2　商业模式的特征

与一般的管理活动不同，商业模式的基本特征主要包含整体性、动态性、相关性、层次性和依赖性五个方面。其中，整体性和动态性是商业模式的根本属性。[①]

1. 整体性

商业模式系统通常包含多个组成部分，如客户、供应商、股东及利益相关者，而且每个基本的组成部分也包含大量的要素，如模式内供应商成员、企业资源要素、管理要素、能力要素等，在此将它们统称为商业模式的组分。商业模式的组分之间相互关联、相互作用，以某种特定的形式整合成一个具有某些特性的商业模式系统整体，其本身是一个复杂系统，客观上具有复杂系统特性。[②]

2. 动态性

商业模式不是静止的，而是一个动态演化的过程。它与企业所处的环境以及企业的成长阶段紧密联系在一起。当企业外部环境发生变化时，企业的商业模式也需要随之改变，否则就会被淘汰。此外，当企业处于不同的阶段时，也往往需要不同的商业模式与之相匹配。由于内部的运动和外界的变化，商业模式是一个不断创新变革的过程。任何商业模式都有其适

---

①　李飞.企业成长路径与商业模式的动态演进研究［D］.天津大学，2010.

②　娄永海.基于TRIZ理论的企业商业模式研究［D］.吉林大学，2009.

合的环境和生存土壤，都会有一个形成、成长、成熟和衰退的过程，这就是商业模式的生命周期性。

3. 相关性

商业模式各要素之间是紧密相关的，即商业模式不是各要素的简单相加，而是各要素之间相互作用构成一个整体。商业模式是一个开放系统，它通过客户关系、伙伴关系等与外界商业环境进行物质、能量和信息的交换，构成了一个复杂的关系系统，在同外界环境的相互作用中实现有序发展。因此，必须关注商业模式中每一个要素对于其他要素的作用及影响。

4. 层次性

商业模式各要素之间的关系不是并行的，有决定性的要素和从属要素之分。商业模式包含大量组分，每个组分又都包含大量要素，各个要素都存在大量的要素形态，商业模式的形成分为两个层次：第一个层次是各组分的要素形态的有意义组合，形成各组分的组分形态；第二个层次是由各组分的组分形态进行组合，形成商业模式系统的整体。因此，不论是从既成论还是从生成论的观点看，商业模式的组成和形成都具有层次性。

5. 依赖性

商业模式不可避免地要与环境、资源及企业成长路径相联系。一个商业模式的建立既要考虑与环境相适应（例如先进的信息技术、产业政策等），又要与企业可以获得的资源相匹配，还要与企业选择的路径及未来规划相一致。

5.1.3 商业模式的构成要素

商业模式的定义是商业模式的内涵，商业模式的构成要素是商业模式的外延，商业模式作为一个能动的有机整体，是由一些基本要素构成的。商业模式研究的重要工具就是各种商业模式理论模型，如张敬伟等提出的三维度模型、加里·哈默尔提出的四构面模型、魏炜和朱武祥提出的六要素模型、亚历山大·奥斯特瓦德提出的九要素模型（商业模式画布）等。其中，"商业模式画布"是当今广泛使用的商业模式分析工具，而"魏朱商业模式六要素"涵盖了大众耳熟能详的盈利模式之类术语。公司是以盈利为目的的经济组织，甚至大众直白地将商业模式理解为公司通过什么方式挣钱，所以本节重点介绍魏朱商业模式的六个构成要素，下一节的商业模式设计则根据商业模式画布的九要素逐步展开。

一个完整商业模式理论框架要达成共识，必须回答三个基本问题：第一，商业模式的特

征或者形态是什么样的。第二，不同商业模式的绩效差异体现在哪里。第三，要使该商业模式运营，企业需要具备什么资源能力。"魏朱商业模式六要素"通过商业模式的六要素以及与交易价值、交易成本和交易风险之间的互动逻辑，完整地回答了以上问题。商业模式的六个组成要素包括：定位，业务系统，盈利模式，关键资源能力，现金流结构和企业价值。如图5-1所示。

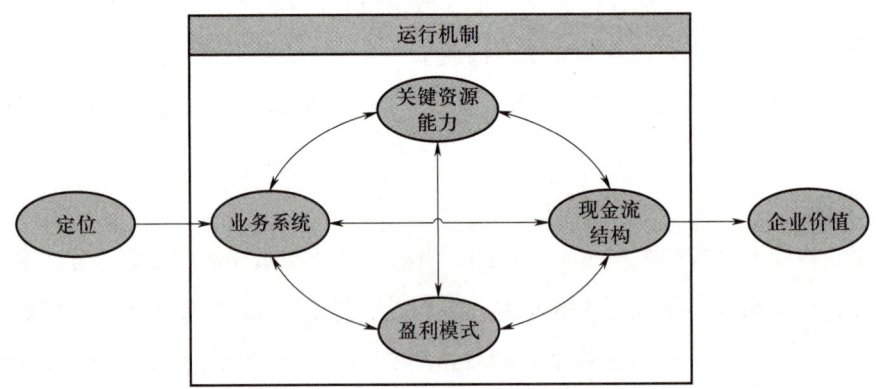

图5-1　六要素商业模式模型[①]

1. 定位

世界营销大师杰克·特劳特提出："定位就是在顾客头脑中寻找一块空地，扎扎实实地占据下来，作为'根据地'。"企业战略的核心命题就在于选定一个企业可以据为己有的位置，而定位是战略的核心，同时也是构建一个优秀商业模式的起点。定位决定了企业满足客户需求的方式，需要回答的问题主要有三个：企业的业务是什么，目标客户是谁，应该向他们提供什么样特征的产品或服务。

对企业的业务进行定义是成功定位的起步，也是最重要的一步，因为业务定义会对企业所收集到的信息起过滤作用，它将告诉企业的决策层应该抓住哪些机会，应该放弃哪些机会。定位需要解决的第二个问题是锁定目标客户。识别和确定企业的目标客户意味着企业必须考虑服务于哪个地理区域和客户细分。定位需要解决的第三个问题是企业应该向目标客户提供什么样特征的产品或服务。任何企业都不可能把所有客户作为自己的服务对象，也不可能向一个客户提供所有的产品和服务。定位需要解决的是在企业所有可提供的产品或服务中，应该将哪一种作为重点。比如，同样是满足消费者喝豆浆的需求，可以开连锁店卖豆浆，可以卖豆浆机让消费者自己操作，也可以开社区体验店现磨现卖等，这都是定位的差异。

---

① 魏炜，朱武祥.重构商业模式［M］.北京：机械工业出版社，2010.

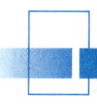

2. 业务系统

一个好的定位需要有一套相应的运行机制来实现，这套运行机制包括业务系统、关键资源能力、盈利模式和现金流结构，其中业务系统是商业模式的核心元素，商业模式的差异往往通过业务系统之间的差异体现出来。

业务活动由相应的工作流、信息流、物流和资金流组成。业务系统反映的是企业与其内外各种利益相关者之间的交易关系，因此业务系统的构建首先需要确定的就是企业选择哪些行为主体作为其利益相关者，并明确利益相关者各自分别应该占据、从事价值网中的哪些业务活动。现在的企业竞争是供应链对供应链的竞争，创业团队创业时首先要分析所进入的行业的供应链体系，现有供应链体系的业务运作模式是怎样的，明确企业在供应链的位置，然后分析社会上有多少条相互竞争的供应链，所创建的企业是进入其中的一条供应链中还是可以进入多条供应链，供应链中的同类企业的情况如何，怎样替代现有企业进入供应链体系中，如何融入供应链并成为供应链中不可或缺的一家企业。

创业企业应以业务系统为中心，构建起整个商业模式的运营机制。而供应链体系内的企业是战略合作的共同体，遵循的是多赢模式。因此，创业企业在建立业务系统的过程中，合作共赢是成就成功业务系统并且最终成就成功商业模式的一个重要原则。

3. 盈利模式

定位明确了企业的目标客户群，也找到了怎样为客户提供"独特的价值"的方式；业务系统设计了利益分配机制，聚合了关键资源能力。但作为一家企业，如何从中获得利润呢？盈利模式就是要解决企业自身如何获得利润的问题。

从谁那里获取收益？谁可以分担投资或支付成本？相同行业的企业，定位和业务系统不同，企业的收入结构与成本结构即盈利模式也不同。即使定位和业务系统相同的企业，盈利模式也可以千姿百态。

 **案例拓展**

蛋壳困局：是经营不善还是模式注定？

我国长租公寓行业长期以来存在难租、难住的问题，近年来国家对房产租赁行业有明显的政策倾斜，长租公寓行业得以快速发展，新兴互联网式公寓平台的出现极大程度上解决了传统租房市场的痛点。蛋壳公寓于2015年1月成立，前CEO高靖拿着自有资金100万和第一位天使投资人投入的150万元创立了蛋壳公寓。这位天使投资人就是后来公司的执行董事长沈博阳。作为新兴之秀，蛋壳公寓仅四年就通过扩张拥有了长租行业的一席之地。

蛋壳公寓主营分散式长租公寓，具体分为蛋壳公寓和筑梦公寓两种类型。其中蛋壳公寓专注于为白领提供高品质的租房生活，并以精致的装修、品牌家居家电的配置、优质的服务迅速占领了长租公寓的市场。2018年推出的筑梦公寓则是为蓝领工人提供装修精美且设备齐全的宿舍式公寓，每个房间可以容纳多人入住。依托着专业的互联网技术团队，加上执行董事长沈博阳在投资圈的人脉，蛋壳公寓的"新租赁"很快便引起了投资人的关注。2015—2020年，蛋壳公寓先后完成8轮融资，共筹集高达67亿元的金额，公司快速扩张。在2020年1月17日，蛋壳公寓在纽交所风光上市，作为第二家上市的长租公寓品牌，上市时总市场价值约27.4亿美元。此时，蛋壳公寓已在13个城市展开租赁业务，累计为100多万人提供服务。

蛋壳公寓是如何盈利的呢？蛋壳公寓"高收低租"，向房东收购房源的价格高于市价，向租客收取的租金低于市价，抢占市场；而且"长收短付"，从租客收取的租金按半年或者一年一收，但是向业主却是一月一付，形成企业资金池；引入了第三方金融机构，为无法直接一次付清租金的租客提供担保并且发放的"租金贷"，并以租客的租金为担保实现再融资，继续扩大房屋资源。租客的房租、增值服务费以及资金池的投资回报构成了蛋壳公寓的主要收入来源。

战略愿景"希望为每一个身处异乡的人都能提供一个温暖的壳，孵出自己梦想"饱含家国情怀，商业模式看起来四全齐美，但是这个平台过度加杠杆遭遇新冠疫情黑天鹅，就无法运行下去了。作为2020年创业板上市的企业，蛋壳公寓的权益性融资却仍然为负值，过分依赖债务性融资，"山一样的"债务无疑加大了蛋壳公寓的偿债压力。新冠疫情导致的房屋空置率可谓是对长租公寓行业的致命打击。在2020年频繁被爆出资金链断裂、高管跑路等负面消息，股价也随之下跌，到了2020年11月市值已不足3亿美元，2021年4月6日纽约证交所启动蛋壳公寓的除牌程序。曾经发展势头排名第二的蛋壳公寓为何迅速衰败，乃至资金链断裂？是公司经营不善还是商业模式注定的？

资料来源：李晗，陈影，方慧等.失去"壳"的蛋壳公寓——是经营不善还是模式注定？中国管理案例共享中心案例库，2021.7.20.

传统的盈利模式主要依赖主营业务的直接销售获得收入，由于同行企业的产品/服务、定位、业务系统、组织结构和功能、投资模式、成本结构以及营销模式同质化，盈利模式基本无差异。互联网环境下，盈利模式出现了更多的变化，盈利来源可以不是直接客户或者主营业务，而可能是第三方或其他利益相关者。成本和费用也不一定是企业自己承担，可以转移给其他利益相关者。比如，Google是做搜索的，但它的搜索服务等功能是免费的，其99%的收入来自第三方投放的广告（即出售使用者的注意力）。

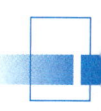

4. 关键资源能力

关键资源能力指让商业模式运转所需要的相对重要的资源和能力。资源就是企业所控制的，能够使企业构思和设计好的战略得以实施，从而提高企业效果和效率的特性。企业的资源主要包括实物资源、金融资源、人力资源、信息、无形资源、客户关系、公司网络等。能力是企业协作和利用其他资源能力的内部特性，由一系列活动构成。能力可出现在特定的业务职能中，也可能与特定技术或产品设计相联系，或者存在于管理价值链各要素的联系或协调这些活动的能力之中。企业的能力包括组织能力、物资能力、交易能力以及知识能力等。企业内的各种资源能力的地位并不是均等的，不同商业模式能够顺利运行所需要的资源能力也各不相同。同样是开餐馆，高档餐厅和连锁快餐店的关键资源能力一定是不同的。高档餐厅以环境、菜品单价和质量等取胜，连锁快餐店追求标准化和快速复制化。商业模式中关键资源能力的确定方法有两类：一类是根据商业模式的其他要素的要求确定，例如不同业务系统需要的关键资源能力就是不相同的，不同盈利模式需要的关键资源能力也不一样；另一类是以关键资源能力为核心构建整个商业模式。比如可以以企业内的单个能力要素为中心，寻找、构造能与该能力要素相结合的其他利益相关者，对企业内部价值链上的能力要素进行有效整合，以创造更具竞争力的价值链产出。对于B2B的企业来说，关键资源能力就是自己的研发能力，是否可以打造出具有高技术含量的产品是核心任务；而对于B2C的企业来说，关键资源能力在于如何圈到更多的"粉丝"，也就是系统内的活跃会员数量。

5. 现金流结构

现金流结构是企业经营过程中产生的现金收入和扣除现金投资后的状况，其贴现值能够反映企业的投资价值。简单来讲，企业的自由现金流构成也可以转换为企业的"现金收入减去现金投资"，现金收入相当于息税折旧及摊销前利润加折旧和摊销。现金投资包括运营资本投资和固定资产，例如房产、工厂、设备的投资以及并购投资。

6. 企业价值

评判商业模式优劣的最终标准就是企业价值（商业模式价值或者焦点企业价值）的高低。根据魏朱商业模式六要素体系，我们可以看到：商业模式的起点是定位，中间是业务系统、关键资源能力和盈利模式，归宿是企业价值。按照金融原理，任何一个投资机会的投资价值是指投资对象（项目/业务/企业）未来预期可以产生的自由现金流的贴现值，因为投资者最终关注的是企业的投资价值。

商业模式对企业投资价值影响很大。因为即使是相同的行业，商业模式不同，未来预期能够产生的自由现金流的期限结构也大相径庭，因此，企业投资价值，特别是投资价值的实

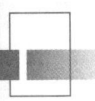

现效率和增长速度差异甚大。这里特别要提及轻资产商业模式。传统银行信贷评价标准关注企业资产抵押价值，企业交易价值也以有形资产价值为准，所以企业普遍重视资产规模。例如，企业喜欢购买土地，以增加债务抵押融资能力。但企业投资价值低，特别是企业投资价值实现的效率低、速度慢，而且在经营环境快速变化的环境下，重资产企业融资难度大，更容易陷入经营和财务困境。而轻资产模式的企业往往能够有效利用三个杠杆：

（1）善于利用/整合存量关键资源能力，即资产/资源/能力杠杆；

（2）库存低，应收账款少，有息负债少，即有效利用负债杠杆，运营效率高，风险低，运营资本消耗少，甚至为负；

（3）投入资本收益高，成长速度快，成长价值和价值实现效率高，能很快获得资本青睐，有效利用价值杠杆。耐克、阿迪达斯、可口可乐等公司的商业模式都属于轻资产商业模式。

商业模式的六要素是相互影响、相互决定的。定位体现了企业对客户价值的定义和诠释，企业价值体现了资本市场对企业长久盈利前景和投资价值的评判，业务系统、盈利模式、关键资源能力以及现金流结构一起构成企业的运行机制，是连接客户价值和企业投资价值的桥梁，一般来说，如果商业模式的六个要素中的一个要素发生变化，就会导致其他要素发生变化。

中国已经成长为世界第二大经济体，中国的商业竞争也快速进入了新时代。新时代的竞争法则正发生着质的改变，不仅猛烈冲击着企业及其竞争格局，更深刻改变着我们对商业世界的传统理解。新时代竞争的特点主要体现在以下三个方面：一是竞争的空间层次更加丰富，竞争的主体从一个个具体的企业升级为不同的商业生态系统。如腾讯和阿里巴巴两大互联网企业的强大，不仅仅是自身实力的直接体现，更是由于其所在生态系统的繁荣。二是竞争的时间密度升级，新时代竞争下的企业三五年所经历的变化甚至比传统竞争下的企业数十年的进程还要显著，企业间的竞争节奏也在加快。无论传统竞争对手还是新兴甚至跨界竞争对手，都按照自己的节奏对市场发起攻击，企业家的掌控力和安全感大大下降。三是影响的深度和广度加大，新时代竞争下，颠覆行业霸主、重塑竞争格局已经成为常态。更为重要的是，从智能手机到电动汽车，从淘宝、微信到滴滴出行，兼具创新与抱负的企业带来的是人类生活方式的深刻变革[1]。以上这些都要求中国企业提升自身对新时代竞争的分析和驾驭能力，在战略分析的基础上，引入商业模式的分析框架，洞察竞争的本质并在竞争中制胜。

---

① 魏炜，张振广，朱武祥. 超越战略　商业模式视角下的竞争优势构建［M］. 北京：机械工业出版社，2017.

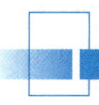

5.1.4 商业模式的类型

几乎没有两家企业的商业模式是一模一样的。然而从归纳和研究的角度来看，商业模式可以根据不同的分类方法区分出若干类别。有关商业模式的分类并不严格，大多数文献中关于商业模式分类的描述是非结构性的，存在一定的模糊性，这使得准确识别和区分具体的商业模式、评价每个具体商业模式所需的资源和基础设施变得非常困难[①]。

据《商业模式新生代》作者奥斯特瓦德等总结，根据反映企业经营逻辑本质时的抽象程度，学者们提出的商业模式可划分为具体模式、子模式和元模式三个层次。这一划分有助于理解复杂多样的商业模式概念[②]，具体分析如下：

（1）商业具体模式。该模式反映特定企业经营特征的模式化实例，是通过对标杆企业的商业模式进行归纳与总结而来。其作用在于对现实中某一企业的商业模式进行概念化描述，以刻画该企业的行为特征。与后两个层次相比，实例层次的商业模式描述往往更加具体、翔实，因而抽象程度较低。

（2）商业子模式。该模式是对相似的企业商业模式进行归类，描述相似商业模式的共同特征，可用来刻画某一类企业的行为特征。子模式可用来研究不同类别的企业行为模式，其中有些子模式具有广泛的适用性，如吴晓波等基于价值网络视角的商业模式分析框架，针对我国62家现代服务业上市企业，识别出六类典型商业模式，分别是：长尾式商业模式、多边平台式商业模式、免费式商业模式、非绑定式商业模式、二次创新式商业模式和系统化商业模式[③]。

（3）商业元模式。该模式以最高的抽象程度描述企业商业模式的构成要素及要素之间的关系。如魏炜和朱武祥提出的六要素模型将商业模式体系构建为定位、业务系统、关键资源能力、盈利模式、现金流结构以及企业价值六个要素，亚历山大·奥斯特瓦德和伊夫·皮尼厄提出的九要素概念模型也属于此类型。由于元模式的概念超越了先前两类模式只能总结与指导特定企业或行业的局限，具有了更广泛的普适性，因而元模式层次的商业模式概念也成了众多学者关注的主流。

① 魏炜，李飞，朱武祥.商业模式学原理［M］.北京大学出版社，2020.
② 成文，王迎军，高嘉勇，等.商业模式理论演化述评［J］.管理学报，2014，11（3）：462–468.
③ 吴晓波，姚明明，吴朝晖，等.基于价值网络视角的商业模式分类研究：以现代服务业为例［J］.浙江大学学报：人文社会科学版，2014，44（2）：64–77.

5.2 商业模式设计

在商业模式竞争成为发展趋势的时代，如何辨识和设计商业模式至关重要。不管企业处于生命周期的哪个阶段，都必须明确地将商业模式呈现出来。在这里，我们通过构建商业模式的模型来分析商业模式设计思路及实施流程。

5.2.1 商业模式的设计框架

在2005年亚历山大·奥斯特瓦德和伊夫·皮尼厄提出商业模式画布之前，企业家们饱受冗长烦琐的商业计划之苦。该创业工具像一个战略蓝图，描述组织如何创造、交付和获取价值。九个要素商业模式覆盖了商业计划的四个视角：客户、提供物（产品或服务）、基础设施和财务生存能力，九个独立模块互动、创新，诞生出一个又一个商业模式。[①]这个工具类似于画家的画布，将九个模块可视化并清晰地呈现在整张大图上（如图5-2所示），这种简单又高效的设计方法被称为"商业模式画布"。商业模式设计框架模型适用于各行各业的商业模式设计与创新，是一种用来描述商业模式、可视化商业模式、评估商业模式以及改变商业模式的通用语言。

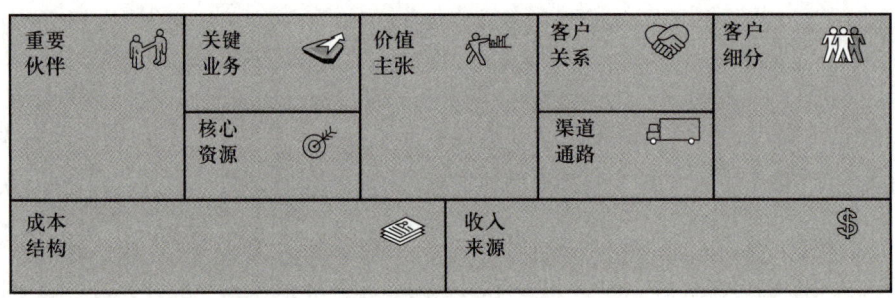

图5-2 商业模式画布式样

商业模式画布四大视角与九个模块的对应关系如图5-3所示。其中，提供物（产品和服务）视角考虑提供什么，涵盖了价值主张一个要素，创造客户价值；客户视角考虑为谁提供，涵盖了客户关系、渠道通路以及客户细分三个要素，是价值发现的过程；基础设施视角考虑如何提供，涵盖了关键业务、核心资源以及重要伙伴三个要素，是价值匹配的过程；财务生存能力则关注成本多少及收益多少，涵盖了成本结构和收入来源两个要素，是价值占有的过

---

① Osterwalder A，Pigneur Y，Tucci C L .Clarifying Business Models：Origins，Present and Future of the Concept［J］. Communications of the Association for Information Systems，2005，16：1-25.

程。用商业模式画布描述商业模式，有一定的逻辑顺序：企业为谁提供商品或服务，企业提供什么商品或服务，企业如何提供服务，企业的收益是多少，企业的成本是多少，逐一描述商业模式中的九个关键要素，下面依次对九个模块进行说明。

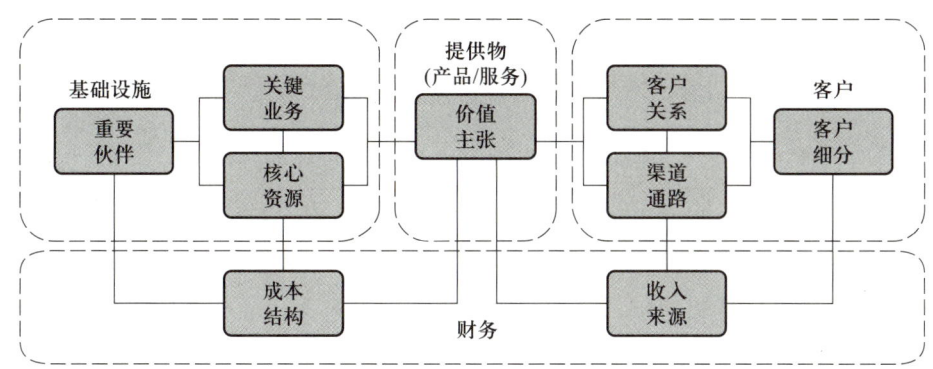

图5-3　商业模式设计框架的九个关键要素

1. 设计客户细分模块

用来描述一个企业想要接触和服务的不同人群或组织。商业模式的设计从为谁做开始。客户构成所有商业模式的核心。没有客户，就没有企业可以长久存活。所以，在进行商业模式设计之初，先要明确正在为谁创造价值，谁是最重要的客户。

为了更好地满足客户，企业可能把客户进行合理细分，每个细分区域的客户具有共同的需求、共同的行为和其他共同的属性。企业必须做出合理决策，到底该服务哪些客户细分群体，该忽略哪些客户细分群体。根据客户细分群体，确定不同的市场类型。

（1）大众市场。价值主张、渠道通路和客户关系全都聚焦于一个大范围的客户群组，在这个群组中，企业以相同的方式向市场上所有客户提供相同的产品和进行信息沟通，客户具有大致相同的需求和问题，是一种典型的产品导向方式。

（2）利基市场。与大众市场相对应，利基市场聚焦于通过特定特性的产品满足特定的市场需求。价值主张、渠道通路和客户关系都针对某一利基市场的特定需求定制。像路易威登这样的奢侈消费品的需求，严重依赖主要汽车生产商采购的汽车零部件厂商，就是典型的利基市场。

（3）区隔化市场。各细分群体之间客户需求略有不同，所提供的价值主张也略有不同。根据消费者需求、购买动机、购买行为、购买能力及习惯等方面存在的差异，将整体市场划分为两个以上不同类型的消费者群，比如航空公司根据尖峰时段制定不同售价，比如不同包装的洗衣液，促使消费者自行选择产品。

（4）多元化市场。经营业务多样化，以完全不同的价值主张迎合需求完全不同的客户细

分群体。

（5）多边平台或多边市场。服务于两个或更多的相互依存的客户细分群体。例如，信用卡连接了商家和持卡人，团购网站连接着会员和商家，报纸连接了读者和广告主。

2. 设计价值主张模块

价值主张是赢得客户的核心要素，在商业模式中处于中心地位。该模块用来描述为特定客户细分创造价值的系列产品和服务，即价值主张通过迎合细分群体需求的独特组合来创造价值。价值可以是定量的（如价格、服务速度）或定性的（如设计、客户体验）。客户定位清晰后，需要回答关于价值主张的一系列问题：该向客户传递什么样的价值？正在帮助客户解决哪一类难题？正在满足哪些客户需求？正在提供给客户细分群体哪些系列的产品和服务？

客户在购买产品与服务的时候依赖自己的判断。微利时代的到来使得企业需要依靠独特的价值主张吸引更多的用户来获取利润，可以参考表5-1来构建价值主张。

表5-1　描述六种价值主张

价值主张类型	描述
创新型	不断创新和研究技术的企业。价值主张是：技术上和功能上是最先进和创新型的产品
品牌管理	发展基于款式、质量等的品牌效应，建立一种生活方式。价值主张是：消费者感觉更好以及得到认同的产品将会帮助你建立一种生活方式
价格最优	生产质量好的产品或服务，并以最具竞争力的价格来销售，价值主张是：物有所值
简易型	打造更简单、更有效的生活。价值主张是：如果你和我们作交易，你的生活会更有效、无障碍
技术集成型	为客户提供专业的技术解决方案。价值主张是：我们理解你们的企业，同时也有能力为企业提供有针对性的产品，使企业更高效
关系友好型	和某些客户产生人际关联，知道客户的业务、个性和敏感处，以客户能接受的方式提供个性化服务。价值主张是：熟悉、信任、友好的关系

3. 设计渠道通路模块

渠道通路，也称分销渠道，是指价值主张即产品和服务是如何传递给客户的。创新的思

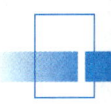

路是能不能通过渠道通路的优化，让客户获取服务的成本降低，增加客户的让渡价值。在前两步的基础上，这个模块设计阐述了企业如何开拓市场，设计企业的市场和分析策略。需要回答这些问题：通过哪些渠道可以接触客户细分群体？如何接触他们？渠道如何整合？哪些渠道成本效益最好？如何把渠道与客户的例行程序进行整合？

一般来讲，商品渠道可以分为自有渠道与合作伙伴渠道。自有渠道可以是直销的，例如内部销售团队或网站；也可以是间接的，例如团体组织拥有或运营的零售商店渠道。合作伙伴渠道是间接的，同时在很大范围内可供选择，例如分销批发、零售或者合作伙伴的网站。

4. 设计客户关系模块

该模块用来描述企业与特定客户细分群体建立的关系类型。客户的获取和维系是客户关系管理的核心动机，良好的客户关系是企业立足的根本。企业在商业模式当中必须明确如何建立诚信的客户关系的问题。该模块的设计需要回答下列问题：每个客户细分群体希望我们与之建立和保持何种关系？哪些关系已经建立？这些关系成本如何？如何把这些关系与商业模式的其余部分进行整合？如何提高客户对企业产品和服务的认知？如何协助客户购买特定的产品和服务？如何提供售后支持？

根据不同的客户细分、市场定位与价值主张，客户关系有不同的形式。客户关系范围可以通过个人之间的互动，也可以通过呼叫中心、电子邮件等方式实现。

5. 设计收入来源模块

收入来源模块用来描述公司从每个客户群体中获取的现金收入（计算时需要从创收中扣除成本）。这一步设计企业收入的渠道和方式，创新的思路是如何从各种细分的客户身上获取多种收入，同时又为客户的付费提供各种便利，降低客户成本。这一模块需要思考的问题：什么样的价值能让客户愿意付费？客户现在付费买什么？客户是如何支付费用的？客户更愿意如何支付费用？每笔收入来源占总收入的比例是多少？

一个商业模式可以包含两种不同类型的收入来源：通过客户一次性支付获得的交易收入，经常性收入来自客户为获得价值主张与售后服务而持续支付的费用。收入来源的类型包括：资产销售、使用收费、订阅收费、租赁收费、授权收费、经纪收费、广告收入、金融担保等。

6. 定义核心资源模块

核心资源模块是指企业为了实现价值主张所必须具备的最核心的资源和竞争力，用来描述让商业模式有效运转所必需的最重要的因素。企业需要考虑两个问题：价值主张需要什么样的核心资源？渠道通路需要什么样的核心资源？

　　核心资源是企业拥有的市场上相对稀缺的资源，也是未来增值性高的资源。每个商业模式都需要核心资源，这些资源使得企业能够创造和提供价值主张、接触市场、与客户细分群体建立关系并赚取收入。不同的商业模式，需要的核心资源也有所不同。

7. 定义关键业务模块

　　该模块用来描述为了确保其商业模式可行，企业必须做的最重要的事情。关键业务构成核心能力，即企业执行其商业模式所需的能力和资格。定义关键业务模块需要回答：价值主张需要哪些关键业务？渠道通路需要哪些关键业务？客户关系？收入来源？

　　正如核心资源模块一样，关键业务模块也是创造和提供价值主张、接触市场、维系客户关系并获得收入的基础。

 案例拓展

故宫文创业务商业模式

　　故宫博物院作为国家级博物馆，不仅拥有世界上最大的古代宫殿建筑群，还拥有非常丰富的文物藏品，历来受到全国上下乃至全世界的关注。一向以严肃形象示人的故宫近几年格外吸引公众眼球，尤其深受年轻人喜爱。究其原因，部分是因为中国年轻一代的文化自信正在崛起，更重要的是因为故宫探索了一条新的与现代公众对话的路径。

　　很多颠覆传统的操作，一改往日故宫严肃形象，花式卖萌成功将故宫打造成年轻人心目中的"网红"。朝珠耳机、"奉旨旅行"行李牌、御前带刀侍卫手机座、顶戴花翎官帽伞、八旗子弟调料罐、"朕就是这样的汉子"折扇……这些产品在充分尊重史料、敬畏文化的同时，萌萌的样子让人爱得欲罢不能。这些文创产品在故宫淘宝官方旗舰店销售，此外还辟有微博和微信公众号萌系宣传，雍正成了故宫IP的第一个代言人，"雍正：感觉自己萌萌哒"就出现了比着V字的雍正；之后还贴出了一系列"雍正行乐图"的动态图，运用数字技术让静态古画中的雍正帝"活"了起来，并配上了活泼的"解说词"，让大众第一次以娱乐的眼光、幽默的视角看历史上的君主。这篇文章也创造了阅读量的新纪录。故宫博物院前任院长单霁翔说："我们的作品就是要兼顾各种需求，既要萌萌哒，又得典雅有风度，既要脑洞大开，也要心胸开阔，既要霸气十足，还必须接地气。"

　　下面通过故宫文创业务商业模式画布（见表5-2），一起快速了解故宫文创业务商业模式中的关键部分。

表5-2　故宫文创业务商业模式构成要素

重要伙伴	关键业务	价值主张	客户关系	客户细分
• 大众消费者 • 微信、微博等社交媒体 • 高校、科研院所等 • 品牌授权企业 • 信息技术平台服务商	• 实体产品 • 数字产品	• 让文物活起来 • 让故宫文化与现代公众顺畅对话	• 开放更多区域，以提高游客体验感 • 以公众需求为导向 • 通过新媒体与消费者互动和反馈	• 游客 • 传统文化爱好者 • 年轻消费群体
	核心资源 • 知识产权资源 • 品牌资源 • 数字资源		渠道通路 • 线下通过快闪店、体验馆等渠道 • 线上通过网店、新媒体等渠道	

成本结构	收入来源
• 人员工资、景区的维护、公益事业的投入以及文物的保护和修复成本 • 文创产品研发、制作成本	• 故宫门票收入 • 线上线下文创收入

资料来源：项国鹏，韩蓉，肖迪.飞入寻常百姓家——故宫的文创业务发展之路.中国管理案例共享中心案例库，2022.3.31.

8. 设计重要伙伴模块

重要伙伴模块用来描述让商业模式有效运作所需的供应商与合作伙伴的网络。企业要想实现某种价值主张，但又不具备所需要的核心资源时，就需要通过价值整合，与其他具备该核心资源的单位和组织结成战略伙伴，借助其资源实现自己的价值主张。设计重要伙伴模块涉及以下问题：谁是我们的重要伙伴？谁是我们的重要供应商？我们正在从伙伴那里获取哪些核心资源？合作伙伴都执行哪些关键业务？

企业会基于多种原因打造合作关系，合作关系正日益成为许多商业模式的基石。很多公司创建联盟来优化其商业模式、降低风险或获取资源。合作伙伴渠道还能够减少经营当中的不确定性，降低竞争环境的风险。伙伴网络有利于商业模式优化和规模经济优化。

9. 设计成本结构模块

成本结构模块用来描述运营一个商业模式所引发的所有成本。创建价值和提供价值、维系客户关系以及产生收入都会产生成本。这些成本在确定关键资源、关键业务与重要伙伴后可以相对容易地计算出来。成本结构要回答几个基本问题：什么是我们商业模式中最重要的固定成本？哪些核心资源花费最多？哪些关键业务花费最多？

最后一个模块把企业的所有成本开支一一汇总罗列，帮助分析节约成本的办法。

5.2.2　商业模式的设计流程[①]

根据商业模式画布进行设计之后，接下来本书将提供一个通用型的商业模式设计流程，以应对不同企业或团队的不同需求。

1. 第一阶段：动员

第一个阶段的主要活动是确定项目目标、测试初始想法、规划项目计划和组建设计团队。确定项目的目标要看具体的项目而定，但通常都会包含设立项目的缘由、项目范围和主要目的。初步的计划应该涉及商业模式设计的前几个阶段：动员、理解和设计。实施和管理阶段主要取决于前面这三个阶段的结果。

第一阶段的重要活动包括了组建项目团队和获取符合要求的人员和信息。动员阶段最可能遇到的问题就是人们往往高估了商业模式设想的潜力，这很可能导致思维闭塞，限制了探索其他想法的可能。理想的商业模式设计团队应该跨越整个公司，一个跨职能团队有助于发现并克服在设计初期遇到的困难，还能增进团队间的信赖。

2. 第二阶段：理解

第二个阶段需要做的是对商业模式所处的环境作一番细致、彻底的了解。

研究一个商业模式所处的环境需要做许多市场研究工作，包括调研市场、研究客户、访领域专家以及了解竞争对手商业模式等。

在这个阶段，一个关键的因素就是要敢于质疑行业假设和成熟的商业模式。

3. 第三阶段：设计

在设计阶段，面临的主要挑战是要保持模式设计大胆、新颖，发散性思维就是其中一个关键的因素。为了产生突破性的想法，团队成员必须在构思阶段摒弃现行的模式和形态。保持一种探究性的设计理念是至关重要的，设计团队需要投入时间探索多种不同的想法，因为最好的构思很有可能在这种探索的过程中产生。

与外部专家或潜在的客户一起测试潜在的商业模式，为每一种模式设计故事情节，并通

---

① 奥斯特瓦德A.，皮尼厄 Y.著.王帅，毛心宇，严威，译.商业模式新生代［M］，北京：机械工业出版社，2011.

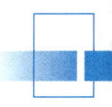

过故事叙述来寻求反馈意见。但这并不意味着要按反馈调整商业模式。例如反馈可能指出未来会遇到什么障碍，但这并不是说商业模式一无是处，进一步的研究调查可以有效改善这一商业模式。

4. 第四阶段：实施

一旦确定最后要实施的商业模式，就要开始着手如何实施工作了。包括确定所有的相关项目，确定各个阶段的里程碑，制定规章制度，准备预算清单和项目路线图等。特别要注意的是如何处理不确定性因素的问题，这需要设计一些机制以快速地根据市场反馈调整商业模式。

商业模式的设计和商业逻辑的分析是企业执行机制的一个组成部分，将商业模式实施到业务活动及信息系统中去是运营机制的一部分。

5. 第五阶段：管理

创业或创新团队在商业模式的管理上，至少需要一名战略小组的员工。可以考虑跨职能团队定期组织研讨会，一起评估商业模式。

5.2.3　商业模式的设计方法[①]

商业模式不是静态的，处于不同发展阶段的组织，其商业模式也有所不同。如何构建适合自己发展阶段的商业模式，是很多组织和管理者面临的挑战。亚当·博克将组织分成预创型组织、初创型组织、成长型组织以及复杂型组织四种类型，适用不同的商业模式设计方法和工具。对处于早期发展阶段的组织进行过多的细节分析可能是浪费精力，而对处于成长期或成熟期的组织而言，细节分析太少的话可能意味着你会错过一些东西。

1. 预创型组织的RTVN框架

创业是关于机会的行为，在预创业阶段，使用更复杂的框架可能会耗时甚至具有误导性。硅谷产品集团创始人马蒂·凯根指出很多初创公司陷入了同样的陷阱。它们起初都过早地关注商业模式，特别是收入来源、销售渠道、成本控制等，留下了所谓的"解决方案"。然而，除非这些解决方案成功地创造真正的价值，否则这张商业模式画布将没有价值。在预创业阶段，创业者应该从利用RTVN模型开始。当创业者探索潜在的机会时，它是高效和有效的。

① 亚当·J·博克，杰拉德·乔治.商业模式工具书创新商业模式的工具、方法及案例演练实战版［M］.王重鸣，浙江大学全球创业研究中心团队　译.北京：人民邮电出版社，2020.

RTVN代表资源、交易、价值和叙事，该框架包含了商业模式的基本要素。预创型组织的RTVN模型的使用包括三个步骤：

（1）识别关键资源、交易和价值（RTV）。构建商业模式需要识别出具备SHaRP特征的资源、关键交易以及关键的有形与无形价值，这些资源类型包括资产、知识和各种能力，具备专业化（Specialised，S）、难复制（Hard to copy，H）、稀缺性（Rare，R）和珍贵性（Precious，P）特征。

（2）探索交叉区域。资源、价值（RV）交叉区强调创业机会出现在真正可以为客户创造新价值的资源处。该交叉区要解决以下两个问题：哪些资源与客户需要的价值直接相关？客户如何、何时以及为何需要这些资源产生的价值？资源、交易（RT）交叉区通常是事实检查，如果没有RT一致性，商业模式就可能没有起点。该交叉区要解决问题有：你将使用特定的销售和/或营销渠道吗？建立这些渠道需要哪些资源？你如何将关键资源和主要交易连接起来？交易、价值（TV）交叉区注重建立交互式结构和流程来解决客户价值创造，客户是否有不寻常或复杂的交易要求之类问题是该交叉区解决的重点。

（3）开发和检验叙事。商业模式需要沟通，而故事是有效的沟通工具。商业模式所讲述的故事包括如何通过合理使用资产和能力（资源），通过与各种实体的互动（交易）来解决问题（价值创造）。令人信服的商业模式叙事具有连贯性、相关性和可信度。将叙事与实际的商业模式衔接起来，然后检验叙事是否将所有要素联系在一起，是否所有部分一起形成合力。

2. 初创型组织的精益画布

精益画布工具由阿什·莫瑞亚于2013年所创建，融合了埃里克·莱斯的"精益创业"框架。精益创业思维不是为每一个偶然事件做好计划或追求完美产品，创业者应该专注于提出和测试假设，目的是创建快速、低成本的"实验"，以获得最小可行产品，即符合产品预期功能的最小功能集合。精益画布是亚历山大·奥斯特瓦德"商业模式画布"的改编版，同样包含九个模块：问题、解决方案、关键指标、客户细分、渠道、不公平优势、独特的价值主张、成本结构和收益流，依次对应商业模式画布的重要伙伴、关键业务、核心资源、客户细分、渠道通路、客户关系、价值主张、成本结构和收入来源模块。正如莫瑞亚所指出的，精益画布关键目的是"在一个页面上捕捉商业模式假设"，适合作为创业初期梳理思路的工具。

（1）精益画布中的"问题"指的是客户的问题，而且这些问题应该清晰、具体并可量化。商业模式利用的是与未满足需求相关的机会，如果没有识别出客户问题，无论是痛点还是未实现的收益，那就不存在商业模式。

（2）"解决方案"不是产品或服务，它是为了解决问题的特定方面而需要利用的任何东西。仅仅确定解决方案并不能解决问题，真正的解决方案需要从特定的解决方案元素开始，

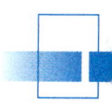

找出商业模式的其余部分。

（3）"关键指标"是关键成功因素的量化，如果创业者搞错了关键成功因素或无法有效地量化，那么该组织几乎没有成功的机会。

（4）"客户细分"就是细分市场进而识别潜在客户群，每个细分市场的客户群拥有相同需求或购买偏好。

（5）"渠道"是吸引顾客的途径，不同的客户群可能需要不同的渠道，客户旅程地图可以成为思考渠道和与客户互动的有力工具。

（6）精益画布中的"不公平优势"是竞争对手无法轻易复制、获取或以其他方式执行的东西，来源于独特且受保护的知识产权、供应商关系和专有信息等途径。

（7）莫瑞亚将"独特的价值主张"描述为"一个单一、清楚、引人注目的信息，说明为什么你与众不同"并值得潜在客户的关注。独特的价值主张简单，但在画布上极为重要，精益画布的最终目标是获得客户愿意支付的一个引人注目的价值主张。

（8）第八个模块是"成本结构"。在商业模式分析的早期阶段，成本信息很少或不明确，成本估算非常重要。只有成本结构良好，才可能进入商业模式分析阶段。

（9）最后模块是创业者们最喜欢的"收益流"，考虑与客户需求和价值主张紧密相关的各种合理的收入机制。

3. 成长型组织的商业模式画布

莫瑞亚的"精益画布"关注问题陈述和机会，奥斯特瓦德的"商业模式画布"则关注企业本身，因而商业模式画布更有助于解决商业模式中的运营和成长问题，为成长型企业提供了一个更为全面的商业模式分析工具。在本章我们已详细介绍了奥斯特瓦德"商业模式画布"和莫瑞亚"精益画布"的九个模块，在此主要关注商业模式画布区别于精益画布的模块。商业模式画布有五个模块与精益画布重叠：成本、收益、价值主张、渠道以及客户细分。此外，商业模式画布使用了四个不曾在精益画布中出现的要素：重要伙伴、关键业务、核心资源和客户关系。

（1）资源维度的区别。在商业模式画布中，资源维度与合作伙伴、资源以及成本紧密相关。重要伙伴和核心资源在精益画布中并无涉及，它们取代了"问题"和"解决方案"模块。在精益画布中，我们的关注点在于理解潜在创业机会的本质；而商业模式画布关注的是商业模式如何与组织的活动和能力相连接。

（2）交易维度的区别。交易维度与客户细分、渠道通路和客户关系密切相关。奥斯特瓦德建议商业模式画布从客户细分和客户关系要素开始。使用商业模式画布假定创业机会关注重点在于将合适的创新成果推向合适的客户，而不是评估创新本身是否可行。商业模式画布

中的客户细分和渠道通路模块与精益画布中的相应模块同样有效。

（3）价值维度的区别。在价值维度上，商业模式画布使用了与精益画布相同的模块，即价值主张、成本结构和收入来源。只不过，商业模式画布用的是"价值主张"，而不是"独特的价值主张"，这强化了商业模式画布对企业而不是创新的关注。

4. 复杂型组织的商业模式分析

商业模式分析之所以强大，正是因为它将大量的信息总结成简单的叙述，从而便于分析和评估。然而，当底层信息过于复杂而无法有效简化时，这种优势可能会成为一个重大的弱点。大型、复杂型组织的商业模式需要仔细考虑分析的目的。若希望更聚焦、更深入地研究某一种框架下的商业模式，那么需要在该分析框架下可能地扩展各种商业模式元素。复杂的商业模式不能总是用简单的一页画布来表示，对各模块的要点总结很难反映出分析所揭示的更微妙和值得注意的问题。相对而言，在RTVN、精益画布和商业模式画布这三个工具中，商业模式画布是探索大型组织商业模式的绝佳工具，因为它侧重于组织的元素和流程，而不是特定的机会或创新，所以它可以扩展到处理大型、复杂型组织的商业模式问题。

总部位于英国的零售商乐购已经将其业务从其食品和食品相关产品业务戏剧性地扩张至金融服务、服装和手机业务。该公司运行的是一种大型的商业模式、多种并行的商业模式还是多种关联的商业模式？这是一个具有挑战性的问题。从大型的商业模式视角，乐购也许可以被描述为一家提供几乎所有普通消费品和服务的一站式低价商店；从并行的商业模式视角，也许杂货零售、金融和技术服务真的是并行模式，只是碰巧在一个普通的零售网点中出现；从关联的商业模式视角，乐购客户需求的共性和基础设施的使用可能指向不同但相互关联的商业模式。

运营并行的商业模式并不是一个新想法，任何拥有完全不同业务实体的控股公司实际上都在运营并行的商业模式。理查德·布兰森创立的维珍是一个很好的例子。维珍在交通运输领域管理着许多相关业务；而交通运输、医疗保健和媒体业务之间的联系并不明显。布兰森始终聚焦于敢于承担风险、接受失败并通过经营擅长的业务赢得胜利，而不依靠于任何独特的或特定的能力。对于布兰森而言，并行商业模式的价值在于确保没有一个实体变得大到难以管理。

关联的商业模式在较大的组织内运行，戈尔公司是在商业模式的维度中共享元素的很好例子。大多数消费者认可该公司用于制作防水服装和鞋子的Gore-Tex®面料，但这一基础技术同样支持从医疗设备到重工业甚至手机等领域的材料生产。一方面，为了在这些不同的领域开发、生产和销售产品，戈尔公司使用各种不同的组织流程，这些流程在商业模式的元素中各不相同，主张所有这些流程都适合一种非常复杂的商业模式可能适得其反。另一方面，不同的商业模式通过具体的组织资源和功能明确地关联起来。关联的商业模式可以成为强大的机会驱动力，戈尔公司因其创新成果而闻名，它是英国每年仅有的12家入选《财富》杂志百

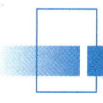

强"最佳雇主"的企业之一。

一些创新和组织可以从产生协同效应的多重商业模式中获益。利特·帕斯公司是电子邮件营销智能和交付能力的全球领导者，依靠两种协同的商业模式来解决垃圾邮件带来的挑战，分别称之为"接收方"的商业模式和"发送方"的商业模式。接收方的商业模式是一种非营利模式，需要与主要的互联网服务提供商和电子邮件提供商建立合作伙伴关系，收集整合收件箱数据，生成有关邮件交付能力的集成数据并返回给那些合作伙伴，以帮助它们改进内部过滤器和系统，并使用这些数据帮助行业为电子邮件营销实践制定标准。发送方的商业模式是可以实现货币化的。利特·帕斯公司利用其在电子邮件交付能力方面的专业知识，为电子邮件营销人员提供软件和服务，以确保电子邮件营销活动有效并能满足客户的需求。这两种商业模式在没有另一种模式的情况下都无法起作用，协同的商业模式至少包含两个这样的资源、交易和价值结构的连锁循环。

5.3 商业模式创新

5.3.1 商业模式创新的内涵

商业模式创新是指企业价值创造提供基本逻辑的创新变化，它既可能包括多个商业模式构成要素的变化，也可能包括要素间关系或者动力机制的变化。[①]通俗地说，商业模式创新就是指企业以新的有效方式赚钱。商业模式与创新是息息相关的，创新是商业模式与生俱来的本质。企业可以通过改变价值主张、目标客户、分销渠道、客户关系、核心能力、价值结构、伙伴承诺、收入流和成本结构等因素来激发商业模式创新。在这个时代，商业模式的"保质期"越来越短，日益激烈的竞争和成功商业模式的快速复制迫使所有企业必须不断地进行商业模式创新，以获得持续的竞争优势及提高企业的长期获利能力。

相对于传统的创新类型，商业模式创新具有以下三个方面明显的特征：

（1）创新视角的外向性。商业模式逻辑思考的起点是客户的需求，根据客户需求考虑如何有效满足它，视角更为外向和开放，这明显不同于许多技术创新。技术创新的视角，常是从技术特性与功能出发，看它能用来干什么，去找它潜在的市场用途。商业模式创新即使涉及技术，也是以客户需求为核心的科技型产品或服务，而不是纯粹的技术特性。

（2）创新方式的差异性。差异性是指企业在选择其商业模式创新的方式时，应该将能否

---

① 乔为国.商业模式创新［M］.上海：上海远东出版社，2009.

同市场上已有的竞争对手或可能出现的潜在竞争者所构建的模式区分开来，形成他人难以匹敌的特性，从而获得差异化带来的比较竞争优势，价值主张得到升华。商业模式创新往往伴随产品、服务、工艺、盈利模式或者组织的创新，因此其创新方式的差异化会体现在其中一方面或多个方面。

（3）创新结果的时效性。从绩效表现看，通过商业模式创新为企业带来的价值实现，不仅体现在企业获得的盈利上，还可能拓展一个全新的、有价值增长空间的市场，在一定时期内为企业带来竞争者暂时无法匹敌的经济收益。商业模式创新虽然与传统的创新形态一样也表现为企业效率提高、成本降低，但它更为系统和根本，因此也更难以被竞争者模仿，常给企业带来战略性的竞争优势，而且优势常可以持续数年。

5.3.2　商业模式创新的动力

关于商业模式创新的动力，主要存在两种观点：一种是内部支持的观点，当企业的高层认知发生了变化，企业就会主动进行调整。这些因素影响了商业模式创新运营能力、整合能力、连接能力和创新能力，使得商业模式的不同构成维度得到调整和更新，促进了网络组织整体的运营；另一种是外部驱动的观点，当外部环境发生变化时，企业就需要做出相应调整，甚至是彻底的变革。

内部支持因素包括管理者认知、资源能力、组织活动和盈利模式等，外部驱动因素主要包括技术创新、情境因素、市场机会和企业的价值网络等。[①]

1. 商业模式创新的内在动因

（1）管理认知

管理认知即企业领导者和高管人员对外部环境的认知、企业的提前预判等，这些认知和预判至关重要。处于较为稳定的外部环境时，企业的提前预判能够判断下一个技术范式中所需要的商业模式，从而通过商业模式创新抢占发展先机；处于动态多变的外部环境时，企业领导者对外部环境的认知可以影响企业对外部威胁的解读及敏锐反应，直接决定着企业是否会对外部环境的变化加速做出商业模式创新的决策。

（2）资源能力

企业内部的资源和能力对于商业模式创新的影响极为重要，新的资源、资产、能力能够帮助企业拓展交易的边界和资本，从而为企业的商业模式创新提供可能。企业资源和资产的

---

① 吴晓波，赵子溢.商业模式创新的前因问题：研究综述与展望［J］.外国经济与管理，2017，39（1）：114–127.

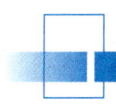

灵活性以及整合能力，决定了企业是否能够在发展商业模式原型的同时进行商业模式创新。动态的环境下，特定的动态能力能够帮助企业实现商业模式创新，包括识别外部变化的能力、预测能力、整合能力以及吸收能力等。企业的动态一致性是实现商业模式创新的重要前提，这意味着企业有能力在维持自身可持续发展的同时进行商业模式创新。

（3）组织活动

企业内部的组织结构和组织活动，包括组织类型、组织目标、企业定位与价值主张等，影响商业模式创新。从战略角度来看，商业模式创新是企业不断做出决策的过程。组织的目标驱动企业朝某个特定方向的商业模式进行创新；企业的组织结构调整能够帮助企业增强战略敏感性和战略灵活性，决定了企业是否能够及时对外部冲击做出迅速的反应；组织学习可以影响企业对于外部环境的认知以及对外部资源的内部化，企业通过组织学习借鉴吸收成功商业模式的经验，规避风险，不断在实践中改进自身的治理结构、吸纳专业人才、构建无形资产，从而实现自身的商业模式创新。

（4）盈利模式

从商业模式架构的角度来说，企业商业模式原型中盈利模式的变化驱动着企业价值创造和价值获取模式的改变。一旦原有商业模式的盈利模式边际利润下滑，乃至不足以支撑企业持续的现金流，企业会更新其盈利模式，从而实现商业模式创新。这种类型的商业模式创新多是为了迎合新的市场需求，以及新的客户群体等外部因素。虽然企业的商业模式原型能够为企业资源和能力的积累作出贡献，但过度依赖商业模式原型会制约商业模式创新。

2. 企业商业模式创新的外在动因

（1）技术创新

技术创新和商业模式创新之间存在着相互促进的关系。技术创新创造了把技术推向市场的要求以及满足消费者需求的机会，技术本身的特点还会影响后续商业模式创新以及商业模式的成本结构。同时，新技术的商业化必须有合适的商业模式来配合，否则技术创新无法给企业带来利益，所以商业模式创新也会反过来促进企业进一步研发新技术。基于这些论述，我们可以认为技术创新与商业模式创新之间存在相互促进的关系。

（2）情境因素

企业所在市场的情境因素包括政治法律、社会文化、经济贸易、行业发展、本土化与国际化等。环境的不确定性、政策的模糊性、市场设施的不完备、竞争环境的变化与整体经济环境的变化等，都可能与商业模式原型发生冲突，制约企业商业模式原型的有效性。为了实现企业的可持续发展，企业必须进行商业模式创新来应对可能的冲突。另外，随着全球化经济的发展，新兴市场成为发达国家企业的关注热点，越来越多在发达国家取得成功的企业将其商业模式从发达国家移植至新兴国家，商业模式创新能够帮助国际化企业进入新市场，避开新兴国家市场上的不利环境因素和限制性制度等环境冲突。

（3）市场机会

客户的消费习惯和需求水平影响着企业不断地革新自身的商业模式。商业模式创新是在市场需求拉动下产生的，任何一种创新的原动力无一不是不断变化的市场需求，商业模式创新亦然。企业需要思考如何将自己创造的价值传递到客户的手上，更要思考如何针对客户创造出需求。但是，当潜在的市场需求逐步扩大增长甚至可以与主流市场需求相当时，单一要素的企业创新已不能满足其需求，这就需要企业进行前所未有的变革。只有商业模式创新才能全面变革企业各个要素，以适应增长的市场需求。成功的商业模式也会催生新的市场需求，因此，市场需求是商业模式循环创新的拉动力。

（4）价值网络

企业的商业模式会受到其价值网络中其他参与者的影响。价值网络中的参与者和企业有密切的互利互惠关系，上游供应商、下游分销商及其他互补者的商业模式可以使企业从价值网络中获得经验和互补资产等资源。当互补资产的价值主张发生变化，企业自身的价值创造模式和价值主张也会随之改变。另外，当企业竞争对手的商业模式发生改变时，企业会模仿和学习竞争对手的成功商业模式。所以，当价值网络中其他参与者的商业模式、相互间关系发生重大变化时，企业会做出相应调整，以适应整个价值网络，改变其价值创造和价值传递的方式，从而实现商业模式创新。

　案例拓展

商业模式重构，新东方浴火重生

2021年7月24日国家"双减"政策重磅落地，教育培训行业受到较大影响。同年11月，俞敏洪在朋友圈发布了一条动态："教培时代结束，新东方把崭新的课桌椅，捐给了乡村学校，已经捐献近八万套。"新东方起步于留学培训，历经20多年锐意拼搏，已成长成为中国民办教育的龙头企业，也是中国首家在美国上市的教育公司。截至2021年，新东方旗下已有122所学校，1 547个线下学习中心，教师数量也增加到5.4万名。"双减"落地，昔日辉煌，皆成过往，新东方未来之路将何去何从？

俞敏洪早期进行过多次直播尝试，曾在抖音上分享自己读过的书，把购买链接挂在小黄车上赚取佣金。所以，当教育领域出现变革时，俞敏洪将目光放在了直播带货上。在探索新的转型方向时，俞敏洪希望找到一个政策更加稳定、前景更加广阔、需求更加深远的领域。2020年我国实现了全面脱贫，在乡村振兴政策方针下，俞敏洪选

择了尝试农产品的直播带货。2021年12月，新东方在抖音平台上创建了专注农产品直播的"东方甄选"账号。新东方内部达成共识，充分利用新东方核心资源优势，将新东方的课堂三要素"激情、励志和幽默"，以及原有教师体系的探索精神和运营思维应用到电商直播行业中，做有文化内涵的直播带货。

刚开始的东方甄选，带货直播和知识教学之间的融合带有明显的割裂感，主播们习惯将所售产品的单词单独讲述，嘲笑、唱衰、质疑声扑面而来。到了2022年6月10日清晨的东方甄选直播间，董宇辉正在用流畅的英文介绍澳大利亚原切牛排，同时将重点单词和短语写在随手拿的小白板上，把产品讲解和英语知识结合。当大家沉浸在英语世界时，董宇辉掏出一个和自己脸型很像的煎锅，一本正经地说"大家在6月的清晨点进直播间，感受到了人生的无常和命运的不公，但这时你发现和我一样脸型的还有这款299元牛排送你的这口锅，这个锅你得背"。这段视频在网络快速发酵，成为整个东方甄选直播间爆红的流量密码，东方甄选直播带货热度持续走高，从6月1日至16日上了8个平台的117个热搜。东方甄选直播间的粉丝量，也在短短10天时间里突破千万大关，6月29日东方甄选账号粉丝数量已达到2 000万。

资料来源：刘娜，王雪晴，翟文畅.甄选直播，知识带货：商业模式重构，新东方浴火重生.中国管理案例共享中心案例库，2023.9.26.

5.3.3 商业模式创新的路径

商业模式创新的路径根据价值链的活动和主体，主要包括三种：原始创新、诱发创新和模仿创新。①

1. 原始创新

无论是既存企业还是新创企业，只要以前所未有的商业模式为客户提供产品或服务就是原始创新。原始创新是企业进行商业模式创新的最直接的途径，其有可能由企业家的灵感触发，也可能由企业引进的新人才、新技术触发。可能是灵感一经实践即成功完成创新，更多时候是经过多次尝试和改进才取得成功。但是，所谓原始创新，一定是企业进行的主观创新活动，是对企业商业模式构成要素的直接创新。

---

① 张越，赵树宽.基于要素视角的商业模式创新机理及路径［J］.财贸经济，2014（6）：90-99.

（1）产品、服务与目标客户

发现环境变化带来的潜在市场机会和满足潜在的市场需求以提升企业价值，是商业模式创新的终极目标。与之相对应，两个商业模式构成要素的创新将是最为直接和有效的：一是寻求更广或更具价值的目标市场，也就是可被开发的潜在市场；二是提供创新的产品或服务，也就是满足潜在的市场需求。当上述两个要素成功实现了创新，无疑会为企业创造更多的价值，可以说企业已经完成了卓有成效的商业模式更新。

进而，为了使已经创新的要素保持其有效性，企业必须配置与其相适应的运营流程；为了使企业保持其竞争优势，企业必须调整其价值分配原则和价值链结构。这一系列的协同创新活动即为企业商业模式的创新过程。

（2）运营流程

运营流程的创新要求企业内部的各能力单元模块不仅能够形成自己的优势，发挥出价值创造过程中的增值作用，更重要的是要有一个动态、灵活、适应性强的连接机制将这些独立的模块整合到一起，使整个系统能够流畅、高效地运行，从而为整个商业模式提供源源不断的、根据需求变化的、能够及时做出灵活调整的动力。流程化的运营模式能够很好地满足这两方面的要求。

美国学者迈克尔·哈默和詹姆斯·钱皮提出的业务流程再造（BPR）迎合了企业运营模式创新的需要，引入业务流程管理对传统的组织结构进行再思考和再设计。流程管理打破了传统组织部门划分，直接面向客户（包括外部客户和内部客户），以客户的需求（订单）为导向，将相对独立的能力单元调用到统一的价值创造过程中，各部门由相互博弈转变成彼此独立而又相互合作的"貌离神合"的状态。比如日本丰田的准时生产、精益生产，海尔集团以市场链为导向的业务流程再造，都是流程管理的杰出实践。

（3）价值链结构

迈克尔·波特教授认为，供应商价值链、企业价值链、渠道价值链和客户价值链构成了完整的产业价值链，其中，企业价值链是企业相互关联的生产经营活动的集合，是企业创造价值的动态过程。企业间的竞争不仅仅是企业价值链的竞争，更与产业价值链的各价值环节息息相关。将价值链的各经营活动进行单项创新或重新组合，与创新企业的运营流程具有相似的作用，即降低交易成本、改变收益方式。除此之外，企业的商业模式创新可以通过拆分外包自身的经营环节缩短价值链，也可以通过一体化延长自身价值链从而形成新的商业模式。

2. 诱发创新

除了原始创新，企业商业模式的创新还可能由其他因素诱发发生，即诱发创新。当外界诱发因素作用于企业商业模式某一个或几个要素，并给企业带来了巨大的变革，这种变革发生在与企业价值相关的内外部系统中，且能够与复杂的经济环境和多变的市场需求相适应，

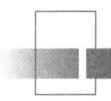

能够显著提升企业价值，这就是诱发创新的过程。

（1）技术创新

技术创新作用于企业生产资料会对企业商业模式构成要素产生一定影响。我们把该影响称为技术因子。技术因子在未应用于商业领域时始终具有潜在的价值，但是只有技术因子与其相适应的商业模式要素协同作用，才能提升企业价值，也就是说只有商业模式要素发生了相应的创新，才能使技术因子成为为企业创造价值的有效诱发因子。应用技术创新的企业不仅仅会创新其商业模式构成要素，也可能因为技术创新而改变各要素在企业创造价值过程中的地位。例如，互联网技术本身对于百货零售企业所掌握的生产资料并不能够发挥任何效用，但是互联网技术诱发百货零售企业加入电子商务平台，也就是说，互联网技术是技术因子，它诱发企业创新自身商业模式要素以与其相适应，从而诱发商业模式创新。

（2）信息流

可创新的企业商业模式，首先其自身应该是一个自适应的动态系统，驱动这一动态系统结构发生变化的重要因素是知识。知识具有独特性，知识在企业组织中从隐性知识转化为显性知识的过程就是激发企业结构发生变化的过程，进而促进企业产生新的产品与服务，诱发企业创新商业模式要素。知识在静态下是无法提升企业价值的，必须扩散和流动才能产生效用，而信息流就是知识的载体。知识的扩散和流动是靠信息流在企业商业模式各要素间产生的动态效应来完成的。信息流冲击企业商业模式的各个构成要素，当原要素与信息流可以协同作用但仍具有较大的价值差异时，最容易诱发该要素进行创新，其价值差将由信息流转化为商业模式要素的效用，进而促进企业提升价值。将这个价值差定义为信息流的势，那么创新的商业模式要素效用则为原要素效用与信息流势的和。

（3）产业演化

在产业化程度较高的产业中，企业商业模式的同质化现象较为显著。在市场竞争与市场需求两个方面的外力作用下，迫使企业以蓝海战略应对同业竞争，这便直接诱发企业进行商业模式创新；当企业商业模式创新成功实现时，企业将会更为有效地利用自身生产要素并满足更迫切的市场需求，不仅为企业带来了竞争优势，也引领其产业的改革与创新，进而冲击和影响与之相关的上下游产业。这一系列影响的扩散，使主观创新的产业日益趋于产业间的主导地位，随着主导产业的平稳发展，会诱发其相关产业进一步进行创新，直至达到新的产业结构平衡。

可见，商业模式创新往往可以改变产业竞争格局，促进新生产业的发展与演化，推动产业走向成熟期，进而在相应的产业竞争环境下发生新一轮的企业商业模式创新，可以说，企业的商业模式创新始终与产业生命周期密切相关。例如，苹果公司在手机产业竞争白热化的情况下推出了智能手机，这一成功的商业模式创新不仅为其带来了竞争优势，而且改变了传统手机产业的竞争格局。

3. 模仿创新

原始创新和诱发创新的企业都是商业模式创新的路径，模仿创新也是企业进行商业模式创新的重要路径之一。伴随着"数字经济"时代的来临，已经有许多资本主义国家的企业成功实践了商业模式的创新。我国进行商业模式创新的实践活动起步较晚，大多来源于模仿创新，无论是技术创新诱发的还是产业演化诱发的商业模式创新的成功企业，很多都可以在国外找到其借鉴的成功模型。如互联网领域的百度与谷歌、腾讯与ICQ、春秋航空与美国西南航空公司等，都是我国企业模仿国外成功企业商业模式创新的典型案例。由于模仿创新具有较为成熟的商业模式为其创新基础，因此可以省略很多尝试与修正的过程，对于一个具备充分社会资本的企业来说，可以使其更快速、更高效地完成商业模式创新。但是，商业模式创新必须要与企业所处的政治、经济、文化环境相适应。同时，商业模式是难以完全模仿的。企业只有根据自身资源及所处环境，分析自身独特的商业模式要素优势，进行有效的改进和进一步创新，才能避免模仿带来的排斥影响，取得卓越的竞争优势。

企业必须以商业模式的创新适应经营环境的变化，通过构建新型的商业模式，来打破现有的产业竞争规则和价值规则，获取超额的收益。这一切都要建立在对外部环境、自身的资源、能力现状的认识基础之上，因此没有一个商业模式适用于任何企业，也没有一个商业模式永不过时。成功的商业模式创新活动可以为企业带来卓越的价值提升和难以超越的竞争优势。

【本章小结和思考题】

本章系统地介绍了商业模式的内涵、设计方法和创新路径。商业模式是企业创造和实现价值的方式，是创业成功的关键之一。商业模式是包含了一系列要素及其关系的概念性工具，是用以阐释特定实体的商业逻辑。在实践中，商业模式创新路径选择、商业模式画布等商业模式模型已经得到大量运用。以创新的方法开发商业模式已成为企业家和创业者的使命——将其价值战略转变成商业模式进而改变商业规则。

一、简答题

1. 简述商业模式的内涵。
2. 商业模式的关键构成要素是什么？
3. 商业模式创新的动因是什么？
4. 商业模式的创新路径有哪些？

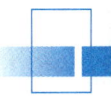

二、能力应用题

［案例］ 太二酸菜鱼："二"出圈的好大儿

"九毛九西北菜"和"太二酸菜鱼"，是后浪们熟知的品牌。靠着这两大网红品牌，带着"海底捞第二"光环，九毛九餐饮集团（以下简称九毛九）成功上市，获得投资者的火热追捧，业内纷纷猜测它会否成为下一个海底捞。与其讨论九毛九能否成为下一个海底捞？它能否洞悉市场风向？找到下一个太二才是关键。

从一碗面里跑出百亿市值

九毛九从一碗面起家，靠酸菜鱼逆袭。2020年1月15日在港交所正式挂牌上市，收盘时九毛九大涨超56%，市值超过137亿港元。1995年山西人管毅宏和妻子在海口开了家仅有6张小桌的山西面馆，九毛九官方网站显示，目前旗下创立并运营"九毛九西北菜""太二酸菜鱼""怂重庆火锅厂"、精品粤菜"那未大叔是大厨""赖美丽藤椒烤鱼"五个不同细分领域中式餐饮品牌。按2018年收入计，九毛九在中国西北菜餐厅中排名第二，太二在中国酸菜鱼餐厅中排名第一。可见，九毛九上市，最有底气的还是这个在"九毛九西北菜"之后创立的太二。九毛九财报显示，2019年太二的营收在集团中占比为47.5%，2021年则从2020年的72.3%上升至78.8%，营收金额达32.15亿元，这个"二"出圈的太二当之无愧成为九毛九好大儿。

太二酸菜鱼："二"也能出圈？ [①]

太二成立于2015年，此前九毛九西北菜营业额持续下滑经营陷入瓶颈。九毛九董事长管毅宏认为当前的店铺面积都太大，小而美的品牌更能够适应未来的市场变化，他发现酸菜鱼有三个特点：首先，食材健康，出餐速度快，符合消费者的需求；其次，口味比较重，容易记忆，符合年轻人爱吃辣的饮食习惯；第三，国内鱼类的供应链已经非常成熟，并且酸菜鱼制作流程简单，易于标准化。这样一来，酸菜鱼这一品类完全符合了他理想的模型。太二将目标客群定位于90后的年轻群体，该人群具有网络化、个性化的特征，消费信息获取更多以网络媒介为主，追求个性化的品牌理念。

太二主打一道老坛子酸菜鱼，以符合年轻人趣味的方式表达"二"的态度，坚持创新传统文化，主张酸菜比鱼好吃，把有3 000年历史的酸菜变成一个中国潮流文化的符号。"二"文化代表的是一种随性、乐观、能带给别人快乐的生活态度，甚至有些玩世不恭，把一些条条框框看得没那么认真。太二的Logo采用黑白漫画的形式画出认真做鱼的老板，从"二"字就能看出餐厅的喜感和对产品的认真态度，一个字将个性和理念完美融合。"太二"两字简单粗暴，极具网红气息，正好戳中当代年轻人隐藏的中二之魂，又给人喜感，让人印象深刻。

---

① 高记，张田田，段蓉蓉.太二酸菜鱼："二"也能出圈.中国管理案例共享中心案例库，2023.2.20.

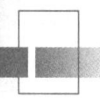

从"出道"开始，太二就设立了主角人设为认真做鱼的二老板和帅气幽默的小二哥，二者个性鲜明反差巨大。公众号通过黑白木版画、粗线条的漫画风格，以及两个IP间的故事性互动给消费者留下了深刻印象。

太二从产品、店面到服务，都在传递"太二精神"的文化价值。说是卖鱼，却在酸菜上下足了功夫，号称酸菜比鱼好吃，这个看似犯二的口号，建起了独一无二的产品壁垒。店面设计也采用黑白相间的色彩做主调，处处体现着二次元风格。所有门店统一装修，标配的二老板大幅版画，木刻"店长说"，开放式厨房以及漫画风的装饰，店铺内张贴和悬挂的文字，就像日漫的台词一样，充满了青春和活力，让人过目不忘。很多人觉得太二不像"正经"卖酸菜鱼的。从菜品到店规，太二的风格实在独特透着一股"傲娇"和"霸道"，不愧是"太二"。"二"出圈的太二成功抓住了年轻消费者的心，一举成为酸菜鱼界的网红头部品牌。

从品牌创立两周年开始，太二就执着于做一些"不正经"营销。比如2周年的快闪博物馆、3周年的中医馆快闪、4周年的酸菜探索基地、5周年的酸菜澡堂、6周年的酸爽发廊，太二都不负众望，将"不正经"进行到底。不可否认的是，太二的营销活动在消费者心中形成了鲜明的品牌记忆点，并且成功地引起年轻人的精神共鸣。

打造下一个太二

太二的崛起与酸菜鱼的东风有很大关系，但市场的喜好瞬息万变，酸菜鱼这个网红品类还能红多久呢？九毛九也不傻，它在招股书中透露，未来将继续坚持多品牌、多概念的战略，扩展至更多细分市场。怂火锅，这个诞生于2020年的重庆火锅品牌，走的是年轻人喜欢的"火锅+茶饮"路线，被九毛九寄予厚望。"赖美丽青花椒烤鱼"的全国首店于2021年亮相广州，以与太二雷同的方式继续做怪异有趣的营销。视觉撞脸，有点像填了颜色的太二；取名路数同样拗口不走寻常路；朴实平常的营销口号"我只用活鱼"同样反复出现洗脑赖美丽横空出世，能否接棒太二酸菜鱼成为九毛九的"好二儿"？从2022年度财报来看，其1 000万元的营收体量与31亿元的太二相比，赖美丽犹如要翻越横亘在面前的一座大山。在接下来的一段时间，九毛九的发展还是得仰赖太二酸菜鱼。

当一个品类成为行业爆品后，马上就会有很多品牌涌入这个赛道瓜分红利，酸菜鱼赛道也不例外。太二似乎面临着一些结构性困境，快餐和预制菜持续分食酸菜鱼市场，自身也被单品化所限。太二开始不那么"二"了，部分门店的"用餐规章"被撤下。原先超过4人就餐不接待，如今改造店铺上线6人桌，同时太二开放拼桌似乎是想要抓住轻商务的消费者，但因过于单品化效果或许并不明显。太二酸菜鱼在刚问世时成为万人追捧的一股"清流"，但固执、认死理等人设，又使得太二无法调整产品结构。消费者不停迭代，更懂后浪们的太二，能盛宠多久呢？我们拭目以待。

启发思考题：

1. 价值主张是商业模式的灵魂，太二的价值主张是什么？

2. 赖美丽能否复制太二的成功，成为九毛九的"好二儿"？

【分析思路】

1. 价值主张"有趣，好玩"。太二的目标客户群定位于90后年轻群体，品牌也朝向年轻化发展，独特的标语和店规、线上宣传的独特画风、线下无厘头的营销活动也让顾客给太二印上了"好玩""有趣"的品牌属性，带来了独特、有趣的消费体验。

2. 太二杀入市场的时候，酸菜鱼赛道尚处于探索阶段，并没有特别强势的品牌，市场空间还很大。而现在，九毛九选择入围一个相对"老旧"的赛道，与太二雷同的方式继续做营销，但熟悉了就没有初见时的有趣，需要等待市场检验。

第六章
创业计划

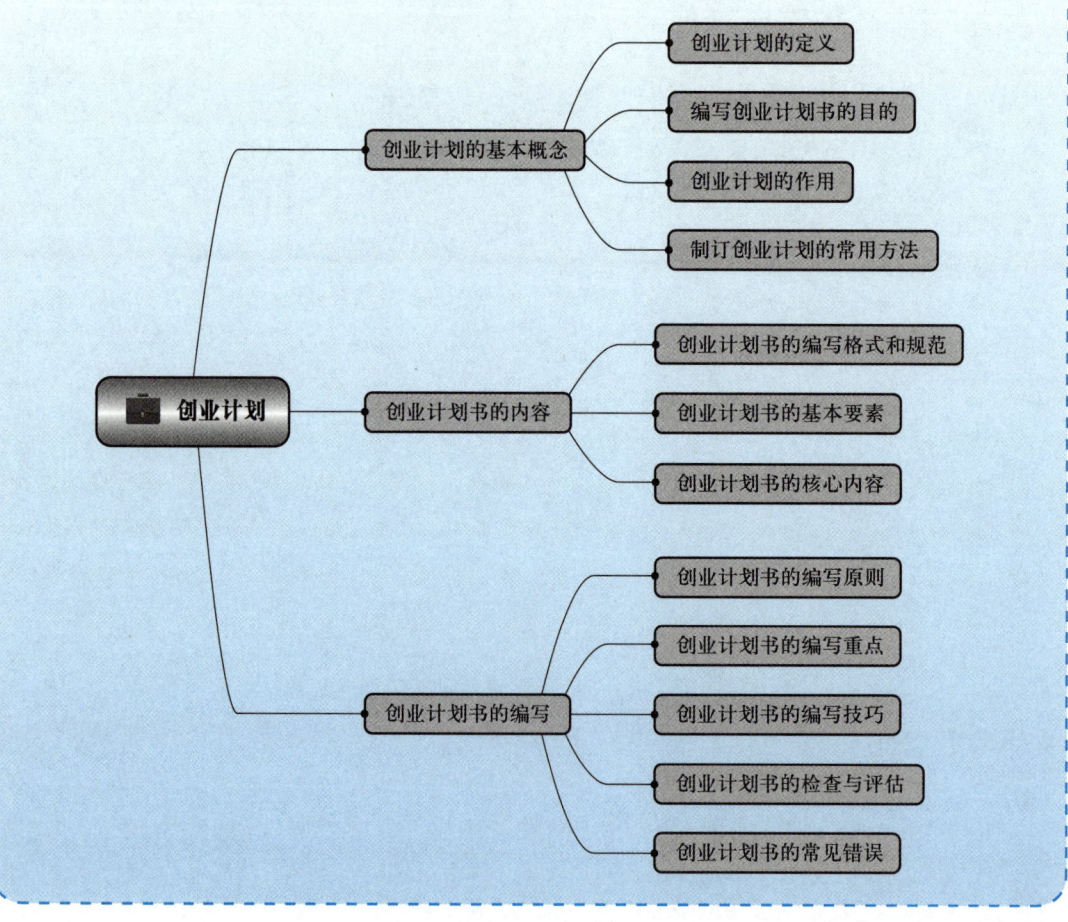

【引导案例】

创业计划书的撰写：创业成功的关键影响因素

当下，随着中国经济的飞速发展和社会的深度变革，人们的就业方式也变得多种多样。其中，大众创业、万众创新是促进我国经济结构调整、实行供给侧改革、打造经济发展双循环、走创新驱动发展的重要举措，为此，2015年，国务院发布了《关于大力推进大众创业万众创新若干政策措施的意见》。2017年，国务院发布《关于强化实施创新驱动发展战略进一步推进大众创业万众创新深入发展的意见》。2018年，国务院进一步下发《关于推动创新创业高质量发展打造"双创"升级版的意见》，"双创"当选为年度经济类十大流行语。2022年，国家税务总局跟进发布《"大众创业 万众创新"税费优惠政策指引》，从税收方面帮扶鼓励创业。在国家一系列政策措施的推动下，广大年轻人尤其是刚刚毕业或者即将毕业的大学生纷纷选择创业。他们创新能力强、善于观察、善于思考、善于总结，能从纷繁复杂的市场现状中发现市场空白，迅速捕捉到那些稍纵即逝的市场机会，从而掘取人生的第一桶金。

可是，仅仅有敏锐的市场观察力和听起来令人热血沸腾的创业点子就一定能创业成功吗？在讲授"创业基础"这门课程时，常有同学问笔者：老师，你觉得我毕业后开设一家养老院怎么样？诚然，现在我国老龄化趋势明显，"银发经济"已经成为新兴的产业形态，也符合目前政府的创业导向，开设养老院确实是一个不错的创业选择。但是我问这位同学：你是否做过详细的市场调查？你是否有精准的市场定位？你开设养老院的具体目标客户是谁？你开设养老院的资金从何而来？你的经营管理团队需要怎样的人才？你如何向市场做推广并和大企业竞争？结果这位同学一时语塞，承认并没有做过详细的考虑。

其实，上述所有问题都可以归纳为两个问题，那就是：有没有一份详细完美的创业计划书？如何做一份优秀的创业计划书？一份详细的创业计划书是创业融资的"敲门砖"，对吸引投资人的眼球起着巨大的作用。但是仅仅凭借几十页包装精美、印刷良好的创业计划文本，还是很难吸引投资人下决心投资，我们需要的是创业计划书里面的内容货真价实、切实可行。这样才能称得上是一份好的创业计划书，只有这样的创业计划书，才能带领我们实现创业成功。

首先，创业者将自己完整的创业思路慎重思考并加以记录，并且通过团队的力量一起工作，逐步解决创业过程中各种细节，从而及时纠正创业过程中出现的偏差，实现创业目的。

其次，创业计划书还是一个宣传册，可以将创业者的思维和行动方案向各种潜在的

投资者、产品供需双方、本企业重要岗位的候选人等进行推广和介绍，使他们看到该创业计划的可行之处，从而对该创业计划加以肯定并积极投身到创业计划的实施过程中来。

　　本章的主要内容介绍什么是创业计划，编写创业计划的目的与作用，创业计划书的主要内容，创业计划书的撰写技巧，以及创业计划书撰写过程中可能出现的错误。

6.1　创业计划的基本概念

　　很多创业者认为，头脑中有了好的创业思路，就可以开始准备创业了，并不需要一份正式的创业计划书，有时候甚至认为创业计划书只是形式主义，不需要详细的创业计划也可以凭借经验创业成功。但是现在，许多的创业者在无数前人创业成功与失败的经验基础上，愈发认识到一份内容完整、思路清晰、切实可行的创业计划书对于企业的初创、成长、成熟整个生命周期的成功都会起到莫大的推动和促进作用。

6.1.1　创业计划的定义

　　关于创业计划的概念，国内外学者给出的定义和解释不完全一样（见表6-1）。

表6-1　中外学者对创业计划的不同定义

作者	书名	对创业计划的定义
张光辉、戴育滨等	《创业管理概论》	所谓创业计划，是对与创业项目有关的所有事项进行总体安排的文件，包括商业前景展望，人员、资金、物质等各种资源的整合，以及经营思想和战略的确定等，是为创业项目制定的一份完整、具体、深入的行动指南
李文忠	《创业管理：案例分析、经验借鉴、自我评估》	创业计划描述特定商业活动所有相关外部条件及内部因素，它是对特定商业活动详尽筹划后的系统描述。在创业管理中，现指对特定创业活动的具体筹划的系统描述
陈琦伟、冯文伟	《创业资本概论》	创业计划是包括企业筹资、融资等活动在内的、企业战略谋划与执行等一切经营活动的蓝图与指南，是行动纲领和执行方案；也是企业管理团队和企业本身给创业投资方的第一印象，是评估的第一关

续表

作者	书名	对创业计划的定义
王健	《大学生就业与创业指导》	创业计划就是创业者计划创立的业务的书面概要，它为业务的发展提供了指示图，并成为衡量业务进展情况的标准
张玉利	《创业管理》（第3版）	创业计划是一份全面说明创业构想以及如何实施创业构想的文件，是描述所要创立的企业是什么以及将成为什么的故事
罗伯特·A.巴隆、R.杜安·爱尔兰	《创业管理：成功创建新企业》（第5版）	创业计划不仅是一份设计好的、旨在说服持怀疑态度的人向新企业投资的文件，它也是一份你把自己的创意和愿景转变为现实企业的详细路线图

综上所述，本书认为，创业计划是创业者在市场调查的基础上发现市场机会，阐明该如何利用该市场机会进行企业活动，以便获取融资和利润的一整套思维过程。

长期以来，创业者把制订创业计划视为创业的一个重要前提。创业动态跟踪调查项目（PSED）在大规模调查多个国家的创业者后得出结论，创业计划的制订是创业者在创业中必须要进行的23项关键活动之一。其实，新企业的大量演化研究表明，企业后期是否顺利发展在较大程度上受制于创业前的准备计划。例如，瑞奇和戴维·甘伯特就在《哈佛商业评论》中指出，如果没有完善的商业计划，投资人甚至不会邀请创业者进行创业展示。而且，要获得投资，创业计划必须完善而突出。[①]米勒和卡迪那尔针对26项公开发表的研究成果进行了研究分析，结果显示计划和绩效之间是正相关关系。班福德、迪姆和道格拉斯针对新建银行的一项实证研究显示，与创业者的初始决策相比，新建银行创建后在资源和决策方面发生的变化对它们未来成长的影响要小得多。[②]所以，有必要强调研究创业计划的理论是否有利于创业发展这个问题。创业计划实际上是一个操作行动指南，有利于创业者对过去的工作进行回顾反思，对项目资源、市场环境和创业团队进行优化整理，并有效规划下一阶段的目标，对其创业运作进行科学计划指导。我们将此类"先想后做"的创业者归为"计划派"。

然而，有学者提出质疑，认为制订创业计划占用了创业者本可以用来从事其他更有价值的创业活动的时间和资源，因此，不利于创业和新企业的初期发展。[③]因为创业的过程

① Rich S R，Gumpert D E.How to Write a Winning Business Plan［J］. Harvard Business Review，1985，63（3）：156–166.

② Bamford C E，Dean T J，and Douglas T J. The temporal nature of growth determinants in new bank foundings：Implications for new venture research design［J］. Journal of Business Venturing，2004，19（6）：899–919.

③ 薛红志，牛芳.国外创业计划研究前沿探析［J］.外国经济与管理，2009，31（2）：1–7.

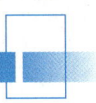

中有诸多不确定性因素，在绩效方面，制订创业计划的创业者未必会优于那些没有制订创业计划的创业者。例如，拜格雷夫等研究表明，除非创业者需要金融机构或天使投资人的融资支持，否则没有必要制订正式的创业计划。[①]所以，有些学者认为，创业计划对创业行动实施的指导价值不大，创业者还是要根据市场环境变化的实际情况而随机应变，他们更强调创业者的反应速度、创造性及直觉。我们将此类"先做后想"的创业者归为"行动派"。

虽然存在一定争论，但学界和业界主流更倾向于认可创业计划对于新创企业的积极作用。我们可以把创业计划看作是对项目的一次系统性推演，对于可能出现的困难和市场变化有一个预先的清晰认识，并事先准备好解决方案。至少创业者心中要有一个完整系统的创业逻辑想法，以此支持自己，同时说服别人。

6.1.2　编写创业计划书的目的

创业计划是一份全方位的项目计划，它从企业内部人员、制度、管理以及企业的产品、营销、市场等各方面对即将展开的商业项目进行可行性分析。[②]创业计划书帮助创业者认识企业自身的经营战略目标，体现创业者的系统思考和计划，是向投资人展示企业潜力和价值的窗口，也为企业初创、成长和成熟的整个生命周期提供引导。编写创业计划书的目的主要包括：

（1）创业计划书可以使创业者整体把握创业思路、明确经营理念。创业者和准备创业者在创业之初都会对创建企业的发展方向以及经营思路有一个粗略的设想，但如果把这一设想做成规范的创业计划，则会发现自己要从事的事业并非如所设想的那样容易，如资金不足或市场竞争、市场低迷等情况，有些时候甚至不得不放弃创业的念头。创业计划可以使创业者严格地、客观地、全面地从整体角度观察自己，以避免因企业破产或失败而可能导致的巨大损失。

（2）一份完美的创业计划书可以增强创业者的自信，使创业者明显感到更容易控制企业、对经营更有把握。因为创业计划书提供了企业全部的现状和未来发展的方向，也为企业提供了良好的效益评价体系和管理监控指标。创业计划书使得创业者在创业实践中有章可循。

（3）创业计划书作为一份全方位的项目计划，是对即将展开的创业项目进行可行性分析

---

①　Bygrave W D，Lange J，Mollov A，Pearlmutter M. Pre-startup formal business plans and post-start-up performance：A study of 116 new ventures ［J］. Venture Capital Journal，2007，9（4）：1-20.

②　李文忠.创业管理：案例分析·经验借鉴·自我评估 ［M］，北京：化学工业出版社，2011.

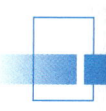

的过程，也在向风险投资商、银行、客户和供应商宣传拟建的企业及其经营方式，包括企业的产品、营销、市场及人员、制度、管理等各个方面。因此，创业计划书在一定程度上也是拟建企业对外进行宣传和包装的文件。

（4）一份完美的创业计划帮助企业在发展的各个阶段有章可循、目标明确。对企业整体发展思路的明晰，不但会增强创业者对企业的掌控能力，也会增强风险投资家、合作伙伴、员工、供应商、分销商对创业者的信心。而这些信心，正是企业走向创业成功的坚实基础。

 **知识链接**

创业计划：火箭发射与汽车驾驶的类比

大多的创业计划看上去更像是火箭发射，而不是汽车驾驶。火箭发射必须依据最精确的动作指令发射，包括每次推进、每次助推器点火，以及每次改变航向，在发射时哪怕最微小的失误，也会导致过后远在千里之外的灾难性的结果。如果能有这样精确的计划指导创业当然最好，可惜这样完美精确的创业计划很难存在，因为经济社会和市场状况瞬息万变。所以，创业计划应该更能有助于创业者"驾驶汽车"。创业者要知道目的地所在和通往目的地的方向，但需要在行驶过程中不断调整方向盘，坚持向着明确的目标驶去。这种"驾驶"有时候是在事先知道的路线上行驶，有时候甚至需要根据发展情境的需要改变路线，但总体发展目标不变。

参考资料：摘编自埃里克·莱斯.精益创业：新创企业的成长思维［M］，吴彤译，北京：中信出版社，2012：8–11.

6.1.3　创业计划的作用

创业计划发展至今，已经由单纯地面向投资者转变为企业向外部推销宣传自己的工具和企业对内部加强管理的依据。

创业计划的主要作用体现在：

（1）融资工具：介绍企业或项目的投资价值，从而吸引投资者（包括外资或境外银行、基金、私募等金融），实现企业筹集资金；

（2）沟通工具：介绍企业的价值，与投资者、战略合作伙伴、政府以及员工等建立一个信息沟通的平台；

（3）管理工具：引导企业发展的不同阶段，同时能够帮助企业跟踪、监督、反馈和度量

业务流程；

（4）承诺工具：利用商业计划书执行融资工作时，签署的融资合同中的对赌条款和商业计划书将共同构成一个业绩承诺，来考评双方的承诺执行情况。

因此，无论是用于寻找风投资、银行贷款，还是用于商业合作、招商加盟以及作为企业的宣传资料，创业计划都是创业者必不可少的宣传资料和企业行动材料。

6.1.4　制订创业计划的常用方法

近年来，创新创业计划的立项不断增加。为了保证创业项目的良好发展，创业计划中用到的方法体系是其成功的重要因素之一。通过查阅现有相关文献资料，可以总结出以下几种方法：行动学习方法、项目资源的计划编制与优化方法、投入产出方法、模糊层次分析方法（FAHP）、生命周期理论方法等。

行动学习方法，是指围绕一个还未有答案的问题，不断学习、质疑和反思的过程，注重解决实际问题并提升个人和集体能力。项目资源的计划编制与优化方法，是指识别分析项目资源的需求，确定项目所需的资源类别、数量、供应情况等，制订可行的计划，并解决资源的均衡分配使用问题。投入产出方法，是指项目需要投入多少资金，资金用到何处，所投入的资金又能产出多少回报。模糊层次分析方法，是指将模糊数学的思想和方法引入层次分析法后得到的一种系统分析方法，核心是构造模糊一致性矩阵。①

生命周期理论方法是基于"生命周期"这一理论而产生的方法。生命周期对于企业而言指的是企业从出生到死亡的发展历程。对创业计划项目而言，生命周期是指从初创期到验收结束的全过程。为了保证项目达到创业计划的预期效果，可以运用生命周期理论方法将项目分为几个阶段，进行相应的过程管理以保证创业计划项目的效率和质量。各阶段包括：初创期、成长期、成熟期、衰退期或继续上升期。后期的继续立项期也可衍生成创业计划项目，进入新一轮的生命周期。

将创业计划分为四个阶段后，便在各阶段从项目资金、委托方需求、项目内部管理、学习与提升四个维度进一步将创业计划具体化，为过程管理和行动提供方向。考虑到创业计划的实际操作性，避免管理方法体系过于复杂繁重，创业计划每个阶段的二级指标设置应当控制在5个以内。生命周期理论方法各阶段的管理内容的简述详见表6-2。

---

①　夏侃，张健，方健强.模糊层次分析法在大学生创业计划团队评价中的应用［J］.江苏工业学院学报（社会科学版），2006（4）：56-58.

表6-2 生命周期理论方法各阶段的管理内容

阶段	内容和要求
初创期 （申报立项）	此阶段是创业计划的首要环节。一方面，相关部门要制定好具体的管理措施和鼓励政策，并多渠道加强宣传，提高员工参与的积极性。另一方面，遵循一定的原则，组成团队，填写项目申报材料。此阶段要注重创业计划的创新性、规范性、预算的合理性、成员分工的明确性等方面。一系列程序后，进行项目立项并公布
成长期 （实施项目）	此阶段是创业计划的关键一步，也是生命周期的核心。在申报立项后，相关负责人需进一步完善具体工作计划，如：明确成员的工作目标和分工、按照计划合理支出、展开相关的培训工作等。此外，很重要的一点是要充分利用各种平台和机会，营造出创新创业的良好环境与氛围，鼓励创新思想
成熟期 （结题验收）	此阶段是尾声，是考核或衡量业务进展最终成果的时候。该阶段关注工作任务的执行效率、提交成果的质量以及团队成员的能力和素质的提高
衰退期或继续上升期 （成果转化或后期继续立项）	此阶段是我国创新创业的薄弱环节，应该不断探索尝试。创业的关键在于将创业计划付诸实践并随之不断修改和调整

前述对生命周期的划分仍存在局限性，创业者在实践中可以根据四个发展阶段特征，选择或调整适宜的创业计划。从严格意义上来讲，创业阶段的生命周期还可以划分为五阶段，因此，未来在创业计划的生命周期的划分上还可以进行更深层次的探究。

6.2 创业计划书的内容

目前，创业计划书的编写已经基本形成了相对固定的格式和规范，同时也形成了被大多数创业者广泛采用的基本内容框架。

6.2.1 创业计划书的编写格式和规范

完整的创业计划书的格式至少应包括以下四个组成部分：

（1）创业计划书的封面。封面的设计要新颖，给他人尤其是风险投资者以耳目一新的感觉，并且封面上要载明创业项目的名称和创业者的名字、联系方式等。

（2）目录表。目录表要载明创业计划书中各个组成部分的详细页码，以便查阅者迅速找

到自己感兴趣的内容。

（3）计划摘要和创业计划书的各个主要组成部分。计划摘要列在创业计划书的最前面，但是它并不是创业计划书的前言部分，而是整个创业计划书的精华和核心，因此创业者应以最简练的语言概括整个创业计划书的要点。创业摘要一般包括：公司名称、主要产品和业务、市场简要分析、营销计划、生产计划、资金需求、风险对策以及管理者和团队建设等。创业计划书的各个主要组成部分应该尽量详细和周密，以显现出创业者的完整思路，也让投资者能全面深入地了解创业项目。

（4）附录和图表。附录中可以加入详细的资金预算计划、产品生产计划、市场拓展计划、公司创建创始人的详细简历等。创业计划中的各种图表，可以形象直观的方式向投资者展示创业计划书的核心内容。

另外，创业计划书的编写要尽可能地精益求精、形式完美、语句清晰流畅且富有感染力。

创业计划书的篇幅长短不一，并没有明确的规定。如果创业者开创的是一个全新的行业或者要向重要的风险投资人推介创业项目，创业计划书要尽可能详细周密，那么篇幅就可能会很长，让风险投资人确定冒如此之大的风险是非常值得的；如果只是一般的创业项目或者企业内部管理使用的创业计划书，则要尽可能简短明了，阐明核心内容即可。因为大多数风险投资者或者阅读创业计划书的人，都是经验丰富且非常繁忙的人，他们很清楚创业计划书的核心问题是什么，所以一般情况下，创业计划书不宜长篇大论，能够以清晰的方式呈现市场新机会、产品新特征、营销新理念即可。

创业计划书在形式上可以称得上是一份完整的商业文件，所以不宜用特别艳丽出格的图表，也不宜用十分夸张的文字语言来表述。在表述中，要实事求是，言语中肯、思路缜密，着重展示新创企业的价值和优势，为风险投资者和其他对项目感兴趣的人留下好的第一印象。

创业计划书的形式可以多种多样，一般情况下最好形成Word文档并且打印出来形成纸质文稿。但是随着现代办公工具和软件的飞速发展，创业计划书的表现方式越来越多样化，比如PPT幻灯片演示多媒体素材，让观者更加直观地感受到创业者的思路和创业计划的精髓。现在创业计划书的形式越来越倾向于纸质文稿结合PPT幻灯片的演示方式。

6.2.2　创业计划书的基本要素

创业计划书的编写因人和行业的不同而存在巨大的差异，但是一般认为，创业计划书必须包含以下一些基本要素，以便投资人和其他相关人员了解新创企业：

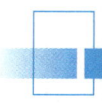

1. 纲要

明确提出创业想法，吸引阅读者的注意力，并说明你的创业想法之优势，将如何为客户创造价值。这一部分不需要展开，只要建立一个结构框架，1~2页篇幅即可。

2. 公司概要

公司概要指公司发展历程、主要业务、公司优势、荣誉奖项、企业文化以及未来展望等。

3. 创业者的想法

创业计划中最重要的部分。公司的产品或服务是什么？站在客户的角度来看，这个产品或服务是否有价值？如曾有一份由医学院学生制订的商业计划。他们的目标市场是为美国医学院的学生提供寻呼机和一些技术类产品。这样的定位是比较准确的，可是在这份计划书的最后，他们又列举了10个出售这些产品的网站，但是他们在计划书中没有明确指出他们的产品和这10个网站的产品有何不同，以及他们的产品价值比那10个网站高在哪里。

此外，需要指出你是不是这个产品技术领域里唯一的掌握者，或是这个技术领域里较早推出这种技术的人，以及你是否获得了专利。

这部分不必非常具体地提出你的产品，但需要指出怎样生产这些产品，如何提供这些产品，需要什么样的雇员，需要雇员有什么样的背景。你可以用对比的方法来说明，比如你的想法是要在网上售书，你就可以说要成为像亚马逊那样的公司，因为大家对这样的公司很熟悉，马上就能明白你的意思。

4. 市场和行业

你的想法在市场上能否奏效呢？这个市场的发展有多快？这是一个集中的市场，还是一个分散的市场？你的目标市场是谁？在计划书中要明确指出你们的目标市场是谁，这样在执行时会比较容易，能够针对你的目标市场展开营销活动和促销活动。例如，某美国公司生产一种新型的椅子，专门针对大家庭客户，因为这种椅子使得这种家庭清洁起来十分方便。于是他们在确定目标市场时，就提出一个问题，在美国有多少4个孩子以上的大家庭？通过调查，他们发现在盐湖城等四个城市拥有数量最多的大家庭。于是这个公司主要向这四个城市推出它的产品，结果非常成功。另外，你对销售所做出的预测一定要让他人认为是比较可信的。还是椅子的例子，如果你的销售目标是3亿把椅子，别人一听就无法相信。因为这就意味着美国每人每年都要买一把这样的椅子，这是令人无法信服的。

另外，在这部分一定要提到你的竞争者，他们是谁，他们在做什么，他们的主要客户是谁，他们是否在盈利，等等。

5. 市场营销

在市场营销中，最重要的是关注产品（或服务）、价格、分销和促销几个要素。如何将产品和服务交付到客户手中？如果你面对的客户是消费者，就要注重广告；如果你面对的客户是企业，就要注重销售人员。在这里，最重要的是如何确定价格。对于新创公司来讲，公司是否盈利在很大程度上取决于产品或者服务的价格。例如，某个创业计划的目标是为经销商建立电子商务平台，使客户直接向厂商订货，这种方式为供需双方节省的费用占交易额的2%。他们确定的电子商务平台的服务价格是交易总额的1%，这样就能吸引供需双方在平台上进行交易，而1%的平台服务费足以让平台产生较好的利润，形成一个多赢的决策。

6. 管理队伍

风险投资公司对创业者投资与否，很大程度上取决于管理人员的素质。创业者在运营公司时需要什么人来管理？创业者需要付给他们多少报酬？一般而言，风险投资公司要付给管理人员10%的股权，这样会对他们形成激励，他们会尽力发展公司，同时他们的工资会略微降低，因为他们获得了股权。实际上，许多非常成功的公司在起家时通常是由三个具有不同能力的人创立的，其中一个人精通技术，一个负责融资，一个通晓市场营销。

7. 学习途径

任何一个计划在最初都不可能十分完善，需要随时间的推移而逐步迭代和完善。因此，要指出创业计划将会面临哪些挑战及如何应对这些挑战。

8. 五年财务计划

财务计划并不仅限于财务方面，还包括许多重要内容。以主机托管为例，在建立财务模型时，首先问交易量是多少，每台服务器的交易是多少，每台服务器的价格是多少，这些收入是怎么来的，所占市场份额有多大，每台服务器的定价是多少，如何收款，是否会形成大量应收账款，公司的现金流是否能够支撑公司的正常运转等。

9. 机会及风险

你的风险有多大？创业风险来自各个方面，有市场风险、财务风险、政策风险、能力风险、信用风险以及执行计划中的其他风险等。在计划书中，不仅要一一列出这些风险，还要指出面对这些风险会如何反应，要根据不同风险制定出不同的应对方案。

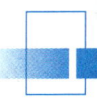

10. 筹资需要

需要多少资金？在什么时候需要这些资金？投资者往往希望能逐渐投入这些资金，而不是刚建立公司时就大量投进去。作为一个创业者，在选择投资者时要非常谨慎。投资人不仅仅能带来资金，他们还能带来关系网络和技术等。所以在一开始就要想清楚需要投资者给你带来什么资源。

以上这些问题都是风险投资家感兴趣的问题，同时也是创业者必须面对的现实问题。一份详细周密的创业计划书必须涵盖上述问题并且给出圆满的解答。这个世界上每分钟都会有无数的创业计划被风险投资家拒绝。但是，如果创业者在创业计划书中能切实解决好上述问题，创业计划被风险投资家接受的概率将会大大增加。

 **知识链接**

创业计划书的基本结构

第一部分：概述

概述部分要明确说明公司的现状与历史沿革、业务和发展目标，产品与服务是什么，公司的产品和服务有哪些竞争优势，企业管理团队的素质和发展变化情况。

第二部分：产品和服务

精确描述公司要推出的产品或服务，重点描述产品或服务的用途和好处，有关产品的专利、著作权、政府批文等。

第三部分：市场

详细说明现在和将来的市场状况，提供充分的市场调查数据和相关假设，描述市场的变化趋势和增长潜力，说明每个细分目标市场及其客户。

第四部分：竞争

分析现有和将来的竞争者，他们的强项和弱点，以及本公司的优势和战胜竞争对手的方法。如果是进入一个已有竞争对手的市场，要分析竞争对手会对本公司的进入做出什么反应；如果是进入一个新市场，要预测其他对手将如何跟随进入这个市场。

第五部分：营销

对每个细分目标市场作出特定的营销计划，如何接触客户，争取客户使用公司的产品并保持市场占有率。

第六部分：管理团队

详细描述管理团队组成人员的背景，包括其经验、能力和专长。尤其对总经理、技术主管、营销主管、财务主管的情况进行说明。

第七部分：投资说明

对投资形式明确且具体地阐述意见。如所需资金的额度及用途，以后融资的设想，风险投资参与投资后的股权分配情况及参与公司管理的方式和计划。

第八部分：财务预测

现有的公司财务报表、投资后五年的财务预测报表（前两年的营业收入和费用现金流量表用月报的方式做出预测），投资需求及如何使用这些资金，每年的预算。做财务预测要有一定的预测基础，避免完全的想象。

第九部分：风险因素

对于公司以后发展中可能面临的风险因素进行正面描述，并提出应对办法。如：管理团队经验不足、市场发展的不确定性、技术开发不成功、资金回笼周期长、实验室阶段转化为批量化生产的不确定性、关键人物离职对企业的影响等。

第十部分：资本退出

说明希望风险投资的变现方式，如股票上市、股权转让给行业内大公司（若确有这种设想请列出有可能的公司名称）或股权回购（按预先商定的方式买回我方在贵公司的权益）。

第十一部分：附件

提供关于公司的综合介绍，关于所处行业的相关资料、统计数据以及其他能够有助于了解公司的材料。

6.2.3　创业计划书的核心内容

根据上述创业计划书的基本要素，可以大致总结出创业计划书的核心内容。目前，关于创业计划书的核心内容具体应该包括哪些，还没有一个通用的框架结构。但是，纵观大多数创业者的创业计划书，可以发现创业计划书的若干必要组成部分，具体包括：

1. 计划摘要

计划摘要列在创业计划书的最前面，它浓缩了的创业计划书的精华。计划摘要涵盖计划的要点，以求一目了然，以便投资人能在最短的时间内评审计划并做出判断。计划摘要一般包括以下内容：公司介绍；主要产品和业务范围；市场概貌；营销策略；销售计划；生产管理计划；管理者及其组织；财务计划；资金需求状况等。在介绍企业时，要说明创办新企业的思路、新思想的形成过程以及企业的目标和发展战略。要交代企业现状、过去的背景和企

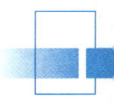

业的经营范围。在这一部分中，要对企业以往的情况作客观的评述，不回避失误。中肯的分析往往更能赢得信任，从而使人容易认同企业的创业计划书。另外，还要介绍一下创业者的背景、经历、经验和特长等。创业者的素质对企业的发展往往起关键性的作用。在这里，创业者应尽量突出自己的优点并表明自己有强烈的进取精神，以给投资者留下一个好印象。在计划摘要中，企业还必须要回答下列问题：

（1）企业所处的行业，企业经营的性质和范围；

（2）企业主要产品；

（3）企业的市场在哪里，谁是企业的客户，他们有哪些需求；

（4）企业的合伙人、投资人是谁；

（5）企业的竞争对手是谁，竞争对手对企业的发展有何影响。

计划摘要应尽量简明、生动，特别要详细说明企业的独特之处以及企业获取成功的市场因素。

2. 产品（服务）介绍

在进行投资项目评估时，投资人最关心的问题之一就是创业企业的产品、技术或服务能否以及在多大程度上解决现实生活中的问题，或者创业企业的产品（服务）能否帮助客户节约开支，增加收入。因此，产品介绍是创业计划书中必不可少的一项内容。通常，产品介绍应包括以下内容：产品的概念、性能及特性；主要产品介绍；产品的市场竞争力；产品的研究和开发过程；发展新产品的计划和成本分析；产品的市场前景预测；产品的品牌和专利。在产品（服务）介绍部分，创业者要对产品（服务）做出详细的说明，说明要准确，也要通俗易懂，使不是专业人员的投资者也能看明白。一般而言，产品介绍都要附上产品原型、照片或其他介绍。产品介绍必须要回答以下问题：

（1）客户希望企业的产品能解决什么问题，客户能从企业的产品中获得什么好处？

（2）企业的产品与竞争对手的产品相比有哪些优缺点，客户为什么会选择本企业的产品？

（3）企业为产品采取了何种保护措施，企业拥有哪些专利、许可证，或与已申请专利的厂家达成了哪些协议？

（4）为什么企业的产品定价可以使企业产生足够的利润，为什么客户会大批量地购买企业的产品？

（5）企业采用何种方式去改进产品的质量、性能，企业对发展新产品有哪些计划等。

产品（服务）介绍的内容需要具体，但要注意，企业在计划书中所做的每一项承诺都要努力去兑现。要牢记，创业者和投资人建立的是一种长期合作的伙伴关系。空口许诺，只

能得意于一时。如果企业不能兑现承诺，不能偿还债务，企业的信誉必然要受到极大的损害。

3. 团队人员及组织结构

企业管理的好坏，直接决定企业经营风险的大小。高素质的管理人员和良好的组织结构是管理好企业的重要保证。因此，风险投资家会特别注重对管理队伍的评估。企业的管理人员应该是互补型的，而且要具有团队精神。一个企业必须要具备负责产品设计与开发、市场营销、生产作业管理、企业理财等方面的专门人才。

在创业计划书中，必须要对主要管理人员加以阐明，介绍他们所具备的能力，他们在本企业中的职务和责任，他们过去的详细经历及背景。此外，还应对企业的组织架构作简要介绍，包括：公司的组织机构图；各部门的功能与责任；各部门的负责人及主要成员；公司的薪酬体系；公司的股东名单，包括股权、比例和特权；公司的董事会成员；各位董事的背景资料等。

4. 市场预测

当企业要开发一种新产品或向新的市场扩展时，首先就要进行市场预测。如果预测的结果并不乐观，或者预测的可信度让人怀疑，那么投资者就要承担更大的风险，这对大多数风险投资家来说是不可接受的。市场预测首先要对需求进行预测：市场是否存在对这种产品的需求？需求程度是否可以给企业带来所期望的利益？新的市场规模有多大？需求发展的未来趋势及其状态如何？影响需求都有哪些因素？

其次，市场预测还要包括对企业所面对的竞争格局进行分析：市场中主要的竞争者有哪些？是否存在有利于本企业产品的市场空当？本企业预计的市场占有率是多少？本企业进入市场会引起竞争者怎样的反应，这些反应对企业会有什么影响？等等。

在创业计划书中，市场预测应包括以下内容：市场现状综述；竞争厂商概览；目标客户和目标市场；本企业产品的市场地位；市场价格等。创业企业对市场的预测应建立在严密、科学的市场调查基础上。创业企业所面对的市场，本来就变幻不定、难以捉摸。因此，创业企业应尽量扩大收集信息的范围，重视对环境的预测，采用科学的预测手段和方法。创业者应牢记的是，市场预测不是凭空想象出来的，对市场错误的认识是企业经营失败的最主要原因之一。

5. 营销策略

营销是企业经营中最富挑战性的环节，影响营销策略的主要因素有：消费者的需求特点；产品的特性；企业内部优势和劣势；市场环境方面的因素。最终影响营销策略的是营销成本和营销效益因素。

在创业计划书中，营销策略应包括以下内容：目标市场描述；价格决策；市场机构和营销渠道的选择；促销计划和广告策略；营销队伍和管理等。

6. 生产制造计划

创业计划书中的生产制造计划应包括以下内容：产品制造和技术设备现状；新产品投产计划；技术提升和设备更新的要求；质量控制和质量改进计划。在寻求资金的过程中，为了增大企业在投资前的评估价值，创业者应尽量使生产制造计划更加详细、可靠。一般而言，生产制造计划应回答以下问题：企业生产制造所需的厂房、设备情况如何；怎样保证新产品在进入规模生产时的稳定性和可靠性；设备的引进和安装情况，谁是供应商；生产线的设计与产品组装是怎样的；供货者的前置期和资源的需求量；生产周期标准的制定以及生产作业计划的编制；物料需求计划及其保证措施；质量控制的方法是怎样的；相关的其他问题。

7. 财务规划

财务规划一般要包括以下内容：创业计划书的条件假设；预计的资产负债表；预计的损益表；现金收支分析；资金的来源和使用。

可以这样说，一份创业计划书概括地提出了在筹资过程中创业者要做的事情，而财务规划则是对创业计划书的支持和说明。因此，一份好的财务规划对评估创业企业所需的资金数量、提高创业企业取得资金的可能性是十分关键的。如果财务规划准备得不好，会给投资者以企业管理人员缺乏经验的印象，从而降低对创业企业的评估价值，同时也会增加企业的经营风险。

那么如何制订好财务规划呢？这首先要取决于创业企业的远景规划。是为一个新市场创造一个新产品，还是进入一个财务信息较多的已有市场呢？着眼于一项新技术或创新产品的创业企业不能参考现有市场的数据、价格和营销方式。因此，它要自己预测所进入市场的成长速度和可能获得纯利，并把它的设想、管理队伍和财务模型推销给投资者。而准备进入一个已有市场的创业企业则可以很容易地说明整个市场的规模和改进方式。创业企业可以在获得目标市场的信息的基础上，对企业第一年的销售规模进行规划。企业的财务规划应保证和创业计划书的假设一致。事实上，财务规划和企业的生产计划、人力资源计划、营销计划等都是密不可分的。要完成财务规划，必须要明确下列问题：产品在每一个期间的发货量有多大；什么时候开始产品线扩张；每件产品的生产费用是多少；每件产品的定价是多少；使用什么分销渠道，预期的成本和利润是多少；需要雇用哪几种类型的人；雇用何时开始，工资预算是多少？等等。

X电动汽车公司创业计划书（摘录）

一、项目背景

1. 现今，全球汽车工业面临能源环境问题的巨大挑战，世界汽车产业都在进行交通能源转型的研究及各种新能源技术开发。全球汽车工业为破解能源和环境制约，实现可持续发展，一直在积极探索和努力推动交通能源动力系统转型。

2. 2008年以来，面对金融危机、国际油价高位震荡和日益严峻的节能减排压力，世界汽车产业进入全面交通能源转型时期，发展电动汽车成为在国际上取得高度共识的、能够实现交通能源转型的技术路线，全球电动汽车产业进入加速发展的新阶段。

3. 发展新能源电动汽车成为中国产业升级、绿色发展、提升国际竞争力、实现"双碳"目标的重要布局，政府为电动汽车厂商提供政策引导和政策支持，这进一步为电动汽车的产业发展指明了方向。新能源汽车逐渐取代燃油汽车成为必然趋势，这也正是本公司成立的背景和市场切入点。

二、项目介绍

1. 本公司与当地政府联合，是一家专注于新能源汽车研发、生产和销售的创新型高科技企业。本公司秉持着环境友好和可持续发展的理念，通过技术创新和严格的质量管理，不断推动新能源汽车行业的发展。

2. 本公司掌握了一系列先进的电池技术，包括高效能量密度电池、快速充电技术和电池寿命延长技术等，解决消费者对新能源车的关键痛点。本公司的研发队伍还研发了先进的驱动系统和智能化控制技术，为新能源汽车提供强大而稳定的动力支持。

三、产品和服务

1. 本公司新能源科技的产品线包括纯电动轿车、SUV、公共交通工具等多种车型，以满足不同客户的需求。本公司的车型设计时尚、性能卓越，且具备高续航里程、低维护成本、环保节能等特点。其中纯电动轿车在加速性能、操控性和舒适性方面均达到了同级别车型的领先水平。

2. 本公司的新能源科技的产品主要面向中高端市场，以满足消费者对高品质、高性能新能源汽车的需求。为此，本公司还建立了完善的销售网络和售后服务体系，为客户提供全方位的购车和用车服务体验。

四、竞争优势

1. 本公司竞争优势在于行业领先技术、丰富的产品线以及严格的质量管理。直接

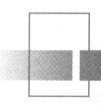

竞争对手为特斯拉、极狐、即氪等为代表的传统品牌，以及天际、理想、蔚来等为代表的新势力品牌。

2. 创新是新能源科技的核心竞争力。本公司拥有一支高素质研发团队，专注于新能源汽车技术的研发和创新。公司不断投入研发资金，拓展研发领域，在新能源汽车行业不断取得技术突破和创新专利。

3. 目前本公司与当地政府联合，得到政府和产业链上下游企业的大力支持，以卓越的技术、优质的产品和坚定的环保理念，共同推动新能源汽车行业的发展。同时，公司积极拓展国内外市场，以提升品牌知名度和市场份额。

五、运作模式

1. 本公司与当地的电力公司合作建立充电桩网络，形成覆盖面广、便捷可靠的充电网络体系，同时还实现全程充电路线规划、线上预约充电和固定充电等服务。

2. 电动汽车的生产流程包括原材料采购、零部件制造、整车组装、质量检测等多个环节。本公司通过与当地政府合作，推动构建一系列与新能源汽车相关的产业及政策体系，推进当地产业链升级和共同发展。

3. 本公司在销售渠道的选择上，注重线上线下融合的多渠道营销，通过官方网站、电商平台、实体展厅等多种渠道联合进行销售。同时，为了扩大市场份额，本公司还采用区域代理的线下铺排策略，与经销商合作共同开拓市场。

4. 本公司建立了完善的售后服务组。本公司的售后体系包括保养维修、技术支持、用户体验、用户社区等方面，以提供便捷高质的保养维修服务，解决用户在使用过程中遇到的各种问题。同时，通过收集用户反馈，公司不断迭代优化产品和服务，以不断提升用户满意度。

六、财务预测

1. 电动汽车销售

表一 预测财务收入表

年份	2024年	2025年	2026年	2027年	2028年
纯电动汽车/辆	20 000	60 000	120 000	200 000	300 000
销售收入/万元	300 000	900 000	1 800 000	3 000 000	4 500 000
净利润/万元	18 000	54 000	108 000	180 000	270 000

2. 电动汽车电池销售

表二　预测财务收入表

年份	2024年	2025年	2026年	2027年	2028年
电车电池/个	10 000	30 000	60 000	100 000	150 000
净利润/万元	4 400	13 200	26 400	44 000	66 000

七、融资计划

公司计划融资5亿元，主要用于以新能源汽车为主的汽车研发、制造和组装业务，以及营运流动资金。

八、经营团队

林某某：任职本公司总经理。

简介：曾任北京有色金属研究总院副主任，负责本公司一般运营及制定本公司各项业务策略，对行业发展独具观点。

童某某：任职本公司品质处总经理。

简介：历任公司汽车工程研究院高级工程师，汽车工程研究底盘部副经理、汽车产业群品质处总经理，拥有丰富的工作经验与成就。

王某某：任本公司顾问。

简介：高级工程师，为享受国务院特殊津贴的科技专家，曾荣获"2016年联合国开发计划署'可持续发展顾问委员会'创始成员"等奖项。

6.3　创业计划书的编写

一份优秀的创业计划书从开始创意到编写完成都需要创业者投入极大的时间和精力，创业计划书对于创业成功有着非常重要的作用。

6.3.1　创业计划书的编写原则

创业计划书是创业计划的书面表述，针对不同的读者，其表述形式应该有所差异。但是创业计划书的首要任务是募得创业资金，因此，本书主要从风险投资者的角度来介绍一下创业计划书的编写原则。

1. 编写创业计划书的思路要循序渐进

创业计划不是一个简单的计划，它是指导企业运行的一个管理工具。在企业建立之初，创业计划的主要功能是吸引投资者，吸引雇员。但这并不是说只要做到吸引投资者和雇员就行了，还应在计划中确定目标和里程碑，以指导未来的工作。例如，每月要争取多少名客户等。创业计划书不仅要说服投资者，对客户、供应商和雇员也应具有指导作用。

2. 创业计划书的内容要清晰明了

某些创业者写的创业计划书长篇累牍、数据烦琐、表述不清、面面俱到，但最后也没有明确说出创业观点、创业思路是什么，必然遭到风险投资家的否决。制订创业计划，一定要清晰明了地把主要内容亮出来。

3. 创业计划书的观点要客观

创业计划书不要用大量炫目的形容词来说明这个市场是多么巨大，而要实事求是地说明有哪些市场机会，让投资者切实感觉到创业机会的存在，而不是感到虚无缥缈、虚张声势。

4. 创业计划书的语言要通俗易懂

一些创业者写的创业计划书中充斥大量的技术术语，这些技术术语确实重要，但是技术术语是给专业人士看的，投资者更关心这些创业计划能为自身创造多大价值，所以创业者一定要把创业计划书写得通俗易懂。

5. 创业计划书的书写风格前后要一致

创业者在编写创业计划书时，无论是计划书前后分析问题的思路，还是分析市场和预算收益时所列举的数据，都要前后对照一致，这样才不致引起误读。否则，将让投资者对创业者的严谨性持怀疑态度。

6. 创业计划书的各项计划进度安排要严谨周密

创业计划书中针对创业过程中的各项活动都有详细的进度安排，这些进度安排既要符合客观实际，又要严谨周密，否则会给投资者留下不切实际、闭门造车的印象，从而导致创业计划书被否决。

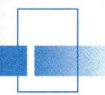
 知识链接

创业计划书的写作手法

第一、开门见山，打动人心。

要开门见山地切入主题，用真实简洁的语言描述你的想法，不要浪费时间去讲与主题无关的内容，并要表现语言的煽动力，从而展现你的领导才能。

第二、注意细节，自信诚恳。

尽可能地搜集更多资料，对于市场前景、竞争优势、回报分析等要从多角度加以分析和总结。对于可能出现的困难或问题要有足够的认识和预估，同时准备多位顾客的事前采购协议，帮助投资者强化项目可行性认识。

第三、脉络清楚，条理分明。

尽可能按照如何实现营业循环和盈利来设计创业计划书，这样能够让你的条理性更清楚。投资者往往会在创业计划书看了一半的时候，向你提问前面或后面的问题，甚至是你没有想到的新问题。如果没有成熟的思考脉络，很可能会面对投资者无言以对。

6.3.2　创业计划书的编写重点

那些既不能给投资者以充分的信息，也不能使投资者为之激动的创业计划书，其最终结果只能是被扔进垃圾桶。因此，为了确保创业计划书能"击中目标"，创业者在编写创业计划书时应着重突出以下几点：

1. 时刻关注产品

在创业计划书中，应提供所有与企业的产品或服务有关的细节，包括企业所实施的所有相关问题调查。这些问题包括：核心产品是什么？产品正处于什么样的发展阶段？它的独特性如何？ 谁会使用企业的产品，为什么？ 企业分销产品的方法是什么？ 产品的生产成本是多少，售价是多少？企业发展新产品的计划是什么？把投资者拉到企业的产品或服务中来，这样投资者就会和创业者一样对产品有兴趣。编写创业计划书的目的不仅是要让投资者相信企业的产品会产生革命性的影响，同时也要使他们相信企业有证明它的论据。

2. 敢于参与竞争

在创业计划书中，应细致分析竞争对手的情况。竞争对手都是谁？ 他们的产品性能如

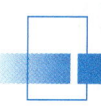

何？竞争对手的产品与本企业的产品相比，有哪些优势和劣势？竞争对手所采用的营销策略是什么？要明确每个竞争者的销售额、毛利润、收入以及市场份额，然后再讨论本企业相对于每个竞争者所具有的竞争优势，要向投资者展示，客户偏爱本企业的原因——本企业的产品质量好、定位适中、价格合适等。创业计划书要使投资者相信，本企业不仅是行业中的有力竞争者，而且将来还会是确定行业标准的领先者。在创业计划书中，创业者还应阐明竞争者给本企业带来的风险以及本企业将采取的对策。

3. 详尽了解市场

创业计划书要给投资者提供企业对目标市场的深入分析和理解。要细致分析经济、地理、职业以及心理等因素对客户选择购买本企业产品这一行为的影响，以及各个因素所起的作用。创业计划书中还应包括一个主要的营销计划，计划中应列出本企业打算开展广告、促销以及公共关系活动的地区，明确每一项活动的预算和收益。创业计划书中还应简述一下企业的销售战略：企业是使用外面的销售代表还是使用内部职员？企业是使用转卖商、分销商还是特许商？企业将提供何种类型的销售培训？此外，创业计划书还应特别关注销售中的细节问题。

4. 表明行动方针

企业的行动计划应该是无懈可击的。创业计划书中应该明确下列问题：企业如何把产品推向市场？如何设计生产线，如何组装产品？企业生产需要哪些原料？企业拥有哪些生产资源，还需要什么生产资源？生产和设备的成本是多少？企业是买设备还是租设备？解释与产品组装、储存以及发送有关的固定成本和变动成本的情况。

5. 展示团队力量

把一个思想转化为一个成功的创业企业，其关键的因素就是要有一支强有力的管理队伍，这支队伍的成员必须有较高的专业技术知识、管理才能和多年工作经验。在创业计划书中，应首先描述一下整个管理队伍及其职责，然而再分别介绍每位管理人员的学历背景，特殊才能、特点和造诣，细致描述每个管理者将对公司所做的贡献。创业计划书中还应明确管理目标以及组织机构图。

6. 出色的计划摘要

创业计划书中的计划摘要必须能让投资者有兴趣并渴望得到更多的信息，它将给投资者留下长久的印象。计划摘要简明而生动地概括公司内部的基本情况，公司的能力以及局限性，公司的竞争对手，营销和财务战略，公司的管理队伍等。假设公司是一本书，计划摘要就是

这本书的封面，如果计划摘要做得好就可以把投资者深深吸引住，如果计划摘要做得不好，投资者就可能没有继续读下去的欲望。

6.3.3　创业计划书的编写技巧

风险投资家每天从各种渠道收到的创业计划书很多，但是每天能用来看创业计划书的时间却是有限的。所以，建议创业计划书最好做成PPT。一方面PPT图文排版更方便、表现更丰富，方便讲清楚创业项目；另一方面PPT一般是按页查看，让人更有耐心去了解。创业计划书的内容大概在20页，不要刻意控制页数，着重把每项内容讲清楚。以下列举一些创业计划书的编写技巧。

第一部分（2~3页）：讲清楚要做什么。用简明扼要的文字说明公司具体要做的事情，最好能配上简单的上下游图或功能示意图，让投资者对你的项目一目了然。核心是要突出专注力，表明你就想做一件事，而且就想解决这件事中的某一个关键问题。不要追求大而全，也不要展示太长的产业链。

第二部分（4~6页）：介绍行业背景、市场现状。讲清楚行业背景、市场发展趋势、市场空间。要说明你在正确的时间做正确的事，而且市场空间大。着重描述在目前的市场背景下，你的项目抓住了一个市场空白，或者你的项目可以为客户带来更高性价比的产品或服务。尽量列出与竞争对手的对比分析，表明当前的商业机会。

第三部分（5~10页）：如何做以及现状。讲清楚商业模式实现的具体方案。包括产品的研发、生产、市场、销售策略。

第四部分（2~3页）：介绍团队。讲清楚团队的股份和分工。团队要有合理分工，需要介绍团队主要成员的背景和特长。注意要强调团队中个人的能力适合某岗位，团队的组合适合创业项目。

第五部分（1~2页）：强调优势。讲清楚你的项目以及团队的优势。让投资人相信你要做的事非常有前景，而且团队很适合这个项目。注意回答好两个问题：为什么是现在做这个项目，为什么你们能成功。

第六部分（2~3页）：财务预测与融资计划。讲清楚前三年的财务情况，以及后三年的财务预测。早期项目的盈利不重要，投资人主要对高增长性项目感兴趣。着重表明你的融资计划，需要多少资金。资金需求一般作一年规划，这一年创业项目要达成什么目标，达成这个目标需要多少预算。

6.3.4　创业计划书的检查与评估

在创业计划书编写完成之后，创业者要再检查一遍创业计划书，看一下该计划书是否能准确回答投资者的疑问，增强投资者对本企业的信心。通常，可以从以下几个方面对创业计划书加以检查：

（1）创业计划书是否显示出创业者具有管理公司的经验。

（2）创业计划书是否显示了创业者有能力偿还借款。

（3）创业计划书是否显示出创业者已进行过完整的市场分析。

（4）创业计划书是否容易被风险投资者所理解。

（5）创业计划书是否把计划摘要放在了最前面。

（6）创业计划书是否在文法上全部正确。

（7）创业计划书能否打消投资者对产品或服务的疑虑。

 知识链接

成功撰写创业计划书的几点建议

（1）亲力亲为。没有人可以代替你制订计划。

（2）投资者关心财务状况，但更关心能够实现预期财务目标的战略。

（3）要清楚地显示出与竞争对手的明显差异，不要陷入"我也是"的境况。

（4）明确目标市场，提供客户真实存在的证据。

（5）认真校对，不要出现错别字和语法错误。

（6）要有现金流预测，这对新创企业的生存至关重要。

（7）保持计划书的整洁，简明扼要，篇幅不要太长。

（8）陈述事实，尽量避免"我认为""我估计"等主观判断和猜测。

（9）给创业计划书设计一个有吸引力的封面。

创业计划书要经得起三方面的测试

（1）真实性测试。证明市场是真实存在的，可以在预期的成本水平占领市场。

（2）竞争性测试。要比竞争对手更接近客户，有能力比竞争对手做得更好。

（3）价值测试。能够真正解决客户真实存在和关心的问题，能给客户带来价值，给投资者提供吸引力的投资回报。

资料来源：张玉利.创业管理.3版.北京：机械工业出版社，2015.

6.3.5　创业计划书的常见错误

创业计划书虽然简短，但是它能够让风险投资者在较短的时间内决定一个创业项目的生死。因此，若创业计划书在编写过程中出现一些不该有的错误（见表6-3），创业者将面临被风险投资家拒绝的命运。那么，创业计划书中常见的错误又有哪些呢？

（1）创业计划书准备不充分，比如缺少封面、缺少关键信息或者打印错误等。

（2）对产品或服务的前景过分乐观，使人产生不信任感。

（3）市场数据或财务数据没有说服力。

（4）计划摘要太长且没有抓住重点。

（5）对市场现状、对竞争者缺乏深刻的认识。

（6）没有对创业团队给予清晰的陈述，让投资者感觉创业团队没有相关经验。

（7）没有针对性，盲目寻求风险投资者。

任何创业者在编写创业计划书时，都要在充分市场调研的基础上，遵循创业计划书编写的原则，掌握创业计划书编写的技巧，避免创业计划书编写过程中可能出现的错误，并认真对创业计划进行检查和评估，才能得到风险投资家的青睐并顺利获得风险投资资金，最终实现创业成功。

表6-3　创业计划书不应有的错误及解释

错误	解释
摘要太长而且松散，未能说准要点	简明扼要又全面，具体见文中案例
没有清楚回答"人们为什么想购买这种产品"	产品有价值要基于对潜在顾客的调研
没有对管理团队资质给予清晰的陈述	管理团队的个人简历需用附录具体说明，否则准投资人认为管理团队没有经验
过于乐观的财务预测	盲目乐观会失去可信度，需根据实际调研做出合理预测
界定的市场规模过于宽泛	企业的市场规模应是目标市场，而不是产业市场
隐藏和回避不足与风险	需要准确识别各类风险，否则准投资人会认为计划不够深入
没有清晰回答产品所处的阶段	准投资人会认为产品开发工作或是没有真正开展或是不具有合理性
认为没有竞争者	说明缺乏深入、认真的市场调研
任何形式上的错误	排版、语句错误，以及资产负债表的不平衡等

资料来源：张玉利.创业管理.3版.北京：机械工业出版社，2015.

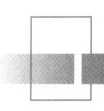

知识链接

基于微信平台的智能掌上美食点餐小程序开发

项目背景

在我国，发展数字经济已经成为重要的国家战略，其中一项就是网络平台经济的发展。网络越来越快地进入到千家万户，随着互联网应用呈现爆炸式增长。网络凭借其卓越的互动性和便捷性，正成为最有发展潜力与前途的新兴平台载体。

随着无线网络技术的发展和智能手机终端的普及，人们在日常生活中都希望通过智能手机高效、便捷地解决饮食起居日常需求。基于微信平台的智能掌上美食点餐小程序就是迎合了人们在就餐方面的需求。开发基于微信平台的智能掌上美食点餐小程序在疫情结束后再度兴起，成为服务型餐饮企业提高服务效率和服务质量的重要手段。

项目优势分析

首先，从政策层面看，数字经济和平台经济是政府发展经济及产业结构调整中的关注重点，具有较好的政策环境，也是构建智慧城市的重要支撑之一。其次，从消费实际层面看，外出就餐是我国居民较为活跃的日常消费，是拉动内需增长、发展服务业刺激经济的重要环节。但是在实际生活中，人们常常就心仪的饭店是否有餐位，以及有什么样的菜肴而发愁，并头疼于在周末或者节假日就餐时漫长的排队等候。而基于微信平台的智能掌上美食点餐小程序可以很好地应对这些问题。人们到店前，可以使用移动设备查询餐馆菜谱、拥挤度和排队情况，并可以线上排队。在到店后，可以通过扫描店内的二维码，快速浏览该店所有菜肴品种简介、价位、销售量和其他顾客的消费评价，从而通过终端设备迅速完成点餐。这样，所有的操作都通过智能终端解决，从而大大减少了人们在外出就餐时的诸多痛点。

最后，从技术优势上看，目前无线网络已经基本覆盖各个城市，并且智能手机终端也相当普及，这些都为该小程序的应用提供了很好的技术基础。所以本小程序要解决的关键技术问题就是扫码点餐系统的建设，创业成本不高，可行性强。

项目的独特与创新分析

首先，与传统的点餐方式不同，本小程序在方便性、实时性等方面具有显著优势。传统的点餐方式需要顾客等待服务人员，并且店内的菜单存在更新不及时、店员服务质量参差不齐等问题。而基于微信平台的智能掌上美食点餐小程序的开发适应了当下移动支付普及和消费者消费习惯数字化转变的新趋势，可以让顾客随时随地依据个人喜好提前预订座位、自助点餐、并在餐后对消费进行评价。这样，不仅能够大大提高点餐效率，也能为顾客带来更加便捷舒适的用餐体验，在一定程度上提高顾客回头率。消费者满意的同时，商家也因此得利，达到多方共赢的效果。

　　其次，本小程序可以快速且持续地收集用户的历史点餐记录、菜品浏览记录和查询记录，让基于大数据算法的用户个性化菜品推荐成为可能，提升服务体验和企业盈利。对于新用户而言，小程序可以根据用户注册的时候填写的个人饮食偏好等信息，以及当前的查询与浏览操作来进行推荐。此外，该小程序也可以为入驻商家提供数据分析服务，通过对程序后台收集的顾客消费数据进行分析，与商家共享统计分析结果，例如一段时期内某类菜品的受欢迎程度；顾客对店内各类菜品的消费倾向和动态变化等，为商家提供基于数据的洞见和针对性改善建议。

市场特征

　　信息时代的快速发展对各行业的影响很大，餐饮业也不例外。为提升餐饮业的服务质量和数字化程度，就必须摒弃传统餐饮业低层次的服务方式，为餐饮服务注入数字活力。电子商务发达的今天，追求快速简单便捷的就餐方式成了大部分消费者的首选。无线网络在城市的大面积覆盖，以及智能手机终端的普及又给消费者们提供了很好的设备基础。基于微信平台的智能掌上美食点餐小程序应运而生。

市场定位

　　目前，基于微信平台的智能掌上美食点餐小程序开发主要面向城市重要道路两侧及重要商圈中的餐饮企业，这些餐饮企业享有较高的人流量，但也是往往需要排队，对快速就餐服务具有较高要求的地方。通过该小程序的推广和应用，可以通过缩短就餐排队等候的时间而提高就餐的人数，也可以提供更高品质的点餐和用餐服务，为餐饮企业实现可观的经济利润；同时，可以通过该小程序提供的顾客消费大数据，调查和分析顾客的服务满意度和消费倾向，从而根据顾客意向及时推出新产品，改善服务中的不足。

平台介绍

　　这是一款通过移动设备上的微信搜索或微信扫描店内二维码后即可进入的掌上美食点餐小程序。在该小程序中，就餐者首先可以看到该就餐地点的所有桌位分布图，就餐者可以根据就餐人数、就餐时间、个人喜好等关键字预订座位，并可以通过"菜单数据库"浏览该就餐地点所有菜肴的品种简介和价位，并通过终端设备完成点餐。所有操作都可以通过智能终端一站式解决，从而大大减少了人们外出就餐的诸多麻烦和不便。

平台开发

　　目前无线网络已经基本覆盖城市的各个角落，并且智能手机终端也相当普及，这些都为该小程序的应用提供了很好的基础。所以本系统要解决的关键技术问题就是小程序系统和数据库的建设，创业团队完全有能力结合自身的专业知识设计研发出此类软件。

平台推广

1. 建立自有销售平台，打通社会化营销渠道，提高品牌渗透度。
2. 二维码应用，实现从线下到线上的无缝连接。
3. 建立强大的用户数据库，实现用户行为记录分析。
4. 增强数据互通，实现各系统的数据互通。

创业团队

该小程序的设计和研发主要由熟悉网络开发、市场营销和商务运营的专业技术人员承担。

营销策略

小程序开发完成后，可以在一些试点餐饮企业首先加以推广，推广期不收或者收取少量的系统运营费用，待出现市场效益后，再对后续使用该小程序的餐饮企业收取相关费用。

融资与投资

小程序开发属于风险投资，其项目成功与否的不确定性较大，小程序工程项目的成本控制、投资回收率等财务管理工作难度也很大。由于这些经营风险和财务风险，所以必须加强财务管理。

首先，注册一家软件开发公司所需资金主要包括：① 最低注册资金10万元。只能搞开发、咨询，不能搞销售。② 最低注册资金30万元。可以搞销售，但不能搞批发。③ 最低注册资金50万元，可以搞批发。

其次，软件数据库也需要资金的维护。费用一般分为三个部分：服务器空间（存储网站文字图片内容，程序代码用的）、网站域名的费用、网站页面设计以及后台程序编写的费用，以及日常维护费用。

如果项目用户量较大，那么就需要一台自己的服务器，需要2万元左右；一个简单的介绍页面建设费用需要3 000元，年运营费需要300元；同时，最低需要一个美工，2个程序员，2个管理、策划，平均每人每月5 000元开支，即25 000元/月，还需要宣传等费用。

财务分析

1. 软件开发成本预测分析的指标

掌上美食软件开发项目的支出，可以分为研究阶段支出和开发阶段支出。

2. 投资回收期的计算和分析

按照财务管理的理念，投资回收期是以投资项目经营净现金流量抵偿原始投资所需要的全部时间。

3. 投资收益率的计算和分析

投资收益率（也称为投资报酬率）是指项目运营期年平均利润占项目总投资的百分比。投资收益率的计算公式为：投资收益率=年平均利润/项目总投资。

如果将该投资收益率与其他投资项目的收益率相比，属于比较高的，那么这个软件工程项目就是可行的；否则为不可行。如果没有其他项目可以对比，那么，就和同期银行存款利率进行比较，高于同期银行存款利率，就是可行项目；否则，不可行。

4. 软件工程项目纯收入的计算和分析

衡量软件工程项目的纯收入，应该将项目的整个生命周期之内系统的累计收入额折现以后，扣除原始投资以后的净额作为软件工程的纯收入。

风险分析

软件项目的开发过程可能存在超出预算或者质量无法保证或者人员增减的问题。在软件项目的整个生命周期中，变化是唯一不变的事物。变化带来不确定性，不确定性就意味着可能出现损失，而损失的不确定性就是风险。软件开发项目存在着成本超支、进度延迟、质量及可用性等风险问题。

此外，研究表明，约有1/3的软件项目未能及时预见和有效控制软件风险，导致过程失控而被迫取消；另外2/3的软件项目，由于同样的原因，实际开发时间平均是计划的2倍。

在掌上美食小程序开发准备阶段可能发生的风险事件是：对业务了解不够、对需求了解不够、没有进行充分的可行性研究、进度安排混乱，等等。

财务预警

在进行掌上美食小程序开发时，需要做好财务预警，建立完备的财务预警系统。可以借助财务报表、经营计划及其他相关会计资料，基于财会、统计、金融等诸多理论，采用比率分析、比较分析、因素分析等多种分析方法，对企业的经营活动和财务活动进行分析预测，以该小程序开发和运营活动中的潜在经营风险和财务风险，未雨绸缪。此外，财务预警系统也可为纠正经营方向、改进经营决策和有效配置资源提供可靠依据。

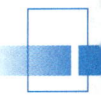

【本章小结和思考题】

制订创业计划是任何创业活动的开始。好的创业计划书是创业行动的纲领，也是向投资者展示创业项目、实现融资的重要工具。本章主要介绍了创业计划的概念、编制创业计划书的目的和意义、创业计划书的主要内容和结构以及编写创业计划书时常见的错误，并结合相应的知识链接和案例导读，使读者对创业计划的作用以及创业计划书的编写要求有一个全面系统的认识。

一、简答题

1. 制订创业计划的目的和作用是什么？

2. 创业计划书的主要内容有哪些？

3. 编写创业计划书有哪些技巧？

4. 为什么说创业计划书中的计划摘要十分重要？

5. 创业计划书是否应该全面揭示和讨论创业过程中各种潜在的风险因素？这会对创业者造成负面影响吗？

6. 实践练习。请读者在详细市场调研的基础上，就自己感兴趣的创业项目写一份创业计划书，要求主题突出、结构完整、内容翔实；并组织开展一次创业计划书的模拟评估活动，遴选出相对优秀的创业项目。

二、能力应用题

成都理工大学的冯杨是一名科学与艺术学院的大四学生，有着创业"执念"的他，从大一开始就积极参与各项社团的活动与工作，想要通过社团的工作不断地锻炼自己的能力，更重要的是，他想要从中抓住所有可以用来创业的点子。一次，在四川博览事务局、新华网、新华社四川分社联合主办的首届四川省大学生新媒体创新大赛中，作为学校学生会宣传部理事长的冯杨抽中了"展馆"一题。经过和两名队友的反复讨论，冯杨的团队决定从当下最有潜力的智能技术概念，采用无人机拍摄与VR技术相结合的手段，将全景技术与H5、超链接、视频和图文互动等多种新媒体相融合，做出"720度全景虚拟游览'进口展'"的作品，最终展出效果十分出色，冯杨所带领的团队也因此拔得头筹。

比赛后，"无人机""VR全景"等词汇一直盘旋在冯杨的脑海中，当时的VR技术多被应用于游戏以及视频制作的领域，而结合VR和全景技术的生活实践应用在中国市场几乎还是空白。有了比赛的成功经验，冯杨和两名队友以及其他两名同学决定组建一支VR全景制作团队，踏上了创业之旅。

公司成立之后，他们的团队开始扩大，涉及业务范围包括展览馆、博物馆、行业展会、房地产等。随着公司的规模逐渐扩大，面临的挑战也越来越多。从组建团队到创建公司，他们遇到技术、管理、与人合作等诸多困难，但他们稳扎稳打，全力解决所遇到的问题。目前，冯杨的公司正在打造自己的品牌项目，他们的作品也得到越来越多投资人的关注，公司的发展蒸蒸日上。现在他们已经修改完善了最初的创业计划书，已和风投公司洽谈，已有三家风投公司表示愿意出资支持公司发展。

启发思考题：

1. 上述案例是在什么样的社会、文化和技术背景下产生的创业计划？

2. 上述创业计划抓住了什么样的关键市场机会，填补了什么样的市场空缺？

3. 上述创业计划在撰写和完善创业计划书时应该着重强调哪些方面，以吸引投资人和市场的关注？

【分析思路】

请从创业者冯杨个人特质、大环境背景（如政策环境、技术变革等）以及市场顾客需求带来的新市场机会出发分析创业计划的产生背景。请分析该创业计划的核心亮点和竞争力来规划和安排创业计划书的写作重点。

附录

创业计划书样本

按国际惯例通用的标准文本格式形成的项目计划书，是全面介绍公司和项目运作情况，阐述产品市场及竞争、风险等未来发展前景和融资要求的书面材料。

一、项目企业摘要

创业计划书摘要，是全部计划书的核心之所在。

投 资 安 排

资金需求数额	（万元）	相应权益	

拟建企业基本情况

公司名称	
联系人	
电话	

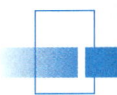

续表

传真	
E-mail	
地址	
项目名称	
您在寻找第几轮资金	□种子资本　□第一轮　□第二轮　□第三轮
企业的主营产业	

其他需要着重说明的情况或数据（可以与下文重复，本概要将作为项目摘要由投资人浏览）

二、业务描述

企业的宗旨（200字左右）。

主要发展战略目标和阶段目标。

项目技术独特性（请与同类技术比较说明）。

介绍投入研究开发的人员和资金计划及所要实现的目标，主要包括：

1. 研究资金投入。

2. 研发人员情况。

3. 研发设备。

4. 研发产品的技术先进性及发展趋势。

三、产品与服务

创业者必须将自己的产品或服务创意作一介绍。主要有下列内容：

1. 产品的名称、特征及性能用途；介绍企业的产品或服务及对客户的价值。

2. 产品的开发过程，同样的产品是否还没有在市场上出现？为什么？

3. 产品处于生命周期的哪一段？

4. 产品的市场前景和竞争力如何？

5. 产品的技术改进和更新换代计划及成本。

6. 利润的来源及持续营利的商业模式。

本产品或服务的生产经营计划，主要包括以下内容：

1. 新产品的生产经营计划：生产产品的原料如何采购、供应商的有关情况，劳动力和雇员的情况，生产资金的安排以及厂房、土地等。

2. 公司的生产技术能力。

3. 品质控制和质量改进能力。

4. 将要购置的生产设备。

5. 生产工艺流程。

6. 生产产品的经济分析及生产过程。

四、市场营销

介绍企业所针对的市场、营销战略、竞争环境、竞争优势与不足、主要对产品的销售金额、增长率和产品或服务所拥有的核心技术、拟投资的核心产品的总需求，以及目标市场等，着重解决以下问题：

1. 你的细分市场是什么？

2. 你的目标客户群是什么？

3. 你的5年生产计划、收入和利润是多少？

4. 你拥有多大的市场？你的目标市场份额为多大？

5. 你的营销策略是什么？

详细的行业分析，应该回答以下问题：

1. 该行业发展程度如何？

2. 现在发展动态如何？

3. 该行业的总销售额有多少？总收入是多少？发展趋势怎样？

4. 经济发展对该行业的影响程度如何？

5. 政府是如何影响该行业的？

6. 是什么因素决定行业的发展？

7. 竞争的本质是什么？你采取什么样的战略？

8. 进入该行业的障碍是什么？你将如何克服？

深刻的竞争分析，应回答如下问题：

1. 你的主要竞争对手是谁？

2. 你的竞争对手所占的市场份额和市场策略？

3. 可能出现什么样的新发展？

4. 你的核心技术（包括专利技术拥有情况、相关技术使用情况）、产品研发的进展情况和现实物质基础是什么？

5. 你的策略是什么？

6. 在竞争中你的发展、市场和地理位置的优势所在？

7. 你能否承受、竞争所带来的压力？

8. 产品的价格、性能、质量在市场竞争中所具备的优势？

独特的市场营销团队和策略，应说明以下问题：

1. 营销机构和营销队伍。

2. 营销渠道的选择和营销网络的建设。

3. 广告策略和促销策略。

4. 价格策略。

5. 市场渗透与开拓计划。

6. 市场营销中意外情况的应急对策。

五、管理团队

全面介绍公司管理团队情况，主要包括：

1. 公司的管理机构，主要股东、董事、关键雇员、薪金、股票期权、劳工协议、奖惩制度及各部门的构成等。

2. 要展示公司管理团队的战斗力、独特性及与众不同的凝聚力和团结精神。

列出企业的关键人物（含创建者、董事、经理和主要雇员等）

关键人物的信息介绍：

姓名	
角色	
专业职称	
任务	
专长	

主要经历			
时间	单位	职务	业绩

所受教育			
时间	学校	专业	学历

企业共有多少全职员工？（填数字）

企业共有多少兼职员工？（填数字）

尚未有合适人选的关键职位？

管理团队优势与不足之处？

人才战略与激励制度？

外部支持：公司聘请的法律顾问、投资顾问、投发顾问、会计师事务所等中介机构名称。

六、财务预测

财务分析包括以下三方面的内容：

1. 过去3年的历史数据，今后3年的发展预测，主要提供过去3年现金流量表、资产负债表、损益表以及年度的财务总结报告书。

2. 投资计划：

（1）预计的风险投资数额；

（2）创业企业未来的筹资结构如何安排；

（3）获取风险投资的抵押、担保条件；

（4）投资收益和再投资的安排；

（5）风险投资者投资后双方股权的比例安排；

（6）投资资金的收支安排及财务报告编制；

（7）投资者介入公司经营管理的程度。

3. 融资需求

创业所需要的资金额，团队出资情况，资金需求计划，为实现公司发展计划所需要的资金额，资金需求的时间性，资金用途（详细说明资金用途，并列表说明）。

融资方案：公司所希望的投资人及所占股份的说明，资金其他来源，如银行贷款等。

完成研发所需投入？达到盈亏平衡所需投入？达到盈亏平衡的时间？项目实施的计划进度及相应的资金配置、进度表等。

投资与收益详表：

（单位：万元）

	第一年	第二年	第三年	第四年	第五年
年收入					
销售成本					
运营成本					
净收入					
实际投资					
资本支出					
年终现金余额					

七、资本结构

迄今为止有多少资金投入贵企业？	
目前要筹集多少资金？	
假如筹集成功，企业可持续经营多久？	
下一轮投资打算筹集多少？	
企业可以向投资人提供的权益	□股权　□可转换债　□普通债权　□不确定

目前资本结构表：

股东成分	已投入资金	股权比例

本期资金到位后的资本结构表：

股东成分	投入资金	股权比例

请说明你们希望寻求什么样的投资者？（包括投资者对行业的了解，在资金上、管理上的支持程度等）

八、投资者退出方式

股票上市：依照本创业计划的分析，对公司上市的可能性做出分析，对上市的前提条件做出说明。

股权转让：投资者可以通过股权转让的方式收回投资。

股权回购：依照本创业计划的分析，公司对实施股权回购计划应向投资者说明。

利润分红：投资者可以通过公司利润分红达到收回投资的目的，按照本创业计划的分析，公司对实施股权利润分红计划应向投资者说明。

九、风险分析

企业面临的风险及对策。

　　详细说明项目实施过程中可能遇到的风险，提出有效的风险控制和防范手段，包括技术风险、市场风险、管理风险、财务风险及其他不可预见的风险。

十、其他说明

　　您认为企业成功的关键因素是什么？

　　请说明为什么投资者应该投资该企业而不是别的企业？

　　关于项目承担团队的主要负责人或公司总经理详细的个人简历及证明人。

　　媒介关于产品的报道；公司产品的样品、图片及说明；有关公司及产品的其他资料。

　　创业计划书内容真实性承诺。

第七章
创业融资

【学习目标】

1. 了解创业融资的背景。

2. 掌握创业融资的主要类型。

3. 了解创业企业的估值。

4. 了解创业融资的过程。

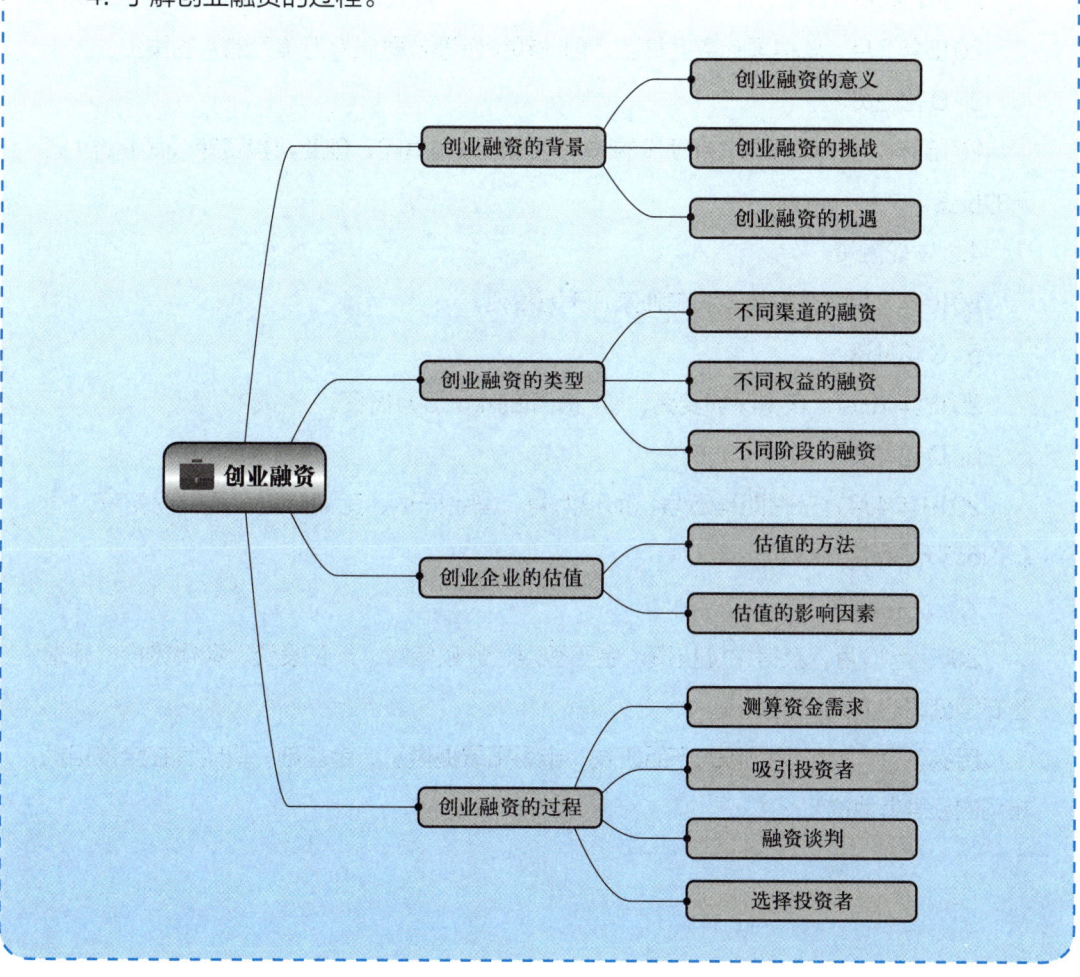

【引导案例】

影石创新的融资历程[①]

影石创新是一家专注于全景智能影像设备研发制造的高科技企业，2023年影石创新在全球全景相机市场的占有率为35%，位列世界第一。近两年，影石创新加大市场研发力度，市场占有率再度提高。影石创新的创始人是一个年轻的团队，刘靖康等4位创始人均为90后。2014年，刘靖康无意间体验了谷歌CARDboard智能眼镜，加之在网上看到国外某个团队在澳洲上空拍摄的360°全景视频，他决定进行VR全景相机领域的创业之路。随着影石创新不断增长并证明其商业模式的可行性，他们成功地吸引了各类投资者。该公司经历了以下融资历程：

1. 天使轮融资

2014年9月，获得国际数据集团（IDG）100万美元的天使轮投资。

2. A轮融资

2015年3月，获得国际数据集团、创业邦投资等公司900万美元的A轮投资。

3. B轮融资

2016年4月，获得维尔京领投的，包括国际数据集团、创业邦投资等公司超过1亿元的投资。

4. B+轮融资

2016年8月，获得苏宁润东独家几千万投资。

5. C轮融资

2018年10月，获得深圳麦高、厦门富凯的4 050万投资。

6. D轮融资

2019年4月，获得朗玛五号、朗玛六号、华金同达、芜湖旷沄、汇智同裕等公司9 196万元投资。

7. D+轮融资

2019年10月，获得中证投资、金石智娱、一顿传媒、天正投资、利得鑫投、领誉基石等公司的1.45亿元投资。

历次融资，为影视创新的产品研发、市场拓展提供了资金基础，奠定其在全景相机市场的领导者地位。

---

① 马瑞清，安迪·莫.企业融资——从创业私募到IPO上市［M］.北京：电子工业出版社，2023.

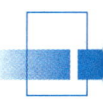

7.1 创业融资的背景

7.1.1 创业融资的意义

创业融资是指创业企业根据自身发展的要求，结合生产经营、资金需求等现状，筹集生产经营和发展所需资金的行为和过程。它具有以下意义：

（1）帮助企业扩大规模：通过融资，创业企业可以投入更多资金来扩大企业规模，提高生产能力、扩展市场份额和提供更多的产品或服务。

（2）加速产品创新和研发：融资使创业企业能够投入更多资源用于研发新产品或改进现有产品。这有助于企业保持竞争优势，满足市场需求，并获得更多的客户。

（3）吸引优秀人才：融资后，创业企业能够提供吸引人才的薪酬和福利，进而聘请到优秀的员工，构建强大的团队。

（4）提升企业形象：成功融资的企业通常能够提高其形象和信誉。这有助于吸引更多的投资者、合作伙伴和客户，为企业带来更多的商机和机会。

 案例拓展

美团公司的历次融资

2010年3月，美团获得天使投资人王江的种子投资，这是美团的起始融资，用于公司的运营和发展。2010年8月，美团获得了红杉资本1 200万美元的A轮投资，此轮融资有助于美团在团购市场的竞争中脱颖而出，并推动其在全国范围内的扩张。2011年7月，美团从阿里巴巴和红杉资本处获得了5 000万美元的B轮融资。此轮融资进一步增强了美团的资金实力，使其在激烈的市场竞争中保持领先地位。2014年5月，美团宣布获得3亿美元的C轮融资，领投机构为泛大西洋资本、红杉资本和阿里巴巴跟投。此轮融资后，美团的估值达到了40亿美元。2015年1月，美团完成D轮总额7亿美元的融资，估值达到70亿美元。这一轮融资进一步推动了美团的发展，并为其后续与大众点评的合并奠定了基础。

从美团历次融资来看，它一方面通过多轮融资为企业的发展提供了资金支持，另一方面因为其投资者为世界知名机构，为美团提供了丰富的资源和网络，提升了美团的企业形象。

张瑞雨.美团融资策略研究——基于企业生命周期的视角［D].河北经贸大学，2021.

7.1.2　创业融资的挑战

创业融资可以为企业的发展提供多种帮助，但创业融资的获取也充满挑战，比如：

（1）信息不对称。一般而言，创业者比投资者更加了解企业能力、企业的产品、企业的创新能力、市场前景等，处于信息优势地位，投资者则处于信息相对劣势地位。有些创业者会利用这种信息差过度美化自身，导致投资者对创业企业留下不好的认知，对创业者提供的信息产生怀疑，创业企业可能会因此而被低估甚至难以获得融资。

（2）创业者需要大量精力和融资能力。一般而言，融资往往需要经历创业计划书的制作、接触投资者、项目路演、项目谈判、签订协议等过程。创业者往往需要花费大量的时间和精力来做这些工作。如何找到投资者、如何打动投资者、如何将企业卖个好价格，这需要创业者具备市场营销、财务分析和投资谈判等多方面的技能。

（3）融资约束条件。投资是高风险的事情，为降低风险，投资者往往会在产品研发、业务增长、利润增长等方面设置约束条件，要求创业者在没有达到约定条件时做出赔偿，这给创业者带来了一定程度的风险和压力。

（4）缺乏值得信赖的融资标的物。创业企业如果要进行债权融资，往往需要有认可的抵押物；如果要进行股权融资，则要向投资者证明其有良好的经营前景。大部分创业企业既没有可抵押的资产，也缺乏良好的经营业绩，很难从银行或者风险投资机构获得融资。

7.1.3　创业融资的机遇

虽然融资有一定的难度，但是创业企业融资也有一定的优势。首先，想获得创业融资的企业往往具有规模小、产品新、市场不成熟的特征，这类企业的融资价格不高，市场想象空间大，对很多投资者有吸引力。其次，我国的创业融资市场快速发展，从表7-1可以看到，我国现存的创业投资机构在数量上和管理金额上都有了大幅度的增长，2020年两者均为2011年的3倍左右，创业企业获得投资的机会也在增加。

表7-1　中国创业投资机构数量和管理规模（2011—2020年）

年份（年）	2011	2012	2013	2014	2015	2016	2017	2018	2019	2020
现存创业机构（家）	1 096	1 183	1 408	1 551	1 775	2 045	2 296	2 800	2 994	3 290
管理资本（亿元）	3 198	3 312.9	3 573.9	5 232.4	6 653.3	8 277.1	8 872.5	9 179.0	9 989.1	11 157.5

续表

较上年增长率（％）	32.9	3.6	7.9	46.4	27.2	24.4	7.2	3.5	8.8	11.7
基金平均资产管理规模（亿元）	3.7	3.5	3.3	4.5	4.7	4.1	3.9	3.3	3.3	3.4

资料来源：刘冬梅，解鑫，贾敬敦.中国创业投资发展报告［M］.科学技术文献出版社，2022.

7.2　创业融资的类型

7.2.1　不同渠道的融资

1. 私人资本

私人资本指向创业者（Founder）、家人（Family）、朋友（Friend）或者其他愿意出资的人（Fool）所筹集的资金，也叫4F资金。私人资本具有以下特点：

（1）便捷性：私人资本往往来自亲朋好友，资金的获取主要取决于他们对创业者的信任，沟通比较便捷，很少经历商业谈判、尽职调查等环节，资金到账速度比较快。

（2）风险性：私人资本绝大部分来自创业者自己，通常意味着创业者要承担更大的风险。如果创业失败，创业者可能会面临严重的财务困境。

（3）灵活性：私人资本的使用和分配通常由创业者自己决定，因此更为灵活。

（4）成本效益性：与外部融资相比，私人资本通常不需要支付高额的利息或其他费用。

2. 天使投资

天使投资通常发生在企业种子期或初创期，是一种由自有资金充足的个人或机构对创业企业进行的直接投资，以换取企业的一部分所有权和收益权。天使投资人经验丰富，愿意为高风险、高潜力的初创企业提供资金支持，以推动其快速发展。天使投资人不仅提供资金，还可能提供业务建议和人际网络支持。[1]天使投资人具有以下特点：

（1）高风险、高回报：天使投资通常面向初创企业，这些企业往往缺乏成熟的商业模式

---

① Politis D. Business angels and Value added：What do we know and where do we go？［J］. Venture Capital. 2008，10（2），127–147.

和稳定的经营记录，因此投资风险较高。然而，一旦投资成功，回报也可能非常丰厚。

（2）长期投资：天使投资人通常对企业进行长期投资，陪伴企业成长并分享其未来的成功。他们在提供资金支持的同时，往往还会为企业提供战略指导、行业资源等帮助。

（3）专注于创新：天使投资人往往更青睐于具有创新性的企业和项目。这是因为创新性企业更容易打破市场格局，获得高速增长。

（4）识人能力：天使投资人需要具备识人的能力，即能够准确判断创业者的能力和潜力。这是因为初创企业的成功往往高度依赖创业者的能力和决心。正如《创业投资原理与案例》一书中所指出的，"对创业者的评估是天使投资决策中的核心环节"。

（5）避险策略：尽管天使投资是一种高风险的投资行为，但精明的天使投资人会通过一系列策略来降低风险。例如，他们可能会选择分散投资，即将资金投入多家初创企业中，以降低单一项目失败导致的损失。

3. 风险投资

风险投资（Venture Capital），简称VC投资，是一种特殊的投资方式，是指投资机构为了获得股权或收益而投资早期或成长期的创业企业。风险投资主要针对那些具有高科技含量、高成长潜力的企业，通常涉及大额投资，以支持企业的扩张和发展。风险投资家不仅为企业提供资金支持，还会利用自身的经验和网络资源，帮助企业成长、上市或被收购，从而实现投资退出和收益。风险投资的特点有：

（1）高风险、高收益。风险投资主要集中在高科技、高成长性的行业，这些行业本身具有较大的不确定性，受市场环境、科技发展水平等多种因素影响，因此投资风险相对较高。但高风险同时也意味着高收益，一旦投资成功，收益可能会非常可观。这也是风险投资能够吸引众多投资者的原因。

（2）长期投资。风险投资通常是一种长期投资，投资周期可能会持续数年。这是因为初创企业从创立到成熟需要一定的时间，风险投资家需要有足够的耐心等待企业成长并实现投资回报。

（3）专业性与综合性。风险投资涉及金融、科技、管理等多个领域，要求风险投资家具备丰富的专业知识和经验，能够准确评估企业的价值和潜力。同时，风险投资家不仅提供资金支持，还会积极参与企业的经营管理，为企业提供战略指导、市场拓展等帮助。

（4）股权投资。风险投资是一种股权投资，投资者获得的是企业的股权，而非债权。这意味着投资者与企业共担风险，共享收益。

4. 私募股权融资

私募股权融资（Private Equity Financing），简称PE融资，是指企业通过非公开渠道和方

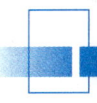

式，与特定投资者签订股权认购协议，出让部分股权进行直接融资的行为。它是中小企业除通过银行和公开上市以外的一种重要融资方式，具有以下特点：

（1）非公开性。私募股权融资不是通过公开市场进行的，而是私下与特定的投资者进行协商和交易。这些投资者通常是机构投资者，如风险投资基金、私募股权基金等。

（2）股权投资。私募股权融资是股权性质的投资，而非债权性质。这意味着投资者成为公司的股东，享有股东权益，承担股东风险。

（3）长期投资。私募股权投资者通常对企业的投资期限较长，一般为3~5年，甚至更长。他们愿意陪伴企业成长，并等待所投资的企业发育成熟后，通过股权转让等方式退出获得资本增值收益。

（4）专业管理。私募股权基金一般由专业的管理团队进行管理，他们具有丰富的行业经验和投资经验，能够帮助所投资的企业提升经营管理水平，实现增值。

5. 公开募股融资

公开募股融资（Initial Public Offering），简称IPO，即首次公开发行，指一家公司首次向公众发行其股票，从而成为上市公司。通过这种方式，公司能够公开筹集资金，扩大经营规模，增强市场竞争力。这种方式需要上市公司披露大量信息，同时需要遵守证券法的规定。

（1）公开募股融资的程序

① 准备。公司首先需确定IPO的意向，并评估自身的市场价值。之后，选择合适的投行、律师、会计师等专业机构，组成IPO团队，进行各项准备工作。

② 申请。公司向证监会提交IPO申请，包括招股说明书、财务报告、法律意见书等必需材料。

③ 审核。证监会受理申请后，会对公司的材料进行详细审核，包括公司的财务状况、股权结构、商业模式等各个方面。

④ 路演与定价。审核通过后，公司开始路演，向潜在投资者介绍公司的业务和前景。路演结束后，根据市场需求确定发行价格。

⑤ 发行与上市。确定发行价格后，公司开始正式发行股票，并在证券交易所上市交易。

（2）公开募股融资的特点

① 资金筹集量大。IPO是公司筹集资金的重要方式，能够为公司提供大量的扩张资金。

② 能提高公司的知名度。通过IPO，公司能够提高市场知名度，提升对外的品牌形象。

③ 股权流动性强。IPO为公司的原始股东提供了一个出售股份的途径，增强了股权的流动性。

④ 融资成败受市场环境影响。IPO的成功与否受市场环境、投资者的信心等多种因素影

响。在市场环境不佳时，IPO可能会面临失败的风险。

⑤ 监管与审核严格。为确保市场的公平与透明，IPO过程受到证监会的严格监管与审核，确保公司的信息披露真实、完整。

（3）中国境内公开募股融资的常见形式

中国的企业在寻求IPO时，可以选择多个板块来实现上市。这些板块各具特色，对企业的要求和审核标准也有所不同。

① 主板。主板是中国证券市场的主要上市板块，对企业的要求较高，通常要求企业具有稳定的盈利能力和较大的市场规模。主板突出"大盘蓝筹"的市场特色，更注重企业的成熟度和综合实力。主板未设定"鼓励类、限制类、禁止类"的行业要求，意味着各行各业的企业都有机会在主板上市。

② 创业板。创业板主要服务于成长型的创业企业，尤其是那些具有创新能力和高成长潜力的中小企业。创业板在行业要求中设定了板块特有的属性指标，例如创新属性指标。具体参见《创业板首次公开发行股票注册管理办法（试行）》等法规文件。

③ 科创板。科创板专注于服务科技创新型企业，尤其是那些具有核心技术和高科技含量的企业。科创板设有"4+5"科创属性指标，要求企业同时符合4项常规指标和5项例外指标之一，这些指标更强调企业的科技创新能力和行业地位。具体参见《科创板首次公开发行股票注册管理办法（试行）》等法规文件。

④ 北交所。北交所，即北京证券交易所，它的定位主要是为创新型中小企业提供服务，打造服务这些企业的主阵地。北交所的特点：第一，北交所是中国第一家公司制证券交易所，这与其他交易所的体制有所不同，公司制交易所更加市场化，能够更灵活地应对市场变化。第二，北交所主要服务于创新型中小企业，这些企业往往具有较高的增长潜力和创新能力，但可能由于规模、品牌等原因在传统的交易所难以融资。具体上市条件参见《北京证券交易所上市公司证券发行注册管理办法》。

6. 其他融资途径

除了以上融资渠道外，创业企业还有以下融资方式：

（1）银行贷款。企业可以向商业银行等金融机构申请贷款，以满足其资金需求。这种方式的优点是方便快捷，但缺点是利率较高，且需要提供担保或抵押。

（2）公司债券。企业可以发行公司债券，向公众或特定的投资者筹集资金。公司债券的利率通常较低，但需要企业具有良好的信用评级。

（3）商业票据。商业票据是一种短期债务融资工具，通常由大型企业发行，用于满足其短期资金需求。

（4）众筹。众筹是一种从广大投资者那里筹集资金的方式。通常，投资者会对项目或产品进行投资，以换取产品或服务，或者获得股权或债权。优点是众筹能让创业企业在早期阶段就获得资金支持，并有机会测试市场反应。此外，众筹通常不涉及复杂的法律和财务手续。缺点是创业企业可能需要花费大量时间和精力进行众筹活动的推广和营销。同时，如果众筹目标未能达成，可能会对企业的声誉造成负面影响。

（5）合作伙伴融资。合作伙伴融资通常涉及与其他企业或机构建立合作关系，以获得资金、资源或技术支持。优点是有助于创业企业获取关键的资源和技术，同时也能降低风险。通过与合作伙伴共同开发和推广产品，创业企业能够更快地扩大市场影响力。缺点是创业企业可能需要面对股权稀释、决策权分散以及合作关系管理等问题。

（6）租赁。一些创业企业可能会租赁设备或设施，以减少初期资本投入。这种方式虽然不是直接的融资方式，但可以降低企业的初期投入和运营风险。

（7）政府补助与税收优惠。政府为了鼓励创业和创新，会为创业企业提供补助资金和税收优惠。这些资金不需要偿还，也不需要交换股权。

7. 各种融资渠道占创业融资的比例

由于创业具有很高的风险性，这使得创业企业难以通过银行借款、发行债券等方式来获得资金。图7-1是美国《公司》杂志调查的世界500强企业的创业资金的主要来源。[①]

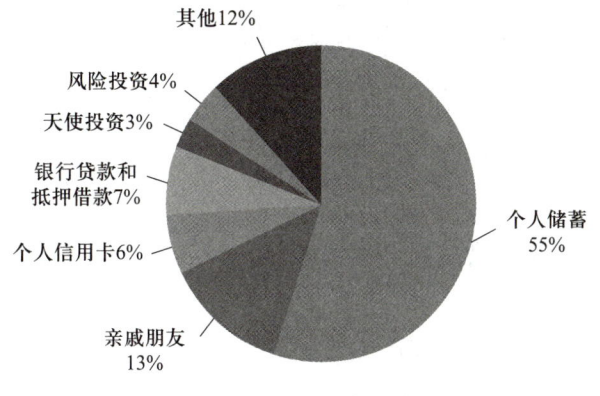

图7-1　创业资金的来源

我国的情况也一样，世界银行所属的国际金融公司（IFC）调查发现，我国私营中小企业在初始阶段几乎完全依靠自有资金，90%以上的初始资金都是由创始人及家庭提供的，银行及其他金融机构的资金占比很小。

---

① 阿玛尔·毕海德.新企业的起源与演进［M］.魏如山，等译.北京：中国人民大学出版社，2004.

7.2.2　不同权益的融资

根据资金的权益性质，可以将融资分为股权型融资和债权型融资。

股权型融资是指企业的股东通过让出部分企业所有权给新股东获得资金的融资方式。众筹、天使投资、风险投资、股权投资、IPO等都属于股权型融资。它具有以下特点：

（1）新老股东共享企业的控制权。一般而言，股东依据股份享有企业的控制权，创业企业的经营决策要考虑投资人的意见。并且，随着股份不断被稀释，创始人有可能会失去企业的控制权。

（2）新老股东共享企业的收益与风险。新老股东根据股权分享企业的收益，分担企业的风险。

（3）创业者无固定利息负担。股权型融资所获得的资金，创业企业无须还本付息，降低了创业企业的还款风险。

债权型融资是指创业企业通过向个人或机构投资者负债的方式筹集营运资金或资本开支的行为。借出资金的个人或机构投资者成为公司的债权人，并获得该公司还本付息的承诺。借款、发行债券、票据贴现等是主要的债权型融资方式。债权型融资具有以下特点：

（1）债务型融资不会稀释股权。与股权型融资不同，债权人不享有公司的所有权或决策权，而是根据约定收取利息，不会导致公司股权的稀释。

（2）固定的利息负担。无论企业的经营状况如何，公司都需要按照约定向债权人支付利息。因此，债权型融资会给企业带来固定的财务负担。

（3）还款期限。债权型融资通常需要在一定的期限内还本付息，这对公司的现金流管理提出了更高的要求。

7.2.3　不同阶段的融资

创业企业在不同的发展阶段，其融资方式存在差异，图7-2为不同创业阶段的融资渠道。

1. 种子期

种子期是创业企业生命周期的起点，它始于一个商业想法的形成，结束于企业达到初步的稳定经营和市场地位。该阶段具有以下特点：

（1）概念形成与初步规划。在此阶段，创业者通常有一个初步的商业概念或想法，并开始进行基础的市场调研和规划。创业者逐步明确自己的产品或服务定位，以及目标市场和潜在客户群体。

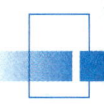

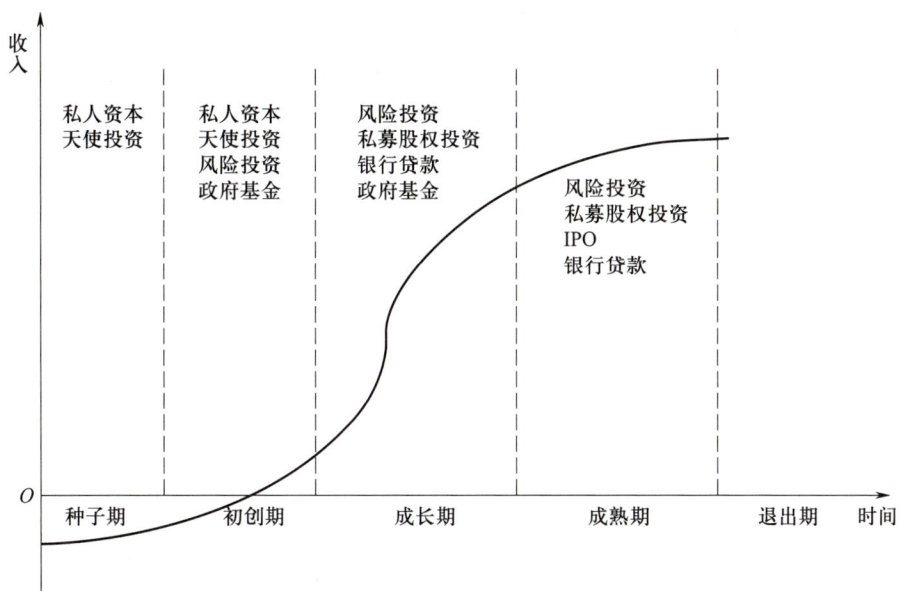

图7-2 不同创业阶段的融资

（2）资源有限。种子期的创业者往往面临资金、人力资源和技术资源有限的问题。

（3）高风险与不确定性。种子期是创业的起点，项目充满了风险和不确定性，市场接受度、技术可行性、竞争环境等都是未知数，项目的失败风险较大。

（4）团队组建与协作。在这一阶段，创业团队的组建和协作尤为重要。尽管可能只有少数核心成员，但他们的合作和共同努力对于项目的成功至关重要。

此阶段常采用的融资方式为私人资本和天使投资。私人资本是该阶段最主要的融资方式。

2. 初创期

创业企业经历种子期后，开发出了产品或服务，开始小规模推向市场，并寻求客户验证和反馈，则进入初创期。该阶段具有以下特点：

（1）资源有限。初创企业通常资金、人力和物力资源都相对匮乏。

（2）高风险。多份研究表明，初创企业在前几年的失败率超过了50%[1]，失败率很高。

（3）商业模式有待验证。初创期是企业验证其商业模式是否可行的关键时期。

（4）高度创新性。为了在市场上脱颖而出，初创企业通常需要提供创新的产品或服务。

（5）敏感的市场反应。初创企业需要对市场反馈保持高度的敏感，以便及时调整经营策略。

---

① 薛小荣，郭彦廷.基于可拓理论的创业企业初创期风险预警［J］.财会月刊，2021（5）：47-49.

此阶段可能进行两轮融资，分别为Pre-A轮融资和A轮融资。常采用的融资方式是：（1）天使投资，一般称为pre-A轮融资；（2）政府基金，主要有创业比赛基金、孵化器基金以及其他政府补贴；（3）风险投资，一般称为A轮融资。

3. 成长期

创业企业成长期指的是企业从初创期逐渐成长、壮大，并进入一个相对稳定和持续发展的阶段的时期。该阶段往往具有以下特点：

（1）组织规模扩张。企业开始逐渐扩大规模，无论是员工数量、营业收入还是市场份额，都有了明显的增长。

（2）组织结构化和专业化。随着企业规模的扩大，内部管理和组织结构变得越来越重要，企业开始引入专业的管理团队和制度化的决策流程。

（3）市场地位开始稳固。企业在市场中开始获得一定的知名度和影响力，客户群也趋于稳定。

（4）产品业务深化或多元化。企业可能深化现有业务，也可能拓展新的产品线或服务，以寻求更多的增长机会。

（5）融资需求增加。为了支持扩张和增长，企业可能需要更多的外部融资。

该阶段采用的融资方式是：（1）风险投资；（2）私募股权融资；（3）政府基金，主要有税收补贴、专项补贴，如半导体与集成电路产业发展基金；（4）银行贷款。

4. 成熟期

创业企业成熟期指的是企业在经历了初创期和成长期后，进入一个相对稳定、经营模式成熟、市场地位稳固的阶段。该阶段往往具有以下特点：

（1）业务模式稳定。在成熟期，企业的业务模式已经得到市场的验证，并实现了盈利。企业已经找到了一套行之有效的运营模式，相对稳定。

（2）组织结构完善。此时的企业已经建立了完善的组织结构，各部门职责清晰，协作流畅，企业开始注重内部管理和人才培养。

（3）市场地位稳固。在成熟期，企业已经在市场中建立了品牌知名度和市场份额，客户群体稳定，并开始尝试品牌延伸和市场拓展。

（4）创新能力持续。尽管企业已经步入成熟，但创新仍然是其持续发展的关键。成熟期的企业更注重研发和创新，以保持其市场领先地位。

（5）风险管理加强。随着企业的成熟，其面临的风险也日益增多。此时的企业开始建立完善的风险管理体系，确保企业的稳定发展。

该阶段的融资一般称为C轮融资，常采用的融资方式是：（1）风险投资；（2）私募股权融

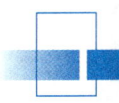

资；（3）上市融资。如果C轮融资后创业公司没有IPO，同时还需要发展资金，则有可能进行D轮、E轮、F轮等轮次的融资。

7.3　创业企业的估值

创业企业估值是对创业企业的经济价值进行定量或定性的评估，评估考虑项目的预期收益、市场潜力、技术先进性、团队能力等多个因素，从而为投资者、创业者和其他利益相关方提供一个价值参考，是融资的一个核心环节。估值具有高度的专业性，既依赖于客观数据，也依赖于主观判断。估值结果往往是动态的、不确定的。

7.3.1　估值的方法

（1）净资产价值法

净资产价值法，指用公司总资产扣除总负债部分，作为目标公司的价值。这种方法便于计算、客观性强，只能反映公司的历史价格，无法反映公司的成长性，受会计政策影响大，不适合快速成长的轻资产企业。

（2）收益法

基于项目未来5~10年的预期收益进行估价，要考虑折现率、增长率等因素。这种方法根据折现率将未来收益折现成现在的价值，将每年折算的价值加总便成为公司当前的价值。

假设A公司未来第一年收益为100万，第二年为200万，第三年为600万，第四年为2 000万，第五年为4 000万，第6年为6 000万，第7年为8 000万，第8年为1亿，第9年为1.2亿，第10年为1.4亿。折现期为10年，折现率为15%。

假设第n年的收益为F_n，折现率为r，折现期为t年。企业的估值V可以看作是未来T年内每年收益的折现值之和。收益法的公式为：

$$V=F_1/(1+r)+F_2/(1+r)^2+\cdots+F_t/(1+r)^t$$

其中，F_1，F_2，$\cdots$，F_t是未来第1，2，$\cdots$，T年的收益，r是折现率。

从题目条件可知，T=10年，折现率r=15%，同时给出了未来10年的收益，代入公式进行计算。计算结果为：195 071 228.91元。所以，按照收益法折现10年后的企业估值为195 071 228.91元。

（3）成本法

基于项目的成本来评估其价值，包括重置成本和历史成本。比如，某家酿酒企业拟通过收购一家汽车公司进入新能源汽车行业。该企业如果创建一家类似汽车公司需要投资500亿元，那么拟收购的公司的估值则为500亿元。

（4）市盈率法

市盈率法是一种相对估值方法，它基于同行业或类似企业的市盈率来估算目标企业的价值。这种方法的前提是存在一个有效的市场，使得相似企业的市盈率可以作为参考。例如某公司每股收益为0.6元，股本总数为1亿股，行业市盈率为20倍，那么该公司估值为12亿元。然而，对于初创企业来说，由于缺乏可比数据和市场认可度，并且公司的成长性非常高，市盈率法并不适用。

（5）Odlyzko定律

随着互联网经济的发展，传统的估值模型无法为这类企业进行客观地估值。1973年，罗博特·梅特卡夫基于该定律，提出了梅特卡夫估值模型：

$$V=K \cdot N^2$$

其中V表示企业价值，K为公司的价值系数，指互联网公司将用户数量转化为盈利能力的系数，该系数受商业模式，用户黏性、活跃度等因素的影响。N表示用户数或用户节点。

在此基础上，安德鲁·奥得里兹科（Andrew Odlyzko）教授在梅特卡夫估值模型的基础上提出Odlyzko定律：

$$V=K \cdot N \cdot \ln N$$

其中V表示企业价值，K表示单个用户收入贡献量，N表示活跃用户数量。

（6）Berkus估值法

Berkus估值法是由天使投资人戴夫·博克斯（Dave Berkus）设计的面向初创企业的估值方法，无须分析预计的财务状况，前提是该初创企业有可能在5年内收入达到2 000万美元。根据该方法，在没有收入之前，初创企业估值不应超过200万美元。但是初创企业如果在成立早期存在几种情况，则可以给企业带来增值。几种情况分别是好的创意、好的盈利模式、优秀的管理团队、优秀的董事会和巨大的市场，其最高增值额见表7-2。[1]

表7-2　berkus估值法各影响因素的增值金额

存在的情况	最高增值金额
好的创意	300万美元
好的盈利模式	500万美元
好的管理团队	300万美元
优秀的董事会	200万美元
巨大的市场	100万美元

---

① 冯涛，沈瑞.创业金融：理论与实践［M］.北京：中国人民大学出版社，2023.

7.3.2　估值的影响因素

估值方法的选择是影响创业企业估值的重要因素，除此以外，创业阶段、创业者对资金的需求量和紧急程度、投资者的偏好、融资环境的优劣等，也是影响创业企业估值的重要因素。

（1）创业阶段影响估值。当创业企业处于种子期、初创期时，产品还不成熟、商业模式还没有跑通，创业企业的风险非常大，估值会比较低。

（2）创业企业对资金需求的紧急程度影响估值。当创业企业的资金需求量不大，对资金的需求不紧急时，创业者就会有更多时间向更多的投资者融资，估值则会高；反之创业者的可选择面比较窄，估值就会偏低。

（3）投资者的偏好影响估值。当投资者对某类创业企业有偏好，或者是刚好与某些业务可以产生战略协同，那么投资者愿意为这类企业付比较高的溢价，估值也会偏高。

（4）融资环境影响估值。创业企业所处宏观环境有利时，创业企业的估值就会偏高。例如2015年前后的移动电子商务处于投资热潮，当时此类项目不仅融资机会多，而且估值都很高。

7.4　创业融资的过程

创业融资的过程是创业企业为筹集资金而经历的一系列步骤。每个步骤的充分准备，能为融资创造有利条件。

7.4.1　测算资金需求

测算资金需求量是融资的基础。企业在经营过程中往往需要购买原材料，支付人员工资、办公场所租金、差旅费、销售费用等，生产类企业还需要采购设备、建设厂房等方面的资金。同时，产品已经投向市场的企业可以获得一定的营业收入。企业要根据其收入、支出以及资金状况编制财务报表，测算出比较客观的资金需求，主要有预计资产负债表、预计利润表和预计现金流量表。

预计资产负债表是依据当前的实际资产负债表和全面预算中其他预算所提供的资料编制而成的总括性预算表格，可以反映企业预算期末的财务状况。

预计利润表是企业在预算期内根据各种预算进行生产和经营所形成的利润。预计利润表主要分为两个层次，分别是企业的销售金额和成本量，以及各种管理费用、财务费用等。其中，销售金额是预计期间内企业销售产品或提供服务所得到的收入总额；成本量是指在销售过程中产生的各种成本，包括变动成本和固定成本等；管理费用是指企业为了保持和提高企业经营管理水平而发生的各种费用；财务费用是指企业为了开展财务活动所发生的各种费用。通过预计利润表，可以清楚地看到企业在经营活动中产生的各种收入和费用，以及企业所获得的利润。

预计现金流量表是反映企业一定期间现金流入与现金流出情况的一种财务预算。它是从现金的流入和流出两个方面揭示企业一定期间经营活动、投资活动和筹资活动所产生的现金流量。预计现金流量表是以经营预算、资本性支出预算和筹资预算为基础，主要作为企业资金头寸调控管理的依据，它是企业能否持续经营的基本保障预算。预计现金流状况是企业融资的重要依据，一般而言，创业融资要在预计现金流出现负数之前完成，以确保企业可以持续经营。

7.4.2　吸引投资者

1. 分析投资者的偏好和期望

分析投资者的偏好和期望是了解他们投资决策的重要因素。每位投资者可能有不同的偏好和期望，一般可以从以下方面进行分析：

（1）投资阶段和规模。不同投资者可能专注于不同的阶段和投资规模，天使投资倾向于关注初创公司和创业企业，而风险投资者则倾向于已经验证了商业模式和盈利能力的企业[1]。

（2）行业和领域。不同投资者对于不同行业和领域具有不同的偏好。例如，风险投资者可能更倾向于高科技行业，而私募股权投资者可能更关注基础设施行业，还有些投资者更偏好消费领域。

（3）投资策略和风险偏好。投资者的投资策略和风险偏好因人而异。一些投资者注重长期投资增长，而另一些则更关注快速回报。此外，不同投资者对风险的容忍程度也有所不同，高风险容忍者更偏向高科技行业，低风险投资者更倾向消费品行业。

（4）投资理念和价值观。一些投资者注重社会责任和可持续发展，而其他人可能更关注经济回报。这些投资者可能更倾向于投资与他们的价值理念相一致的项目。

（5）投资者背景和经验。投资者的背景和经验也会影响他们的投资偏好和期望。某些投资者可能具有特定行业的专业背景，对该行业的了解更深入，进而会重点投资这些

① 马瑞清，安迪·莫.企业融资——从创业私募到IPO上市［M］.北京：电子工业出版社，2023.

领域。

2. 积累个人信用和人脉

著名企业家雷军曾经说过："只投熟人。"风险投资是高风险的业务，投资可靠的人是降低投资风险的重要举措。创业者积累了良好的个人信用，与投资者建立社会关系，可以增进投资者对自己的了解，降低创业者与投资者之间的信息不对称，增加投资可靠度。创业者可以通过老乡会、校友会、行业协会等各种社会关系直接或间接地认识投资者，也可以通过网络、融资平台、投资银行家、律师或其他专业顾问来接触潜在投资者，还可以通过参加投资者会议、路演或展示活动，获得投资者的关注。

3. 让投资者产生兴趣

让投资者对创业项目产生兴趣是创业过程中的一个关键任务，创业者了解投资者的情况后，向目标投资者展示其感兴趣的信息，是让投资者产生兴趣的关键。以下是提高投资者兴趣的常见措施：

（1）有一个优质的创业计划。准备一份详细且令人信服的创业计划书，包括市场分析、商业模式、财务预测等。创业计划应该清晰地描述项目的价值、市场机会和商业可行性，并展示创业团队能够成功地执行计划。

（2）突出市场机会。投资者通常关注市场规模和潜在增长机会。通过展示市场需求、趋势和增长预测来强调创业项目在市场中的机会和潜力。

（3）提供核心价值主张。清楚地解释创业项目的产品或服务如何为目标用户提供独特的价值，并解决他们的问题或满足他们的需求。

（4）具备可行的商业模式。说明创业项目的商业模式如何能够实现稳定的收入和持续的盈利。考虑不同的收入来源和成本结构，展示该商业模式具备可持续性。

（5）展示强大的团队。投资者关注团队的能力、经验和动力，因此要介绍团队成员及其在相关领域的背景和专长，突出团队的品质、适配性和执行能力。

（6）提供数据支持和证据。使用市场调研数据、用户反馈、合作伙伴关系等信息来支持创业主张和假设，可信的数据和证据可以增强项目的说服力。

（7）展示成果和里程碑。如果项目已经取得一些成果或到了关键的里程碑，例如产品开发、市场推广、用户增长等，将这些展示给投资者，证明项目的进展和潜力。

（8）有效的演示和沟通技巧。在演示中，使用简洁明了的语言、图表和影像准确地传达项目的信息。练习演讲人的演讲技巧，确保能够生动地展示项目的价值和吸引力。运用故事化叙述的方式，将创业项目融入其中，再加以真实的案例和成功的经历，吸引投资者的情感

共鸣，也可以让投资者对项目更感兴趣。

（9）促进互动和参与。在演示中积极促进投资者的互动和参与，鼓励他们提问、分享意见和提供反馈。通过与投资者的积极互动，创业者可以更好地理解投资者的需求和关注点，并根据他们的反馈调整演示和沟通策略。

7.4.3　融资谈判

创业融资中的谈判是一个复杂而关键的过程，它涉及创业者与投资者之间的利益交换和关系建立。以下是对融资谈判中几个关键点的分析：

（1）估值与股权分配

融资谈判中一个核心议题是公司的估值及投资者应获得的股权比例。创业者通常希望以更高的估值吸引更多的资金，而投资者则希望以较低的估值获得更多的股权。合理的估值和股权分配应基于公司的市场前景、竞争状况、业务模式、团队能力等因素，双方可以通过谈判寻求平衡点。

（2）投资条款与条件

投资条款包括资金到位时间、投资方式（如债权或股权）、回报要求、优先权等。这些条款会直接影响创业者的决策灵活性和公司的未来发展。创业者应在谈判中争取最有利的条款，同时确保满足投资者的合理要求。

（3）董事会席位与决策权

投资者通常会在融资谈判中要求获得董事会席位或某种程度的决策权，这有助于保护其投资利益，但也可能影响创业者的经营自主权。因此，双方需要在谈判中找到合适的权力平衡点。

（4）对赌协议与退出机制

对赌协议和退出机制是投资者为确保回报和安全而提出的要求。对赌协议规定了如果公司未能实现预定目标，创业者需承担的后果，退出机制明确了投资者如何从公司撤资。这些条款需要在谈判中详细讨论，以确保双方利益得到保障。

7.4.4　选择投资者

在创业融资过程中，选择合适的投资者不仅有助于获取资金，还可以为企业的长期发展带来诸多益处，创业者可以从以下方面考虑：

（1）根据融资需求与期望选择投资者。在寻找投资者之前，创业者应明确自己的融资需求和期望，包括融资金额、股权比例、投资期限等，进而可以更客观地选择投资者。

（2）选择背景和投资偏好与创业企业相似的投资者。不同的投资者有不同投资偏好和背景，一些投资者可能更关注早期创业项目，另一些更偏向于成熟企业。因此，了解投资者的背景和投资偏好有助于选择与自身相匹配的投资者。

（3）选择行业经验和资源丰富的投资者。具有相关行业经验和资源的投资者往往能为创业企业带来更多帮助，他们可以提供行业内的专业建议，帮助企业拓展业务和资源。

（4）根据资金需求的紧迫性选择投资者。投资者的决策速度和流程也是选择投资者时需要考虑的因素。一些投资者可能决策较快，另一些可能需要较长时间的评估和谈判。创业者应根据自己的需求和紧迫性来选择合适的投资者。

（5）选择信誉和口碑好的投资者。投资者的信誉和口碑决定后面的合作风险，创业者可以通过网络搜索、与其他创业者交流、背景调查等方式了解投资者的信誉和口碑。

【本章小结和思考题】

创业融资是创业企业发展中的重要举措。有效的融资可以减轻创业企业的资金压力，获得外部的各种资源，推动企业快速成长。本章主要分析了创业融资的意义，创业融资过程中面临的挑战，创业融资的方式和类型，不同创业阶段的融资方式，如何对创业企业估值，如何吸引投资者，如何进行融资谈判，如何选择投资者。通过这些内容的学习，有助于创业者树立合理的融资理念，设计合理的融资计划，有效地进行融资谈判，提前规避融资后存在的问题，进而促进创业企业快速发展。

一、简答题

1. 创业融资的意义体现在哪些方面？

2. 创业融资存在哪些挑战？

3. 创业融资有哪些方式？

4. 不同创业阶段的融资有什么特点？

5. 如何对创业企业进行估值？

6. 如何让意向投资者对创业项目产生兴趣？

7. 如何进行融资谈判？

二、能力应用题

［案例］　阿里巴巴的融资之路[①]

第一轮融资

1999年阿里巴巴注册成立后，创始人东拼西凑的50万元很快花完，马云到硅谷寻找资金，接洽了很多投资机构，都被拒绝。1999年5月，蔡崇信加入阿里巴巴成为第19号员工。1999年10月，蔡崇信借助其在高盛集团和老东家瑞典银瑞达集团的旧关系，很快吸引到由高盛集团牵头、联合瑞典银瑞达集团和新加坡政府科技发展基金等共同向阿里巴巴投资的500万美元。蔡崇信的加入不仅给刚成立的阿里巴巴带来巨额资金，也带来了国际一流的管理制度，为阿里巴巴搭建了一套国际化的资本架构。

第二轮融资

阿里巴巴获得第一轮融资后不久，日本软银集团（以下简称"软银"）主席孙正义来中国物色投资项目，召开了投资人见面会。因为孙正义在互联网界的投资声誉，马云也去参会了。马云的演讲当场打动了孙正义。孙正义事后得知阿里巴巴已经获得高盛集团的投资，而且还有华尔街投资银行背景的蔡崇信为首席财务官，立马决定"必须投资"。2000年1月，软银联合富达、汇亚资本、日本亚洲投资、瑞典银瑞达集团、新加坡政府科技发展基金等共同向阿里巴巴投资2500万美元，其中软银自己投资2000万美元。

第三轮融资

2003年下半年，eBay收购易趣网登录中国本土，并控制了C2C市场80%的份额，给阿里巴巴带来很大压力。为了与eBay抗衡，阿里巴巴推出淘宝网。2004年，阿里巴巴再次获得软银联合富达投资、寰慧投资和TDF合计8200万美元的投资，其中软银的6000万美元单独注资给淘宝网。此时，马云团队仍为第一大股东，持股47%；第二大股东为软银，持股20%；第三大股东为富达投资，持股比例为18%；其他股东合计持股为15%。

第四轮融资

eBay当时是全球最大的网络公司，在美国纳斯达克上市，2003年用1.8亿美元收购中国最大的拍卖网站易趣后，意图战胜阿里巴巴。阿里巴巴与其展开烧钱大战，难分胜负。eBay财力雄厚，意图收购阿里巴巴。当时eBay公司的首席执行官非常强势，马云非常担心被收购后丧失控制权，反对收购。但是，孙正义动心了。与此同时，阿里巴巴前期的投资者已经投资了四五年，也希望套现退出。于是，阿里巴巴希望找一个eBay之外的接盘者，既能满足阿里巴巴的资金需求，也能确保马云团队的控制权不丧失。经过多方调研，发现当时的雅虎是比

[①]　冯涛，沈睿.创业金融：理论与实践［M］.北京：中国人民大学出版社，2023.

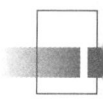

较合适的选择。在孙正义的撮合下，雅虎得以正式入局阿里巴巴。2005年8月，雅虎以10亿美元和雅虎中国的资产换取阿里巴巴39%的股权，阿里巴巴利用这笔资金，迅速将淘宝网、支付宝做大，战胜了eBay，奠定了阿里巴巴在中国互联网行业的地位。但这一交易的代价是，马云团队让出了第一大股东的位置。此时，马云团队股权为31.7%，软银为29.3%，阿里巴巴集团控股支付宝、淘宝、阿里巴巴B2B以及雅虎中国。具体交易内容为：（1）雅虎3.6亿美元收购软银所持有的全部淘宝股权；（2）软银用1.8亿美元接手阿里巴巴前三轮投资人所转让的2 770万股阿里巴巴股票；（3）软银用3.9亿美元收购阿里巴巴前三轮投资人除软银以外剩余的6 000万股股票；（4）雅虎以2.5亿美元现金、从软银手上购得的淘宝股权和雅虎中国全部资产，换购阿里巴巴向雅虎增发的2.016亿股股票。除此以外，马云通过合同补充条款来强化马云团队的控制权。具体为：（1）雅虎出让5%的控制权给马云团队，有效期到2010年10月；（2）阿里巴巴的4个董事会席位中，马云团队拥有2席，雅虎拥有1席，软银1席；（3）2010年10月之前，董事会在任何情况下都不得解除马云的阿里巴巴首席执行官职务。

阿里巴巴从雅虎赎身

2009年1月，由于雅虎的业绩未达华尔街的期望，杨致远被迫辞任雅虎首席执行官，由卡罗尔·巴茨接任，阿里巴巴与雅虎的蜜月期结束。同时，雅虎对阿里巴巴把支付宝卖给阿里巴巴电子商务有限公司（现为"蚂蚁科技集团股份有限公司"）严重不满，两者之间的关系陷入冰冻。由于马云团队对阿里巴巴集团控制权的保护期只到2010年10月，为了拿回控制权，阿里巴巴开始了雅虎股权的回购之路。

经过多次沟通、协商，双方在2012年5月20日签署协议，阿里巴巴以13.5414美元/股的代价，向雅虎回购5.23亿股股票，约为雅虎持股总量的一半，总价为70.82亿美元，其中62.82亿美元现金收购，8亿美元通过可赎回优先股支付。2012年8月27日，阿里巴巴以每股15.5美元价格向中国投资有限责任公司牵头的财团发行了1.677亿普通股，融资26亿美元。2012年8月31日，阿里巴巴再次发行一批A系列可转换优先股，融资16.88亿美元，该优先股可按18.5美元/股转换为普通股。此外，阿里巴巴还进行了一笔40亿美元的债权融资，其中10亿美元由国家开发银行提供，花旗银行、瑞士信贷、德意志银行、巴克莱银行等8家银行业提供了等额贷款。截至2013年，阿里巴巴长期银行贷款余额为302.26亿元。此次回购完成后，雅虎所持阿里巴巴股票剩余5.236亿股，占比为22.6%。根据2013年12月13日双方修订的回购协议，在阿里巴巴IPO时，雅虎需进一步出售2.08亿股。此次出售完成后，雅虎所持股票剩余3.156亿股，占比13%。随着雅虎回购股票的注销，软银的持股比例上升为34.4%，为第一大股东，马云团队合并持股13%左右，其他股东合计持股39.6%左右。此后，马云团队为实现对阿里巴巴的控制，出台了合伙人制度。

阿里巴巴合伙人是指公司的运营者、业务的建设者、文化的传承者以及股东。合伙人制度是通过公司的章程和相关协议，赋予合伙人提名董事会中大多数董事的权利，使合伙人具有远超出其持股比例的控制权，这一制度的特点是控制权与持股比例不相关。在该制度下，合伙人可通过公司董事会掌握公司的实际控制权，外部股东无论持有多少股权均无法控制公司。阿里巴巴IPO之后，董事会成员由4人增至9人，合伙人有其中5名董事的提名权，合伙人制度被写入公司章程。如果要修改公司章程中关于合伙人提名董事会的条款，需要获得全体股东95%的通过。IPO后，马云持股8.9%，这确保了马云对合伙人制度存亡的决定权。

阿里巴巴IPO

2013年8月，阿里巴巴筹划整体上市，首选地为港交所。由于当时阿里巴巴的合伙人制度不符合香港证监会对投资者利益的保障，港交所上市失败，此后转为在纽约证券交易所上市。2014年9月19日，阿里巴巴在美国纽约证券交易所正式挂牌交易，发行价为68美元/股。2018年，港交所启动上市制度改革，允许创新公司采取双重股权结构入市，这为阿里巴巴在香港上市创造了条件。2019年11月26日，阿里巴巴正式在港交所上市，这样一方面可以完善阿里巴巴的融资渠道，另一方面可以分散在美国资本市场的风险。

启发思考题：

1. 阿里巴巴采用了哪些融资方式？这些融资如何助推阿里巴巴的发展？

2. 在阿里巴巴的融资过程中，马云团队如何确保其控制权？

【分析思路】

1. 常见的融资方式有众筹资金、天使投资、风险投资、私募股权投资、公开股权投资、银行借款、债券等方式，阿里巴巴采用了以上哪些融资方式助力阿里巴巴上新业务、维护经营控制权。

2. 从股权与控制权分离角度，分析阿里巴巴通过补充条款和合伙人制度来实现控制权的保护。

第八章
企业创建

【学习目标】

1. 熟悉企业法律形式。

2. 了解公司制企业、合伙企业、个人独资企业和个体工商户的区别。

3. 理解公司法人治理结构的内涵。

4. 学会设计公司治理结构。

5. 掌握企业登记注册的流程。

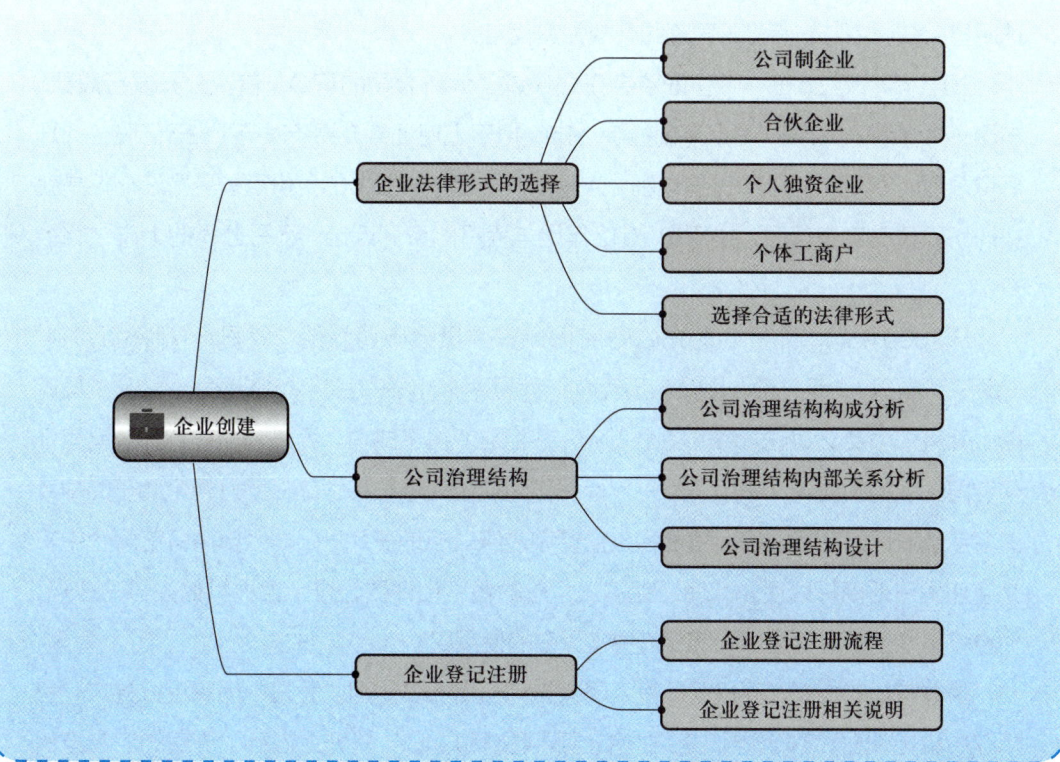

【引导案例】

　　乔丹公司的前身是成立于1984年的福建省晋江市陈埭溪边日用品二厂，2000年9月更名为福建省乔丹体育股份有限公司。乔丹公司主营业务为运动鞋、运动服装和运动配饰的设计、生产和销售。自成立以来一直使用乔丹品牌进行产品的研发设计和推广，产品通过自产和外协相结合的方式进行生产，并通过经销商销售与直营店销售相结合的销售模式在全国建立销售网络。截至2011年6月30日，乔丹公司已建立了覆盖全国31个省、自治区和直辖市的市场营销网络，品牌专卖店达5715家。乔丹品牌和产品先后被认定为"驰名商标""中国名牌产品"和"国家免检产品"。

　　2010年，乔丹公司成为国际篮联FIBA（全球）特许产品官方合作伙伴；2009—2010年，乔丹公司成为蒙古国、哈萨克斯坦、土库曼斯坦三国奥委会的合作伙伴，并出现在2010年广州亚运会和2012年伦敦奥运会赛场上。2011年乔丹公司成为兰州国际马拉松赛、珠海国际马拉松赛全球顶级官方合作伙伴；2011年乔丹公司成为我国第十二届冬季运动会高级合作伙伴及装备合作伙伴；2013年两届大满贯得主、俄罗斯网球明星库兹涅佐娃与乔丹公司签约，成为其代言人。

　　2011年11月25日，中国证监会正式通过了乔丹公司的IPO（首次公开发行股票）申请，并计划于2012年3月底前挂牌上市，拟于上海证券交易所发行1.125亿股，计划募资逾10.6亿元，其上市进程也因"A股体育鞋服第一股"的身份而备受关注。但是就在一切看似有序进行时，由于自2012年始与乔丹的系列诉讼，乔丹公司的上市之路被暂停。

　　从2000年起，乔丹公司先后向商标评审委员会申请注册"乔丹""QIAODAN""侨丹""桥丹""乔丹王"以及与迈克尔·乔丹两个儿子的名字"杰弗里·乔丹""马库斯·乔丹"中英文写法一致的多个商标，并相继取得了成功。乔丹公司在与乔丹没有任何合同关系的前提下，采用"乔丹"标识作为注册商标，特别是将乔丹两个儿子的中英文名字也注册为商标，确实有傍名人搭便车之嫌。但是在乔丹公司经申请将这两个中文文字作为注册商标以后，即使迈克尔·乔丹的名气也许要超过全世界其他乔丹的总和，他也就不能垄断对于这个姓氏及其中文译名的使用权。

　　随着市场的发展，乔丹公司投入了大量的资金和资源对"乔丹"品牌进行推广，包括在中央电视台、TOM网、各种国内国际赛事和NBA赛场上进行了长期的广告宣传或比赛赞助，以增加产品的影响力。特别是近几年进入NBA赛场，"乔丹"品牌在消费者中已形成了一定的辨识度、知名度。也正是因为这些原因，"乔丹"中文商标及主要使用的图形商标已被认定为"驰名商标"，乔丹公司已成为国内排名前十的具有较高知名度的体育用品企业。再加上随着竞争的激烈，一些国际品牌也开始实施往二、三线城

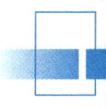

市"沉降"的战略，与很多国内品牌构成更加直接的市场交锋。在这种情况下，乔丹公司与耐克公司和乔丹本人的冲突就不可避免。

2002年，在乔丹公司提出商标申请时，耐克公司两次对乔丹公司申请的包括文字和图案共计 8 项商标提出过异议，理由包括两个方面：一是虽然耐克公司在国内并没有注册"乔丹"中文商标，但是因为众人皆知篮球明星迈克尔·乔丹，所以"Michael Jordan"商标是驰名商标，而中文"乔丹"是对"Jordan"的翻译，应适用对驰名商标的特殊保护。二是乔丹公司的图案商标同耐克公司"Air Jordan"的图形商标构成近似。面对耐克公司的异议，乔丹公司当时即主张乔丹是欧美国家常见的姓名，耐克公司或篮球明星乔丹无权禁止他人使用。乔丹公司的这一主张亦得到了国家市场监督管理总局、商标局和商标评审委员会的认可，耐克公司的申请被驳回。

然而这场纷争却远远没有结束，10年之后，迈克尔·乔丹本人亲自出手向乔丹公司"宣战"。2012年2月23日，乔丹通过美联社向各国媒体发布一封公开信，指控乔丹公司侵犯其姓名权并误导中国消费者，并宣布准备向乔丹公司提起诉讼。当时正值乔丹公司准备以"A 股市场第一家专营体育用品上市公司"登陆资本市场的敏感之际，虽然乔丹的诉讼代理人表示这只是巧合，但由于核心品牌因诉讼产生了不确定因素，乔丹公司的上市之路平添变数，迄今已经5年过去，上市进程仍然处于诉讼之前的状态，并没有完成，并且今后能否成功也具有一定的不确定性。

上述案例中，乔丹公司发展势头良好，计划于2012年挂牌上市，由于商标纠纷案，上市之路被暂停。如何创建一家合法的企业？本章将介绍一家新企业相关的法律形式如何选择、企业法人治理结构、企业商标注册等相关知识。

8.1 企业法律形式的选择

企业的法律形式，即法律承认的企业组织的存在形式，由企业的业主数量和注册资本、成立条件、业务性质、利润分配以及债务责任等企业的基本要素决定。[①]企业是以营利为目的的经济组织。作为一个组织，企业必须获得国家授权或遵守法律规定，否则就会成为非法组织，不能与外界进行交易。但是，如果考虑到法律对企业的限制作用，还必须理解法律形式对企业创始人自身权益的保护。在市场经济条件下，企业是法律上和经济上独立的经济实体，

---

① 魏敬淼.公司法［M］.北京：中国人民大学出版社，2011.

任何企业都必须依法设立。在设立企业时，投资者面临着选择企业法律形式的问题。中国民营企业的法律形式多种多样，创业者可以考虑的公司形式有股份有限公司、合伙企业、个人独资企业和个体公司。

8.1.1　公司制企业

1. 公司制企业的定义及分类

公司制是现代企业主要的组织形式。公司制企业，又称股份制企业，是指按照法律规定，由法定人数以上的投资者（或股东）出资建立、自主经营、自负盈亏、具有法人资格的经济组织。当企业采用公司制的组织形式时，所有权主体和经营权主体发生分离，所有者只参与和做出有关所有者权益或资本权益变动的理财决策，而日常的生产经营活动和理财活动由经营者进行决策。公司制有两大特点：其一，公司是一个法律实体，具有法人地位以及与自然人相同的民事行为能力，这是现代公司制度的基本特征；其二，公司实现了股东最终财产所有权与法人财产权的分离。我国公司制企业有有限责任公司和股份有限公司两种形式。

有限责任公司，简称有限公司，中国的有限责任公司是指根据《中华人民共和国公司登记管理条例》规定登记注册，由50个以下的股东出资设立，每个股东以其所认缴的出资额为限对公司承担有限责任，公司以其全部资产对公司债务承担全部责任的经济组织。其优点是设立程序比较简单，不必发布公告，也不必公布账目，尤其是公司的资产负债表一般不予公开，公司内部机构设置灵活。其缺点是由于不能公开发行股票，筹集资金范围和规模一般都比较小，难以适应大规模生产经营活动的需要。因此，有限责任公司这种形式一般适于中小型非股份制公司。

股份有限公司是指公司资本为股份所组成的公司，股东以其认购的股份为限对公司承担责任。《中华人民共和国公司法》（以下简称《公司法》）规定，设立股份有限公司，应当有1人以上200人以下为发起人。由于所有股份公司均须是承担有限责任的有限公司，所以一般合称股份有限公司。股份有限公司是满足大型企业需求的企业形式。

2. 公司制企业的相关法律规定

《公司法》对于公司制企业的成立条件、成立程序、债务分配、出资规定、权利义务及法律责任等，都作了非常详细的规定。这里以有限责任公司举例。

1）设立条件

设立有限责任公司，应当具备以下条件：

（1）股东符合法定人数。有限责任公司由50个以下股东共同出资设立，一个自然人或者

一个法人也可以单独设立有限责任公司。

（2）有符合公司章程规定的全体股东认缴的出资额。有限责任公司的注册资本为在公司登记机关登记的全体股东认缴的出资额。法律、行政法规以及国务院决定对有限责任公司注册资本实缴、注册资本最低限额另有规定的，从其规定。

（3）股东共同制定公司章程。有限责任公司章程应当载明下列事项：公司名称和住所；公司经营范围；公司注册资本；股东的姓名或者名称；股东的出资方式、出资额和出资时间；公司的机构及其产生办法、职权、议事规则；公司法定代表人；股东会会议认为需要规定的其他事项。此外，股东应当在公司章程上签名、盖章。

（4）有公司名称，建立符合有限责任公司要求的组织机构。

（5）有公司住所。公司住所是公司主要办事机构所在地，通常是公司发出指令的业务中枢机构所在地，是公司章程载明的地点，是公司章程的必要记载事项，具有公示效力，不同于公司的生产经营场所。

2）设立程序

有限责任公司的设立原则上采用登记准则主义，是指法律规定公司设立要件（分形式要件和实质要件），公司只要符合这些要件，经登记机关依法登记即可成立，而无须政府行政机关的事先审批或核准。设立有限责任公司一般应经过如下程序：

（1）发起人发起。这是设立有限责任公司的前期工作。由发起人明确设立公司的意向，并作好必要的准备工作。若发起人多于1人，则应签订协议，用来明确各个发起人在公司设立过程中享有的权利与承担的义务。

（2）公司名称的预先核准。这是公司启动设立申请程序的第一步。《企业名称登记管理规定》第三条规定："企业名称在企业申请登记时，由企业名称的登记主管机关核定。企业名称经核准登记注册后方可使用，在规定的范围内享有专用权。"公司只有经过名称预先核准后，才能够按照《公司法》和有关法律制度的规定，在银行申请开设临时账户，办理股东出资的存取和转账手续。

（3）制定公司章程。有限责任公司的章程由股东共同制定，经全体股东一致同意，由股东在公司章程上签名盖章。修改公司章程，必须经代表2/3以上表决权的股东通过。

（4）必要的审批手续。如果是法律、行政法规规定须经批准的有限责任公司，还应依照有关法律规定办理审批程序。

（5）缴纳出资。我国公司法规定，股东可以用货币出资，也可以用实物、知识产权、土地使用权等可以用货币估价并可以依法转让的非货币财产作价出资，不得以劳务、信用、自然人姓名、商誉、特许经营权或者设定担保的财产等作价出资。在认缴出资时，股东可以一次或多期缴纳，但是1人有限责任公司必须一次付清全部出资。同时，公司所有股东的认缴出

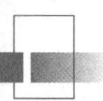

资额不能少于实收资本的20%，且不能少于法定的最低资本额，超过的部分，应在公司成立后的两年之内缴纳；其中，投资公司的出资期限为5年。股东以货币出资的，应当将货币出资足额存入有限责任公司在银行开设的账户；以非货币财产出资的，应当依法办理其财产权的转移手续。

（6）验资。由法律规定的验资机构对其所缴的资金进行检查，并出具相应的证明文件。不按法律规定缴纳出资的股东，除应当向公司足额缴纳外，还应当向其他已按期足额缴纳出资的股东承担违约责任。

（7）申请设立登记。股东认足公司章程规定的出资后，由全体股东指定的代表或者共同委托的代理人向公司登记机关报送公司登记申请书、公司章程等文件，申请设立登记。

（8）登记发照。公司登记机关对受理企业注册申请，经过审查符合公司法规定的，予以登记，并颁发营业执照。营业执照签发之日即为有限责任公司成立之日，此时公司取得法人资格，开始对外开展生产经营活动。

3）债务分配

《公司法》规定：有限责任公司的股东以其认缴的出资额为限对公司承担责任。换言之，在清偿债务的情况下，公司债权人不得要求股东使用其个人资产清偿公司债务，因为在使用公司资产清偿债务时已宣布公司破产。也就是说，股东的有限责任与公司有关，与公司债务无关。同时，有限责任公司的股东不能证明公司资产独立于股东自己的资产时，要对公司债务承担连带责任。

4）出资规定

《公司法》对有限责任公司的股东出资作出了明确的规定：

（1）有限责任公司的注册资本为在公司登记机关登记的全体股东认缴的出资额。法律、行政法规以及国务院决定对有限责任公司注册资本实缴、注册资本最低限额另有规定的，从其规定。

（2）股东可以用货币出资，也可以用实物、知识产权、土地使用权等可以用货币估价并可以依法转让的非货币财产作价出资；但是，法律、行政法规规定不得作为出资的财产除外。对作为出资的非货币财产应当评估作价，核实财产，不得高估或者低估作价。法律、行政法规对评估作价有规定的，从其规定。

（3）股东应当按期足额缴纳公司章程中规定的各自所认缴的出资额。股东以货币出资的，应当将货币出资足额存入有限责任公司在银行开设的账户；以非货币财产出资的，应当依法办理其财产权的转移手续。股东不按照前款规定缴纳出资的，除应当向公司足额缴纳外，还应当向已按期足额缴纳出资的股东承担违约责任。

（4）股东认足公司章程规定的出资后，由全体股东指定的代表或者共同委托的代理人向

公司登记机关报送公司登记申请书、公司章程等文件，申请设立登记。

（5）有限责任公司成立后，发现作为设立公司出资的非货币财产的实际价额显著低于公司章程所定价额的，应当由交付该出资的股东补足其差额；公司设立时的其他股东承担连带责任。

5）股东的权利义务及其法律责任

（1）股东的权利

泛指公司给予股东的各种权益或者所有的权利，具体指股东基于股东资格而享有的从公司获取经济利益并参与公司管理的权利。股东权包括股东与财产有关的各种权益和企业内部经营管理的各种权益，是集财产与经营两种权利于一体的一种综合性的新型的独立的权利形态。一般来说，有限责任公司股东享有的权利主要有以下两种：① 自益权，即股东以自己的利益为目的而行使的权利，如请求分红的权利、请求分配剩余财产的权利。这类权利无须其他股东的配合即可以行使。② 共益权，即股东参与公司经营管理的权利，但客观上是有利于公司和其他股东的，故称共益权，如表决权、查阅权，这类权利一般需要结合其他股东一同行使。自益权主要是指财产权，共益权主要是指管理公司事务的参与权，它们共同构成完整的股东权。自益权表明股东的财产性请求权，共益权表明股东权的身份性和支配性。

（2）股东的义务

从狭义上讲，是对股东的出资义务而言，即股东对公司章程所记载的各股东出资额负有于公司申请设立登记前一次全部缴足的义务，不得分期缴款。从广义上讲，是指股东应当履行有限责任公司章程上规定的股东各项义务。因此，由两个以上股东共同出资设立的有限责任公司，其股东负有下列义务：遵守公司章程；按期缴纳所认缴的出资；对公司债务负有限责任，对于公司的债务只以其出资额为限负有间接责任，不必以自己个人的财产对公司债务承担责任；出资填补义务，在公司设立时，如果某股东不是以货币出资，而是以实物、工业产权、非专利技术、土地使用权出资的，进行评估作价后如其实际价额显著低于公司章程中评定的价额，则应当由交付该出资的股东补交差额，其他股东应对其承担连带责任；追加出资义务，就是股东除了按照各自认缴额出资以外，股东会还可以做出决议，要求股东超过其出资金额再次缴款；在公司核准登记后，不得擅自抽回出资；对公司及其他股东诚实信任；其他依法应当履行的义务。

（3）股东的法律责任

《公司法》中关于股东法律责任的具体规定如下：

违反出资义务的法律责任。有限责任公司成立后，发现作为设立公司出资的非货币财产的实际价额显著低于公司章程所定价额的，应当由交付该出资的股东补足其差额；公司设立时的其他股东承担连带责任。公司的发起人、股东虚假出资，未交付或者未按期交付作为出资的货币或者非货币财产的，由公司登记机关责令改正，处以虚假出资金额5%以上15%以下的罚款。公司的发起人、股东在公司成立后，抽逃其出资的，由公司登记机关责令改正，处以所抽逃出资金额5%以上15%以下的罚款。

违反权利不得滥用义务的法律后果。公司股东滥用股东权利给公司或者其他股东造成损失的，应当依法承担赔偿责任。公司股东滥用公司法人独立地位和股东有限责任，逃避债务，严重损害公司债权人利益的，应当对公司债务承担连带责任。违反前款规定，给公司造成损失的，应当承担赔偿责任。公司股东会或者股东大会、董事会的决议内容违反法律、行政法规的无效。股东会或者股东大会、董事会的会议召集程序、表决方式违反法律、行政法规或者公司章程，或者决议内容违反公司章程的，股东可以自决议做出之日起60日内，请求人民法院撤销。

3. 公司制企业的特征与区别

1）有限责任公司的特征[①]

（1）有限责任公司股东的人数有一定的限制，必须是50人以下。

（2）股东以各自的出资额为限对公司承担有限财产责任。公司资产包括多个方面：一是股东的出资；二是公司设立后经过生产经营活动形成的各种财产、债权和其他权利，包括有形资产和无形资产。公司清算时，仅以其全部资产为限对债务承担责任，有限责任的股东仅以认缴的出资额为限对公司负责，对超出其出资额范围的公司债务不承担责任，债权人不能在公司资产之外主张债权。

（3）设立程序便捷。公司不能公开募集股份，不能发行股票。公司生产经营过程中所需资金只能以其他合法方式融资取得。设立条件和程序较为简单、灵活。

（4）组织机构灵活，适应性强。法律不禁止除监事以外职位的兼任，即其高级管理人员（董事、经理、财务负责人）是不能同时兼监事的，但是可以同时任董事、经理、财务负责人职务。设立一家公司最少的人数为两人，一人任董事、经理、财务负责人等，另一人任监事。

（5）公司兼具资合性与人合性。有限责任公司是一种资本组合公司，同时也具有人合公司的特点。其资合性表现在：公司注册资本为全体股东缴纳股本的总和，股东的出资以现金及财产为限，不得以信誉及劳动出资，股东必须以自己的出资对公司负责。其人合性表现在：股东是基于相互间的信任而集合在一起的，股东间的关系较为紧密，股份转让必须征得其他股东的同意。

（6）有限责任公司具有一定的封闭性。这种封闭性主要体现在：公司股份不可在公开市场自由转让，缺乏交易市场和平台，信息严重不对称，股份价格难以确定；公司股份向外转

---

① 魏敬淼.公司法［M］.北京：中国人民大学出版社，2011.

让首先要履行内部程序，内部股东拥有优先购买权；有限责任公司的股权转让难度较大，股东（尤其是中小股东）的投资容易被长期锁定在公司，股东的退出意愿无法实现。

2）股份有限公司的特征

股份有限公司的基本特征主要有以下几点：

（1）股份有限公司是独立的经济法人；

（2）股份有限公司的股东人数不得少于法律规定的数目，我国《公司法》规定，非上市股份有限公司在设立时的股东数量应为两人至二百人之间，且其中半数发起人需在国内拥有住所，同时还需具备相应的民事行为能力；

（3）股份有限公司的股东对公司债务负有限责任，其限度是股东应交付的股金额；

（4）股份有限公司的全部资本划分为等额的股份，通过向社会公开发行的办法筹集资金，任何人在缴纳了股款之后，都可以成为公司股东，没有资格限制；

（5）公司股份可以自由转让，但不能退股；

（6）公司账目须向社会公开，以便于投资人了解公司情况，进行选择；

（7）公司设立和解散有严格的法律程序，手续复杂。

由此可以看出，股份有限公司是典型的合资公司。一个人能否成为公司股东取决于他是否缴纳了股款，购买了股票，而不取决于他与其他股东的人身关系，因此，股份有限公司能够迅速、广泛、大量地集中资金。同时，还可以看到，虽然无限责任公司、有限责任公司、两合公司的资本也都划分为股份，但是这些公司并不公开发行股票，股份也不能自由转让，证券市场上发行和流通的股票都是由股份有限公司发行的，因此，狭义地讲，股份公司指的就是股份有限公司。

3）有限责任公司与股份有限公司的区别

① 有限责任公司与股份有限公司的共同点：

实行资本三原则。一是资本确定原则。在公司设立时，必须在公司章程中确定公司固定的资本总额，并全部认足，即使增加资本额，也必须全部加以认购。二是资本维持原则。公司在存续期间，必须维持与其资本额相当的财产，以防止资本的实质性减少，确保债权人的利益，同时，也防止股东对盈利分配的过高要求，使公司确保正常的业务运行。三是资本不变原则。公司的资本一经确定，非按严格的法定程序，不得随意改变，否则就会使股东和债权人利益受到损害。作为股东，拥有转让股权的权利和自由，但不得抽回股本，公司实行增资或减资，必须严格按法定条件和程序进行。

实行"两个所有权分离"原则。公司的法人财产权和股东投资的财产权的分离。股东的财产一旦投入公司，即构成公司的法人财产，并且股东对该财产的所有权即转化为公司的股权。但是，股东不会因此丧失自己投资的财产权，其仍依法享有所有者的资产受益权、收益

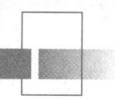

权、分权和重大事项决策表决权以及管理者的选择权，同时可以依法自由转让股权，在公司终止时，依法享有行使分配剩余财产的终极所有权。

实行"有限责任"原则。有限责任公司以其出资额为限对公司承担有限责任，公司以其全部资产对公司的债务承担有限责任。股份有限公司的股东以其所持股份为限对公司承担有限责任，公司以其全部资产对公司的债务承担有限责任。即使公司出现资不抵债的情况，股东也只以其对公司的投资额承担责任，不再承担其他的责任。

公司都具有法人地位。企业法人是指取得法人资格，自主经营，自负盈亏的经济实体，是具有民事权和主体的社会组织。依照法律或企业章程的规定，代表企业法人行使职权，被称为法定代表人。

② 有限责任公司与股份有限公司的不同点：

股权表现形式不同。有限责任公司里，权益总额不作等额划分，股东的股权通过所认缴的出资额比例来表示，股东表决和偿债时以其认缴的出资额比例享有权利和承担责任；股份有限公司的全部资本分为数额较小、每一股金额相等的股份，股东的表决权按认缴的出资额计算，每股有一票表决权。

设立方式及流程不同。有限责任公司只能由发起人集资，不能向社会公开募集资金，也不能发行股票，不能上市；股份有限公司除了可以使用有限责任公司的设立方式外，还可以向社会公开筹集资金并上市融资。

股东人数不同。有限责任公司的股东最多50人，保护了公司的封闭性，因为股东人数少，不一定非要设立股东会；股份有限公司必须有2～200名发起人，股东人数无限制，有的大公司达几十万人，且与有限责任公司不同，其必须设立股东大会，且股东大会是公司的最高权力机构。

组织机构设置规范化程度不同。有限责任公司比较简单、灵活，可以通过公司章程约定组织机构，可以只设董事、监事各1名，不设监事会、董事会。股份有限公司的要求高，必须设立董事会、监事会，定期召开股东大会，上市公司在股份有限公司的基础上，还可以聘用外部独立董事。

股权转让与股权的流动性不同。有限责任公司的股东之间可以相互转让出资额，向股东以外的人转让出资时，必须经股东会过半数股东同意，因而股权的流动性差，变现能力弱；而股份有限公司的股票可以公开发行，自由转让，上市公司股票流动性更高，融资能力更强。

社会公开程度不同。有限责任公司的生产、经营、财务状况，只需按公司章程规定的期限向股东公开，供其查阅，无须对外公布，财务状况相对保密；股份有限公司要定期公布财务状况，上市公司要通过公共媒体向公众公布财务状况，相比较更难操作，公司财务状况也难于保密，更容易涉及信息披露、内幕交易等问题。

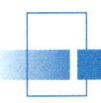

8.1.2　合伙企业

1. 合伙企业的定义及设立条件

1）定义

合伙企业是指由各合伙人订立合伙协议，共同出资，共同经营，共享收益，共担风险，并对企业债务承担无限连带责任的营利性组织。也指自然人、法人和其他组织依照《中华人民共和国合伙企业法》（以下简称《合伙企业法》）在中国境内设立的，由2个或2个以上的自然人通过订立合伙协议，共同出资经营、共负盈亏、共担风险的企业组织形式。合伙企业一般无法人资格，不缴纳企业所得税，缴纳个人所得税。主要类型有普通合伙企业和有限合伙企业。其中普通合伙企业又包含特殊的普通合伙企业。

（1）普通合伙企业由至少2个普通合伙人（没有上限规定）组成。所谓普通合伙人，是指在合伙企业中对合伙企业的债务依法承担无限连带责任的自然人、法人和其他组织。普通合伙企业中，除特殊的法律规定外，合伙人对合伙企业债务承担无限连带责任。在特殊的普通合伙企业中，一名或多名合伙人在从事合伙业务、由于故意或重大过失造成损失时，对合伙企业的债务负有有限或无限连带责任，其他合伙人则仅以其在合伙企业中的财产份额为限承担责任。

（2）有限合伙企业由2~50个普通合伙人和有限合伙人组成，其中至少有1个普通合伙人。当企业只剩下普通合伙人时，就转为普通合伙企业，没有普通合伙人时，企业将自动解散。在有限合伙企业中，普通合伙人对企业债务承担无限连带责任，有限合伙人以其认缴的出资额为限对企业债务承担责任。

2）设立条件

依据《合伙企业法》第十四条规定，设立合伙企业，应当具备以下条件：

（1）有二个以上合伙人。合伙人为自然人的，应当具有完全民事行为能力；

（2）有书面合伙协议；

（3）有合伙人认缴或者实际缴付的出资；

（4）有合伙企业的名称和生产经营场所；

（5）法律、行政法规规定的其他条件。

其中，普通合伙企业的名称中应标明"普通合伙"字样，特殊的普通合伙企业名称中应当标明"特殊普通合伙"字样，有限合伙企业名称中应当标明"有限合伙"字样。以专业知识和专门技能为客户提供有偿服务的专业服务机构，可以设立为特殊的普通合伙企业。

2. 合伙企业相关的法律规定

《合伙企业法》对合伙企业的设立程序、债务承担、出资规定、权利义务及其法律责任等

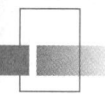

有明确的规定，具体如下：

1）设立程序

（1）申请设立合伙企业，应当由全体合伙人指定的代表或者共同委托的代理人向企业登记机关提交全体合伙人签署的设立登记申请书、全体合伙人的身份证明、全体合伙人指定的代表或者共同委托的代理人的委托书以及合伙协议等文件。

（2）申请人提交的登记申请材料齐全、符合法定形式，企业登记机关能够当场登记的，应予当场登记，发给合伙企业营业执照。除此之外，企业登记机关应当自受理申请之日起20日内，做出是否登记的决定。对不符合规定条件的，不予登记，并应当给予书面答复，说明理由。合伙企业的营业执照签发日期，为合伙企业成立日期。合伙企业领取营业执照之前，合伙人不得以合伙企业的名义从事合伙业务。合伙企业设立分支机构时，应当向分支机构所在地的企业登记机关申请登记，领取营业执照。

2）债务承担

合伙人对合伙经营期间的债务，应当由全体合伙人承担，合伙人对合伙经营期间的债务相互承担连带清偿责任，即使合伙人内部签订债务承担协议，也不能抵销合伙人合伙经营期间所负债务的债权人有权向全体合伙人主张清偿，或者向合伙人中的一人主张清偿的权利。合伙人中的一人偿还合伙债务后，有权向其他合伙人予以结算；合伙人中的一人偿还合伙债务，超过自己应当承担的数额时，有权向其他合伙人进行追偿。

（1）合伙人对合伙债务承担无限清偿责任。我国法律规定，合伙债务由合伙人以各自的财产承担清偿责任，合伙型联营的债务由联营各方以各自所有的或者经营管理的财产承担责任。合伙企业财产不足清偿到期债务的，各合伙人应当承担无限清偿责任，用其在合伙企业出资以外的财产承担清偿责任。无论是个人合伙还是法人合伙，合伙人都应以自己的全部财产承担合伙债务的清偿责任。合伙人如果是以个人财产出资参与合伙，则以个人财产对合伙债务承担无限责任；合伙人如果是以家庭财产出资参与合伙，则应以家庭共有财产对合伙债务承担无限连带责任；合伙人如果是以个人财产出资参与合伙，但将合伙盈余分配所得用于家庭成员的共同生活，则应先以个人财产承担清偿责任，不足部分以家庭共有财产承担。

（2）合伙人对合伙债务承担连带清偿责任。对合伙人是否对合伙债务承担连带责任，存在不同的立法例，主要体现为分担主义与连带主义区别。我国立法基本采取的是连带主义，即合伙人对合伙的债务承担连带清偿责任，法律另有规定的除外。《合伙企业法》规定合伙人对合伙债务应当承担无限连带责任；入伙的新合伙人对入伙前的债务承担连带责任；合伙企业解散后，合伙人对合伙债务仍负连带责任。合伙人之所以要承担连带责任，基于合伙财产的共有性质及合伙人对第三人的共同行为产生，除法律另有规定外，合伙人对合伙债务承担

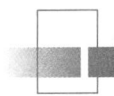

连带责任是不以当事人之间有无约定或有无相反约定为转移的法定责任。

3）出资规定

合伙人为合伙企业经营需要而投入的资本，是合伙企业经营的基础。根据《合伙企业法》的规定，合伙人可以用货币、实物、知识产权、土地使用权或者其他财产权利出资，也可以用劳务出资。上述出资应当是合伙人的合法财产及财产权利。

（1）货币出资。合伙人以货币出资时，其用于出资的货币必须是投资者拥有的资本或由投资者管理和控制的资本。

（2）实物出资。合伙人以实物出资的，该实物出资应当由出资人所有或者管理控制。合伙人以实物、知识产权、土地使用权或者其他财产权利出资，需要评估作价的，可以由全体合伙人协商确定，也可以由全体合伙人委托法定评估机构评估。

（3）劳务出资。因为劳务不是有形资产，其价值很难确定。为避免劳务出资人与企业发生纠纷，合伙人以劳务出资的，其评估办法由全体合伙人协商确定，并在合伙协议中载明。

（4）知识产权出资。如果合伙人以知识产权出资，不仅包括专利权、商标权、著作权，还包括商业秘密。

4）合伙企业合伙人的权利

根据《合伙企业法》相关规定，合伙企业合伙人所享有的权利有：

（1）共有财产权。所谓共有财产权，指合伙财产归合伙人共有，而非合伙人个人所有；在合伙企业存续期间，合伙财产属于合伙企业的财产，也就是说属于全体合伙人的共同财产。合伙企业财产由全体合伙人共同管理和使用。在合伙企业进行清算前，合伙人不得请求分割合伙企业的财产，但本法另有规定的除外。另有规定，指退伙情形。

（2）合伙经营权。共同经营是合伙企业的重要特点，因此，合伙经营权是合伙人最重要的权利。具体而言，合伙经营权包括4项权利：

合伙事务的决定权。合伙重大事务，应由全体合伙人作出决定；合伙日常事务，可由业务执行人自行决定。合伙人就合伙事项做决议时，一般采用一人一票的表决办法，但合伙合同可以做不同的约定。需要注意的是，像处分合伙企业不动产、改变合伙企业名称等事务，根据法律规定，必须经全体合伙人同意。其他事务的决定方式，是一致同意或绝对多数或简单多数，应由合伙协议具体约定。

合伙事务执行权。一般来说，合伙企业的事务应由全体合伙人共同执行。但根据协议和全体合伙人决定，也可以设立合伙事务执行人，此时其他合伙人不再执行合伙事务。

监督检查权。当设立合伙事务执行人、其他合伙人不再执行合伙事务时，其他合伙人有权监督合伙事务的执行情况。另外，当合伙事务由合伙人分别执行时，合伙人对其他合伙人

执行的事务享有提出异议的权利。

查阅账簿权。对于合伙企业的经营状况和财务状况，合伙人享有查阅账簿的权利，从而使其能够在合伙决议中做出正确判断。

（3）利润分配请求权。合伙人组成合伙企业、进行经营的目的在于获得经济利益，这是不言而喻的。因此，利润分配请求权应是合伙人最基本的权利，应当依据合伙协议中的约定行使。

5）合伙企业合伙人的义务

（1）出资义务。出资是合伙人承担的首要义务。合伙人应以自己的合法财产及财产权利出资，并应严格按照约定的方式、数额和期限出资，否则就要承担损害赔偿责任。另外，需要注意的是，各合伙人按照合伙合同实际缴付的出资，为其对合伙企业的出资；在合伙企业存续期间，合伙人不负有增加出资的义务。当然，依照合伙协议约定或全体合伙人决定，合伙人可以增加出资，用于扩大经营规模或者弥补亏损。

（2）承担合伙事务的义务。这既是合伙人的义务，实际上也是合伙人的权利。设立合伙业务执行人的，业务执行人应认真履行职责，按照约定向其他合伙人报告有关情况并接受监督检查。一般合伙人查阅账簿，对合伙事务进行监督、检查，共同决定合伙重大事务，这些都是履行承担合伙事务义务的形式。

（3）分担亏损的义务。共享收益、共担风险是合伙的共同特征。既然合伙人共同共有合伙企业的财产，当然也应该共同分担合伙企业的亏损。因此，合伙人有分担合伙亏损的义务，具体表现为对外承担的连带责任，对内的按比例分担责任。

（4）竞业禁止的义务。为了避免合伙人利用其有利地位同本合伙企业进行竞争，而给其他合伙人的利益造成损害，我国《合伙企业法》规定了合伙人的竞业禁止义务，即合伙人不得自营或者同他人合作经营与本合伙企业相竞争的业务。

6）合伙企业合伙人的法律责任

《合伙企业法》中对合伙人的法律责任作了十分详细的规定，第三十二条规定，合伙人不得自营或者同他人合作经营与本合伙企业相竞争的业务。除合伙协议另有约定或者经全体合伙人一致同意外，合伙人不得同本合伙企业进行交易；合伙人不得从事损害本合伙企业利益的活动。第九十六条规定，合伙人执行合伙事务，或者合伙企业从业人员利用职务上的便利，将应当归合伙企业的利益据为己有的，或者采取其他手段侵占合伙企业财产的，应当将该利益和财产退还合伙企业；给合伙企业或者其他合伙人造成损失的，依法承担赔偿责任。第九十七条规定，合伙人对本法规定或者合伙协议约定必须经全体合伙人一致同意始得执行的事务擅自处理，给合伙企业或者其他合伙人造成损失的，依法承担赔偿责任。法律相关条款的完善，为我国合伙企业的正常运营提供了基本保障。

3. 合伙企业的特征

1）生命有限

合伙企业比较容易设立和解散。合伙人签订了合伙协议，就宣告合伙企业的成立。新合伙人的加入，旧合伙人的退伙、死亡、自愿清算、破产清算等均可造成原合伙企业的解散以及新合伙企业的成立。

2）责任无限

合伙企业作为一个整体对债权人承担无限责任。按照合伙人对合伙企业的责任，合伙企业可分为普通合伙企业和有限合伙企业。普通合伙企业的合伙人均为普通合伙人，对合伙企业的债务承担无限连带责任。有限合伙企业由一个或几个普通合伙人和一个或几个责任有限的合伙人组成，即合伙人中至少有一个人要对企业的经营活动负无限责任，而其他合伙人只以其出资额为限对债务承担偿债责任，因而这类合伙人一般不直接参与企业经营管理活动。

3）相互代理

合伙企业的经营活动，由合伙人共同决定，合伙人有执行和监督的权利，可以推举负责人。合伙负责人和其他人员的经营活动，由全体合伙人承担民事责任。换言之，每个合伙人代表合伙企业所发生的经济行为对所有合伙人均有约束力。因此，合伙人之间较易发生纠纷。

4）财产共有

合伙人投入的财产，由合伙人统一管理和使用，不经其他合伙人同意，任何一位合伙人不得将合伙财产移为他用。只提供劳务，不提供资本的合伙人仅有权分享一部分利润，无权分享合伙财产。

5）利益共享

合伙企业在生产经营活动中所取得、积累的财产归合伙人共有，如有亏损亦由合伙人共同承担。损益分配的比例，应在合伙协议中明确规定；未经规定的，可按合伙人出资比例分摊或平均分摊。以劳务抵作资本的合伙人，除另有规定者外，一般不分摊损失。

8.1.3　个人独资企业

1. 个人独资企业的定义及设立条件

1）个人独资企业的定义

根据《中华人民共和国个人独资企业法》（以下简称《个人独资企业法》）中第一章第二条定义，所谓个人独资企业，是指依照本法在中国境内设立，由一个自然人投资，财产为投资人个人所有，投资人以其个人财产对企业债务承担无限责任的经营实体。个人独资企业是最古老、最简单的一种企业组织形式。主要盛行于零售业、手工业、农业、林业、渔业、服务业和家庭作坊等。

2）个人独资企业的设立条件

根据相关法律规定，我国的个人独资企业设立原则上采用登记准则，公司只要符合法律规定的设立要件，经登记机关依法登记即可成立，一般无须政府行政机关的事先审批或核准。具体来看，个人独资企业的设立应当符合下列条件：

（1）投资人为一个自然人。这是设立个人独资企业最重要的条件，限定其投资人只能是一个人并且必须是自然人。如果投资人是两个或两个以上，那便是共同投资，而不是独资；如果投资人不是自然人而是法人，那也不是个人投资，而是团体人派生出来的投资；即使是由一个法人独资设立的，那样也难以算作是个人独资。独资企业的"人"仅限于自然人，自然人之外的法人或其他组织不得出资设立。申请设立个人独资企业的投资人应当具有相应的民事权利能力和民事行为能力。法律和行政法规禁止从事营利活动的人员，如国家机关工作人员不能以投资者的身份提出申请。

（2）有合法的企业名称。个人独资企业是一个经营实体，应当有自己的称呼，就是企业名称，或称商号、商业名称，以表示与其他企业的区别，就是使自己的企业有可识别性。《个人独资企业法》对企业名称采取比较宽松的原则，即不限于只能使用投资人的姓名作名称，可以自行选择商号，但不能超出法律许可的范围。对个人独资企业的名称还有一项基本规定，就是个人独资企业的名称应当与其责任形式及从事的营业相符合。这项规定是在这部法律的审议过程中增加的，立法的用意在于个人独资企业的名称不应与其他责任形式的企业名称相混淆，比如称为公司的就应是具有公司特征的企业，依照公司法的规定确定名称；而个人独资企业是与公司有区别的，就不应用公司的名称。个人独资企业的名称还应与其营业状况相符，不应在企业名称上有误导，甚至蒙骗消费者，要有利于促进交易安全，维护市场秩序。

（3）有投资人申报的出资。这项条件以及在法律上做出的表述，包含以下四层意思：一是个人独资企业投资人必须有出资，没有出资便不能设立企业，这是设立企业的必备条件；二是出资的数额由投资人申报，在法律上没有规定出资的最低限额，这与设立公司不同；三是仅规定要有出资，而对资金来源未作限定，投资人必须守法，这在《个人独资企业法》的总则中已作规定，而在守法的前提下，投资人的资金可能是自己的，也可能是家庭共有的，还可能是借来的或者是亲友支持的，对这些在这部法律中不作限定，也都是允许的；四是对出资的形式未作规定，允许灵活多样，可以是现金，也可以是实物，还可以是一些财产权利。

（4）有固定的场所和必要的生产经营条件。这项条件的基本要求是由于个人独资企业是一个经营实体，它应当有一定的稳定性，并应当具备与所经营项目相适应的人力、物力、财力条件，这样才能保证企业能实际运行起来，而不是一个空壳子。对于个人独资企

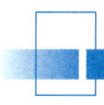

业来说，将固定的生产经营场所作为必须具备的条件，有利于提高这类企业的素质，稳定经营。

（5）有必要的从业人员。个人独资企业的从业人员，应当是在企业中从事经营业务的人员，没有从业人员是不可能有企业活动的，而且只有有了与经营业务相适应的从业人员，才能保证企业所提供产品、服务达到合格的要求。从业人员的身份，一般有三种，一是投资人本身；二是参与企业生产经营活动的投资人的亲属；三是企业招用的员工。

2. 个人独资企业相关的法律规定

1）设立程序

（1）提出设立申请。可以是投资人直接提出，也可以委托代理人提出，采取何种方式由投资人自行决定，行政管理机关不应限定。

（2）提交申请的有关文件。主要文件以及文件的主要内容已由法律规定，应当依照执行。

（3）核准登记。登记机关应当在收到设立申请文件之日起15日内，依法予以登记，如果设立申请不符合法定条件的，不予登记时则应当书面答复，说明理由。这样规定使登记程序更加规范化，有利于保护申请人的利益，也可促使登记机关慎重处理登记事宜。

（4）发给营业执照。这是标志个人独资企业合法设立的法律文件，也是该企业依法进入市场，成为合法的市场主体的法律凭证，在取得营业执照前，不允许以个人独资企业名义进行经营活动。

2）债务承担

《个人独资企业法》中有关个人独资企业投资人承担企业债务的法律规定有：

（1）个人独资企业投资人在申请企业设立登记时明确是以其家庭共有财产作为个人出资的，应当依法以家庭共有财产对企业债务承担无限责任。

（2）个人独资企业解散后，原投资人对个人独资企业存续期间的债务仍应承担偿还责任，但债权人在5年内未向债务人提出偿债请求的，该责任消灭。

（3）个人独资企业财产不足以清偿债务的，投资人应当以其个人的其他财产予以清偿。

3）出资规定

由于个人独资企业的出资人承担无限责任，不限于出资额，法律对个人独资企业的注册资本没有最低要求，只要求出资人有自己申报的出资额，有利于个人独资企业的设立和发展。设立个人独资企业，允许以个人财产投资。以家庭财产作为个人投资的，家庭财产应对企业债务承担无限责任。因此，用家庭财产进行投资更需谨慎，以免企业经营失败，导致全家陷入财务困境。在投资方式的选择上，法律允许投资者以货币、实物、无形资产投资，但不允许以劳务投资。

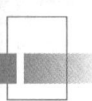

4）个人独资企业投资人的权利

（1）财产所有权。个人独资企业投资人对本企业的财产享有所有权，其有关权利可以依法进行转让或继承。

（2）管理权。个人独资企业投资人可以自行管理企业事务，也可以委托或者聘用其他具有民事行为能力的人负责管理企业的事务。

（3）申请贷款、取得土地使用权。个人独资企业投资人可以依法申请贷款、取得土地使用权。

（4）设立分支机构的权利。个人独资企业投资人可以在外地设立分支机构。投资人或者其委托的代理人向分支机构所在地的登记机关申请登记，领取营业执照。同时，分支机构经营过程中的一切民事责任由设立该分支机构的个人独资企业承担。

（5）拒绝摊派权。摊派是指在法律、法规的规定之外，以任何方式要求企业提供财力、物力和人力的行为。《个人独资企业法》规定，任何单位和个人不得违反法律、行政法规的规定，以任何方式强制个人独资企业提供财力、物力、人力。

（6）法律、行政法规规定的其他权利。个人独资企业除享有上述权利外，还依法享有法律、法规规定的其他权利。

5）个人独资企业投资人的义务

（1）遵守法律、法规，遵守诚实信用原则，不得损害社会公共利益。

（2）依法履行纳税义务。根据我国法律的有关规定，对个人独资企业的投资人的生产经营所得，比照个体工商户的生产经营所得征收个人所得税。

（3）依法设置会计账簿，进行会计核算。个人独资企业应按照《中华人民共和国会计法》和国家统一的会计制度的规定设置会计账簿，以实际发生的经济业务事项进行会计核算，填制会计凭证，登记会计账簿，编制财务会计报告，不得以虚假的经济业务事项或者资料进行会计核算。

（4）依法保障职工权益。《个人独资企业法》规定，个人独资企业招用职工的，应当依法与职工签订劳动合同，保障职工的劳动安全，按时、足额发放职工工资。

（5）法律、行政法规规定的其他义务。

6）个人独资企业投资人的法律责任

《个人独资企业法》对个人独资企业的投资人的法律责任有详细的描述，第三十三条规定，对于提交虚假文件或采取其他欺骗手段，取得企业登记的，责令改正，处以 5 000 元以下的罚款；情节严重的，并处吊销营业执照。第三十七条规定，未领取营业执照，以个人独资企业名义从事经营活动的，责令停止经营活动，处以 3 000 元以下的罚款。个人独资企业登记事项发生变更时，未按本法规定办理有关变更登记的，责令限期办理变更登记；逾期不办理

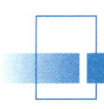

的，处以 2 000 元以下的罚款。第三十八条规定，投资人委托或者聘用的人员管理个人独资企业事务时违反双方订立的合同，给投资人造成损害的，承担民事赔偿责任等。

3. 个人独资企业的特征

（1）企业的建立与解散程序简单。

（2）经营管理灵活自由。企业主可以完全根据个人的意志确定经营策略，进行管理决策。

（3）企业主对企业的债务负无限责任。当企业的资产不足以清偿其债务时，企业主以其个人财产偿付企业债务。

（4）企业的规模有限。个人独资企业有限的经营所得、企业主有限的个人财产、企业主一人有限的工作精力和管理水平等都制约着企业经营规模的扩大。

（5）企业的存在缺乏可靠性。个人独资企业的存续完全取决于企业主个人的得失安危，企业的生命周期有限。

8.1.4　个体工商户

1. 个体工商户的定义及设立条件

1）定义

个体工商户是指在法律允许的范围内，依法经核准登记，从事工商经营活动的自然人或者家庭。单个自然人申请个体经营，应当是 16 周岁以上有劳动能力的自然人。家庭申请个体经营，作为户主的个人应当有经营能力，不要求其他家庭成员都有经营能力。

2）设立条件

《促进个体工商户发展条例》规定，国家对个体工商户实行市场平等准入、公平待遇的原则。其成立的基本条件有：① 有自己的经营场所。② 依法登记领取营业执照的申请人应当提交登记申请书、身份证明和经营场所证明。③ 经营的行业范围为工业、手工业、建筑业、交通运输业、商业、饮食业、服务业、修理业及国家法律和政策允许个体工商户生产经营的其他行业和项目。

2. 个体工商户相关的法律规定

1）设立程序

个体工商户的设立应按照以下步骤进行：

（1）办理名称预先登记。此步骤一般包含以下几点：① 咨询后领取并填写《名称（变更）预先核准申请书》，同时准备相关材料；② 递交《名称（变更）预先核准申请书》，等待

名称核准结果；③ 领取《企业名称预先核准通知书》，同时领取《个体工商户开业登记申请书》；经营范围涉及前置许可的（具体项目参见工商行政管理局印制的《企业登记许可项目目录》），办理相关审批手续。

（2）提交个体工商户注册申请材料，材料需准备齐全，且符合法律规定，若审核通过，则可以收到《准予行政许可决定书》。

（3）在领取《准予设立登记通知书》后，按照《准予设立登记通知书》上确定的日期到工商局交费并领取营业执照。至此，个体工商户注册基本完成。

2）债务承担

（1）个体工商户债务，个人经营的，以个人财产承担。

所谓"个人经营"，也就是公民一人独资经营。独资经营的权利主体是公民个人。由个人行为而产生的法律责任只能由个人承担，不能转移给其他人；另一方面，个人也仅对自己的行为负责，不因他人与自己无关的行为而受牵连。因此，作为独资经营者的个体工商户是以全部个人财产，而不是以全部家庭财产对经营债务承担责任的。

个体工商户是一人经营的，其财产责任不涉及家庭共有财产，这是一般原则。个人财产既包括他自己所有的财产，也包括与他共有的财产中应归其所有的财产。如果个人财产没有从家庭共有财产中分离出来，那就应该在分割家庭共有财产之后，以归属于独资经营者个人那一部分财产来满足债权人的请求。

总之，个体工商户一人经营的财产责任，只涉及他的个人财产；债权人只能就个体工商户的个人财产来满足自己的全部债权请求，而不能将债权请求权扩大到其他家庭成员在家庭共有财产中的应有份额。

个体工商户的个人财产，包括他的经营资本和其他个人财产。一人经营的个体工商户，一般应首先竭尽全部经营资本来清偿债务，经营资本不足清偿的再动用他的其他财产清偿。

（2）个体工商户的债务，家庭经营的，以家庭财产承担。以公民个人名义申请登记的个体工商户用家庭共有财产投资，或者收益的主要部分供家庭成员享用的，其债务应以家庭共有财产清偿。在夫妻关系存续期间，一方从事个体经营，其收入为夫妻财产，债务亦应以夫妻共有财产清偿。

（3）个人经营的个体工商户，其个人财产与家庭财产难以区分的，应以家庭财产承担债务的清偿责任。个体工商户的债务，如以家庭共有财产承担责任时，应当保留家庭成员的生活必需品和必要的生产工具。

3）享受权利

我国相关法律规定个体工商户所享有的权利如下：

（1）对核准登记的名称在规定范围内的专用权；

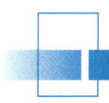

（2）对自有资产的占有权、经营权、处分权、收益权；

（3）依法取得土地使用权，用于生产经营；

（4）在银行及其他金融机构设立账户，申请贷款；

（5）在核准登记的范围内自主生产经营；

（6）自主决定用工形式、职工工资分配方式和工资水平，但不得低于本市规定的最低工资标准；

（7）依照国家和省价格管理规定自主制定商品价格和服务收费标准；

（8）按照规定参加国家专业技术职称评定和职业技能资格认定，决定企业内部职称和职业技能评聘；

（9）申报国家科研课题、开发项目；

（10）申请专利权、商标专用权及其他知识产权；

（11）法律、法规规定的其他权利。

4）承担义务

个体工商户应当依法履行下列义务：

（1）在核准登记的范围内从事生产经营活动，遵守职业道德，文明经营；

（2）按时足额缴纳税、费；

（3）亮照、亮证经营；

（4）使用法定计量单位和器具，明码标价；

（5）法律、法规规定的其他义务。

3. 个体工商户的特征

（1）个体工商户是从事工商业经营的自然人或家庭。自然人或以个人为单位，或以家庭为单位从事工商业经营，均为个体工商户。根据有关政策，可以申请个体工商户经营的主要是城镇待业青年、社会闲散人员和农村村民。国家机关干部、企事业单位职工，不能申请从事个体工商业经营。

（2）自然人从事个体工商业经营必须依法核准登记。个体工商户的登记机关是县以上工商行政管理机关。个体工商户经核准登记，取得营业执照后，才可以开始经营。个体工商户转业、合并、变更登记事项或歇业，也应办理登记手续。

（3）个体工商户只能经营法律、政策允许个体经营的行业。在依法核准登记的范围内，个体工商户享有从事个体工商业经营的民事权利能力和民事行为能力。个体工商户的正当经营活动受法律保护，对其经营的资产和合法收益，个体工商户享有所有权。个体工商户可以在银行开设账户，向银行申请贷款，有权申请商标专用权，有权签订劳动合同及请帮工、带学徒，还享有起字号、刻印章的权利。个体工商户从事生产经营活动必须遵守国家的法律，应照章纳税，服从工商行政管理。个体工商户从事违法经营的，必须承担民事责任和其他法律责任。

8.1.5　选择合适的法律形式

创业者在选择适合自己切入市场的经营组织主体时，除了要熟悉有关企业的法律、法规之外，还要考虑创业初始的经营业务所属的行业、个人资金条件、创业者的价值观、创办企业所在地的环境和政策，以及创业者的风险承担能力等因素。

1. 经营业务所属的行业[①]

制造业类企业对厂房和设备的投入较大，对技术的要求也相对较高，采用合伙企业或有限责任公司是一种较为适宜的方式，这样既能弥补技术方面的缺陷，又能拓宽融资渠道。服务类企业如律师事务所、专利事务所、审计事务所等适合采用合伙企业形式。如果有很好的技术，且对资本的需求不大，例如美容院、茶馆、维修部等，而自己又有较高超的技能，个人独资企业不失为一种合适的形式。如果是生产周期比较长，资金占用时间长且周转慢，受自然环境影响比较大的行业，如种植和养殖等，采用有限责任公司的形式最理想。

2. 创业者个人自有资金

如果创业者自有资金比较充足，选择独资企业形式更容易成功。如果资金不足，采用合伙企业或有限责任公司的形式更利于事业发展。

3. 创业者的价值观

如果创业者喜欢发号施令，对权力有很强的渴望，有自己的想法，不愿意听取他人的建议，但又有很强的领导能力，那么应该选择独资企业的形式。如果创业者有自己的主见，心态平和，善于合作，善于整合周围资源，善于顺势而为，那么就可以选择有限责任公司或者股份有限公司的形式。

4. 创办企业所在地的政策和环境

当前，我国经济发展不平衡，造成不同地区企业发展的政策与环境差别较大。因此，各

---

① 张项民. 创业企业法律形式的选择 [J]. 中国人才，2007（14）：56-58.

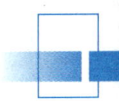

区域针对自身发展阶段和发展目的，制定了具有针对性的政策，创业者可以依据地方政府对各类企业的优惠政策，来选择创业成本最低的企业形态。

5. 创业者的风险承担能力

对于创业者而言，其风险承担能力是其创业前必须考虑的重要因素之一。商业环境中存在各式各样的经营风险，企业组织形式与创业者日后需要承担的责任大小息息相关。公司制企业的股东仅以其出资额为限对公司承担责任，公司以其全部资产对公司的债务承担责任，因此，公司制企业的有限责任制度对于风险控制具有重要的意义；普通合伙企业以及个人独资企业的合伙人或者投资人需要对企业承担无限责任，如果选择这两种组织形式，创业者所必须承担的风险不仅包括目前的投资额度，还包括全部个人财产，因此，采用后两种组织形式创业的风险相对较大。

除上述因素之外，还可以从税务因素、经营管理的需要以及经营时间的考虑等多个方面，就企业组织形式的优劣进行分析与比较。总之，企业组织形式没有最好的，创业者必须通盘考虑、全面把握，同时还要根据个人的事业发展需要而及时调整，才能使所创事业更持久、更长远地可持续发展。

 案例拓展

凯利公司与碧桂园合同纠纷案

上诉人三亚凯利投资有限公司（以下简称"凯利公司"）、张伟男（凯利公司股东）因与被上诉人海南碧桂园房地产开发有限公司（以下简称"碧桂园公司"）、一审被告梁璐、西藏圣方投资有限公司（以下简称"圣方公司"）及一审第三人中国建设银行股份有限公司三亚分行（以下简称"建行三亚分行"）确认合同效力纠纷一案不服海南省高级人民法院（2018）琼民初6号民事判决，上诉至最高人民法院。

凯利公司在2016年6月20日通过司法转让取得证号为琼（2016）三亚市不动产权第0006583号的地块，碧桂园公司以此地块与凯利公司合作，双方在2017年7月15日签署了《资产转让合同》，并于2017年8月1日凯利公司作为甲方（借款人），碧桂园公司作为乙方（委托贷款人），建行三亚分行作为丙方（代理人）签署了《委托贷款合同》和《抵押合同》。2017年8月7日，碧桂园公司通过其在建行三亚分行的账户向凯利公司在建行三亚分行的账户转账3.2亿元。2017年8月8日，凯利公司向圣方公司转账2 419.161 6万元，凯利公司向张伟男转账2 951.838 4万元。后由于凯利公司未能在2017年10月30日前完成《资产转让合同》第四条约定的案涉地块的容积率、土地性质等规划指标的调整。碧桂园公司享有单方解除合同的权利。2017年11月12日，凯

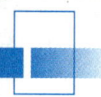

利公司收到碧桂园公司发出的《解除合同返还资金催告函》。碧桂园公司在要求凯利公司承担责任的同时，要求凯利公司的股东张伟男对凯利公司所负债务承担连带清偿责任。张伟男存在利用其控股股东和实际控制人身份，虚构债务，转移凯利公司的公司权益，严重损害债权人碧桂园公司权利的行为。

最高人民法院最终判决要旨如下：

公司股东仅存在单笔转移公司资金的行为，尚不足以否认公司独立人格的，不应依据公司法第二十条第三款判决公司股东对公司的债务承担连带责任。但该行为客观上转移并减少了公司资产，降低了公司的偿债能力，根据"举重以明轻"的原则参照《最高人民法院关于适用〈中华人民共和国公司法〉若干问题的规定（三）》第十四条关于股东抽逃出资情况下的责任形态之规定，可判决公司股东对公司债务不能清偿的部分在其转移资金的金额及相应利息范围内承担补充赔偿责任。

8.2　公司治理结构

公司治理结构是现代企业制度中最重要的组织架构。狭义的公司治理结构主要是指公司内部股东、董事、监事及经理层之间的关系，广义的公司治理结构还包括与利益相关者（如员工、客户、存款人和社会公众等）之间的关系。公司作为法人，也就是作为由法律赋予了人格的团体人、实体人，需要有相适应的组织体制和管理机构，使之具有决策能力、管理能力，行使权利，承担责任，从而使公司法人能有效地活动起来，因而公司治理结构很重要，是公司制度的核心。本节以有限责任公司为例对公司治理结构进行论述。

8.2.1　公司治理结构构成分析

1. 股东大会

股东大会是指由全体股东组成的决定公司经营管理的重大事项的机构。股东大会是公司的最高权力机关，它由全体股东组成，对公司重大事项进行决策，有权选任和解除董事，并对公司的经营管理有广泛的决定权。

1）职权

作为公司权力机关的股东大会，是与董事会相对应的，不能被视为具有无限的权力。股东大会是由所有股东构成的，它只对与股东利益有关的问题作出决议，主要是一种否定性的

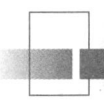

权力。在有控股股东的公司里，股东大会更多地体现了控股股东的意愿，很难反映和体现出公司中小股东的意愿。股东大会是《公司法》的一项重要制度，与其他制度有着密切的关系，因此，在对其职权事项进行界定时，应注意与公司法中的其他制度进行协调。在不同的所有制结构下，股东大会发挥着不同的功能。公司的利润分配、人事任免等与公司组织结构变化有关的问题，应当由股东大会来决定，其他事项可由股东根据公司的具体情况按公司章程规定。具体来说，股东大会具有以下职权：

（1）决定公司经营方针和投资计划；

（2）选举和更换非由职工代表担任的董事、监事，决定有关董事、监事的报酬事项；

（3）审议批准董事会的报告；

（4）审议批准监事会或者监事的报告；

（5）审议批准公司的年度财务预算方案、决算方案；

（6）审议批准公司的利润分配方案和弥补亏损方案；

（7）对公司增加或者减少注册资本作出决议；

（8）对发行公司债券作出决议；

（9）对公司合并、分立、解散、清算或者变更公司形式作出决议；

（10）修改公司章程；

（11）公司章程规定的其他职权。

2）构成

股东大会是由全体股东参与的公司投资者的大会，可以从两方面理解：其一，凡是拥有公司股东身份的人，都可以出席股东大会，不管他持有的股份数量如何，所持的股份有没有表决权；其二，只有股东才能出席公司股东大会。不具备股东资格的人，例如公司债权人和公司员工等，尽管可以列席，却无法享受在股东大会上所能行使的各种权利。保证公司的每一个股东都能参与到股东大会中来，在公司的重大问题上拥有决策权，可以让公司的决策集中所有股东的智慧，最大限度地减少错误，保证公司的利润目标。

3）会议形式

股东大会以会议的方式作出各项决定，在出席股东大会时，股东可以行使其对公司经营的决策权。股东大会分为定期会议和临时会议。

（1）定期会议

定期会议又称普通会议、股东常会，在股份有限公司中也称为年度股东大会，应当依照公司章程的规定按时召开。公司法并未对有限公司何时召开定期会议作出规定，而是由公司章程约定。在实务中，大多数公司章程规定"定期会议每年召开一次"，即年度股东大会，也有的规定每半年或每季度召开一次股东会。其内容包括：审查董事会监事会的年度工作报告、审查公司的年度财务预算决算报告，审查分红方案，以及其他股东大会的常规事项，如选举董事，变更公司章程，讨论增加或者减少公司资本，等等。

（2）临时会议

代表1/10以上表决权的股东，1/3以上的董事，监事会或者不设监事会的公司的监事提议召开临时会议的，应当召开临时会议。临时会议，是指定期会议之外的股东大会，又叫特别会议。因为召开股东大会不可避免地需要一些费用，而且召开的次数太多也会牵扯到董事会成员的精力，对公司的运营也有很大的影响，因此不能过于随便召开。但是，在某些特殊情形下，为了保证公司运作的顺畅和股东的权利能够正常地行使，需要召开临时股东会。

2. 董事会

1）组成

董事会，是企业的经营决策机构。董事会是由董事组成的，对内掌管公司事务、对外代表公司的经营决策和业务执行机构；公司设董事会，由股东大会选举。董事会设董事长一人，董事长、副董事长的产生办法由公司章程规定，一般由董事会选举产生。董事任期由章程规定，最长三年，任期届满，可连选连任，董事在任期届满前，股东会不得无故解除其职务。董事任期届满未及时改选，或者董事在任期内辞职导致董事会成员低于法定人数的，在改选出的董事就任前，原董事仍应当依照法律、行政法规和公司章程的规定，履行董事职务。值得一提的是，法律规定，董事会表决时实行一人一票制度，在实践中为避免僵局的出现，董事会成员的人数通常为单数。

2）职权

我国《公司法》规定董事会对股东会负责，行使下列职权：

（1）召集股东会会议，并向股东会报告工作；

（2）执行股东会的决议；

（3）决定公司的经营计划和投资方案；

（4）制订公司的利润分配方案和弥补亏损方案；

（5）制订公司增加或者减少注册资本以及发行公司债券的方案；

（6）制订公司合并、分立、解散或者变更公司形式的方案；

（7）决定公司内部管理机构的设置；

（8）决定聘任或者解聘公司经理及其报酬事项，并根据经理的提名决定聘任或者解聘公司副经理、财务负责人及其报酬事项；

（9）制定公司的基本管理制度；

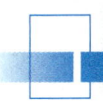

（10）公司章程规定或者股东会授予的其他职权。

3）会议

董事会会议是指董事会在职责范围内研究决策公司重大事项和紧急事项而召开的会议，由董事长主持召开，根据议题可请有关部门及相关人员列席。不包括部分董事聚会商议相关工作或董事会仅以传阅方式形成书面决议的情况。董事会是公司的核心治理机构。董事会会议是董事会发挥其职能的重要途径，是董事会议事的主要形式。董事按规定参加董事会会议是履行董事职责的基本方式。

3. 监事会

由于公司股东分散，专业知识和能力差别很大，参与公司日常经营管理的机会和渠道有限。为了防止董事会、经理滥用职权，损害公司和股东利益，就需要设置一种专门监督机关，代表股东行使监督职能，也就是监事会。《公司法》规定，监事会是由股东大会选举的监事以及由公司职工民主选举的监事组成的，对公司的业务活动进行监督和检查的法定必设和常设机构。监事会的监事由股东大会选举产生，代表股东大会执行监督职能，对公司财务以及公司董事、高级管理人员履行职责的合法性进行监督，维护公司及股东的合法权益。

1）组成

有限责任公司设监事会，其成员不得少于三人。股东人数较少或者规模较小的有限责任公司，可以设一至二名监事，不设监事会。监事会应当包括股东代表和适当比例的公司职工代表，其中职工代表的比例不得低于三分之一，具体比例由公司章程规定。监事会中的职工代表由公司职工通过职工代表大会、职工大会或者其他形式民主选举产生。监事会设主席一人，由全体监事过半数选举产生。监事会主席召集和主持监事会会议；监事会主席不能履行职务或者不履行职务的，由半数以上监事共同推举一名监事召集和主持监事会会议。股份公司监事会还可以设副主席，副主席由全体监事过半数选举产生。监事会副主席可以在监事会主席不能履行召集和主持监事会会议职务或不履行职务时召集和主持监事会会议。董事、高级管理人员不得兼任监事。

监事会成员通常应为具有完全行为能力的自然人，但一些国家允许法人担任监事。我国《公司法》规定，监事的任职资格与董事相同，但是董事、高级管理人员不得兼任监事。监事的任期每届为三年。监事任期届满，连选可以连任。监事任期届满未及时改选，或者监事在任期内辞职导致监事会成员低于法定人数的，在改选出的监事就任前，原监事仍应当依照法律、行政法规和公司章程的规定，履行监事职责。监事会成员的卸任与免职的原因和方法与董事基本相同，即监事在任期届满时自然卸任。监事还可能因丧失任职资格而被解除职务。

2）职权

监事会的职权主要有以下几个方面：

（1）检查公司财务；

（2）对董事、高级管理人员执行公司职务的行为进行监督，对违反法律、行政法规、公司章程或者股东会决议的董事、高级管理人员提出罢免的建议；

（3）当董事、高级管理人员的行为损害公司的利益时，要求董事、高级管理人员予以纠正；

（4）提议召开临时股东会会议，在董事会不履行本法规定的召集和主持股东会会议职责时召集和主持股东会会议；

（5）向股东会会议提出提案；

（6）依照本法的规定，对董事、高级管理人员提起诉讼；

（7）公司章程规定的其他职权。

监事还可以列席董事会会议，并对董事会决议事项提出质询或者建议。监事会、不设监事会的公司的监事发现公司经营情况异常，可以进行调查；必要时，可以聘请会计师事务所等协助其工作，费用由公司承担。

3）会议

监事会会议是监事会行使职权最重要，也是最主要的方式。监事会会议分为定期会议和临时会议。《公司法》规定，监事会每年度至少召开一次会议，监事可以提议召开临时监事会会议。监事会的议事方式和表决程序，除本法有规定的外，由公司章程规定。监事会决议应当经半数以上监事通过。监事会应当对所议事项的决定作成会议记录，出席会议的监事应当在会议记录上签名。

4. 执行机构

执行机构没有法定的财产权利，在公司中也没有举足轻重的作用，但是执行机关行使了公司的代理权，在一定程度上对公司的财产进行了实际支配。股东利益的实现、公司员工的利益，甚至是公司各利益相关者的利益，都离不开执行机构法人代理权的行使。

1）构成

在公司治理结构中，执行机构由董事会或总经理聘任，是对公司决策、经营、管理负有领导和指挥职责的自然人。《公司法》明确了"公司高级管理人员"是指"公司的经理、副经理、财务负责人、上市公司董事会秘书和公司章程规定的其他人员"。这里所说的"其他人员"可以囊括CEO（首席执行官）、CFO（首席财务官）、COO（首席运营官）、CTO（首席技术官）等公司自有设立的高级管理岗位。高管岗位的设置应充分尊重公司的意思自治。他们受聘于

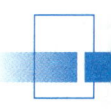

董事会，在董事会授权范围内拥有对公司事务的管理权和代理权，负责处理公司的日常经营事务。

2）职责

有限责任公司可以设经理，由董事会决定聘任或者解聘。经理对董事会负责，行使下列职权：

（1）主持公司的生产经营管理工作，组织实施董事会决议；

（2）组织实施公司年度经营计划和投资方案；

（3）拟订公司内部管理机构设置方案；

（4）拟订公司的基本管理制度；

（5）制定公司的具体规章；

（6）提请聘任或者解聘公司副经理、财务负责人；

（7）决定聘任或者解聘除应由董事会决定聘任或者解聘以外的负责管理人员；

（8）董事会授予的其他职权。

8.2.2　公司治理结构内部关系分析

公司治理结构，主要包括公司股东大会、董事会、监事会和经理层，他们之间存在着性质不同的关系。建立、完善并规范运作公司的治理结构制度体系，能够使公司权力机构、决策机构、执行机构和监督机构各司其职、各负其责，又相互制衡，保证公司顺利运行。公司治理结构内部之间的关系可用图8-1表示。

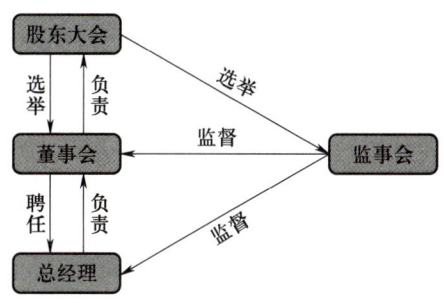

图8-1　公司治理结构内部关系

1）股东大会和董事会之间的信任托管关系

股东大会与董事会是公司法人治理结构中两个关键的会议机构。从法律角度看，股东大会集中体现了分散掌握股权的股东们的意愿，并在最终所有权的基础上对公司的运行产生影

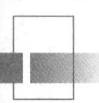

响；而董事会整体地享有法人所有权，代表股东们行使其经营管理公司的相应的权力。股东大会与董事会之间最基本的关系是资产授权经营关系，即按照公司法和公司章程的规定以及实际经营的需要，股东们把直接管理公司的权力委托给董事会，而董事会受股东大会的委托，管理公司的法人财产，负责公司的经营。于是，在公司治理结构中，股东大会是信托人，董事会是股东的受托人，承担受托责任，二者之间构成了信任托管关系。这种关系有以下几个特点：

第一，股东大会和董事会是组织与组织之间的关系，而非股东与董事个人之间的关系。一方面，董事会集体对股东大会负责。股东大会将管理公司权力委托给董事会集体，而非董事会单个成员。凡是公司委托给董事会的权力，原则上由董事会集体行使，董事会在决策时需要召开董事会会议，综合全体董事的意见作出决策。除非经过董事会授权，个别董事无权代表公司对外签订合同也无权处理公司的其他事务。另一方面，股东只能通过股东大会选举或者罢免董事，单个或者少数股东不能直接干涉董事的行为，更无权任免董事。

第二，股东既然将公司交给董事会托管，其基本前提是他们相信董事会能管理好公司。这叫作"疑人不用，用人不疑"。那么，股东们除了保留必要的权力外，他们不再管理公司的其他事务，也不能因为非故意的经营失误等商业原因罢免董事。一旦董事会受托经营公司，董事会就成为公司的法定代表人，它在公司章程和股东大会授权的范围内享有管理公司的充分权力。股东大会对董事会的基本立场只能是"信任"。

第三，股东们对董事会持信任态度，董事们理应对股东报以忠诚。信任托管的一般原则是受托人必须在信托人授权的范围内行使权力，否则信托人有权要求受托人弥补损失或者中止财产信托。如果董事们不值得信任，作为信托人的股东们可以通过股东大会以玩忽职守、未尽到受托责任而起诉董事会成员乃至整个董事会，或者不再选举他们连任。董事会作为受托人，应该谨慎地在其职权范围内行使权力，时时刻刻把股东的利益放在首位。

2）董事会与公司经理人员之间的委托代理关系

现代公司规模一般都很大，业务多而且复杂，董事会不可能也无法包揽一切。如果把公司大小事务的决策与执行都放在董事会里，要么可能使董事会顾此失彼，疲于处理公司一些急于解决的小事，而忽视公司的一些重大决策；要么因为决策不好执行，而不进行决策或者修改决策。因此，公司的最高经营管理层必然要进行某种分离，由董事会以外的另一些人组成的机构来负责公司的日常经营管理。这个机构就是由职业经理人组成的执行机构。公司的重要经营决策权由董事会直接行使，公司日常事务的经营管理权由经理人员即执行机构来行使。这样，董事会与经理人员之间形成了委托代理关系。这种关系有以下特点：

第一，董事会和总经理是不同利益的代表者。董事会代表的是所有者的利益，是"老板"，是决策者；总经理代表的是经营者的利益，是"打工头"，是公司的高级雇员。

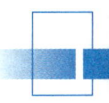

第二，董事会成为委托人，它有权以经营管理知识、经验和创利能力为标准，挑选和任命适合于本公司的经理人员；经理人员作为董事会选定的公司经营的代理人，受托统管公司的日常经营管理事务，他们既拥有对公司内部事务的管理权，又拥有在诉讼方面及诉讼之外的商业代理权。

第三，经理人员作为董事会选定的代理人，其权力受到董事会委托范围的限制。但是在董事会授权范围内，总经理有权对公司的日常事务作出决策和行使管理权，董事会不能随便干预。

第四，总经理是由董事会聘任的，这一点不同于股东大会选举产生的董事会。公司对经理人员是一种有偿委任的雇佣，经理人员有义务和责任依法经营好公司的事务，董事会有权对经理人员的经营绩效进行监督，并据此对经理人员作出奖励或者激励的决定，也可以随时解聘经理人员。

如果说，股东大会和董事会之间的信任托管关系主要是在规范的约束下依靠"信任—忠诚"来维系，那么董事会与经理人员之间的委托代理关系主要是在规范约束下依靠"控制—合作"来维系，即董事会与高层经理之间的关系，是以董事会对经理人员实施控制为基础的合作关系。

3）监事会与董事会和经理人员之间的监督与被监督关系

在公司治理结构中，董事会是一种重要的组织形式，向股东大会负责并接受其监督。但是在现实生活中，经营环境越来越复杂，行政机关越来越自治，权力机构的临时性质，股东的分散，导致股东不方便对董事会和管理者的管理行为进行定期的监察，因此，成立了一个专门负责监管的组织，即监事会，它将董事会和管理者的业务活动纳入自己的视线之中，从而建立起一种以防止股东和管理者之间的利益冲突为目标的约束和平衡体系。监事会是股东的代言人，它通过对董事会及其经理人的工作进行监督，从而维护公司的利益，维护股东的利益。在现实的生产经营中，企业的经营情况是受管理者的能力还是受外部客观环境的影响，难以判定，所以，监事会的角色更多的是对经理在企业中的管理过程进行监督。

8.2.3 公司治理结构设计

1. 公司治理结构设计原则

公司治理结构的四个组成部分，都是依法设置的，它们的产生和组成，行使的职权，行事的规则等，在公司法中作了具体规定，所以说，公司治理结构是以法制为基础，按照公司本质属性的要求形成的。

1999年5月，由29个发达国家组成的经济合作与发展组织（OECD），理事会正式通过其制定的《公司治理结构原则》，它是第一个政府间为公司治理结构开发出的国际标准，并得到国际社会的积极响应。该原则旨在为各国政府部门制定有关公司治理结构的法律和监管制度框架提供参考，也为证券交易所、投资者、公司和参与者提供指导，它代表了OECD成员国对于建立良好公司治理结构共同基础的考虑，其主要内容包括：

（1）公司治理结构框架应当维护股东的权利；

（2）公司治理结构框架应当确保包括小股东和外国股东在内的全体股东受到平等的待遇；如果股东的权利受到损害，他们应有机会得到补偿；

（3）公司治理结构框架应当确认利益相关者的合法权利，并且鼓励公司和利益相关者为创造财富和工作机会以及为保持企业财务健全而积极地进行合作；

（4）公司治理结构框架应当保证及时准确地披露与公司有关的任何重大问题，包括财务状况、经营状况、所有权状况和公司治理状况的信息；

（5）公司治理结构框架应确保董事会对公司的战略性指导和对管理人员的有效监督，并确保董事会对公司和股东负责。

从以上几点可以看出，这些原则是建立在不同公司治理结构基础之上的，该原则充分考虑了各个利益相关者在公司治理结构中的作用，认识到一个公司的竞争力和最终成功是利益相关者协同作用的结果，是来自不同资源提供者特别是包括职工在内的贡献。实际上，一个成功的公司治理结构模式并非仅限于"股东治理"或"共同治理"，而是吸收了二者的优点，并考虑本公司环境，不断修改优化而成的。

2. 公司治理结构完善原则[①]

众所周知，公司治理结构是现代企业制度中最为关键的组织架构，因此，要想真正地提高企业的质量和管理水平，增强企业的市场竞争优势，就得依赖于公司治理结构的健全，而要想更加完善公司的治理结构，就需要根据我国的现实状况，针对现有的问题，制定切实可行的解决办法。

1）实行股权多元化和投资主体多元化

股权结构的合理性，能够对董事、监事以及高管实施有效的监督和制约。在当前我国企业产权结构集中的情况下，应该采取股权多元化的方式，广泛吸纳非国有资本入股，通过这种方式，可以防止公司的决策权过分集中，防止个别人的"独裁"现象，提高决策的科学性。与此同时，为了保护自身的利益，各个股东也会竭力阻止其中任何一个股东为了自身特定利益而损害其他股东利益的行为。

---

① 张宝霞.我国公司法人治理结构的问题及对策［R］.北京：中华–博略现代咨询（北京）有限公司，2008-2-20.

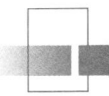

2）规范和完善董事会的运作

董事会作为公司治理的核心，其管理水平反映了公司的法人治理水平，一旦公司董事会治理发生了什么问题，就会对企业的运营效率产生很大的影响，严重时甚至会导致公司的覆灭。如何对董事会进行定位，如何对其进行考核，如何实施有效的激励与约束，就成为了当前公司治理中的一个重要课题。

董事会决定企业经营管理机构，决定企业高管层的水平，对企业的内部控制与财务管理体系进行监督，对公司重大策略及重大决策负责。所以，完善董事会制度，优化其决策过程，维护其独立地位，并构建一种权利与义务之间的相互制约机制，是十分必要的。具体细化如下：

（1）严格依照《公司法》的规定，召开股东大会，选出董事，组建董事会，完全杜绝董事会的随意性，以及董事长兼任总经理、董事会成员与管理层高度重叠的问题，使董事会与经理层的委托–代理关系得到切实改善。

（2）完善董事会的组织结构与职能，提升董事会的管理能力与专业素养。在建立独立董事制度的同时，加强董事会对公司的决策支持；保证董事会的集体决策，避免内部合谋，维护中小股东权益。

（3）为了提高公司治理的透明度，必须要建立健全公司董事的信息公开机制。在股东与董事会之间建立信托法律关系的基础上，公司股东有权了解董事的活动、薪酬和商业利益。

（4）要完善公司董事的责任与义务。董事与公司之间的信托关系，决定了其对公司的主要义务：① 良好的管理和忠诚；② 竞业禁止；③ 借贷和担保的限制。董事要制定企业的策略、方针，明确企业的发展方向，保证企业的经营符合所制定的方针方案，满足规定的运营水平，同时在企业发生危机的时候，充当安全阀，拯救局面，避免情况变得更糟。

另外，还应该对股东大会和董事会进行合理分权，对各自的权利和责任进行详细的规定，并对股东大会、股东授权经营的范畴以及董事会的责任进行规定。

3）强化监事会的作用

要使监事会切实发挥其监督职能，这对保证公司健康发展、规范经营有着重要的现实意义。要想完善企业的监事会，必须从制度上做到"知人"，对监事会的职责、职权、监督的程序、标准等进行明确的规定。应对监事会的组成进行优化，通过对内部监事人数的控制，适当增加外部监事，在一定程度上提高监事会的独立性。同时，要减少兼职监事，增加专职监事。此外，要加强对监事成员的业务培训，努力使所有监事成员的能力都得到充分提升，让他们成为精通公司业务、财务和法律的人，成为真正的专家，确保监事会的监督和治理功能能够正常地发挥作用。

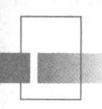

4）规范经理层的运作机制

要充分发挥高级管理人员的积极性，让他们在充分发挥管理权力的同时，尽到自己的责任，把董事会的决定最大化，使股东的利益最大化，这就需要建立一套行之有效的激励与约束机制。

（1）要切实保障经理层人员合法权益的行使。经理依照《公司法》、公司章程和董事会的决定，对公司进行管理时，其他单位或者个人不能干预。

（2）要把经理的利益和企业的生产效益挂钩。一是要建立一种以绩效为导向的薪酬激励体系，即实行基本薪酬、年度薪酬和长期薪酬（例如股票期权）相结合的薪酬体系；二是要构建以聘任制为主的市场约束体系，最根本的是商品市场、资本市场和经理人人才市场，给经理带来激励与机会，同时也让他们面临着压力与危机，只能尽职尽责，勤勉工作。

（3）通过健全经理人任用制度、建立竞争性制度、杜绝高管人员频繁变动等措施，来有效遏制企业的短期行为，保证企业的长远、稳定和可持续发展。

5）实行职工参与公司治理的制度

职工参与企业管理，不仅是为了提升人的经济价值，同时也是为了缓解劳资矛盾、提升企业组织的有效性。要使企业职工真正成为企业的主人，就必须创造条件，让职工参与到企业的治理中来。

（1）要充分发挥职代会和工会的职能。企业职工的总体利益和国家的基本利益是一致的，但是在具体利益方面，因为涉及职工自身的利益，所以在企业中就会出现一些矛盾，这种矛盾是很常见的，也是企业需要解决的问题。职代会和工会可以代表全体职工同领导进行协调，解决这种矛盾。

（2）要大力推行董事会、监事会的职工代表制。职工董事和职工监事都是由职工任命的代表，他们经过股东大会成为公司的领导班子成员，既是职工对公司的经营、监督，又是职工为维护自己的合法权利而采取的一种方式。

（3）为保证职工的参与，应制定相应的支持机制，让职工真正参与到企业的治理中来。我们应该借鉴德日的经验，在企业内部设立职工代表大会制度，将职工放在重要的地位，争取实行民主管理，使职工能够更好地参与到企业的生产和经营管理中去。

6）允许银行等金融机构介入公司法人治理结构

商业银行通过对企业的评价，介入企业的内部治理结构，对企业进行权力渗透和干预，从而促进企业的正常发展。如果经济形势不佳，还可以采取一些措施，如继续进行投资或收购，促进企业扭亏为盈，实现偿债。日本的托管银行制度和德国的托管银行制度，都反映出金融机构对公司治理的影响，对我们的发展具有一定的参考价值。

通过上述各项举措，可以进一步完善公司治理结构，提升公司治理能力。当然，公司治

理结构的完善和健全是一项长期而艰巨的工作,绝非一日之功。我们应该在借鉴欧美几个世纪以来公司治理的成功经验的同时,吸取他们的惨痛教训,并根据我国的现实情况,探讨一种既有中国特色又有效的公司治理机制。

 **案例拓展**

瑞幸咖啡的财务造假之路

瑞幸咖啡于2017年6月注册成立,2017年10月开始营业,2019年5月17日在纳斯达克成功上市(以下简称"IPO"),创造了创业公司最快的IPO纪录。瑞幸咖啡上市后依靠资本市场巨额融资迅速扩张,截至2019年底,其门店在两年多的时间内快速增长到4 500多家,超越其竞争对手星巴克。但是,瑞幸咖啡依靠高额补贴用户的快速扩张模式能否持续,一直受到市场的质疑。知名做空机构浑水公司于2020年1月31日发布了匿名方耗时数月做出的调查报告,认为瑞幸咖啡虚增收入和费用,引起市场震惊。在舆论的压力下,直至2020年4月2日,瑞幸咖啡公布了独立特别委员会的调查结果并承认造假。由于财务造假,瑞幸咖啡于2020年6月29日正式退市,又创造了最快的退市纪录。瑞幸咖啡的财务造假在国内引起了广泛关注,财政部联合其他政府部门经过近两个月的调查于2020年7月31日发布调查报告,认定"自2019年4月起至2019年末,瑞幸咖啡公司通过虚构商品券业务增加交易额22.46亿元,虚增收入21.19亿元,占对外披露收入的41.16%,虚增成本费用12.11亿元,虚增利润9.08亿元"。

如果公司具备完善的治理和内部控制机制,便可以有效防范财务舞弊,但是如果大股东和高管蓄意串通舞弊,公司内部治理架构便成为摆设。瑞幸咖啡无论是股权架构还是公司内控机制都存在缺陷,重大财务造假的发生说明瑞幸咖啡的内部公司治理机制失效。

瑞幸咖啡使用的"VIE+双重股权"是境内公司在境外上市尤其是在美国上市的主要股权结构。VIE的目的是绕开境内对外资企业经营业务范围的限制和证券监管的限制,存在法律上的争议;而双重股权的设置导致企业股权高度集中,瑞幸咖啡的创始团队和风险投资人以46.1%的股权拥有89.5%的控制权,通过不断增发、配售股票和股权质押融资,可以获得控制权收益,有操纵财务数据推高估值和二级市场股价的动力。瑞幸咖啡通过维持虚假收入的快速增长,进而提高其二级市场估值,便于通过增发和减持股份实现控制权收益,这是瑞幸咖啡造假的动机所在。而VIE架构、双重股权结构等不合理的股权结构叠加,使得大股东和核心高管更容易通过财务造假和关联方交易实现利益输送,进而损害中小股东的利益,同时也使财务造假的收益提高。而境内外监管合作不畅、境外中小股东通过法律诉讼自我保护难以执法,使造假主体预

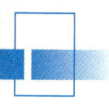

期的成本较低。以上多种因素的共同作用，导致了瑞幸咖啡的系统性财务造假。

内部控制是公司治理机制中的核心内容之一，也是保证财务报表信息客观公允的重要保障。我国和美国相关法规都要求上市公司管理层建立财务报告和披露的内部控制机制，确保披露信息可靠完整。然而，由于瑞幸咖啡公司内部控制失效给财务舞弊创造了机会。一是机会主义选择豁免内部控制认证。该公司招股说明书显示，瑞幸咖啡由于IPO前一年的销售额低于美国相关初创公司法律规定的门槛，公司被认定为新兴成长公司，可以豁免适用萨班斯法案404条款对新兴成长型公司财务报告内部控制的审计认证要求。二是董事会结构和董事会审计委员会运作存在缺陷。瑞幸咖啡的首席财务官（CFO）和首席运营官（COO）的职责权限分工存在缺陷，为公司财务造假创造了机会。

瑞幸咖啡从2019年第二季度即开始了系统的财务造假，如果公司的外部治理机制能够发挥监控作用可能更早发现并制止财务造假，但是由于早期投资机构、承销机构和会计师事务所等大量中介机构的经济利益与瑞幸咖啡上市及上市后的股价表现直接相关，最终使原本相互制约的外部治理机制失效。

8.3　企业登记注册

8.3.1　企业登记注册流程

近年来，政府正在积极倡导经济转型、升级发展。与此同时，政府也极力鼓励创业，并出台了一系列有关创业的优惠政策。比如在2014年2月18日，国务院印发了注册资本登记制度改革方案：根据企业的经营范围和行业特点，取消对部分行业的最低注册资本要求，允许创业者根据实际情况自主确定注册资本；实行注册资本认缴制，允许创业者在设立企业时，按照约定的期限分期缴纳注册资本，降低创业者的资金压力；简化企业设立流程，取消企业设立预审、实行企业设立"一窗式"受理等。在新的时代浪潮下，创业不再是一件大家遥不可及的事。在众多创业形式中，一人独资有限责任公司最为常见，下面以一人独资有限责任公司为例来说明企业登记注册的流程。

（1）核名

去工商局去领取一张"企业名称预先核准申请表"，填写你准备取的公司名称。需要提前准备2~5个公司名称，并按照优先顺序排列。这是因为在核名过程中，可能会遇到所准备的

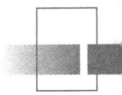

公司名称不符合起名规则或与其他企业重名的情况，因此多准备几个备选名字可以提高公司名称的审核通过率。工商局会检索是否重名，若无重名，就会核发一张"企业名称预先核准通知书"。

（2）租房

可以去专门的写字楼租办公室，也可以使用自己的厂房或者办公室，但需要注意有些地方不允许在居民楼里办公。签订好租房合同后，到税务局买印花税。企业间签订的租房合同，双方都需要缴纳印花税。租赁合同印花税的税率为租金的1‰。需要注意的是，个人出租或承租房屋的情况免征印花税。因此，当企业租赁个人房屋时，只需按照财产租赁合同缴纳印花税，而与贵司签订租赁合同的自然人则无须缴纳印花税。

（3）编写公司章程

编写公司章程需要遵循当地法律法规，并结合公司的实际情况。在工商局网站下载"公司章程"的样本，并根据公司要求进行修改，在章程的最后需要所有股东签名。

（4）刻章

到刻章厂刻章，一套分为公章、财务章、法人章、合同章。

（5）领取银行询证函

银行询证函是银行为了确认客户账户信息而发出的一种书面文件。要领取银行询证函，需要按照以下步骤操作：

① 准备相关证件：携带有效的身份证件（如身份证、护照等）以及与账户相关的证明文件（如银行卡、存折等）。

② 前往银行网点：前往开户银行网点，找到柜台或自助服务区。

③ 填写申请表：需要填写一份银行询证函的申请表。申请表上通常需要填写个人信息、账户信息以及联系方式等内容。

④ 提交申请：将填好的申请表和相关证件一起交给银行工作人员。

⑤ 领取询证函：银行工作人员在核实信息后，会打印一份询证函。可以在柜台领取，或者选择邮寄。

（6）开立公司验资账户

开立公司验资账户需要准备自己入股的资金、公司章程、工商局发的核名通知、法人代表私章、身份证、空白询证函表格等到银行进行申请和审核。开立好公司账户后，按自己出资额向公司账户中存入相应的资金。银行会发给缴款单并在询证函上盖章。

（7）办理验资报告

拿着银行出具的股东缴款单、银行盖章后的询证函，以及公司章程、核名通知、房租合同、房产证复印件，到会计师事务所办理验资报告。

（8）注册公司

到工商局领取公司设立登记的各种表格，填写完成后，连同核名通知、公司章程、房租合同、房产证复印件、验资报告一起交给工商局。

（9）办理企业组织机构代码证

凭营业执照到技术监督局办理组织机构代码证。办理此证需要半个月，技术监督局会首先发一个预先受理代码证明文件，凭这个文件可以办理后面的税务登记证、银行基本户开户手续。

（10）开设基本户

凭营业执照、组织机构代码证，去银行开立基本户账号。

（11）办理税务登记

领取执照后，30日内到当地税务局申请领取税务登记证。企业或个体工商户需要准备以下材料：营业执照副本；组织机构代码证；法定代表人身份证明；经营场所证明（如租赁合同、房产证等）；其他相关证明材料（如银行开户许可证等）。一般公司都需要办理两种税务登记证，即国税和地税。办理税务登记证时，必须有一名会计，因为税务局要求提交的资料其中有一项是会计资格证和身份证。

（12）申请购领发票

若你的公司是销售商品的，应该到国税去申请发票；如果是服务性质的公司，则到地税申领发票。

（13）税务申报

每月1日至10日是税务申报的截止日期，纳税人需要在这个时间段内按时向税务部门申报税款。即使没有开展业务，也要进行零申报，否则会被罚款。

8.3.2　企业登记注册相关说明

企业登记注册应关注以下几个方面的内容：

（1）决定注册公司之前，需要进行详细的可行性分析调查。

（2）一般注册公司用不到半年时间，但最快也需20天，不同地区注册公司的费用不同。

（3）公司需要建立健全的会计制度。如果公司刚成立业务较少，可以申请兼职会计处理少量工作。

（4）熟悉所在国家或地区的税收政策，了解各种税收优惠政策，以便在合法范围内享受税收优惠。在进行税务筹划时，可以寻求会计师、律师等专业人士的建议，确保税务筹划的合法性和有效性。

（5）营业税和所得税是两种截然不同的税种。营业税是指在中国境内提供应税劳务、转让无形资产或者销售不动产的单位和个人所需缴纳的税款。所得税与企业利润相关，通常是公司获得利润总额后需要缴纳的税款。具体来说，营业税有3个税率，分别为3%、5%、20%，采取按月或按年纳税的方式。另一方面，企业所得税的税率2008年新会计准则调整为25%，小型微利企业20%，高新技术产业15%。与营业税不同的是，企业所得税是按年计征，分期预缴，年终汇算清缴，多退少补。

（6）有限责任公司完全可以设立分公司。根据《公司法》规定，公司可以在其住所以外的地方设立分公司。在设立过程中，需要向公司登记机关申请登记并领取营业执照。值得注意的是，分公司不具有法人资格，因此其所有的民事责任都由总公司承担。此外，如果分公司的经营范围超出了公司的经营范围，或者法律、行政法规规定设立分公司必须报经审批的，那么应当取得有关部门的批准。

 **案例拓展**

企业合理避税案例

位于某工业园区的甲企业，从事芡实加工业务，因经营效果不理想，一直处于停产和半停产状态。因亩均纳税达不到招商引资时的5万元/亩的要求，因此政府要求对该企业进行置换。处在同一园区的乙企业生产经营红红火火，但是原有的厂区已不能满足其扩大规模的要求，于是在园区管委会有关领导的牵线下，甲企业、乙企业两家领导坐在一起达成了共识，即由乙企业一次性出资840万元，买断甲企业房屋及土地。

甲企业债权债务仍由甲企业负责，并与乙企业确定了收购预案，乙企业为此预交了350万元定金。眼看大功告成，就在甲、乙企业及园区管委会领导弹冠相庆的时候，一个意想不到的问题发生了，即签订协议时，双方没有考虑转让环节的税收，因为该环节需要缴纳的税收有营业税42万元、城建税2.10万元、教育费附加1.26万元、地方教育费附加0.84万元、防洪保安基金0.84万元、契税16.80万元，总计税费负担63.84万元。上述款项谁也不想承担，眼看这事陷入了僵局，园区管委会的领导看在眼里，急在心上！到底该怎么办呢？该领导拜访了工商登记窗口的工作人员，窗口的工作人员略加思索，建议甲、乙企业两股东之间采用股权转让的方式解决问题，即甲企业的股东将股权转让给乙企业的股东，这样可以达到乙企业股东实际控制甲企业且能够节省一笔税费，少花收购成本。

就在大家感到峰回路转、欣喜万分的时候，又出现了一件令人烦恼的事情。原来，在股权转让时，甲、乙企业聘请某事务所审计，其注册税务师发现股权转让中无法克服的矛盾有二：其一是甲企业这几年经营一直不太正常，开开停停，除账面明确记载的债务外，还从外面私人老板手中融了一些资金，赊欠的一部分材料款也未予支付，而且这部分债务未在账面记载。而以甲企业名义对外签订的合同是否大量存在，都是抹不去的隐患。其二是甲企业原来是简单的食品加工企业，而乙企业是有严格环保要求的化工企业，在股权转让时，既要变更股东又要变更经营范围，还要变更公司名称，而公司名称和经营范围变更后，已经是与原企业经营性质完全不同的两类企业，环保部门需要重新提供可研报告和环评报告。除了耽误时间外，还要聘请有资质的机构编制这两项报告，且预计需要支付费用12万元。面对甲企业还没有完全浮出水面的全部债务，乙企业认为收购甲企业有一定风险，搞不好收购未成功，反而惹来官司缠身。听了事务所一席话，乙企业的老板倒吸一口凉气，庆幸自己没有签订股权转让协议，否则悔之晚矣！

就在大家一筹莫展的时候，这家事务所的注册税务师提出了如下合理避税方案，即采取吸收合并的方式，甲企业注销，乙企业吸收合并甲企业，合并后甲企业原股东张大明再将股权转给乙企业原股东李天一。这样做的好处有二：其一是，根据最高人民法院《关于审理与企业改制相关的民事纠纷案件若干问题的规定》（法释〔2003〕1号）第三十二条：企业进行吸收合并时，参照公司法的有关规定，公告通知了债权人。企业吸收合并后，债权人就被兼并企业原资产管理人（出资人）隐瞒或者遗漏的企业债务起诉兼并方的，如债权人在公告期内申报过该笔债权，兼并方在承担民事责任后，可再行向被兼并企业原资产管理人（出资人）追偿。如债权人在公告期内未申报过该笔债权，则兼并方不承担民事责任。人民法院可告知债权人另行起诉被兼并企业原资产管理人（出资人）。这样，乙企业吸收合并甲企业后就可以省掉债务缠身的担心。其二是，企业合并后，合并环节不需要缴纳营业税、契税及其他税种。

根据财政部、国家税务总局《关于企业事业单位改制重组契税政策的通知》（财税〔2012〕4号）第三条：两家或两家以上的公司，依照法律规定、合同约定，合并为一家公司，且原主体存续的，对其合并后的公司承受原合并各方的土地、房屋权属免征契税；根据国家税务总局《关于转让企业产权不征收营业税问题的批复》（国税函〔2002〕165号），转让企业产权的行为不属于营业税征收范围，不应征收营业税；根据国家税务总局《关于转让企业全部产权不征收增值税问题的批复》（国税函〔2002〕420号），转让企业全部产权是整体转让企业资产、债权、债务及劳动力的行为，因此，转让企业全部产权涉及的应税货物的转让不属于增值税的征税范围，不征收增值税。

上述合理避税方案使甲、乙两企业顺利地完成了重组，既绕开了税收，又实现了企业双方的合作愿望。

【本章小结和思考题】

当创业者决定组建创业团队决定创业后，需要成立一家公司来实现自己的创业梦想。本章着重论述企业的法律形式，详细阐述公司制企业、合伙企业、个人独资公司和个体工商户等不同法律形式的企业的特征、设立条件和设立程序。阐述公司法人治理结构的内涵，论述公司治理结构的设计，并向读者介绍了企业登记注册的详细流程，使读者清楚如何去注册创建一家企业。

一、简答题

1. 请说明有限责任公司与股份有限公司的相同点与不同点。

2. 选择合适的企业法律形式要考虑哪些因素？

3. 请简要说明企业治理结构的构成及其相互关系。

4. 公司治理结构设计应遵循的原则是什么？

5. 一人有限责任公司的登记注册步骤是什么？

二、能力应用题

2010年5月，甲、乙拟共同投资设立泉井饮品有限责任公司，并就公司的基本问题达成一致意见，遂签订出资协议。协议的主要内容是：甲投资35万元，乙投资45万元；出资各方按投资比例分享利润、分担风险；公司筹备具体事宜及办理注册登记由甲负责。随后，乙将投资款45万元交付给甲，甲即开始办理公司设立登记的有关事宜，并产生了部分费用。但乙在同年7月以饮品市场利润率低为由通知甲暂缓公司的注册登记，同年8月要求甲退回投资45万元。甲认为，双方签订了协议、缴纳了出资、制定章程并产生了部分费用，即使未办理登记手续，只是形式方面有欠缺，事实上已经具备公司成立的基本条件，而且双方所订协议是合法有效的。因此，乙要求退还投资款属于违约行为。甲主张双方应继续履行出资协议，由甲尽快办妥注册登记手续。问：

1. 乙是否有权要求返还投资款45万元？

2. 公司设立中产生的部分费用如何承担？

3. 甲关于双方应继续履行出资协议、由甲尽快办妥注册登记手续的主张能否得到支持？

4. 本案应如何处理？

第九章
新创企业管理

【学习目标】

1. 了解新创企业战略管理的含义、特征及基本内容。

2. 掌握市场营销管理、财务控制管理和创新能力管理。

3. 了解新创企业成长特征、新创企业成长管理的基本内容、新创企业成本与风险控制。

4. 学会综合运用新创企业战略分析方法解决实际问题。

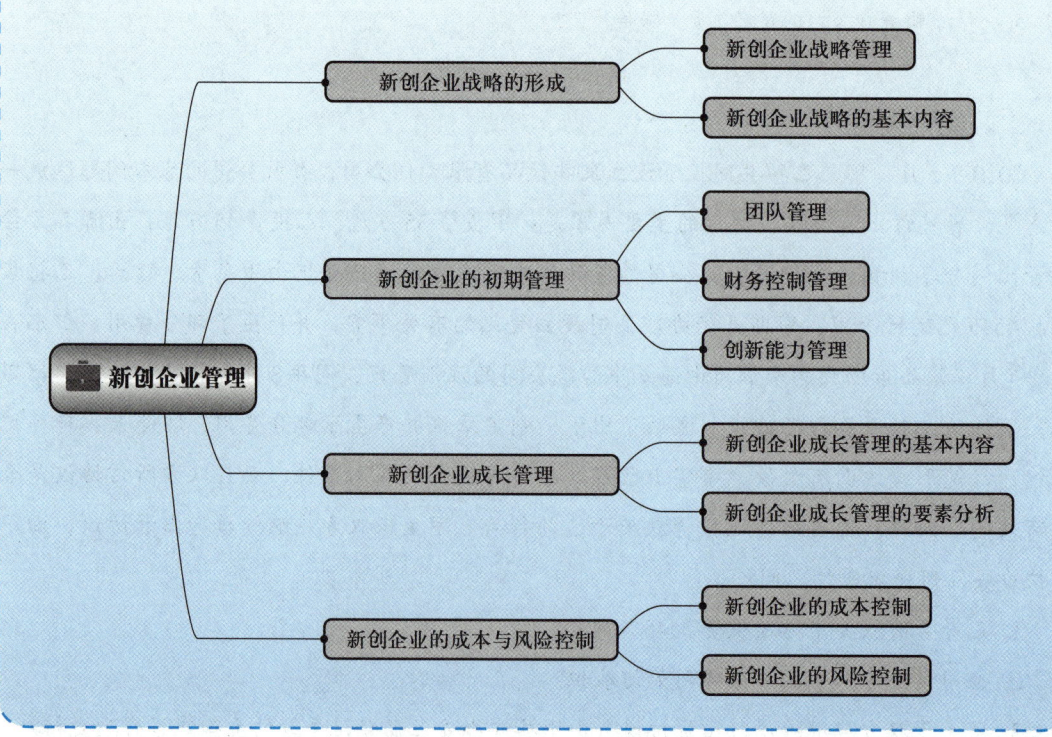

274

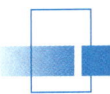

【引导案例】

蔚车，一个中国新能源汽车聚合平台，是安步集团的全资品牌，自2015年成立以来经历了从小型初创企业到行业领军者的转变。在成立初期，蔚车面临的主要挑战之一是资金短缺。由于大量资金需要用于研发和市场推广，公司的财务状况显得尤为脆弱。为应对这一挑战，蔚车采取了严格的财务控制策略，并通过天使投资和后续多轮融资来缓解资金压力。这些资金的有效运用，不仅保障了公司的日常运营，也为产品开发和市场拓展提供了必要的资金支持。

蔚车的市场定位明确，旨在打造一个新能源汽车的聚合平台，为用户提供多样化的汽车选择和便捷的购车体验。创始人戴其其和徐培军凭借在汽车行业的丰富经验，将传统的汽车销售模式与电商模式结合，创立了"线上选车订车+线下提车"的新零售模式。这一创新模式有效地解决了市场上存在的诸多问题，如车型选择有限、购车流程复杂等，使蔚车在市场中脱颖而出。

随着业务的扩展，蔚车逐渐进入成长阶段。2016年后，公司开始重点发力线上市场，积极布局C端内容生态，构建了线上、线下双向导流的客户获取模式。蔚车通过与30多个汽车品牌建立战略合作，覆盖了70%以上的主流新能源车型，从而大大增强了其市场竞争力。在此过程中，蔚车还注重品牌建设和营销策略的优化。公司利用数字化工具和社交媒体平台，如小红书和抖音，提高了品牌的知名度，并吸引了更多的年轻消费者。

成本控制和风险管理是蔚车持续成长的关键因素。蔚车通过与多个汽车品牌建立合作，实现了规模化采购，有效降低了成本。此外，公司还建立了全品牌、全品类的供应及营销体系，不仅提高了市场适应性，也分散了市场风险。在人力资源管理方面，蔚车重视团队建设和人才培养，以确保团队能够高效运作。公司还特别重视技术创新和数字化建设，以保持其在市场上的领先地位。

蔚车的发展历程充分展示了一个新创企业是如何通过明确的市场定位、创新的商业模式、有效的财务管理和风险控制，在竞争激烈的市场中实现快速成长的。蔚车的成功为其他创业公司提供了宝贵的经验，尤其是在战略规划、资源整合以及市场定位方面。

本章将系统介绍新创企业管理，首先介绍新创企业战略的形成，其次关注新创企业的初期管理和成长管理，最后讨论新创企业的成本与风险控制。学习这些理论知识后，读者可以设计新能源车企的管理模式，再深挖蔚车作为新创企业管理的独特之处，体会这些独特如何成就了蔚车。

9.1 新创企业战略的形成

9.1.1 新创企业战略管理

1. 新创企业战略的表现形式

战略管理在商业领域的应用，是随着社会的发展而持续演进的。原本用于军事领域的"战略"一词，逐渐被广泛应用于政治、经济、社会等各个领域。在现代市场经济中，企业的领导者被要求具备深远的发展视野和策略性思考，以应对日益复杂多变的环境。[①]新创企业管理在这样的背景下，呈现出以下表现形式：

（1）以生存为首要目标。对于新创企业来说，从无到有，实现市场突破和生存是最重要的任务。这意味着企业需要通过销售产品或服务来实现初期的盈利，从而在市场上站稳脚跟。在这个阶段，生存优先于一切，企业应避免提出不切实际的扩张目标，以免造成资源过度分散，导致企业无法稳固发展。新创企业可能需要经历多次的盈亏循环，才能最终实现持续稳定的盈利。这一阶段的管理核心是寻找并实施能够有效支持企业生存和发展的模式。

（2）依赖自有资金与自由现金流。新创企业在初创期通常依赖自有资金运作，因此对自由现金流的管理至关重要。现金流对于企业来说，就像血液对于人体一样不可或缺。企业可以暂时承受亏损，但现金流的中断可能导致严重的后果，甚至破产。对自由现金流的管理反映了企业的赚钱能力，是企业创业和成长阶段的关键。新创企业尤其需要注重自有资金的有效运用和现金流的健康管理。

（3）组织运作灵活。尽管新创企业可能建立了正式的部门结构，但它们的运作往往不完全按照传统的组织方式。在实际操作中，新创企业倾向于灵活调整，根据当前的紧急需求和重点任务分配资源和人力。这种灵活性和对目标的集中关注，反映了一种高度有序的状态，团队成员之间的合作超越了传统的职位界限，更多地侧重于角色和贡献。这种团队精神不仅有助于创业阶段的成功，而且在企业成长后仍然是推动企业发展的重要文化基础。

（4）深入运作细节的管理方式。新创企业的经理人往往需要亲自深入到企业运作的各个方面。从直接与客户的互动，到与供应商的谈判，再到订单的追踪和产品的开发，经理人在创业过程中的亲身体验是不可或缺的。这种深入了解和参与企业运作的所有细节，使得企业能够更加精准地定位市场需求和运营挑战，从而提高了企业运作的效率和质量。这种对细节的关注和管理，是新创企业逐步成熟和精细化运作的基础。

---

① 舒辉，张必风，朱力. 企业战略管理［M］. 北京：人民邮电出版社，2016.

2. 新创企业战略的表现特征

企业战略的本质在于制定决策模式，将企业的目的、方针、政策和经营活动结合起来，形成独特的战略属性和竞争优势。这种策略不仅应对现实的挑战，还需展望未来的可能性，使企业能在不确定的环境中寻找到解决问题的路径。对于新创企业而言，战略的制定和实施与成熟企业有显著的不同，主要体现在以下几个方面：

（1）在创业机会与资源的综合匹配方面，新创企业战略的核心在于识别并利用创业机会，同时考虑企业当前的资源状况。这个过程不仅要求企业对外部环境有深刻的理解，还要求对内部资源有清晰的把握。创业机会的发现和资源的有效利用是相辅相成的。新创企业必须在这两方面找到平衡点，以确保战略的可行性和成功率。这种匹配过程是动态的，需要不断调整和优化，以适应市场和内部条件的变化。

（2）在战略的空间和时间维度方面，新创企业的战略不仅涉及当前的市场定位和业务模式，还考虑了长远的发展。在空间维度上，战略需着眼于整体市场和环境，考虑企业在整个生态系统中的定位。同时，在时间维度上，战略应重视未来的发展，不仅是解决当前问题，更是为未来打下基础。

（3）在可控与不可控因素的动态组合方面，新创企业在战略制定过程中，需要同时考虑内部的可控因素和外部的不可控因素。这一过程涉及对企业自身能力的准确评估以及对外部环境变化的敏感反应。由于市场和环境是不断变化的，新创企业的战略也应是灵活和适应性强的。这要求创业者能够在变化中找到最佳的策略组合，利用内外部的资源和机遇，为企业谋求最佳的发展路径。

9.1.2　新创企业战略的基本内容

1. 创业融资战略

1）出资创业

出资创业是指创业者使用自有资金或借入的资金来启动和运营自己的企业。这种融资方式在创业早期尤为常见，因为它依赖于创业者个人的经济能力，而不是外部资金来源。出资创业的主要形式包括个人储蓄和来自亲朋好友的资金。

个人储蓄是创业者最直接、最常见的资金来源。许多创业者在创业初期选择使用个人储蓄，这种方式的优点是：决策自主，创业者可以完全按照自己的意愿和计划来运营企业，无须顾及外部投资者的意见或干涉；压力较小，与贷款或外部投资相比，使用个人储蓄可以减少因偿还债务所带来的财务压力；个人储蓄的使用省去了寻找投资者、谈判条件和处理复杂财务安排的步骤，简化了创业准备过程。这种方式的缺点是：资金限制，个人储蓄的规模通

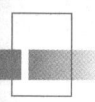

常有限，可能制约企业的发展和扩张；风险全部自担，如果创业失败，创业者可能失去全部储蓄；缺乏外部监督，完全依赖个人储蓄可能导致缺乏有效的外部监督和建议，增加经营决策的风险。

众多创业者还会考虑向亲朋好友借款或寻求资金支持。这种方式在某些文化和社会中非常普遍，特别是在那些对小企业和创业家更为友好的社会环境中。优点是：借贷灵活性高，相较于正式的金融机构贷款，亲朋好友通常能提供更灵活的借贷条件，例如更低的利率或更灵活的还款计划；有利于增强信心，来自亲朋好友的支持不仅是财务上的，也是情感和精神上的支持，对创业者的信心和决心有积极影响；与商业贷款相比程序简单，从亲朋好友那里筹集资金通常程序更为简单，无须复杂的审批和抵押要求。缺点是：有人际关系风险，借款可能给亲朋关系带来压力，特别是当企业经营不善或资金无法及时还清时；亲朋好友能提供的资金通常有限，可能不足以支持企业的快速成长和扩张；潜在的决策干预，有时亲朋好友可能会希望参与企业决策，这可能会影响创业者的自主性。

2）贷款创业

贷款创业是指创业者通过贷款来筹集必要的启动资金。这种融资方式是在创业者无法或不愿使用个人储蓄或亲朋好友资金的情况下的一个常见选择，主要包含两种方式：商业银行贷款和信用担保贷款。

商业银行是新创企业贷款的主要来源之一，企业可以通过抵押或担保向银行申请贷款，以获得必要的资金支持。优点是：银行贷款通常能提供相对较大的资金规模，支持企业的快速成长和扩张；决策独立性相对较高，与引入股东不同，贷款不会影响企业的所有权结构，保证了创业者的经营决策自主性。缺点是：还款压力大，借款需要定期还款，带有利息，对企业的现金流构成持续压力；贷款门槛高，获取贷款的条件可能严格，包括信用记录审查、抵押物要求等；流程相对复杂，申请贷款的过程可能复杂且耗时，需要准备大量文件和审计报告。

信用担保贷款主要针对那些缺乏足够抵押物的小企业或新创企业。优点是：能有效解决抵押问题，为没有足够抵押物的企业提供了获得贷款的机会；政策支持力度高，往往能获得政府或相关机构的支持，有利于满足特定政策下的企业发展需求。缺点是：政策限制多，通常需要符合特定的政府政策或行业标准；与其他类型的贷款一样，存在还款压力和时间限制。

3）引资创业

引资创业涉及吸引外部投资者（如风险投资家或天使投资者）来提供资金支持，主要包含两种方式：风险投资和天使投资。

风险投资指专业投资者对有高增长潜力的企业进行的股权投资。优点是：资金充足，能够提供大规模的资金支持，有助于企业快速扩张和市场渗透；能得到专业指导，风险投资者

通常提供除资金外的其他资源，如管理经验、行业联系等；风险和收益与投资者共享，降低了创业者个人的财务风险。缺点是：股权投资导致创业者的所有权比例降低；经营可能会遭到干预，投资者可能要求在企业管理或战略决策中拥有一席之地。

天使投资者通常是个人投资者，他们在企业早期阶段提供资金和其他资源支持。优点是：资金来源更灵活，天使投资者通常对投资回报的期望时间更长，给予企业更大的成长空间；天使投资者可能带来个人的经验、业界联系和其他资源。缺点是：资金规模有限，相比风险投资，天使投资通常提供的资金较少；投资决策可能更多基于个人偏好和判断。

2. 创业路径选择战略

1）直接创业

直接创业是指创业者未经过长时间的行业经验积累，直接进入创业实践的路径。这种创业方式在中国改革开放初期尤为普遍，许多个体户都是通过直接创业开始他们的商业活动。随着社会经济的发展，直接创业的门槛逐渐提高，通常要求创业者具备特定技能或高等教育背景。优点在于：直接创业饱含动力与激情，直接创业者通常具有高度的积极性和动力，能够迅速响应市场机会；快速行动能力强，能够及时捕捉和利用新兴的商机，无须长时间的准备和等待。缺点在于：创业经验不足，缺乏行业和管理经验，可能导致判断失误和风险评估不准确；资源有限，缺少足够的社会网络和行业资源，可能影响企业的成长和发展；对潜在风险的识别和应对能力较弱。

2）迂回创业

迂回创业指创业者在正式创业前先积累相关行业经验的路径。对于许多专业人士和大学毕业生而言，先在行业内就业、积累经验和资源再进行创业是一个明智的选择。优点是：在实际工作中积累的知识和经验有助于创业者更理性地进行创业规划；前期工作过程中建立的社会联系网络，对于日后的创业活动有极大的助益；资金积累丰富，工作期间可以积累一定的资金，为未来的创业提供财务支持。缺点是：可在长时间的准备过程中，可能错过最佳的创业时机；动力存在减弱倾向，长期的工作可能会降低创业的动力和激情。

3. 创业领域选择战略

创业领域选择战略涉及选择合适的产业领域进行创业。产业领域的选择和产业分析对创业的成功至关重要。

产业领域包括第一产业、第二产业和第三产业。第一产业包括农业、林业、畜牧业和渔业。第二产业涵盖采矿业、制造业、电力和水的生产及供应业、建筑业等。第三产业包括除第一、第二产业以外的其他行业，如服务业等。

产业分析主要包括吸引力分析、资源与机会成本分析。产业的吸引力通常体现在利润水平和增长率上。高利润产业可能具有更大的发展潜力，但也可能面临更激烈的竞争。选择产业时，创业者需要考虑自身的资源状况和机会成本。资源条件和个人能力是决定是否能成功进入某一产业的关键因素。在选择创业领域时，创业者需要综合考虑产业的特点、个人资源和能力，以及市场的需求和趋势。每个产业都有其独特的挑战和机遇，创业者需要根据自己的情况和优势来选择最合适的领域。

4. 创业导向战略

创业导向战略是创业者在创业初期选择的行为指导原则。这些战略主要取决于创业者的动力和关注点，可以分为市场导向战略、技术导向战略、竞争导向战略和政策导向战略。

（1）市场导向战略

市场导向战略是在市场中寻找和抓住机会的战略。创业者关注市场的需求和趋势，力求满足这些需求并快速响应市场变化。这个战略的核心在于洞察市场并实现创新。市场导向的创业者是"市场的火花"，他们善于识别未满足的市场需求，抓住时机，迅速进入市场。市场导向战略要求创业者能够快速适应市场变化，不断调整战略以满足不断变化的需求。

（2）技术导向战略

技术导向战略侧重于利用技术优势来实现创业目标。创业者通常具有独特的技术或创新，他们依靠这些技术来打造竞争优势。技术导向的创业者通常是领域内的科技领袖，他们以技术创新为核心，希望通过技术实现市场突破。技术导向战略可以帮助创业者建立竞争壁垒，因为其他竞争者难以模仿其技术。

（3）竞争导向战略

竞争导向战略着眼于分析市场上现有竞争者的弱点，以寻找创业机会。创业者通过改进现有产品或服务来满足市场需求。竞争导向的创业者热衷于寻找市场差距。他们深入分析竞争者的产品或服务，找出改进和创新的机会。通过提供更好的解决方案，竞争导向战略可帮助创业者快速获取市场份额。

（4）政策导向战略

政策导向战略基于对政府法规和政策变化的关注。创业者利用政策变化带来的机会，选择特定行业进行创业。政策导向的创业者通常非常敏感，关注政策的变化，并迅速抓住政策机会。政策导向战略伴随着政策风险，因为政府政策可能会随时改变。

5. 创业竞争战略

在创业过程中，创业者需要精心选择竞争战略以在市场中脱颖而出。哈佛大学商学院教

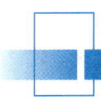

授迈克尔·波特提出的产业组织观点和结构主义分析方法同样适用于创业竞争战略。创业竞争战略通常包括成本领先战略、差异化战略和集中化战略。

（1）成本领先战略

成本领先战略，又称低成本战略，是企业追求在行业内保持整体成本领先地位的竞争战略。成本领先战略的核心是降低生产和运营成本，以提供具有竞争力的价格。通常需要大规模生产以实现低成本，这要求创业者能够有效地组织资源和供应链。

（2）差异化战略

差异化战略强调在产品或服务上创造独特性，以吸引客户为其付出额外的费用。差异化战略的关键是使产品或服务在某些方面与竞争对手不同，这可以包括品质、设计、功能等。差异化产品或服务可以支持溢价定价，从而提高盈利能力。

（3）集中化战略

集中化战略，又称聚焦战略，是指企业专注于满足特定细分市场的需求。集中化战略通常选择在特定细分市场中服务目标客户群，这可以是特定的产品系列、地区市场或客户群体。通过专注于细分市场，创业者可以更好地满足顾客需求，获取市场份额并建立竞争优势。

9.2 新创企业的初期管理

新创企业，指成立时间在42个月以内的企业，具有独立的法人资格，致力于为社会提供产品或服务，并将盈利作为组织存在的核心价值和目标。[1]然而，在初创企业的初期管理中，由于通常缺乏成熟企业所具备的良好管理制度、高度认同的组织文化以及合理流动的人力资源等因素，新创企业往往容易陷入各种风险中。其中管理风险是最为突出和迫切需要解决的一种。新创企业一开始可能依赖技术优势或商业模式来建立盈利的可能性，但长期的成功需要建立有效的管理机制，而管理能力是实现这一目标的关键条件。因此，对于新创企业而言，识别、预防和有效应对这些管理风险具有十分重要的意义。

新创企业的初期管理风险可以细分为以下三类：

（1）团队破裂风险。初创企业通常由一组创始人组成，他们在企业的早期发展阶段发挥着关键作用。然而，团队内部的分歧、合作问题或者成员的离职可能导致团队破裂风险。[2]解决这一风险需要建立有效的沟通和决策机制，确保团队的稳定性和协作。

---

① 赵宏波.初创企业营销策略研究［D］.北京邮电大学，2019.

② 孙继伟，邓莉华.创业团队冲突导致创业失败的探索性研究［J］.科技进步与对策，2021，38（17）：134–143.

（2）财务失控风险。新创企业在财务管理方面可能面临挑战，包括资金短缺、不合理的成本管理和现金流问题。这些问题可能影响企业的可持续性和盈利能力。为减轻财务失控风险，新创企业需要建立健全的财务管理系统，合理规划资金需求，并积极寻求资金支持。

（3）创新乏力风险。新创企业的竞争力通常依赖于创新能力。如果企业在产品或服务的创新方面乏力，可能会失去市场份额或竞争优势。为降低创新乏力风险，企业需要不断投资于研发和创新，积极关注市场趋势，并与客户保持紧密联系。

在新创企业的早期管理中，识别并应对这些管理风险至关重要。有效的风险管理可以帮助企业保持稳定的发展轨道，提高成功的机会，并确保实现长期盈利能力。因此，初创企业创始人和管理团队需要密切关注管理风险，制定相应的风险管理策略，以确保企业的可持续成功。

9.2.1　团队管理

新创企业的团队管理是企业初期发展中至关重要的一环。一个高效协作的团队可以推动创新、提高生产力，并帮助企业实现其长期目标。在新创企业的初期管理中，团队管理涵盖了多个关键要点，需要管理者系统性地处理，以应对团队管理的挑战。

（1）领导与管理理念

新创企业的领导者需要具备创新的领导与管理理念。他们应该将企业的发展视为工作的重中之重，并能够激发团队成员的积极性。领导者应该建立明确的愿景和目标，制订可行的战略计划，以实现企业的长期增长。领导者还应该注重塑造企业的文化，以吸引和保留优秀的人才。

（2）专业知识与技能

团队管理者应该具备足够的专业知识和技能，以有效地领导团队。这包括了解行业趋势、市场需求和竞争对手，以便能够做出明智的决策。此外，他们还需要了解团队成员的技能和能力，以最大程度地发挥他们的潜力。专业知识和技能的不断更新也是团队管理者的责任，以使新创企业适应不断变化的市场环境。

（3）沟通与协作能力

良好的沟通和协作能力对于团队管理至关重要。管理者应与团队成员建立良好的沟通渠道，确保信息传递顺畅，团队成员能够理解企业的愿景和目标。此外，管理者还应鼓励团队成员之间的协作，以实现共同的目标。团队协作不仅提高了工作效率，还有助于创造创新性的解决方案。

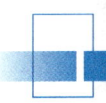

（4）目标设定与绩效评估

管理者应设定明确的目标和绩效标准，以便团队成员知道他们的工作成果如何被衡量。还可以激励团队成员努力工作，追求卓越。同时，定期的绩效评估也有助于识别团队中的问题，并采取适当的措施加以解决。目标设定和绩效评估是团队管理中的重要工具，有助于提高团队的整体表现。

（5）培训与发展

新创企业的团队管理也包括为团队成员提供必要的培训和发展机会，这有助于提高团队的整体能力，使其能够更好地应对挑战。管理者可以制订培训计划，以满足团队成员的需求，并鼓励他们不断学习和成长。培训和发展还有助于提高团队的专业素养，使其能够胜任不同的工作任务。

（6）激励与奖励

管理者应制定激励和奖励机制，以鼓励团队成员的积极性和表现。这可以包括金钱奖励、晋升机会、认可和赞赏等方式。激励和奖励可以增强团队成员的工作动力，提高工作满意度，同时也有助于团队的凝聚力和忠诚度。激励和奖励应该与团队的目标和绩效评估标准相一致。

（7）问题解决与决策

团队管理者应具备问题解决和决策能力。他们需要能够快速识别和解决团队中出现的问题，并做出明智的决策。这需要适当的分析能力和决策制定技巧。管理者应鼓励团队成员参与问题解决和决策过程，以集思广益，找到最佳的解决方案。

（8）适应性与灵活性

新创企业的团队管理需要具备适应性和灵活性。市场和行业变化迅速，团队管理者必须能够适应新的情况和挑战，并调整团队的策略和计划。适应性也包括了解市场的变化趋势，以及及时调整企业的产品或服务以满足客户需求。灵活性是成功的新创企业的关键要素之一。

在新创企业初期管理中，团队管理是企业顺利运营的关键。管理者要注重领导理念、专业知识、沟通协作、目标设定、绩效评估、培训发展、激励奖励、问题解决、决策、适应性等要点，建立高效团队推动企业发展。团队管理影响企业竞争力与长期发展，管理者需重视并优化管理方法应对市场变化，成功的团队管理利于新创企业达成使命愿景，在市场竞争中脱颖而出。

9.2.2 财务控制管理

新创企业在其创立、成长和持续发展过程中，需要平衡人力资源和财务资源的管理。虽

然新创企业往往将更多的精力放到人的方面，但忽略了严格的财务控制可能会带来严重的隐患。财务控制是确保企业经济活动有序进行的关键，它涉及对资金的收入、支出、占用和耗费进行审核，以发现实际与目标之间的财务偏差并采取纠正措施的过程。

财务控制管理在新创企业中具有关键的地位。它不仅有助于监控企业的财务状况，还能为企业的决策提供基础数据。以下是财务控制管理的几个重要方面：

（1）资金流动性管理。新创企业通常面临现金流紧张的挑战。财务控制管理可以帮助企业规划资金的使用，确保有足够的现金来负担日常开支和应对突发情况。

（2）成本管理。精细的成本管理有助于降低企业的经营成本，提高盈利能力。财务数据可以帮助企业识别成本高昂的领域，并采取措施进行优化。

（3）预算和规划。财务控制管理有助于制订预算和长期规划，确保企业朝着设定的目标前进。它还允许企业比较实际绩效与预期绩效之间的差距，并及时做出调整。

（4）投资决策。财务数据为企业的投资决策提供了依据。它可以帮助企业评估不同项目的潜在回报，并决定是否值得投资。

（5）合规性和报告。财务控制管理确保企业遵守法律法规，准备准确的财务报告。这有利于满足监管要求和吸引投资者。

尽管财务控制管理对新创企业至关重要，但许多企业在这方面面临挑战。以下是一些常见的财务失控挑战：

（1）意识不足。一些新创企业的管理者可能没有意识到财务管理的重要性。他们可能把财务管理看作是"算算账、管管钱"的事情，而没有深刻理解财务成本管理和流程控制对企业发展的关键性。

（2）专业能力不足。财务管理需要具备一定的专业知识和技能。在一些新创企业中，财务人员可能缺乏高水平的专业背景，无法有效地管理企业的财务。

（3）财务作用未得到充分发挥。有些新创企业可能没有充分发挥财务的作用。他们可能仅将财务视为一种记录和报告工具，而忽视了其在风险管理和战略管理中的潜在作用。

（4）执行问题。即使建立了财务制度，一些企业也可能在执行上遇到问题。例如，挪用资金、不规范的报销以及未能按时付款等问题可能导致财务失控。

（5）风险管理不足。新创企业可能未能有效应对财务方面的潜在风险，如资金流问题、不规范的开支和潜在的欺诈行为。

为了应对财务失控的挑战，新创企业可以采取以下策略：

（1）建立财务意识。领导者和管理者应该意识到财务管理的重要性。他们应该理解财务管理不仅仅是财务部门的责任，而是全体员工的责任。财务意识的建立，可以通过培训和教育来实现。

（2）雇用具有财务背景的人员。虽然财务管理不必高度专业化，但企业仍应雇用具有一定财务背景和技能的人员，这可以确保财务任务得到有效执行。

（3）建立财务制度。新创企业应建立明确的财务制度，包括资金管理、成本管理和利润管理等方面。这些制度可以规范财务流程，减少风险。

（4）执行监督。确保财务制度得到严格执行是至关重要的。领导者和管理者应监督财务活动，确保符合制度要求。

（5）持续改进。财务管理需要不断改进和优化。企业应根据实际情况和发展需求调整财务战略和制度。

（6）风险管理。新创企业应制定风险管理策略，以应对财务方面的潜在风险。这包括应对资金流问题、不规范的开支和潜在的欺诈行为等。

（7）培训和教育。为财务人员和管理层提供培训和教育，以提高他们的财务管理技能和知识水平。

新创企业的财务管理至关重要，它不仅涉及企业的经济状况，还关系到企业的长期发展和竞争力。财务失控可能会对企业造成严重损害，因此领导者和管理者必须高度重视财务管理，采取适当的策略来预防和应对财务失控风险。只有建立合理的财务制度、培养专业人才、持续改进和有效执行，新创企业才能够在竞争激烈的市场中蓬勃发展，实现其使命和愿景。

财务控制管理应该成为新创企业的一项核心能力。它不仅有助于企业的生存和发展，还能为企业的长期成功打下了坚实的基础。因此，新创企业的领导者和管理者应该将财务控制管理放在战略规划的前沿，将其视为企业成功不可或缺的一部分。只有通过有效的财务控制管理，新创企业才能够实现其使命和愿景，成为市场竞争的胜利者。

9.2.3 创新能力管理[①]

新创企业通常依赖某项核心业务或技术来建立自己的市场地位。这种依靠创新推动发展的模式在许多行业中都得到了应用，其中专业人才的流失与知识更新，资金投入与研发压力，创新意识与市场导向，这三个关键要素如果处理不当，可能导致创新乏力，这是新创企业面临的一个重大风险。

（1）专业人才的流失与知识更新，这些人才在特定领域具有深厚的知识和技能。然而，这些专业人才可能会由于各种原因而流失。优秀的专业人才是稀缺资源，其他竞争对手可能

---

① 纪慧生，陆强，王红卫.商业模式设计方法、过程与分析工具［J］.中央财经大学学报，2010（7）：87-92.

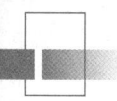

会试图挖走他们。另外，技术领域的快速变化要求专业人才不断更新自己的知识库并跟上最新技术的发展。如果新创企业无法留住关键的专业人才或帮助他们不断学习和发展，就会面临创新乏力的风险。

（2）资金投入与研发压力，尤其是在技术研发方面。全球一流企业的研发投入通常占其总收入的4%以上，这些企业的总收入通常达到数百亿甚至千亿美元。对于中小型新创企业来说，要保持持续的创新优势，可能需要投入远超过营收的10%的资金。这对于刚刚创立不久或盈利能力有限的新创企业而言是一项巨大的挑战。资金短缺可能导致企业无法继续投入足够的资源进行研发，从而限制了创新的能力。

（3）创新意识与市场导向。新创企业在初始阶段可能会非常注重技术和创新，但一旦开始盈利，就可能过度关注成本和市场导向。在一些情况下，企业可能会压缩研发预算，减少对新技术的投入，而更多地集中精力在营销和销售方面。这种情况可能导致创新意识减弱，企业停止对现有产品的升级和市场细分工作，从而陷入创新乏力的困境。如果企业的领导层没有持续的创新意识，就可能满足于迅速盈利，而不再注重产品和技术的持续创新，这将影响企业发展的可持续性。日本电子企业的历史展示了创新乏力可能导致企业式微的风险。几十年前，日本电子企业垄断了全球电子产品领域，成为世界市场的霸主。然而，这些企业在互联网时代和智能化浪潮中迟疑不决，错失了重要的创新机会，最终导致式微。从这个例子可见创新乏力对企业的巨大威胁，即使是市场领袖也不能忽视这一风险。

创新乏力是新创企业在发展过程中可能面临的一项严峻挑战，但它并非不可克服。在解决创新乏力的问题时，有两方面需要特别关注：战略管理和组织文化的建设。这两方面的合理结合可以为新创企业提供充足的动力源泉，帮助其克服困难，持续发展。

第一，战略管理：明智的决策与资源分配

战略管理是解决创新乏力问题的关键。在新创企业的早期阶段，团队领导者需要具备战略眼光，能够制定合理的战略布局。他们不能仅看重眼前的利益，而忽略了长远发展的重要性。著名管理学家亨利法约尔曾提出，企业内部的管理活动可以划分成六大类：技术活动、商业活动、财务活动、安全活动、会计活动和管理活动。这意味着战略管理需要对企业的各项活动进行系统规划，整合资源，制定并执行管理细则。

在资金投入方面，新创企业应该明确研发、营销、薪酬等各方面的支出比例，杜绝某项费用一家独大的局面。这可以防止在某一领域过度投入而忽略了其他关键领域的问题。尤其在中国，新创企业需要特别防范普遍存在的问题，如研发不足、营销过度和不健康的委托代理等。

战略管理还包括对市场和竞争环境的深入分析，以便制订灵活的战略计划。领导团队应

该不断评估和调整战略，以适应市场和技术的变化。只有具备战略眼光，新创企业才能有效应对挑战，保持创新优势。

第二，组织文化：培养创新意识与人才发展

组织文化也是解决创新乏力问题的关键因素。新创企业需要建立一种具有创新意识内容的组织文化，这将为员工提供创新方面的积极动力。创新文化包括多个方面，如创新价值观、创新准则、创新制度、创新模范、创新网络和创新环境。其中，创新价值观是核心，它决定了企业的文化特色。领导团队应该倡导创新、尊重创新，将创新视为企业发展的关键因素。

为了培养创新文化，新创企业需要建立一系列制度，包括人才引进、培训和发展。这将有助于将企业打造成一个学习型组织，员工可以不断提升自己的技能和知识，从而更好地支持创新。积极的组织文化能增强员工的凝聚力和向心力。员工在一个认同企业文化的环境中更有可能在工作中积极创新和贡献价值。以四川海底捞餐饮股份有限公司为例，它致力于为顾客提供卓越的服务，并通过改革和创新来不断提升自身。这种文化吸引了越来越多的人加入海底捞，并为其带来了成功。

9.3 新创企业成长管理

9.3.1 新创企业成长管理的基本内容

相对于企业成长管理，新创企业成长管理有其独特之处，其独特之处包括长期发展目标从模糊向清晰转化，业务模式从创新向常规转化，组织结构从非正式向正式转化。而在新创企业转化成长过程中，其本质是创新向控制的转化，最终目的是通过这种转化，使企业形成有机的统一体，达到和谐发展的状态。因此，创新与控制的统一应当成为新创企业成长管理遵循的基本原则。在遵循创新与控制统一原则的前提下，新创企业成长管理要围绕资源的重新配置展开，主要包括五个方面的内容。

（1）目标管理明晰化

目标管理明晰化是指与新创企业创业阶段相比，新创企业成长阶段的战略目标、市场定位、竞争战略等由原来的模糊状态逐步向清晰转化。通过目标的明晰化过程，将企业的整体目标逐级分解，转换为各部门、各成员的分目标。从整体目标到经营单位目标，再到部门目标，最后到个人目标。这些目标方向一致、环环相扣、相互配合，形成协调统一的目标体系。每个成员完成了自己的分目标，整个企业的总目标才有完成的可能。

（2）组织结构规范化

新创企业成立阶段，组织结构往往也比较模糊，并且处于非正式状态，权责也难以明确，主要是创业者进行初步分工协调的过程。在成长阶段，新创企业要将组织结构逐步正式化和规范化。要根据创业阶段组织成员的分工协调情况进行分析，总结经验，重新对工作任务的分工、协调合作进行规划和设计。明确各部门及成员的职能和职权，制定规范的规章制度，从而提高组织成员的工作效率。

（3）制定决策程序化

新创企业创立阶段，对于创业者来说，面临的都是新问题，且由于缺乏相关的决策经验，进行的都是例外的及非结构化的决策，往往表现出试探性。经过创业阶段的检验，在成长阶段，创业者应该将之前的这些例外的及非结构化的决策进行总结归纳，形成制定决策的程序化流程。以后如果遇到创业阶段出现过的问题，则可以按照程序化决策的流程加以解决。

（4）生产运作标准化

创业阶段形成的业务模式，实际上也使企业积累了产品或服务生产运作的经验，包括产品设计、生产流程设计等。在成长阶段，创业者应该依据经验将生产运作中的一系列指标确定下来，从而提高企业的生产效率。对于生产型的新创企业来说，生产运作标准化的一个重要体现是机器设备的运用，因此其成长的一个重要标志就是购置机器设备。

（5）组织知识归核化

在创业阶段，对于创业者来说，环境分析、机会识别、资源整合、战略确定、计划制订及创业运营都是创新性的活动。在这些创新性活动中，新创企业形成了独特的思考方式、机会识别能力、资源配置方式、核心竞争力等隐性知识及显性知识。在成长阶段，新创企业需要实现知识沉淀、共享、学习、应用和创新的思路和方法，将这些知识转化为企业的核心竞争力，并以此为核心形成企业文化。

9.3.2　新创企业成长管理的要素分析

在众多的创业模型中，蒂蒙斯模型是比较有代表性的新创企业成长管理模型，创业三要素构成一个倒立的三角形，创业团队位于三角形的底部。成功的创业活动必须对商机资源、创业团队三者进行最适当的匹配，并且还要随着事业的发展而不断进行动态平衡。[①]创业过程由商机启动，在创业团队建立以后，就应该设法获得创业所必需的资源，这样才能顺利实施创业计划。蒂蒙斯创业管理模型如图9-1所示。

---

① Timmons J A. New venture creation［M］. 5th Ed. Singapore：McGraw-Hill，1999.

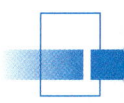

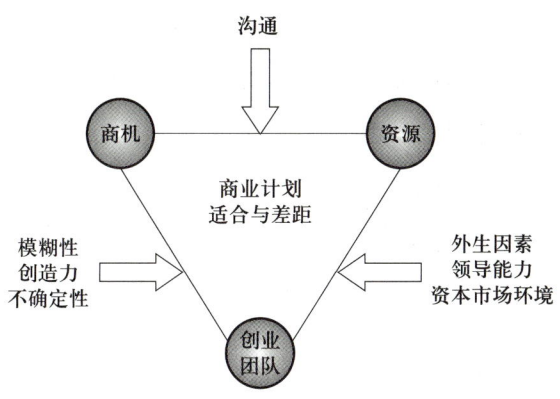

图9-1　Timmons创业管理模型

蒂蒙斯模型把创业视为一个高度动态的过程，并把商机、资源和创业团队看作创业过程中最重要的驱动因素。蒂蒙斯认为，商机是创业过程的核心要素，创业的核心就是发现和开发商机，并利用商机实施创业。因此，识别与评估商机是创业过程的起点，也是创业过程中的一个关键阶段。资源是创业过程不可或缺的支撑要素，为了合理利用和控制资源，创业者往往要制定设计精巧、用资谨慎的创业战略，这种战略对创业具有极其重要的意义。而创业团队则是实现创业这个目标的关键组织要素。创业者或创业团队必须具备善于学习、从容应对逆境的品质，具有高超的创造、领导和沟通能力，但更重要的是具有柔性和韧性，能够适应市场环境的变化。在蒂蒙斯模型中，商机、资源和创业团队这三个创业核心要素构成一个倒立三角形，创业团队位于这个倒立三角形的底部。在创业初始阶段，商机较大，而资源较为稀缺，于是三角形向左边倾斜；随着新创企业的发展，可支配的资源不断增多，商机可能会变得相对有限，从而导致另一种不均衡。创业者必须不断寻求更大的商机，并合理使用和整合资源，以保证企业平衡发展。商机、资源和创业团队三者必须不断动态调整，以最终实现动态均衡。这就是新创企业的成长过程。

夏清华以产业机会、创业者资源、新企业战略和新企业的学习机制为核心要素构建了新企业成长模型，她认为新创企业成长是一个环境依赖的动态学习过程，又是一个转换机会，资源创造的战略行为。创业企业成长的效果主要取决于创业战略的实施，正确的战略能够促进创业企业的迅速成长，而创业战略的制定则主要取决于创业机会的具体特征。[①]

综合国内外学者的研究成果可以看出，新创企业成长是一个动态过程，商机、资源、创业者或创业团队、创业战略、商业模式、创业学习等因素，决定了新企业成长。[②]

新创企业成长模型阐释的创业成长机理为：首先，以商机为核心，围绕商机的识别、开

① 夏清华.新创企业的成长：产业机会、行为资源与创业学习［J］.经济管理，2008（3）：36–41.

② 张玉利，李乾文，李剑力.创业管理研究新观点综述［J］.外国经济与管理，2006（5）：1–7.

发，新企业形成。创业者或创业团队要善于识别、发现商机，然后整合企业资源来开发商机，从而形成一个新企业。围绕着新创创业成长的效果，分析其影响因素，主要包括创业者或创业团队、创业战略实施、商业模式和创业学习，即新创企业的持续成长，有赖于创业者或创业团队、创业战略、商业模式及创业学习。

商机非常重要，新创企业特别强调对潜在机会的发掘来创造新的价值。成功发现并利用创业商机是由商机本身的特性和企业家所拥有的创业信息与认知能力共同决定的。创业者须拥有敏锐的商业远见力、市场洞察力和分析判断力，还要有勇于冒险和不畏失败的创业精神，以及以技术专长为核心的经验和经历等。新创企业成功的关键在于创业领导者和创业团队能否发现各种商机，然后有效组织内外部各种资源来实现商机。这些资源包括企业内部资源，比如企业内部的知识与能力，形成了企业的核心竞争力；还包括企业外部各种有利于创业发展的资源，比如产业集群，有利于当地新创企业的外部发展资源。

新创企业成立后能否取得成功，在很大程度上取决于该企业的创业团队。创业者凭借商业智慧、商业眼光把握住了商机，也寻找到了使商机得以实现的资源，则新创企业成立。但是新创企业的成长，还需要有善于经营和管理的团队，要制定创业发展战略，寻找合适的商业发展模式等。新创企业的成功在很大程度上还取决于其战略的实施。很多新创企业在其创立与成长中，紧紧依托特色产业集群，并与产业集群形成良性的互动发展，从而能够快速成长起来。新创企业的战略能力决定了将商机资本化的成本和方式，也最终决定了新创企业的盈利水平以及创造与维持竞争优势的能力。新创企业的成功在很大程度上还取决于是否有创新。对新创企业来说，商业模式的创新至关重要。新创企业发现了商机，也寻找到了可以利用商机的资源，还需要创新商业模式。创新就需要团队成员不断加强学习。创业学习指的是通过学习不断开发和利用新知识，克服新创成长过程中面临的难题，提高知识积累。创业学习主要通过提升经验知识、商机识别、问题解决、能力培育的中介效应，进而作用于新创企业成长。

9.4 新创企业的成本与风险控制

9.4.1 新创企业的成本控制

成本控制是新创企业生存和发展的基础。外部表现为同行业竞争和经济环境逆转等不利因素，内部表现为职工要求改善他们的待遇和股东要求分红的各种压力。目前，成本不仅是影响新创企业利润高低的一个重要因素，也是衡量新创企业竞争力强弱和生存发展潜力高低的重要标准。

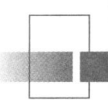

　　新创企业成本控制包括成本预测、成本决策、成本计划、成本调节、成本核算、成本考核、成本分析等环节。新创企业进行成本控制的目的主要包括：降低成本；在资源限制条件下，通过成本控制提高资源的利用效率；通过成本控制增加企业的利润；配合企业取得竞争优势等。成本控制的主体主要包括：对企业各项生产经营活动拥有决策权的企业高层管理人员；对成本发生具有重大影响的科技人员；按职责权限，对各部门、各环节工作负有责任的管理者；专设成本机构中的工作人员等。成本控制的客体是生产经营过程中的资本耗费。产品成本是成本控制的落脚点，是日常成本控制的重点内容，对生产各要素成本实施控制的结果，最终会通过产品成本体现出来。成本控制按对象可以分为：工程项目的成本控制；产品设计和改造过程中的成本控制；产品生产过程中的成本控制；供应、后勤保障、管理过程中的成本控制。成本控制按所涉及的时间可以分为事前成本控制、事中成本控制、事后成本控制。新创企业成本控制存在的问题主要表现为：

　　第一，成本控制的市场观念淡薄。新创企业生产经营效率可以直观地通过生产成本反映出来，是企业投入和产出的对比关系。低成本意味着高效率，但是低成本未必就是高效益，它是以较少的投入提供更多的产品和服务。在我国，许多新创企业降低成本的模式一般都是通过大幅度提高产量从而降低单位产品固定成本的分担。因而，产量越高，单位产品成本就越低，在销售量不变的情况下，企业误认为简单地降低成本就意味着增加效益，失真的信息导致生产成本控制决策出现误区，似乎产量越大就意味着成本越低，利润越高。

　　第二，成本控制只侧重于表面。成本控制是新创企业一项综合而且复杂的管理，是企业得以良性延续发展的重要因素。但许多新创企业只是把生产成本控制当成一种表面形式，而忽略了其中的过程。它们实施生产成本控制的目的，仅是遵循国家颁布的财务法律法规，或者应付上级部门的检查，或向上级主管部门汇报工作的需要。这只是为美化自身年度经营管理业绩的一项表面功夫，却真正忽略了生产成本控制对企业经营管理产生的重大效用。

　　第三，成本控制使用方法单一。生产成本控制方法单一、构成简单，也是新创企业进行生产成本控制常出现的问题，导致其反映经营全过程不深入，提供各个环节的成本信息不全面，以及各个环节成本发生的前因后果没有关联，从而误导企业经营战略的制定[①]。另外，传统的生产成本控制对象局限于财务成本方面的信息，不能提供决策人员、管理人员所需的资源、作业、产品信息。

　　第四，成本控制管理制度不规范。随着新创企业规模的壮大，库存的原辅材料、在制品、半成品、产成品等物资的数量逐年递增，但物资的存储空间、管理人员的数量和质量并没有按比例相应增加。材料的使用也缺乏精确的计算，验收和领用也缺乏有效的监督控制，量化

----

　　①　田杨.新创企业财务管理问题探讨［J］.财会通讯，2011，29：82–83.

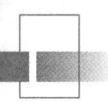

管理体系不完善，盘存不及时，财产清查不严格，材料物资的日常管理缺乏科学、规范的制度。

第五，员工薪酬管理比较简单。很多新创企业员工的劳动报酬比较固定，相互之间的差距不大，在报酬上存在着平均主义，或者是同工不同酬、同酬不同工的现象，也存在着部门之间的分配不公、责权利关系不够明确、员工工作的被动性较强、劳动效率不高等问题。

现代企业的成本控制是企业根据一定时期预先确立的成本管理目标，由成本控制主体在其职权范围内，在生产耗费发生以前和成本控制过程中，对各种影响成本的因素和条件采取的一系列预防和调节措施，以保证成本管理目标实现的管理行为。因此，需要对新创企业的成本控制在以下方面进行管理创新。

（1）树立成本意识，增强成本观念。成本控制是一个全局性的问题，成本控制不能仅仅局限于产品的生产过程，而是应该将视野向前延伸到产品的市场需求分析、相关技术的发展态势分析，以及产品的设计；向后延伸则是要考虑客户的售后问题保障，都要用严格认真仔细的科学手段对这些成本内容进行合理有效的控制，使企业在激烈的市场竞争中处于不败之地，另外，让企业的每个部门、每个员工都意识到自身是一个相对的成本控制点，而不是独立的存在，都应该将自身纳入成本控制的范围内，树立产品成本意识，增强危机意识，要努力做好成本节约工作，使企业的成本控制真正落到实处，从而把企业的生产费用降到最低，实现产品利润最大化。

（2）采用作业成本管理思维。作业是以人为主体的。现代企业管理，尽管自动化机械程度高，但没有人的参与仍然无法正常运行。所以在企业中，不管是过去还是现在，人都是整个生产经营活动中不可缺少的主体。作为成本控制的细化的有效途径，作业成本管理思维瞬间显现出来。以作业为基础的管理信息系统就是一些人所谓的作业成本管理，它是将以产品为中心转移到以作业为中心上来，通过确认作业成本，尽可能地将无收益或是收益少的作业消除掉，将高收益的作业进行改进并且及时提供有用的信息，从而把不必要的损失及费用降到最低。这是从更深的层面探索降低成本的方法，发现成本降低的根源。作业成本管理最为重要的在于它不是就成本论成本，而是把着眼点与着重点放在成本发生的前因后果上，通过对所有作业活动进行跟踪反映，对最终产品形成的过程中所发生的作业成本进行有效控制。在当前激烈的市场竞争中，新创企业在成本管理上必须进行战略上的考虑，要从单纯降低料工费项目的生产过程成本管理上，拓宽到从产品设计开始，包括技术开发制造、销售市场营销服务在内的全过程的成本管理。如果想使企业达到持续的动态成本管理，就必须做到对最终产品形成过程中发生的所有作业成本进行管理。

（3）提高技术创新能力。作为第一生产力的科学技术，技术创新是新创企业进行市场竞争和追求超额利润的内在要求，是提高竞争水平和经济效益的根本途径，应用新的科学技术，

可以提高生产效率，减少废品损失；通过增加投入来提高产品科技含量和附加值，虽然在技术创新的投入初期会影响企业当期的费用，但从长远的角度看，技术创新往往能给企业带来更多的收益和发展后劲，企业可以根据市场需要，自行开发新产品，满足当今消费者越来越个性化的需求，使企业在激烈的市场竞争中占据有利的地位，增加市场份额，提高产品附加值，从而降低生产成本，扩大利润率。

（4）建立成本控制保障体系。加强成本控制是新创企业提高经济效益、增强企业竞争力的重要手段，是新创企业生存和发展的重要保障之一，为此，许多企业对如何加强成本控制提出了很多有效的成本控制方法和措施[①]，建立成本控制的保障体系可以保证新创企业内部的各项活动按照有利于降低成本的方式进行，保证成本控制措施的顺利实施而建立的各种规范，是为了保证成本控制的有效性。通过对组织结构进行详细的设定分工，建立起一系列业务处理与报告应该遵循的程序和规范，按照有利于进行成本控制的方式进行，虽然这些措施不是直接作用于费用的过程本身，但是作为启动或约束成本管理的行为，起到了基础防范性的作用。

（5）提升企业信息化水平。现代社会是一个信息化社会，对新创企业而言，通过融合信息技术与成本管理，能够有效监控收入和支出。同时信息化的应用允许管理层以数字化方式审视财务状况，从而便于进行内部监督和审计。这不仅可以推动企业降本增效，也为创业者提供了更强的竞争力。[②]因此，新创企业应当非常注重信息化的发展，持续提升企业成本管理的信息化水平，通过采用信息化技术来提高成本管理的效率和水平，确保成本控制的效果。

9.4.2　新创企业的风险控制

创业风险是指在创业活动运行和实施过程中造成结果的不确定性或损失。[③]创业风险主要包括风险因素、风险事件、风险损失三个方面的内容。风险因素是指能够引起或增加风险事件发生的机会或影响损失程度的因素。风险因素是事故发生的潜在条件，一般称作风险条件。风险因素从形态上可以分为物的因素和人的因素两种。物的因素是有形的情况与状态，如生产线上的关键设备故障；人的因素是道德、心理情况与状态，如欺骗、疏忽、违纪等。风险事件是风险因素综合作用的结果，是产生风险损失的原因，也是风险损失的媒介物，即风险可能变成现实，以致引起损失的后果。风险损失是指非故意的、非预期的、非计

①　杜运周，李宏贵.基于成长视角的新创企业创新网络动态管理机制研究［J］.科技进步与对策，2010（13）：74–77.

②　周云，杨诗雨.数字经济背景下的创新创业问题——评《数字经济与创新创业管理实务——跨界融合（第二版）》［J］.国际经济合作，2023（2）：95.

③　任兵，刘爽，单宇.创业退出过程中的制度不确定性，创业者认知与创业团队组态——一个纵向单案例追踪研究［J］.南开管理评论，2023，26（1）：94–105.

划的利益的减少。一般而言，风险和损失构成一对因果关系，风险为因，损失为果。风险损失有两种形态；一种是直接损失，包括财产损失、收入损失、费用损失等；二是间接损失，包括商业信誉、企业形象、业务关系、社会利益等损失以及因其直接损失而导致的第二次损失。

1. 新创企业运营的风险类型

通常情况下，新创企业运营过程中的风险一般分为六种类型。

第一，团队风险。团队成员在创业初期，大多能够齐心协力、精诚团结，为企业的发展贡献自己的力量。但随着企业的发展，团队成员的需求、动机、价值观、内心的疑虑发生了变化，各种矛盾、各种难题不断出现，即形成了团队风险。此时如果成员之间不能很好地沟通以形成统一的意见，那么事后难免会相互埋怨。团队风险会随着时间变化越来越大，最后可能导致团队分裂。

第二，技术风险。创业技术能否通过研发得以成熟和完善，实现应有的功能和效果，达到商业化应用的程度，具有很大的不确定性。因此，技术风险是新创企业运营中最突出的一种风险。具体而言，技术风险一般包括以下几个方面；技术前景的不确定性、技术更新后风险、技术效果的风险、技术环境的风险、产品生产和售后服务的风险等。

第三，市场风险。新创企业提供的产品或服务无论是根本性的创新、改进性的创新还是模仿性的创新，对于消费者来说，都是陌生的和没有实际体验的。因此，经营业绩也随着市场风险的变化而有较大的变化。市场风险的不确定性表现在：①对市场的实际需求缺乏了解，夸大了商业价值；② 进入时机选择失误，市场拓展不明显等。

第四，管理风险。管理风险又称经营风险，是指在新创企业运营过程中因管理问题而带来的风险。创业初期，创业者往往缺乏管理经验，导致职责分工不明确，没有形成科学合理的规章制度，进而会导致管理风险。

第五，财务风险。在新创企业运营过程中，财务风险在很大程度上是由财务管理的随意性和盲目性导致的。例如，创业者更多地把会计作为一种信息披露的需要或者是记账的手段，而没有视之为管理工具。而且大多数的创业期企业为了节约人工成本，职责分工不明确，往往一个会计人员身兼数职，但这些职位之间原本是互斥的，这就增加了财务风险。此外，如果创业者不注意现金流的管理，致使资金链断裂，将可能直接导致创业活动的失败。

第六，产权风险。产权风险一般是由产权纠纷导致的。产权包括财产的所有权、占有权、支配权、使用权、收益权和处置权。在市场经济条件下，产权是以法权形式体现所有制关系科学合理的产权制度，用来巩固和规范商品经济中财产关系，约束人的经济行为，维护商品经济秩序，保证商品经济顺利运行的法权工具。创业初期，如果创业者没有明晰产权，则很

容易产生产权风险。

此外，宏观政治、经济环境的变化，也会给新创企业运营活动带来诸多风险。

2. 新创企业的风险管理过程

新创企业风险管理一般分为四个步骤：风险识别、风险评估、风险应对措施、风险反馈与控制。

（1）风险识别

对新创企业进行风险管理，首先要明确风险管理的对象是什么，即识别创业风险，这是创业风险管理最重要的一步。在进行风险识别时应根据风险类型，从风险产生的原因入手，识别引起风险的主要因素，并对风险后果作初步定性估计。项目的关键绩效指标（简称KPI）是风险识别的主要参照对象，风险管理也要求风险识别要有清晰的思路，先从主要的风险区域入手。在创业投资实践中，创业者可以先将项目的关键成功因素（简称CSF）列出，将其作为项目风险区域，事先加强对风险区域的关注和分析，并进一步做出风险评估，避免遗漏对重要风险的控制。国内外创业投资机构评价项目时，通常所关注的项目CSF为团队、管理、市场、产权、财务和技术六方面，风险识别时先将项目CSF的六个方面列出，将其作为风险区域，再根据项目所处的不同生命周期阶段进行识别风险不确定性的存在，记录并确定风险清单。

确定风险清单后要对风险进行排序，确定风险指标。项目的KPI是CSF在应用中的细化指标，通过对风险清单作进一步分析，将影响项目KPI的主要风险因素进行筛选，对风险指标作出定性和初步的定量判断。在风险识别实践中，常常用访谈法和一些定量研究方法去识别团队素质、管理、市场销售、产品技术等方面的风险；对市场、技术方面常采用专家个人判断法、头脑风暴法、德尔菲法进行风险识别；对财务、产权方面用文件审查法，通过分析资产负债表、损益表、现金流量表、财务记录、营业记录等文件，识别项目的风险因素，预测未来风险。

（2）风险评估

风险评估是将已经识别出来并分好类的风险进行定量分析，并据其权重大小予以排序。风险评估是风险识别的进一步延伸，它为有针对性、有重点地管理好风险提供科学依据。风险评估一般要从风险概率和风险后果两个方面入手，风险评估的结果可用简易模型$R=f(P, L)$表示，P和L分别代表风险的概率和后果的严重程度。风险评估首先进行风险等级划分，然后在进行单个风险评估的基础上对整体风险进行评估。风险评估一般采用专家调查法、风险因素取值评定法、分析报酬法等对采集到的数据进行定量估算。经过定量的风险评估结果是创业者进行风险管理的重要依据，但由于风险评估过程涉及主观方面测定，有些风险因素难以

量化，其分析、测定过程会对风险评估结果产生显著的影响，因此，风险评估结果仍需要创业者对风险进行最终判断。

（3）风险应对措施

风险应对措施是根据风险识别、风险评估的结果，制定并实施消灭或减少风险可能性或损失的措施。以预防为主，制定细致有效的预防措施避免风险发生是风险应对措施的主要内容，对重大风险需制定风险应急方案、风险补救方案。

创业者进行风险应对，采取的措施主要有：风险回避、风险控制、风险转移、风险自留。风险回避是指考虑到风险存在和发生的可能性，主动放弃或拒绝实施可能导致风险损失的方案；风险控制是指风险管理者采取各种措施和方法，消灭或减少风险事件发生的各种可能性，或者减少风险事件发生时造成的损失；风险转移是指通过契约，将让渡人的风险转移给受让人承担的行为，通过风险转移过程有时可大大降低经济主体的风险程度；风险自留是指如果损失发生，经济主体将以当时可利用的任何资金进行支付。

（4）风险反馈与控制

风险反馈与控制贯穿于创业管理整个过程的具体工作之中。随着新创企业运营的变化，风险性质会发生变化，甚至会有新的风险因素出现。风险管理要不断揭示创业运营中存在的不对称信息。识别新的风险目标，进一步对风险进行评估，提出应对措施，实施风险控制。总体而言，对创业项目进行风险管理是一个循序渐进的过程。只有对创业项目的整个运营过程进行风险管理，才能有效实现创业目标。

【本章小结和思考题】

企业组建后就必须明确企业的战略，迅速拓展市场，同时有效控制成本和风险。本章着重介绍企业战略管理的基本内容，阐述财务控制管理和创新能力管理的基本方法，论述新创企业成长管理的特征、企业成长管理的基本内容及影响因素，论述了新创企业成本控制和风险控制的方法，使得读者了解创业之后如何有效地制定战略规划，实施企业的扩张，并控制成本和风险，确保企业步入良性循环的发展轨道。

一、简答题

1. 简述新创企业战略管理的基本特征。

2. 简述新创企业战略的基本内容。

3. 新创企业如何进行创业团队的管理？

4. 简述新创企业成长模型的创业成长机理。

5. 新创企业成本控制存在的问题主要表现在哪些方面？

6. 简述新创企业风险管理的过程。

二、能力应用题

［案例］ 洪自然：专科学生到企业老总的逆袭之路

萌芽阶段：加盟"盒先生新零售"

入学，洪自然就对创业活动表现出浓厚的兴趣。某次，在外校同学的宿舍楼里看到的零食盒子让他敏锐地察觉到这是一种非常好的零食销售方式，能解决学生购买零食的即时性和便利性问题。零食盒子是装满各种零食的无人售货箱，主要是在高校宿舍投放，学生按需求电子扫码后勾选支付即可自助取货。洪自然立马抓住商机，上网查询零食盒子的相关信息，几番比较后，他选择与武汉山壹柒网络科技有限公司合作，成为大学生合作伙伴。

合作伙伴不需要资金投入，只需负责在高校宿舍铺货，按销量获得相应的提成。说干就干，洪自然积极联系各栋楼层的宿舍，说服他们在宿舍投放零食盒子，每天晚上送货到十一二点，回去再盯着后台数据作分析，观察哪些寝室的零食消耗量大，哪些零食消耗最快，就赶紧及时补货并更新零食组合。经过不懈努力，洪自然连续三个月蝉联销售冠军，每月可赚得5 000多元的提成。

探索阶段：创立"易安"奶茶品牌店

零食盒子售卖的成功经历，让洪自然燃起自己创业的念头，他开始思考如何自己当老板，开启创业之路。2019年奶茶盛行之初，洪自然迅速抓住机会，将自己卖零食盒子和假期开补习班攒的8万多元全部投进去，和另外两位同学一起凑了15万元租下校园内的一个门店用来经营奶茶。同年8月，"易安"奶茶店创立，为了节省开支，团队没有聘请专门的奶茶调制师，洪自然托熟人买了一套品牌配方，自己上网学习调制方式，为了保证奶茶口感醇正，三人没日没夜地在店里反复调试，从水温控制到各种成分的配比，到给料的先后顺序，每个步骤每个环节都力求做到最好，三个人嘴巴都试麻了，最终"易安"奶茶店以醇正的口感和良好的口碑受到校内学子的热捧。不到4个月，"易安"便成为校园内名气最大的奶茶店，投入成本一点一点地收回。

但好景不长，CoCo、一点点、喜茶等知名奶茶品牌逐渐入驻校园，竞争非常激烈，客户严重分流，商家之间打起价格战，"易安"奶茶店的利润一路下滑。同时，2020年春节期间发生新冠疫情，高校出于安全考虑，本着非必要不进校的原则，9月学生才回校上课。大半年的时间，又经历了夏季的高温，仓库里所有的原料配方都坏了，奶茶店遭受了前所未有的致命打击，前期15万元的投入血本无归。洪自然感受到市场的残酷与无情，从踌躇满志一下子跌到谷底，但骨子里一股不服输的劲让他没有放弃创业，平复心情后，他开始寻找新的机会。

二次受挫：滋农游学项目

洪自然了解到乡村振兴、建设美丽乡村是国家重点战略和强国举措，他将二次创业的目光投向——黄冈市罗田县。罗田县的天堂寨、薄刀峰、燕儿谷令人流连忘返，罗田的板栗、甜柿等更是在全国都享有盛誉。基于罗田的地理优势和文化资源，洪自然与几个朋友合伙成立了沐风园（武汉）农业科技有限公司，以乡土游学为方向开展业务，希望在让更多的城市孩子领略乡村自然风景的同时，家乡的美景和物产也以此为契机释放出商业价值，带动家乡旅游业的发展。基于奶茶店的教训，公司这次选择了轻投资方式，在游学项目上共投资2万元。

"荆楚家学第一村"的张家冲是公司选定的第一个合作村，地处大别山南麓，坐落在巴水上游河畔，古朴灵秀，民风淳朴，尤其是家学文化深厚，至今还延续耕读传家的传统习俗。公司根据季节特征策划了农耕种植、乡土手艺、乡野探索、乡村生活等系列活动。就在大家准备将起袖子大干一场的时候，现实却狠狠地给他们浇了一瓢冷水。当地居民早已在政府的支持下，围绕"家学"文化主题，建成多家木屋民宿、田园餐厅和多种主题的文创小院等具有本地特色的文创项目。且张家冲已是众多机构和学校的自然教育基地和文创基地，在省内外颇具名气，经常有学校组织学生过来学习国学经典、体验传统文化。所以，对于公司提出的滋农游学合作项目，村民们觉得没有什么特别之处，对承接此类活动的热情并不高。

组织了几次活动后，洪自然决定放弃张家冲村，将合作乡村扩大到其他县市。他带领团队共走访武汉周边乡村、黄冈、罗田等县市近百次，先后和鄂州的千秀谷、武汉的木兰草原等30余个体户、小微企业等签订了滋农游学合作协议。但更头疼的问题出现了，很难招到合适的学生。一是城里孩子的周末时间基本被各种培训班所挤占；二是公司刚刚成立，知名度不高，家长对他们的组织能力存在疑虑，担心孩子出游的安全问题。几个月下来，公司不仅没有通过滋农游学项目带动当地村民致富，反而因为没有足够的盈利几乎面临解散。游学项目搁置，创业再次受挫，洪自然的压力史无前例地大。

成长阶段：嘟嘟侠文化电商助力乡村振兴

面对连续的创业挫折，洪自然没有轻言放弃，而是继续寻找新的创业机会。2020年7月，洪自然带领团队参加第六届中国"互联网+"大学生创新创业大赛湖北省复赛，华中农业大学的"耕读兴农·菱辟蹊径"参赛项目引起了他的特别关注，这个项目是全国首个菱角全产业链综合扶贫项目，主要针对黄冈浠水县主营农产品菱角提供产供销一体化服务，帮助当地农民脱贫致富。赛后，洪自然立即联系项目负责人华中农业大学95后硕士研究生彭达，相似的成长经历和助力乡村振兴的公司理念使得两人达成了进一步的合作。

洪自然从银行贷款20万元，成立沐风园（武汉）农业科技有限公司旗下子公司——武汉嘟嘟侠文化科技有限公司，与彭达的耕读兴农（武汉）科技有限公司合作，专门负责电商板

块，对接彭达公司3 000多亩基地菱角产品的销售业务。公司目前有员工20多人，设立运营部、电商部、媒体部、供应链部和客服部5个部门，部门分工明确各司其职。为了增强广告视频的趣味性和互动性，团队还开发了"嘟嘟侠农产品视频制作软件系统""嘟嘟侠创意文案策划库系统"等15个系统。经过不懈的努力，洪自然团队负责运行的直播间收获了大量粉丝，各种菱角产品每天有10多万元的销售量，在抖音上"天井湖菱美人"曾位列生鲜类商品综合排名第七位，在拼多多平台"达菱生鲜"则长期位于第二位。

事业上有所起色，洪自然在学业上也没有放松，2021年9月，从武汉职业技术学院毕业后，他如愿进入湖北工业大学，继续本科阶段的学习，他想学习更多的知识，踏上更大的人生舞台。

资料来源：饶丽虹，邵继红，胡常春，马颖.大学生创业：从专科学生到企业老总，他如何逆袭？.中国管理案例共享中心案例库，2022.10.18.

启发思考题：

1. 根据新创企业成长模型的创业成长机理，分析洪自然是如何获得创业成功的？

2. 滋农游学项目中洪自然团队是如何进行风险管理的？

【分析思路】

1.（1）善于识别、发现商机。洪自然有很强的创业警觉性，对新鲜事物敏感好奇，从高校零食盒子，到大学生奶茶，到开发农村项目，善于发现别人没有注意到的机会。（2）能有效组织内外部各种资源来发现商机。洪自然在自身实力不够强大的情况下，通过同学、朋友、学校老师等社会网络以较低成本获得外部资源，一路借力成长。（3）优异的创业者素质和能力。决策判断能力强，奶茶文化盛行之初，他当机立断开创奶茶店，但当知名品牌层出不穷时，他选择放弃，另寻出路；抗压能力强，面对两次创业失败的经历，他没有一蹶不振，平复情绪后毫不犹豫继续前行。

2. 风险识别：张家冲村民对滋农游学合作项目热情度不足；合适的学生客源少。

风险评估：缺乏客源这一问题是致命的，影响企业的继续正常运营。

风险应对措施：放弃张家冲，选择其他对象进行合作，如鄂州的千秀谷、武汉的木兰草原等；面对缺乏客源的现实，洪自然及时止损，尝试开拓新的创业路径。

郑重声明

高等教育出版社依法对本书享有专有出版权。任何未经许可的复制、销售行为均违反《中华人民共和国著作权法》,其行为人将承担相应的民事责任和行政责任;构成犯罪的,将被依法追究刑事责任。为了维护市场秩序,保护读者的合法权益,避免读者误用盗版书造成不良后果,我社将配合行政执法部门和司法机关对违法犯罪的单位和个人进行严厉打击。社会各界人士如发现上述侵权行为,希望及时举报,我社将奖励举报有功人员。

反盗版举报电话 （010）58581999　58582371

反盗版举报邮箱 dd@hep.com.cn

通信地址 北京市西城区德外大街 4 号
高等教育出版社知识产权与法律事务部

邮政编码 100120

读者意见反馈

为收集对本书的意见建议,进一步完善本书编写并做好服务工作,读者可将对本书的意见建议通过如下渠道反馈至我社。

咨询电话 400-810-0598

反馈邮箱 gjdzfwb@pub.hep.cn

通信地址 北京市朝阳区惠新东街 4 号富盛大厦 1 座
高等教育出版社总编辑办公室

邮政编码 100029

防伪查询说明

用户购书后刮开封底防伪涂层,使用手机微信等软件扫描二维码,会跳转至防伪查询网页,获得所购图书详细信息。

防伪客服电话 （010）58582300